ЗНАЙ ТО, ЧЕМ ВЛАДЕЕШЬ

Марио Секулич

СНАЙПЕРСКАЯ СТРЕЛЬБА

Geleos

2003

УДК 623.4
ББК 68.8
С28

Серия основана в 1997 году

Художник Г. Григорян

Книга рекомендована для подготовки снайперов в воинских подразделениях, спецслужбах, органах правопорядка, снайперов-профессионалов и охотников.

Подписано в печать 24.03.03. Формат 60х90 1/16.
Усл. печ. л. 25. Тираж 5 000 экз. Заказ № 7418.

Секулич М.Н.

С28 Снайперская стрельба / М.Н. Секулич. — М.: ЗАО «Издательский дом «ГЕЛЕОС», 2003. — 398, [2] с.: ил. — (Знай то, чем владеешь).

ISBN 5-8189-0254-4

В этом уникальном издании читатель найдет:

Историю развития оружия точного боя, оптических прицелов и боеприпасов.

Подробный анализ конструкции отечественных и зарубежных снайперских винтовок, включая новейшие разработки.

Основы баллистики.

Практику подготовки оружия и снаряжения, пристрелки оружия и корректировки стрельбы.

УДК 623.4
ББК 68.8

Введение

Опыт двух мировых войн XX столетия и последовавших за ними многочисленных военных конфликтов, возникавших во многих странах почти на всех континентах, показывает, что наряду со значительной и все более увеличивающейся ролью тяжелой техники весьма важное значение имеют и стрелковые (пехотные) виды вооружений.

Снайперские группы, вооруженные современным высокоточным стрелковым оружием, занимают среди них особое место.

Практика локальных столкновений и затяжных боевых противостояний в «горячих» точках всего мира, включая и территорию РФ, страны СНГ и другие регионы, говорит о том, что группа профессионально подготовленных стрелков-снайперов при определенных условиях в состоянии остановить не только атаку того или иного воинского подразделения, но и сорвать серьезный замысел целой группировки нападающей стороны и даже коренным образом изменить обстановку на поле боя вне зависимости от количества используемого при этом тяжелого вооружения.

Итоги войн прошедшего столетия показали, что в среднем на одного убитого в бою тратится несколько тонн металла; снайпер же на выполнение боевой задачи расходует всего несколько граммов металла, поражая цель, как правило, с одного выстрела.

С другой стороны, в условиях современных высокомобильных боевых действий к снайперу предъявляются повышенные требования, включая такие качества, как исключительные выдержка, терпение и работоспособность в течение многих и многих часов. Для достижения своей цели он обязан постоянно содержать оружие, оптические устройства и боеприпасы в отличном состоянии, искусно использовать особенности данной местности и средства маскировки, непрерывно вести наблюдение за полем боя, осторожно и незаметно для противника приближаться как можно ближе к намеченной цели, уметь поражать цель одним выстрелом, успешно действовать в любых погодных условиях, при любом рельефе местности, включая населенные пункты, и, конечно, в любое время года и суток, в том числе и в ночные часы.

Немаловажную роль играет при этом и морально-патриотическое воспитание воинов-снайперов.

Настоящая книга включает изложение истории длинноствольного огнестрельного оружия, опыта снайперской подготовки, участия снайперов в прошедших войнах, описание имеющейся на вооружении Российской Армии материальной части, и в особенности методику обучения снайперских кадров. Именно проблема подготовки кадров снайперов является сегодня особенно актуальной в свете возросшей их роли в современных войнах, при проведении антитеррористических операций и в борьбе с криминальными элементами. Она предназначена для специалистов снайперской подготовки Вооруженных Сил, спецслужб, РОСТО и для широкой массы читателей.

Следует, однако, помнить слова известнейшего американского инструктора стрелковой подготовки Джеффа Купера, который сказал: «Научиться стрельбе по любой, самой лучшей книге нельзя, можно лишь позаимствовать ее содержание для своего совершенствования».

Автор прекрасно понимает невозможность охвата всего материала и будет благодарен за присланные критические замечания и материалы, связанные с настоящей темой.

Предисловие

В книге, посвященной снайперскому делу, рассматриваются только высокоточное оружие, боеприпасы и техника снайперской стрельбы. Поэтому здесь не освещаются штурмовые винтовки (автоматы) и пулеметы, на которых зачастую также устанавливаются оптические прицелы.

Поскольку в тексте будут приводиться сведения о калибрах оружия различных стран, необходимо остановиться на объяснении этого понятия. Калибром обычно называется диаметр канала ствола и соответственно диаметр пули, хотя фактически эти параметры не совпадают. В большинстве стран калибры измеряются в миллиметрах обычно с точностью до второго знака после запятой при записи в виде десятичной дроби. В англоязычных странах — Великобритании, США и некоторых других — калибры обозначаются в долях дюйма. При этом английские изготовители оружия указывают калибр в тысячных долях дюйма, а американцы — в сотых долях. Поэтому английскому калибру .300 (т.е. три десятых дюйма) соответствует калибр .30 США. В том и другом случаях эти числа при переводе в метрическую систему означают один и тот же калибр — 7,62 мм.

Обозначение же патронов обычно состоит из двух числовых показателей — калибра и длины гильзы. Зачастую указывается также и тип патрона, например: 7,62 x 51 НАТО, ЛР — лонг райфл (Long Rifle) и т.д.

Промежутки между нарезами называются полями. Поэтому калибр нарезного оружия (диаметр канала ствола) может измеряться либо как расстояние между двумя противоположными полями по диаметру (7,62 мм; 5,45 мм), либо между нарезами (7,92 мм; 5,6 мм). Таким образом, отечественный калибр 5,45 мм (измеряемый по полям) соответствует калибру патронов НАТО 5,6 мм (измеряемому по нарезам).

Глава 1
ИСТОРИЯ СОЗДАНИЯ ОРУЖИЯ ТОЧНОГО БОЯ

Что подразумевается под понятием «снайпер»?

В настоящее время (да и в течение всего прошедшего столетия) это — исключительно меткий стрелок, использующий для своих целей боевую винтовку с оптическим прицелом. Само это название указывает на английское происхождение термина. Он произошел от английского слова «snipe», или бекас, и означает стрелка по бекасам, т.е. умелого и меткого стрелка. Следует отметить, что речь здесь идет не о военных стрелках, а только об удачливых охотниках.

Однако охотник должен не только владеть меткой стрельбой, но и мастерским умением маскироваться для незаметного (а иногда и безопасного) приближения к добыче, искусством чтения следов и распознавания признаков добычи, а значит, и почти таким же, как и у объектов охоты, прямо-таки звериным чутьем и еще целым рядом качеств, необходимых для охотничьей удачи.

С другой стороны, во все времена и у всех народов мира ценились меткие стрелки, поскольку умение поразить цель на расстоянии было не просто искусством, но и жизненной необходимостью, ибо первобытные народы являлись преимущественно собирателями и охотниками, а от успехов последних зависело существование целого племени.

Недаром в Библии сразу же, на первых же страницах легендарного развития человечества, упоминается внук знаменитого Ноя Нимрод: «Он был сильный зверолов перед Господом...» (книга Бытия, 10:19). Характерно, что именно Нимрода, охотника, выделил среди сонма перечисляемых потомков Ноя и его детей безвестный составитель книги Бытия, именно такие, как он, и обеспечивали пищей своих соплеменников.

С помощью чего же люди охотились? Оставим простые орудия нападения и рассмотрим способы дистанционного поражения, поскольку именно они являются объектом нашего анализа.

И рассматривать мы будем именно метательное оружие, которым в отличие от оружия прямого (рукопашного) боя называется такое ручное оружие, которое выбрасывает снаряд (камни, стрелы или пули) для поражения объектов охоты и противников с определенного расстояния.

Первобытные люди использовали простое оружие, предназначавшееся для непосредственной борьбы с животными — объектами охоты. Метательное оружие было очень сложно для изготовления и требовало при использовании значительной ловкости и умения.

Материал, из которого изготавливалось оружие, постепенно изменялся. Сначала это были камень, рог, бронза, затем железо. Для перехода от одного вида материала к другому потребовались столетия, и даже тысячелетия.

История развития боевого и охотничьего оружия тесно связана с историей человеческого общества , представители которого издавна умели заставить служить себе физические законы природы.

МЕТАТЕЛЬНОЕ ОРУЖИЕ
с древнейших времен до изобретения пороха и появления огнестрельного оружия

Понятно, что уже первобытный человек, населявший нашу Землю в доисторические времена, не мог обходиться без оружия. Оно было необходимо ему для защиты от хищных зверей и для добывания пищи. Помимо пищи, животные и рыбы служили и для изготовления одежды, и в качестве материала для различных поделок, и даже для строительства жилищ: известно, что крепежным материалом при создании земляных семейных убежищ зачастую служили крупные кости мамонтов.

Первоначально человек пользовался для защиты и нападения различными попадавшимися под руки предметами: палками, камнями и т.д. Этим оружием он наносил удары по зверю, находясь по возможности на достаточном от него безопасном расстоянии.

Постепенно, в течение тысячелетий, примитивные метательные орудия первобытных людей превращались в то, что мы сейчас называем современным стрелковым оружием.

Человек более слабый и более медлительный по сравнению с окружающим его животным миром для того, чтобы выжить, обязан был придумать что-то принципиально новое и создать метательное оружие, которое позволяло бы ему на расстоянии поражать живые цели.

Однако человек должен был бороться не только с дикими животными. По мере развития человеческого общества борьба за жизненное пространство, за охотничьи угодья и т.д. вынудили его вступать в кровопролитные схватки с себе подобными. К сожалению, история человечества целиком состоит из истории войн и воинственных завоеваний одних человеческих сообществ другими. Естественно, что человек должен был совершенствовать как имеющееся у него оружие, так и искусство владения им.

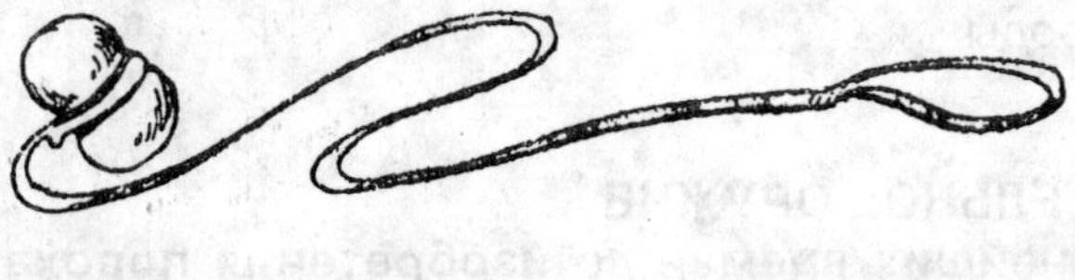

Рис. 1. *Болас*

Первобытный человек прикреплял камень к какой-нибудь петле вроде обычной веревки, которая в те времена изготавливалась из стеблей вьющихся растений или из лыка растений и жил животных. В случае неудачи такой камень снова оказывался у человека в руках, и снова он был вооружен. Это оружие называлось боласом. Существовали и тройные боласы, в которых к веревке крепились по три камня, что способствовало большей надежности поражения зверя (или соперника).

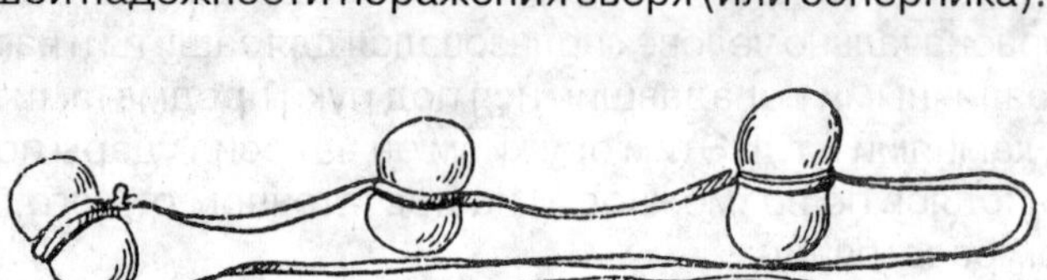

Рис. 2. *Тройной болас*

Дальность действия боласа была ограничена, и со временем первобытный человек создает пращу. Праща была одним из наиболее распространенных образцов метательного оружия; о ней упоминается в древних письменных памятниках различных народов еще несколько тысячелетий назад.

Первоначальный образец пращи представлял собой палку, расщепленную с одного конца; в расщеп вставляли закругленный камень (по большей части гальку). Запущенный с помощью палки камень летел дальше и с большей скоростью, чем просто брошенный рукой. Более совершенный образец пращи представлял собой веревку или ремень с уширением в средней части; в это уширение вкладывался камень. По мере того как люди стали применять металл, камень как менее прочный материал, имевший к тому же неправильную форму и меньший удельный вес, заменялся металлическими снарядами, имевшими круглую или овальную форму. Ремень пращи складывался вдвое, причем с одного его конца делалась петля, надевавшаяся на правую (бросающую) руку, а другой удерживался между большим и указательным пальцами. Сложенной таким образом пращой делали несколько круговых оборотов вокруг плеча и затем отпускали зажатый между пальцами конец. Камень или снаряд отделялся при этом от пращи и летел вперед. Умелые и опытные пращники могли бросать снаряд на расстояние до 200 м.

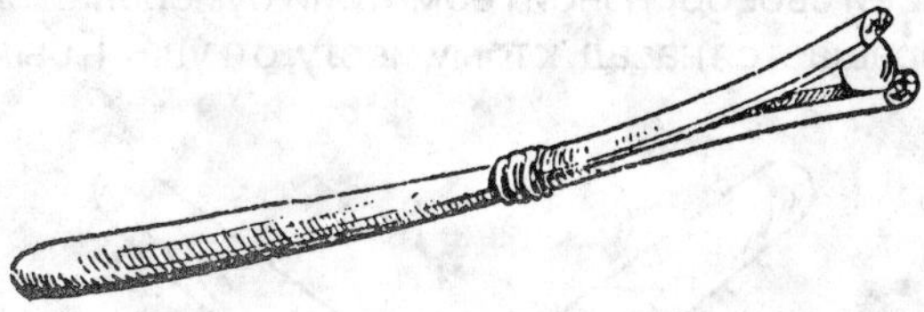

Рис. 3. *Первоначальный образец пращи*

Следует отметить, что праща постоянно находилась на вооружении таких мощных и высокоразвитых древних государств, как Египет, Ассирия, Вавилон, Персия, Греция, Карфаген, Рим.

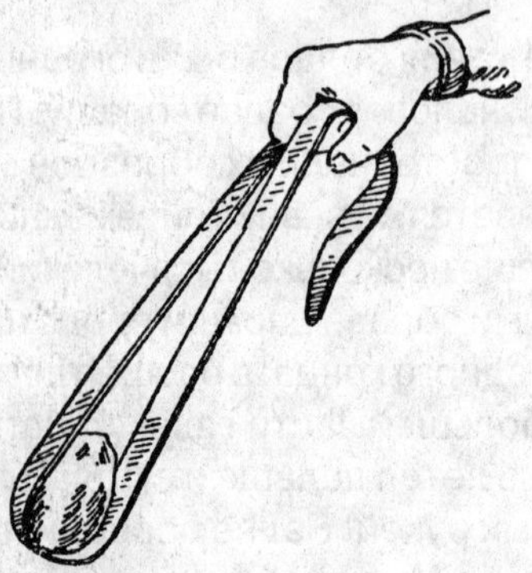

Рис. 4. *Веревочная праща*

В Библии («Первая книга царств», гл.17–18) описывается поединок Давида и Голиафа, в котором весьма рельефно вырисовывается преимущество вооруженного одной пращой мобильного воина над тупой, тяжеловооруженной, неповоротливой силой, причем Давид использовал не только эффект подвижности легковооруженного воина, но и элементы неожиданности. Я уже не говорю о главном его качестве — меткости попадания с первого же камня, что предопределило успех поединка и выдвинуло юношу в ряд первых известных снайперов.

В самом отдаленном уголке земного шара, в Австралии, в незапамятные времена было изобретено такое удивительное оружие, как бумеранг. Бумеранг изготавливается из дерева и костей животных. Особенность этого оружия заключается в том, что благодаря своей своеобразной геометрии бумеранг в случае промаха возвращается назад, к тому месту, откуда он был брошен.

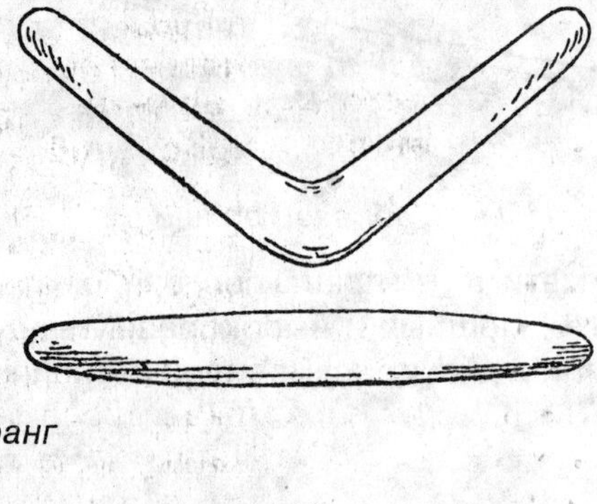

Рис. 5. *Бумеранг*

Дальнейшим шагом по пути к созданию оружия, способного поразить цель на значительном расстоянии, было изобретение лука.

В луке стрела, являющаяся не чем иным, как легкой копией такого метательного оружия, как копье или дрот, выбрасывалась с помощью тетивы силой упругости (пружинности) этого оружия. Сила руки, бросавшей копье, заменилась силой упругости древка лука. Луки еще в глубокой древности применялись у египтян, ассирийцев и вавилонян, о чем свидетельствуют многочисленные изображения воинов, найденные при археологических раскопках, а также остатки самого оружия.

Рис. 6. *Лук*

Рис. 7. *Ассирийские воины, вооруженные луками, копьями и пращами*

Лук состоял из древка и тетивы; обыкновенно древко изготавливалось из дерева и рога буйволов, но впоследствии его стали делать и из тонких и упругих стальных пластин. Материалом для тетивы служили сухожилия животных, сыромятные ремни или веревки. Стрелы изготавливались из дерева, причем впереди укреплялся острый металлический наконечник, на заднем же конце находилось оперение для поддержания устойчивости стрелы при полете. Иногда наконечник стрелы смазывался ядом. Дальность полета доходила до 500 метров. Наиболее тренированные стрелки могли выпускать до 12 стрел в минуту. Благодаря своей дешевизне, простоте изготовления и хорошим боевым качествам — значительной дальности полета и хорошей меткости стрел — лук был главным оружием войск и очень долго находился на вооружении; луком продолжали пользоваться и после появления огнестрельного оружия.

В дальнейшем для улучшения меткости стрельбы лук стали укреплять в деревянной ложе, при помощи которой было более удобно нацеливать оружие, поскольку она обеспечивала упор в плечо; кроме того, ложа давала возможность увеличить натяжение тетивы. Такое оружие называлось арбалетом. Считается, что впервые арбалет появился в войсках французского короля Людовика VI в 1139 году. Точность стрельбы из арбалета была столь высока, что, как писали хроники, хорошие стрелки попадали в яблоко с расстояния 40 и даже 70 м.

Рис. 8. *Арбалет с тетивой, натягиваемой ногой*

Усовершенствование арбалета выразилось в создании способов для облегчения очень затруднительного натягивания тетивы; появились луки с тетивами, натягиваемыми ногой или посредством особого зубчатого механизма.

При дальнейшем развитии оружия к арбалетам стали приделывать трубку (ствол с продольными щелями для метания вместо стрел свинцовых пуль; по продольным вырезам скользили боковые выступы особого цилиндрика, двигавшегося в стволе под действием тетивы; на этот цилиндрик и накладывалась пуля). Ствол увеличил меткость стрельбы.

Такое оружие называлось аркебузой. По своему устройству аркебузы уже приближались к современным ружьям; они имели ствол, ложу и спусковой механизм.

Из всего изложенного видно, что по мере развития человеческого общества совершенствовалось и применявшееся им ручное оружие. От бросания рукой камней или палки с заостренным концом перешли к праще и луку. В праще метательная сила бросания камня была увеличена большим размахом вокруг плеча длинного ремня, в котором помещался камень или снаряд. В устройстве же лука эта сила для бросания дротика, видоизмененного в стрелу, была увеличена сгибанием мощного, упругого древка, действовавшего на стрелу через тетиву подобно сжатой пружине. Для большего удобства действия и увеличения меткости к луку добавили ложу, изобретя арбалет. Для метания же вместо стрел каменных или свинцовых пуль к арбалету присоединили ствол, сконструировав аркебузу.

И все-таки подлинная революция в развитии ручного оружия наметилась только после изобретения пороха.

Изобретение пороха и появление огнестрельного оружия

Известно, что впервые порох был несколько тысячелетий назад изобретен китайцами, которые, однако, использовали его только для изготовления ракет для фейерверков или в качестве зажигательного состава, прикрепляя такой заряд к наконечникам стрел.

В европейской же истории огнестрельное оружие в виде нескольких артиллерийских орудий было впервые применено во время Столетней войны между Англией и Францией в битве при Кресси в 1346 году.

В этом сражении английской артиллерией руководил немецкий монах Бертольд Шварц, ученый-алхимик, который с 1320 года производил многочисленные опыты по изучению метательной силы дымного пороха, состоявшего из смеси селитры, серы и угольного порошка. Следует отметить, что вопреки сложившемуся мнению порох был изобретен не им, но Шварцу можно смело отдать приоритет в прикладном использовании этого прямо-таки эпохального изобретения.

Рис. 9. *Первоначальные образцы ручного огнестрельного оружия XIV и XV веков*

Для заряжания первоначальных образцов такого оружия в ствол засыпали сначала заряд пороха, который ударами шомпола прижимался пыжом, затем через дульную же часть вкладывалась пуля, также прижимавшаяся вторым пыжом; для воспламенения заряда в казенной части ствола имелось сверленое отверстие, называвшееся затравкой, через которое тлеющим фитилем воспламенялся заряд.

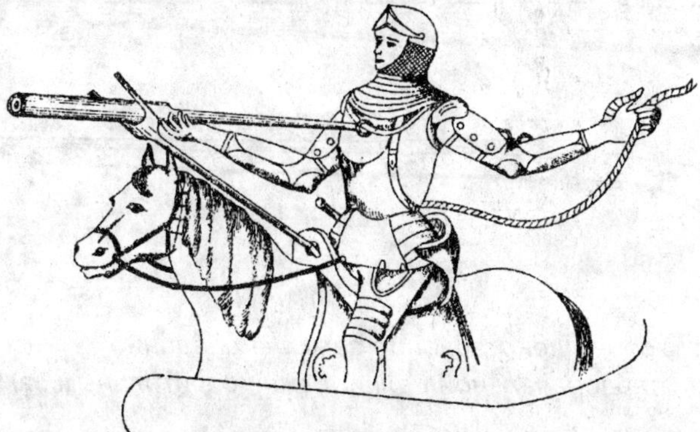

Рис. 10. *Пример использования огнестрельного оружия в кавалерии XIV–XV веков*

Новое оружие распространялось крайне медленно и не могло сразу вытеснить луки и арбалеты. Известно, что в начале XVI века огнестрельным оружием было вооружено не более 10% солдат даже самых лучших европейских армий. Причиной тому был значительный вес нового оружия, неудобство в обращении с ним, низкая точность, несовершенство способов воспламенения заряда при помощи тлеющего фитиля да и сложность изготовления на имевшихся тогда кустарных мануфактурах. К этому следует добавить неудобство обращения с порошкообразным порохом (гранулированный, или зернистый, порох начали выпускать только с 1525 года) и небезопасность стрельбы, поскольку неустановленная дозировка пороховых зарядов зачастую приводила к разрыву стволов.

Первые усовершенствования касались главным образом облегчения воспламенения заряда. Сбоку ствола пристроили особый прилив, называвшийся полкой, с углублением сверху. Оно соединялось с задней частью канала ствола затравкой. В это углубление, закрывавшееся крышкой, отсыпалась часть заряда для воспламенения пороха, находившегося в стволе.

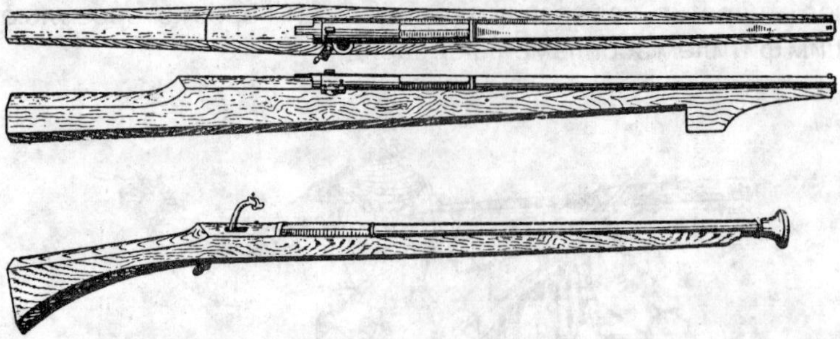

Рис. 11. *Усовершенствование замка — создание первоначальной полки. Ружье с фитильным замком*

Следующим этапом было изобретение фитильного замка, приспособленного к ружью вместо фитиля (носившегося отдельно в руке стрелка). Одновременно к ружьям стали делать не прямые, а искривленные ложи, которыми ружья упирались в плечо стрелка. Это значительно повысило меткость прицельной стрельбы.

Рис. 12. *Стрельба из фитильного мушкета*

В XVI веке ручное огнестрельное оружие стали изготовлять более технологично. Длительный опыт применения его в войнах выявил наиболее выгодные характеристики оружия. Вновь выпускаемые конструкции стали называть мушкетами. Они характеризовались следующими данными: калибр — около 22 мм, вес — от 6 до 8 кг, вес пули — 50 г, вес заряда — 25 г. Из-за значительного веса и большой отдачи стрельба велась с подставки, но это повысило и меткость: прицельная стрельба велась с расстояния до 150 метров. В мушкетеры принимались только сильные и выносливые люди.

Ввиду очевидной необходимости был разработан колесцовый замок: сбоку ружья на одном уровне с полкой помещалось вращавшееся под действием заводной пластинчатой пружины колесо со сделанной по его наружному ободу насечкой; к этой насечке прилегал курок, между губами которого был вставлен кремень. Пластинчатая пружина колеса заводилась ключом и во взведенном положении удерживалась задержкой. Для выстрела стрелок нажимал на спуск, задержка освобождала колесо, которое при быстром своем вращении высекало искры из кремня, воспламеняя засыпанный на полку порох. Такие замки применялись главным образом в кавалерии.

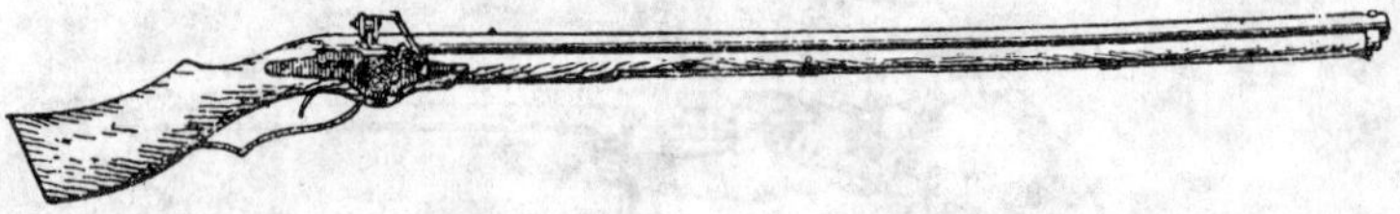

Рис. 13. *Колесцовый замок*

В XVI веке огнестрельное оружие постепенно получало все большее и большее распространение, совершенно вытеснив прежние образцы вооружения — аркебузы, арбалеты, луки. Медленный способ заряжания ружей заставил выработать особые тактические приемы, а именно стрельбу шеренгами. Первая шеренга, дав залп, отходила назад и, становясь сзади, заряжала ружья; стрельбу производила вторая шеренга, давая после залпа место третьей и т.д.

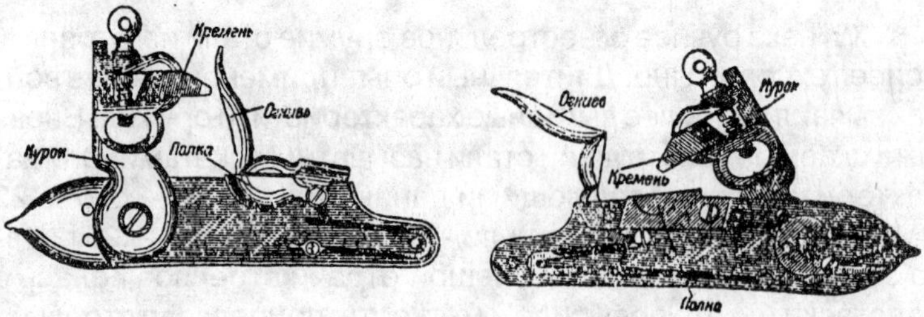

Рис. 14. *Кремневый замок*

Почти одновременно с колесцовыми замками появились и кремневые. Они отличались главным образом простотой конструкции, а значит, дешевизной. В кремневом замке высекание искр получалось при ударе кремня, зажатого между губами курка, об огниво, представлявшее собой загнутую вверх пластинку крышки, закрывавшей порох на полке; при нажатии на спуск курок, скользя кремнем по огниву, высекал искры, воспламеняя порох. Именно эти замки постепенно вытеснили все остальные конструкции. Следует заметить, что скорострельность ружей, снабженных кремневыми замками, повысилась по сравнению с фитильными более чем вдвое, поскольку интервал между двумя выстрелами был сокращен теперь до одной минуты.

Кроме того, появление кремневых замков способствовало еще большему распространению ручного огнестрельного оружия и, в частности, вызвало к жизни его новую разновидность — пистолет, который вначале предназначался специально для кавалерии.

Первоначально вводимое оружие имело гладкие стволы, и лишь в конце XV века венский оружейник Гапар Цольнер предложил делать стволы нарезными. В первое время нарезы были прямыми, но затем появились и винтовые, что значительно повысило кучность боя и повлекло за собой возможность увеличения и дальности стрельбы. Первые образцы нарезного оружия имели дальность стрельбы до 400 м, то есть вдвое больше гладкоствольного.

Первоначально пули и порох для заряда носились отдельно. Из особого мешочка с порохом надо было отсыпать определенное количество пороха на полку для воспламенения заряда посредством замкового механизма, а остальное всыпать в дуло ствола. При неодинаковой, на глазок, отсыпке пороха заряды получались очень разными, что значительно снижало кучность боя оружия. Для повышения кучности было необходимо заранее отвешивать определенные заряды и носить их отдельно. Это и привело к мысли изготавливать отдельные бумажные патроны, в которых пули и отвешенный заряд заворачивались в особый листок бумаги и заклеивались. Изготовляли их сами войска. Перед выстрелом стрелок разрывал бумагу патрона с той ее стороны, где помещался порох, причем эта операция для скорости производилась зубами: стрелок скусывал верхний конец бумажного патрона, вскрывал порох, небольшую часть его отсыпал на полку замка, а заряд высыпал в дуло, прибивая порох пыжом из бумаги патрона; затем в канал ствола вкладывалась пуля и прибивалась новым пыжом.

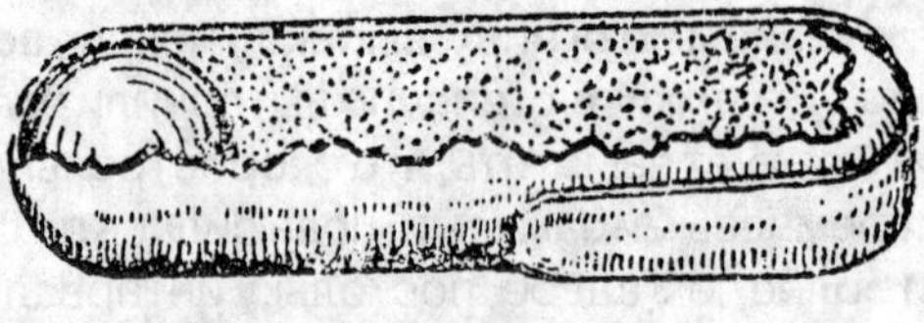

Рис. 15. *Бумажный патрон*

Огнестрельное оружие на Руси

Условной датой появления огнестрельного оружия на Руси считают 1389 год, когда одна из летописей в характерном для того времени лаконичном стиле сообщила, что «лета 1389 вывезли из немец арматы и огненную стрельбу и от того часу уразумели из них стреляти». Арматы представляли собой впервые применявшиеся на Руси образцы огнестрельных орудий. В старину «немцами», т.е. немыми людьми, язык которых для русских был непонятен, назывались вообще все иностранцы, причем огнестрельное оружие могло ввозиться в Россию как из Германии, Польши, Литвы, так и с юга — с Кавказа, из Персии и Турции.

Огнестрельное оружие называлось также пищалями, так как наших предков поражал его звук стрельбы. Имелись пищали «затинные», применявшиеся в крепостях, пищали «завесные», носимые на ремне за спиной; образцам ручного огнестрельного оружия было преимущественно присвоено название «ручных пищалей», или «ручниц», а также «самопалов» в отличие от неогнестрельных самострелов.

Вследствие более оживленных сношений, которые имели северные города Руси Новгород и Псков с Польшей, Литвой, немецким Ганзейским союзом, новгородцы и псковичи ранее других завели у себя значительное количество огнестрельного оружия. Во время осады и взятия Казани в войске Ивана Грозного было 2000 новгородских пищальщиков; такое количество по тому времени следует считать весьма значительным.

Во время покорения Сибири Ермаком (1582 г.) казаки уже имели огнестрельное оружие, местные же народы были вооружены только луками.

В дальнейшем с организацией опричнины, а затем стрелецкого войска огнестрельное оружие стало распространяться повсеместно, хотя и существовало наряду с холодным. В то же время вооружение значительной части русских войск совершенно не соответствовало требованиям времени и уступало вооружению войск западных государств. Необходимы были коренные реформы, которые и были проведены Петром I. С организацией в 1700 году постоянной армии на вооружение принимается «фузея» — гладкоствольное ружье с кремневым замком, заряжающееся с дула, калибром 7,8 лин. (17,27 мм). До 1709 года к ружью примыкался «багинет» — кинжал, вставлявшийся своей рукоятью в дуло, и лишь с этого года в русской армии был принят трехгранный штык со штыковой трубкой.

Следует сразу же упомянуть, что Петр I своим специальным указом требовал «выискивать в войсках отличных “фузилеров” и использовать их в бою».

Рис. 16. *Русский солдат времен Северной войны 1700–1721 гг., вооруженный фузеей*

Кроме гладкоствольного оружия, на вооружении армии — главным образом у унтер-офицеров — имелось некоторое количество нарезного оружия с тугой загонкой пули в канал ствола. Нарезные ружья изготавливались на Тульском оружейном заводе еще с 1715 года. Калибр штуцеров был установлен в 6 лин. (15,24 мм); первые штуцера не имели штыка. Для вооружения армии Петром был значительно расширен Тульский оружейный завод, а кроме того, построен еще и Сестрорецкий. Оружие выпускалось также на Олонецком и Липецком казенных заводах. Однако выпускаемого ими оружия явно не хватало, и огромные количества фузей приходилось покупать за границей. При этом каждый из заводов руководствовался своими соображениями, в результате чего оружие выпускалось с самыми различными калибрами, что очень мешало армии.

В 1715 году Петр выпустил Указ, согласно которому на вооружение русской армии были впервые введены единые образцы оружия; таким образом, это явилось первой попыткой стандартизации в области вооружения. Для драгунских и пехотных ружей был установлен калибр 0,78 дюйма (19,8 мм), для пистолетов — 0,68 дюйма (17,3 мм). Длина ствола пехотного ружья составляла 3 фута 4 дюйма (1003–1004 мм), пистолетного — 141 дюйм (352–353 мм). Это создавало очевидные преимущества в организации снабжения, обучения и боевых действий войск на фронтах.

В 1721 году была введена единая пороховая проба для военного оружия. Стволы ружей и пистолетов испытывались 10 золотниками (42,6 г) пороха с двумя пулями одним выстрелом. Размеры пробного заряда постоянно менялись на протяжении всего XVIII века, что было связано с постепенным уменьшением толщины стенок стволов. С казенной части ствола, выдержавшего пороховую пробу, выбивалось клеймо «Р», которое в дальнейшем перешло и на клеймение палашей и шпаг.

Дальность стрельбы ружей XVIII века — до 200 м, карабинов — до 120 м, пистолетов 40–50 м, кавалерийского мушкетона — 50–60 м, егерского штуцера — до 500 м, кавалерийского штуцера — до 250 м. Скорострельность ружей того времени составляла 1 выстрел в 1,5 мин, штуцеров — 1 выстрел в 4–5 мин.

ВООРУЖЕНИЕ АРМИЙ
в начале XIX века, в эпоху наполеоновских войн

Конец XVIII — начало XIX века охарактеризовались большим количеством кровопролитнейших войн, начиная с Великой французской революции 1789 года и до окончательного поражения Наполеона под Ватерлоо в 1815 году. Следует упомянуть, что в этих войнах участвовали войска почти всех европейских государств, что в условиях обострившейся конкуренции между фирмами-изготовителями оружия привело к разработке и внедрению в производство самых различных технических новшеств.

Устройство ручного огнестрельного оружия воевавших между собой государств отличалось друг от друга лишь незначительными деталями.

Основным оружием были гладкоствольные, заряжавшиеся с дула ружья с кремневым замком и трехгранным штыком; в крайне незначительном количестве, главным образом у унтер-офицеров и отборных стрелков — застрельщиков, имелись нарезные (винтовальные) ружья с тугой загонкой пули в канал ствола.

Характерной особенностью было крайнее разнообразие образцов этого основного вооружения; каждый род войск имел и свой особый образец оружия: гренадерские и мушкетерские полки, составлявшие основную массу пехоты, были вооружены пехотным ружьем, унтер-офицеры этих полков — винтовальным, егеря — пехотным егерским ружьем и штуцером; кавалерия имела драгунские, кирасирские и гусарские ружья, а также кавалерийские штуцера и мушкетоны.

Эти образцы различались между собой главным образом длиной ствола, весом ружья и незначительными изменениями в деталях конструкций.

Калибр всех гладкоствольных ружей был одинаков — 7 лин. (17,78 мм), нарезных же — 6,5 лин. (16,51 мм).

В конце XVIII века по приказу А.В. Суворова егеря, действуя поодиночке, парами или же небольшими группами в 20–30 хорошо обученных стрелков, сами выбирали позиции и должны были вести огонь «с совершеннейшим прицеливанием». При этом гениальный полководец издал приказ, поразительно предугадывавший современные действия лучших стрелков любой армии — снайперов: «Первейшее застреливание противных и особливо старших и наездников; сии имеют право стрелять когда хотят, без приказу».

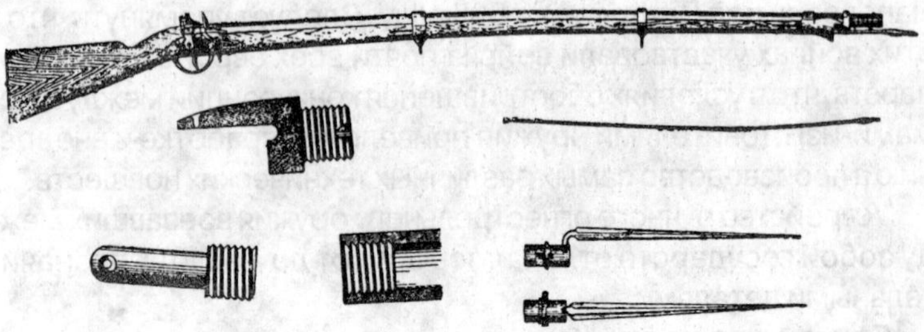

Рис. 17. *Русское пехотное ружье образца 1808 г. и его детали*

Русское пехотное ружье образца 1808 года весило со штыком 12 фунтов (4,9 кг); большой заряд пороха вызывал сильную отдачу в плечо стрелка; наибольшая дальность составляла 300 шагов (213 м), максимальная скорострельность доходила до 1 выстрела в минуту. Вследствие несовершенного устройства кремневого замка ружье в дождливую погоду, ветер, снег почти совсем не действовало, поскольку высекаемые кремнем искры затухали и не могли воспламенить порох. Меткость кремневых ружей, по данным наставления того времени, характеризуется следующим: в мишень размерами 1,8 х 1,2 м с расстояния в 200 шагов у отличных стрелков должны были попадать 50% выпущенных пуль, а с 300 шагов — 25%. Начальная скорость пули составляла около 450 м/с.

Ружье состояло из ствола, замка, ложи, имело штык и шомпол; ствол представлял собой железную трубку длиной 114 см, изготовлявшуюся из листа железа, загибавшегося вокруг металлического прута и сваривавшегося по краям; задняя часть трубки свинчивалась казенником. С правой стороны в казенной части ствола просверливалась затравка для передачи огня заряду. К дульной части ствола припаивалось особое возвышение, называвшееся тогда штыковым целиком; задний обрез возвышения служил для закрепления штыкового хомутика при примыкании штыка. Ложа, как и сейчас, имела приклад, ложевую шейку и цевье; она изготавливалась из березы. Мушка припаивалась к переднему кольцу (гайка); это кольцо, удерживавшееся пластинчатой пружиной, имело шатание на стволе, а потому мушка плохо выполняла свое назначение; в то время никакого тщательного прицеливания при стрельбе из гладкоствольных ружей не производилось. Штык, состоявший из трубки, шейки и лезвия, надевался коленчатой прорезью трубки на дульную часть ствола и удерживался на нем поворотом хомутика, наподобие того, как это делалось и в XX веке.

Введение ударного капсюльного оружия

Вследствие многочисленных недостатков кремневого замка он нуждался в замене, хотя и просуществовал более 150 лет.

В конце XVIII века во Франции после многочисленных опытов были созданы ударные химические составы, которые воспламенялись от удара по ним какого-нибудь предмета, а именно гремучая ртуть, открытая Бойенном в 1774 году и бертолетова соль, открытая знаменитым ученым Бертолле в 1778 году.

В 1814 году американец Шоу разработал медный капсюль, представлявший собой колпачок, на дне которого помещался ударный состав, закрытый фольгой; капсюль надевался на специальный затравочный стержень, прикреплявшийся сбоку к казенной части ствола; стержень имел внутреннее отверстие, соединявшееся с затравочным отверстием в стенке ствола; по надетому на затравочный стержень капсюлю ударял курок, воспламеняя капсюль и заряд. Такие замки с курком, ударявшим по капсюлю, получили название ударных.

Несмотря на очевидные преимущества нового изобретения, капсюли быстро внедрялись только в охотничьих ружьях и лишь в тридцатые годы стали использоваться в армейских системах: в 1832 году такие ружья были приняты в США, в 1834 году — в Англии, в 1835-м — в Пруссии, в 1840 году — в Австрии и, наконец, в 1845 году — в России.

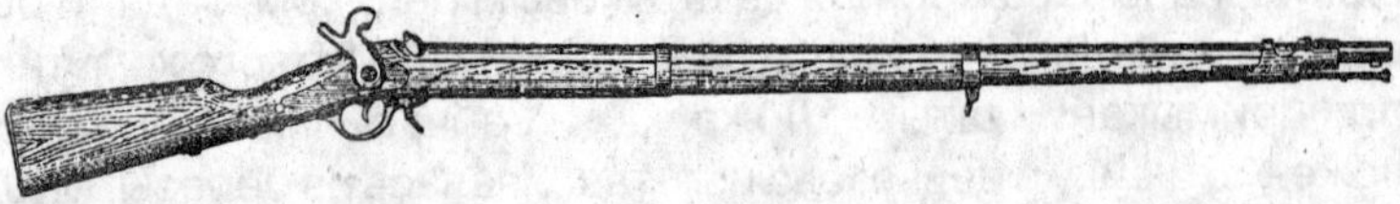

Рис. 18. *Русское пехотное ружье обр.1845 г.*

Ствол, ложа, штык ударного ружья 1845 года по своему устройству походили на соответствующие части кремневого ружья. В новом оружии было обращено внимание на возможность лучшего прицеливания; на казеннике, который ввинчивался в казну, имелось небольшое возвышение, на котором делалась прорезь, а мушка припаивалась не к шатающемуся кольцу, а к дульной части ствола.

Для воспламенения заряда в задней части ствола, справа, имелся резьбовой канал, в который и ввинчивался затравочный стержень; на него надевался капсюль, разбиваемый ударом курка, причем горящие газы воспламененного капсюля, проходя через канал, проникали в ствол и воспламеняли заряд пороха.

Все остальные технические характеристики этого ружья были такими же, как у кремневого.

Следующим важнейшим техническим новшеством явилась свободная досылка пули при заряжании нарезного ружья. Только с появлением этого изобретения оказалось возможным широкое применение нарезов в пехотном оружии. Появляются двухнарезные системы, заряжаемые круглой пулей с ободком или же продолговатой, имеющей по бокам выступы. Этот ободок или выступы входили в нарезы и обеспечивали как свободную досылку пули при заряжании, так и вращение ее по нарезам при выстреле. Даже круглая пуля, получив быстрое вращение при прохождении по нарезам, обладала большей точностью и дальностью по сравнению с пулей, выпущенной из гладкоствольного ружья такого же калибра. Продолговатые же пули имели еще лучшие баллистические характеристики, поскольку, имея большую поперечную нагрузку и более обтекаемую форму, не так быстро теряли скорость в полете по сравнению с круглыми.

С принятием пули продолговатой формы оказалось возможным, не уменьшая ее массы (не снижая убойной силы), несколько уменьшить калибр оружия; это привело к некоторому уменьшению веса оружия и к увеличению количества зарядов, носимых стрелком.

Свободная досылка пули при заряжании достигалась в винтовках различных систем различными же путями. В винтовках Ланкастера и Витворта, например, поперечные сечения каналов стволов представляли собой не окружности, а овал и многоугольник. Такой же формы были и поперечные сечения пуль для этих винтовок, а размеры пуль позволяли при заряжании свободно вводить их в каналы стволов. Эти способы свободной досылки не получили развития из-за сложности изготовления боеприпасов. Однако винтовка Витворта, благодаря точности своего боя, стала вехой в создании снайперского оружия, оснащаемого оптическими прицелами.

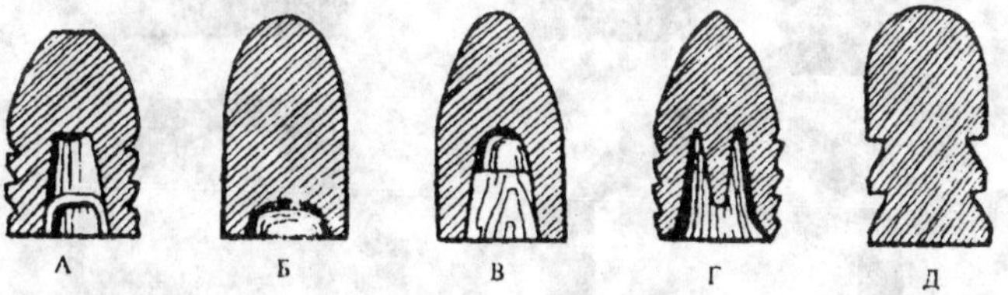

Рис. 19. *Саморасширяющиеся пули к нарезным ружьям в разрезе: А — пуля Минье; Б — пуля Притчета (Англия); В — пуля к ружью Энфильда; Г — пуля Петерса (Бельгия); Д — компрессивная пуля Вилкинсона (Англия)*

Проблема свободной досылки пули при заряжании была прекрасно разрешена с появлением продолговатых саморасширяющихся пуль.

Пуля Минье конструкции 1848 года вжималась в нарезы ствола благодаря своей форме, причем в задней ее части было сделано гнездо в виде усеченного конуса, в которое вставлялась чашечка из листового железа.

При выстреле чашечка вследствие своей легкости начинала двигаться раньше пули и расширяла ее заднюю часть, что и обеспечивало обтюрацию.

В другом случае (пуля Энфильда) чашечки были заменены деревянными вкладышами. Впоследствии же пули стали изготовлять без всяких вкладышей, с углублениями различной формы в задней части.

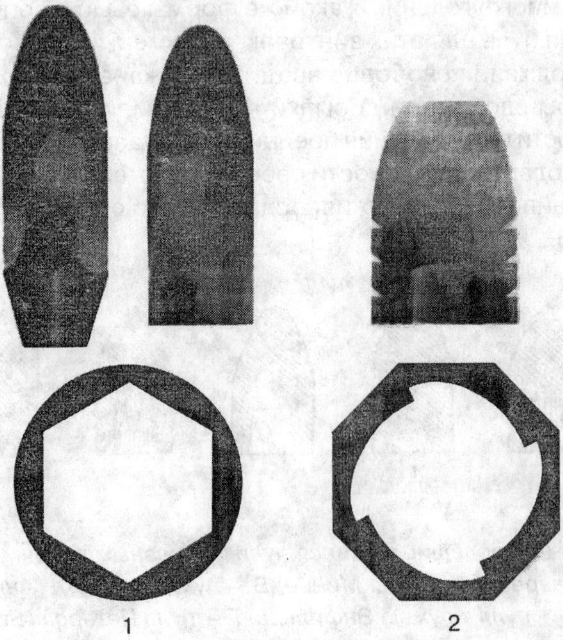

Рис. 20. *Пули и поперечные сечения «нарезки» стволов ружей: 1 — пуля и нарезка Витворта; 2 — пуля и нарезка Минье*

Другой принцип саморасширения свободно досылаемых продолговатых пуль, — принцип компрессирования. Длинная пуля, подвергаясь сзади резкому толчку пороховых газов, как бы сжималась, укорачиваясь и одновременно расширяясь.

Расширению способствовало наличие нескольких поперечных углублений, опоясывающих заднюю часть пули и делающих ее более легкой и податливой сжатию. Головная часть пули делалась по возможности более тяжелой.

Появление капсюльных винтовок со свободной досылкой пуль значительно повысило стрелковую мощь пехоты. Те армии, которые приняли на вооружение такие винтовки, имели заметное преимущество перед армиями, все еще вооруженными гладкоствольными ружьями.

Целевые капсюльные винтовки

Предвестницами создания снайперских винтовок явились целевые шомпольные винтовки. Эти винтовки, заряжаемые еще с дула, имели капсюльный замок и массивный ствол. Они были созданы специально для точной стрельбы в цель. Подобные целевые ружья имелись во всех развитых странах, в которых существовал быстро развивающийся стрелковый спорт. Целевые винтовки отличались очень кучным боем, большим весом и тяжелыми стволами небольшого калибра. Для кучности и ровного (однообразного) боя необходим толстостенный, тяжелый ствол; для особо точной стрельбы по малым целям нужны весьма точные прицельные приспособления, удобный легкий спуск и прикладистая ложа. Подобный тип целевого ружья разрабатывался швейцарскими стрелками, усовершенствован немецкими мастерами и больше всего развит американскими и английскими стрелками на их рекордных соревнованиях.

Рис. 21. *Капсюльная целевая винтовка с диоптром и шнеллером*

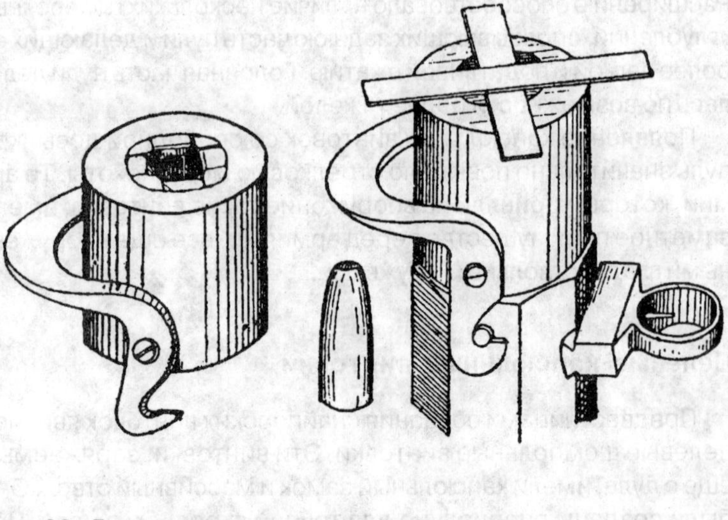

Рис. 22. *Дульная накладка с двумя бумажками капсюльной целевой винтовки на стволе (на бумажки ставят пулю и вводят ее в ствол). Американское приспособление*

Ствол целевых ружей— дамасковый, тяжелый, преимущественно граненый, калибр около 10 или 12,5 мм. Мушка тонкая, защищенная боковыми крыльями; иногда она помещалась в кольце или трубочке, что лучше предохраняло мушку от отблесков. Кроме прицела, в шейке ложи помещался диоптр с установками по вертикали и горизонтали. Замок — капсюльный, подкладной, с хорошим плавным ходом; спуск имел шнеллерный механизм; спусковая скоба имела загнутый хвост, заменявший пистолетную рукоятку нынешних лож; кроме того, скоба имела еще упор для среднего пальца. Фигурный приклад со щекой, имевшей выемку сверху, был оборудован хвостовиком, как предшественником современных крюков (подвижных затыльников). Шомпол для лучшего сохранения ствола изготавливался из древесины. Кроме того, для сбережения дульной части ствола при заряжании в ствол вставляли специальную дульную накладку. Чтобы порох при заряжании не прилипал к стенкам ствола, использовалась специальная трубочка-воронка длиной во весь ствол, а для обеспечения однообразия сжатия пулей порохового заряда на шомполе имелось специальное утолщение, не пропускавшее его в ствол слишком глубоко. Пули и заряды выверялись на аптекарских весах. На ведущей части пули имелись пояски, углубления между ними осаливались. После каждого выстрела ствол протирали специальным шомполом с соответствующей протиркой.

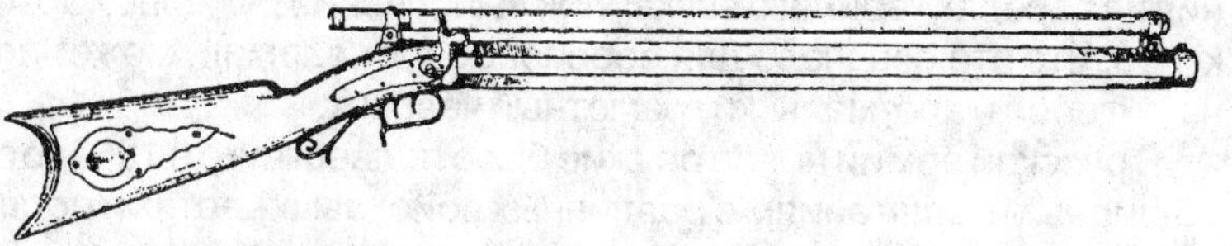

Рис. 23. *Американская капсюльная целевая винтовка обр. 1850 г. с оптическим прицелом*

Впервые оптические прицелы на целевые винтовки начали устанавливать в Америке около 1850 года. Такие винтовки весили от 4,8 до 7,2 кг и имели тяжелые массивные стволы, значительно улучшающие их кучность, однако такой вес не являлся для стрелков помехой, поскольку эти ружья предназначались для очень точной стрельбы: уже в то время соревнования устраивались на значительные дистанции — до 1000 шагов и более (около 700 м). Образец 1850 года, приведенный на рисунке, имеет калибр 12,7 мм, вес 6,367 кг, не имеет цевья и характеризуется наличием чрезвычайно длинного оптического прицела и шнеллера (ускорителя спуска).

Крымская война (1854–1856 гг.)

По сути дела, Крымская война 1854–1856 годов явилась первым серьезным вооруженным конфликтом на европейской территории после наполеоновских войн, закончившихся, как уже было упомянуто, в 1815 году. Именно в этой войне воочию проявился технический прогресс Англии и Франции и заметное отставание России в период царствования Николая I. Несмотря на то что в его царствование Россия являлась «Жандармом Европы», несмотря на его достаточно агрессивную политику и даже личное участие царя в модифицировании пули Минье, отсталость тогдашней России и полная бездарность Николая как в политике (в стремлении овладеть черноморскими проливами Босфором и Дарданеллами он сам спровоцировал войну с коалицией могущественнейших государств Европы), так и в стратегии, а уровень его понимания военной техники дошел до того, что у солдат специально развинчивали крепежные болты на ружьях для достижения на парадах «единого звяка» при выполнении ружейных артикулов. Что это означало для боеспособности армии, может понять любой мало-мальски грамотный человек.

В русской армии новое оружие было подвергнуто в 1852 году обширным испытаниям в различных войсковых частях и после получения успешных результатов было решено переделать некоторую часть гладкоствольных ружей, разделывая в стволе четыре нареза под бельгийскую пулю Петерса — Тиммерганса. Этими ружьями вооружали отборных стрелков-застрельщиков пехотных полков, предтечу нынешних классических снайперов: первоначально по 26 ружей на батальон, а затем по 26 на роту. В 1854 году был утвержден и новый образец такого ружья.

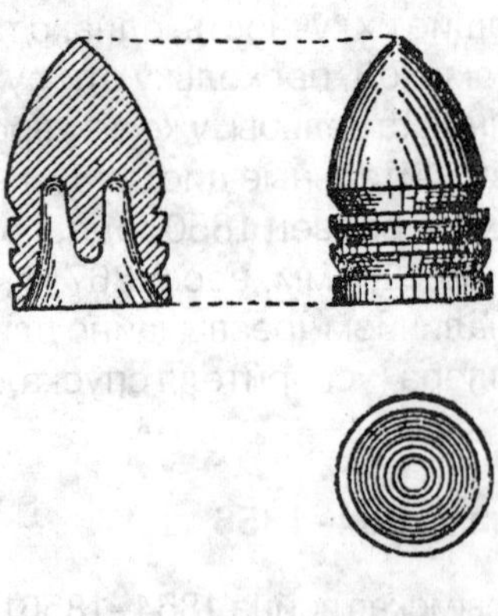

Рис. 24. *Пуля Петерса — Тиммерганса*

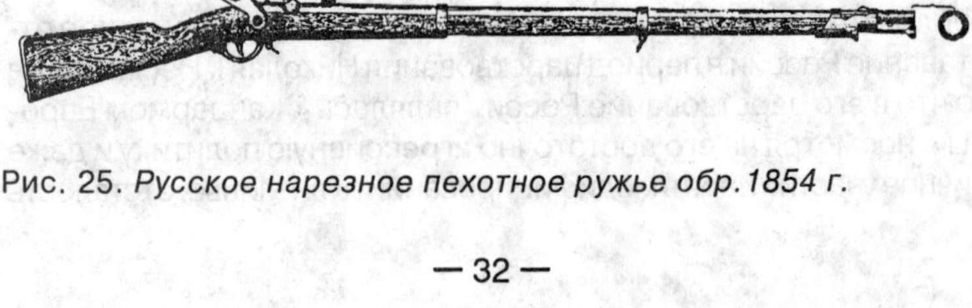

Рис. 25. *Русское нарезное пехотное ружье обр.1854 г.*

Следует упомянуть, что нарезное ружье того времени при стрельбе на 1200 шагов давало разброс пуль меньший, чем гладкоствольное с 300 шагов. Однако новая винтовка начала выпускаться слишком поздно и в малых количествах, и русская армия была вынуждена сражаться преимущественно со старыми гладкоствольными ружьями.

В то же время такие передовые страны Европы, как Англия и Франция, были почти полностью вооружены нарезным оружием, и притом более совершенного устройства.

В Англии еще в 1853 году было принято на вооружение так называемое «энфильдское ружье» (конструкции и производства Энфильдского оружейного завода) с пулей Минье, которая затем была значительно модернизирована.

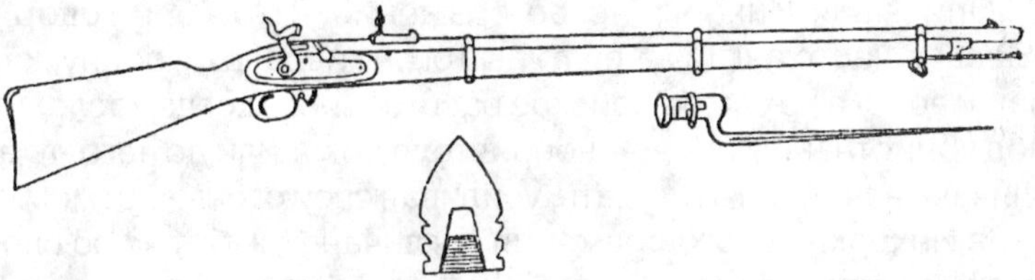

Рис. 26. *Капсюльная английская винтовка «Энфильд» обр. 1853 г.*

Ружье образца 1853 года имело три нареза постоянной крутизны. Образец 1855 года — три нареза прогрессивной крутизны. Пуля при этом делает один оборот на протяжении 1981 мм. Длина ствола 990 мм. Калибр 14,655 мм (0,577 дюйма). Используемая пуля — без наружных желобков, с пустотой сзади и деревянным вкладышем для расширения. Вес ружья без штыка 4 кг. Открытый прицел имел ступеньки для стрельбы на 100, 200 и 330 ярдов, на рамке — деления до 1000 ярдов (914 м). Впоследствии ружье образца 1855 года было переделано на казнозарядное по системе Снайдера.

Во время одной из вылазок из осажденного Севастополя были взяты в плен французские стрелки, у которых были найдены новые пули. Это были пули Нейсслера.

Одной из причин неудачного исхода первого боя русских с десантом англичан и французов на реке Альме была большая дальность стрельбы союзников, что и заставило обратить на пули Нейсслера особое внимание. В сражении же на реке Альме союзники, наступая на занятую русскими войсками позицию, открыли огонь с дальней дистанции и в полной безопасности от выстрелов гладкоствольных ружей били на выбор, поражая офицеров, солдат и прислугу артиллерийских орудий. Русские войска несли громадные потери не только в первой линии, но даже и в полковых резервах. В Севастополе была образована особая комиссия для производства опытов, которые дали отличные результаты. Было решено снабдить войска такими пулями с установкой на ружьях особых прицелов. Однако из-за трудностей военного времени эти меры не были приняты: ружей с прицелом удалось выдать лишь по 48 штук на полк.

Описывая Инкерманское сражение, Тотлебен говорит: «Весьма часто англичане, открыв огонь издалека, подпускали наши войска на самое близкое расстояние, а когда последние под убийственным огнем неприятеля доходили до него, то англичане начинали отступать, усиливая свой огонь. В самом начале Инкерманского сражения англичане, выбитые со своих позиций, принуждены были беспорядочно отходить назад. Но выйдя из-под выстрелов наших гладкоствольных ружей, не видя преследования и пользуясь превосходством своего вооружения, они остановились, устроились и стали поражать метким штуцерным огнем русские войска, стоявшие на высоте укреплений. Когда же бригада Адамса перешла в наступление, то полки 17-й пехотной дивизии, расстроенные продолжительным движением и уменьшенные штуцерным огнем противника до половины своего состава, после непродолжительного сопротивления были окончательно сбиты со своей позиции...» Рассказывая о причинах поражения русских войск в Крымской войне, известный историк, академик Е.В. Тарле приводит слова одного из ее участников: «Русский солдат перестал доверять ружью, видя, насколько оно хуже неприятельского. Солдаты умеют отлично расправляться штыком, но стреляют торопливо, не целясь, на ружье свое мало надеясь».

Известно, что именно в Севастополе были впервые применены снайперские винтовки в современном смысле этого слова. Это были описанные выше винтовки «Энфильд», оборудованные двукратным оптическим прицелом. Снайперы нанесли русским войскам заметный и даже непоправимый ущерб. Достаточно сказать, что поочередно возглавлявшие оборону Севастополя адмиралы Корнилов, Нахимов и Истомин погибли от ружейного огня противника и, судя по характеру ранений, этот огонь вели снайперы.

Снайперское оружие имело дальнейшее развитие в виде оригинальной системы уменьшенного калибра, которую выпустил Витворт в Англии в 1857 году (поперечное сечение ствола винтовки и ее пуля приведены на рис. 20). Это ружье имело гексагональный поперечник ствола, дававший гораздо более кучный бой, чем лучшие винтовки того времени с обыкновенными нарезами.

Ружья Витворта были капсюльными и заряжались с дула. Они были особенно популярны во время Гражданской войны в Соединенных Штатах Америки. В 1862 году часть этих ружей была оборудована оптическими, или, как тогда говорили, телескопическими, прицелами; таким оружием были вооружены лучшие стрелки армии Джонстона.

Следует заметить, что первые оптические прицелы были столь громоздкими, что по длине равнялись всей винтовке без приклада.

Появление казнозарядных систем

Помимо увеличения дальнобойности, достигнутой внедрением нарезного оружия, особое внимание оружейных конструкторов было уделено увеличению скорострельности. Введение в обращение расширяющихся пуль увеличило скорострельность до двух выстрелов в минуту.

На очереди было создание казнозарядных конструкций.

В 1841 году в Пруссии, раньше чем в других государствах, была принята на вооружение казнозарядная винтовка, разработанная оружейным мастером Дрейзе.

Для ускорения и облегчения заряжания Дрейзе соединил капсюль с патроном для воспламенения его иглой вместо ударного замка. Воспламеняющая игла помещалась в цилиндрическом канале затвора. Такие ружья получили название игольчатых.

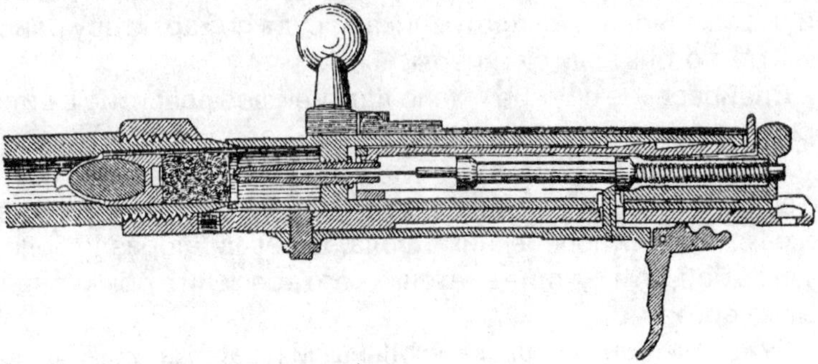

Рис. 27. *Винтовка Дрейзе — игла спущена*

Ствол нового ружья Дрейзе имел калибр 15,44 мм, затвор был скользящим. Он состоял из трубки, по оси которой был сделан продольный канал для размещения замочного механизма — иглы и спиральной пружины. На приведенных рисунках изображены: замочный механизм со спущенной и взведенной иглой; в последнем случае круговой выступ ударника (в) заскакивал за шептало (г) спускового механизма. Сцепление затвора со ствольной коробкой достигалось тем, что при повороте затвора за рукоять слева направо уступ рукояти (а) помещался перед особым выступом коробки (в), воспринимавшим отдачу. Для открывания затвора надо было его повернуть, причем рукоять выходила из-за выступа. Прорыв газов при выстреле устранялся нажатием конической передней части затвора на конический же срез ствола. Патрон Дрейзе состоял из заряда пороха и овальной пули, помещенной в папковом поддоне, которым пуля и велась по нарезам; на дне поддона помещался капсюль. Из рисунка видно, что для воспламенения капсюля игла должна была пройти через весь заряд, а следовательно, должна была быть достаточно длинной.

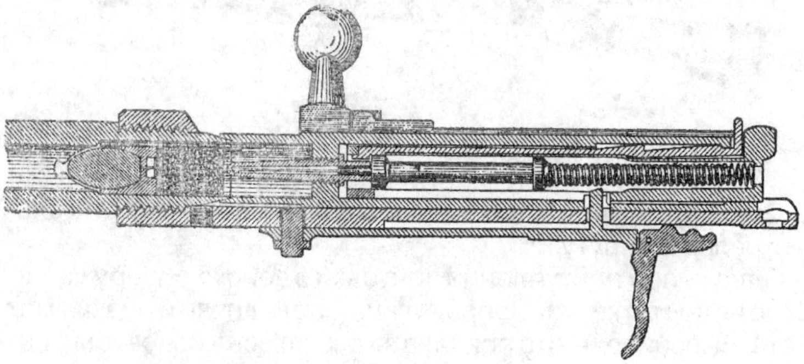

Рис. 28. *Винтовка Дрейзе — игла взведена*

Первоначально к изобретению Дрейзе в других странах отнеслись с недоверием; его система, несмотря на значительное увеличение темпа стрельбы — до 7 выстрелов в минуту вместо 2 при заряжании с дула, обладала, однако, некоторыми недостатками, а именно: не вполне удовлетворительной меткостью из-за того, что пуля велась по нарезам бумажным поддоном; иногда были случаи прорыва пороховых газов в затвор от его недостаточной подгонки при массовом производстве винтовок.

В то же время успех пруссаков в австро-прусской войне 1866 года, объясняющийся превосходством их вооружения над вооружением австрийской армии, заставил обратить всеобщее внимание на заряжаемые с казны ружья Дрейзе. По собранным сведениям, на одного раненого или убитого пруссака приходилось 8 выведенных из строя австрийцев. Скорострельность прусского оружия по сравнению с прежними ударными заряжаемыми с дула ружьями австрийцев сказалась на успешности действий пруссаков в боевых столкновениях и была одной из причин победы прусской армии.

В России после недолгих проверочных испытаний в 1867 году был утвержден образец винтовки и патрона для скорейшей переделки 6-линейных заряжающихся с дула винтовок в казнозарядные по системе Карле.

Рис. 29. *Винтовка Карле*

Скорострельность новой игольчатой винтовки достигала 7 выстрелов в минуту.

Однако при поступлении винтовки в войска обнаружились такие недостатки, как неправильный полет пули и низкая меткость. Выяснилось, что причина заключалась в основном в патроне: его несгоревшая часть оставалась в канале ствола и следующие пули вылетали с остатками предыдущих патронов, вследствие чего их полет был неправильным.

Кроме того, войска указывали на частые недолеты пуль, прорывы газов в затвор, поломки иглы. Все это привело к необходимости отказаться от этой системы. Всего было изготовлено 200 000 таких винтовок.

Переход к металлическим унитарным патронам

Металлические унитарные патроны были изобретены довольно давно, но использовались главным образом в охотничьих ружьях. И только после их успешного применения в войне Севера и Юга Америки в 1861–1865 годах (в винтовках системы Пибоди, Спенсера и т.д.) такие патроны стали использоваться в новых разработках. Только благодаря использованию металлической гильзы, которая несколько расширялась при выстреле и плотно прилегала к стенкам патронника, оказалось возможным избавиться от прорыва пороховых газов.

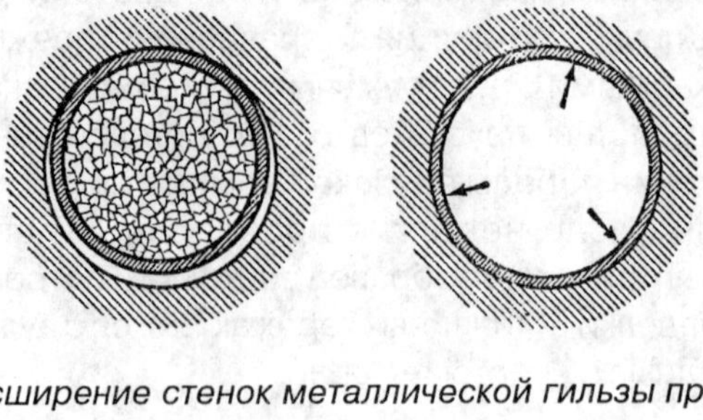

Рис. 30. *Расширение стенок металлической гильзы при выстреле*

Лишь с введением металлических патронов была окончательно решена проблема разработки казнозарядных винтовок. Кроме того, преимуществом являлась и лучшая сохранность боеприпасов в неблагоприятных погодных условиях — при сырости, снеге и дожде.

Все варианты унитарных патронов можно отнести к двум категориям: а) патроны кольцевого воспламенения и б) патроны с центральным воспламенением.

Постепенно во всех странах мира перешли на патроны с центральным воспламенением, а патроны кольцевого воспламенения ныне применяются только в спортивных целях.

Сразу же после игольчатых ружей появилось огромное количество казнозарядных систем под унитарный патрон. Это и винтовка Пибоди — Мартини с качающимся затвором конструкции 1869 года, и австрийская винтовка Верндля с крановым затвором и винтовка Ремингтона с откидным затвором, которая стояла на вооружении США, Швеции, Дании, Испании и Греции, и конструкции со скользящими затворами, которые в конечном итоге и получили всеобщее признание.

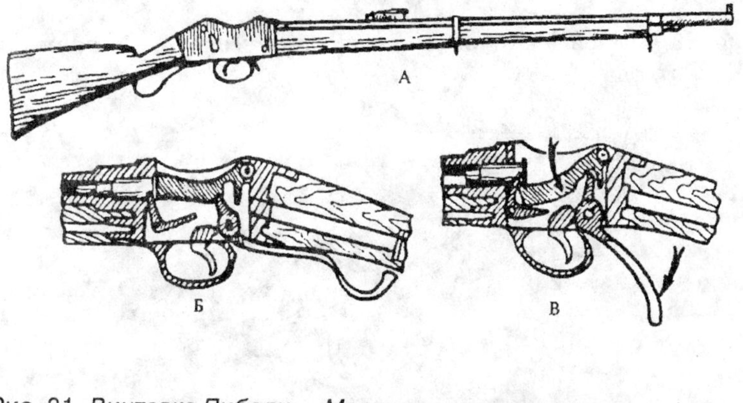

Рис. 31. *Винтовка Пибоди — Мартини с качающимся затвором: А — общий вид винтовки; Б — затвор закрыт; В — затвор открыт*

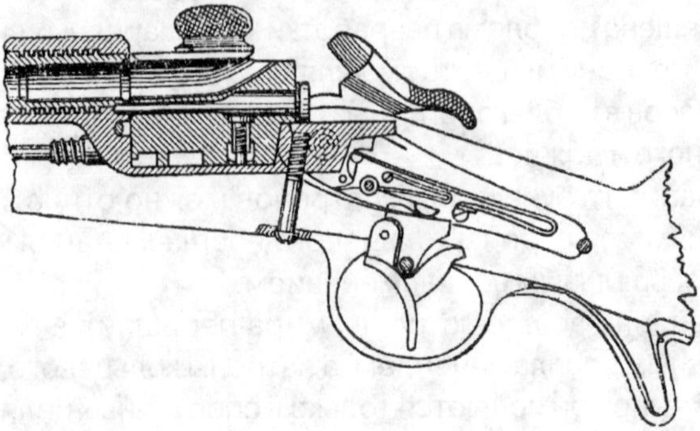

Рис. 32. *Винтовка с крановым затвором системы Верндля*

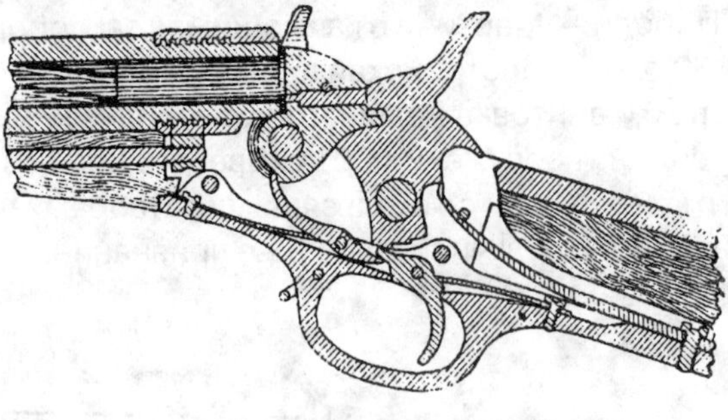

Рис. 33. *Винтовка с откидным затвором Ремингтона – затвор открыт*

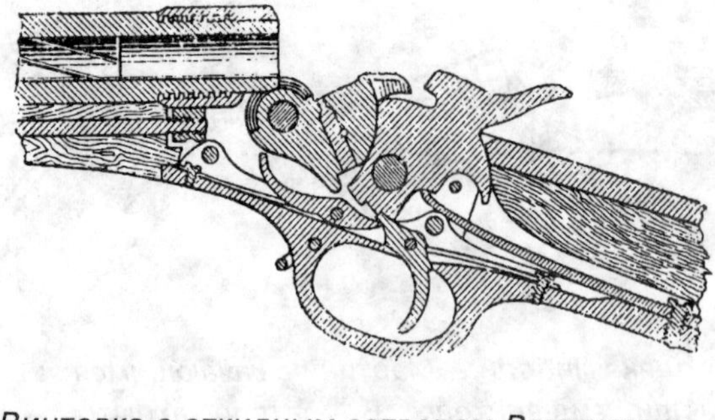

Рис. 34. *Винтовка с откидным затвором Ремингтона – затвор закрыт*

Во время Гражданской войны Севера и Юга в июне 1861 года полковником (а затем генералом) Берданом в армии Потомака был сформирован целый отряд снайперов — Первый снайперский полк. Первоначально стрелки были вооружены нарезными винтовками Кольта с магазинами барабанного типа, но они показали свою недостаточную эффективность и вскоре были заменены винтовками системы Шарпа.

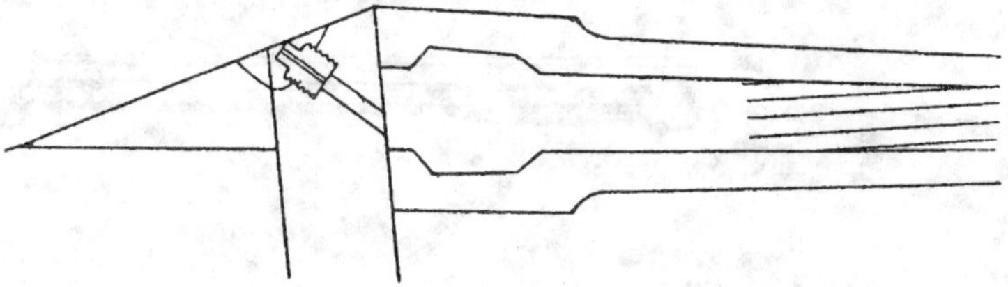

Рис. 35. *Патронник казнозарядного капсюльного нарезного ружья системы Шарпа*

Система Шарпа состояла на вооружении американской армии, была широко распространена в охотничьих карабинах, отлично служила в капсюльных ружьях и потребовала лишь незначительных изменений при переконструировании ее под унитарный металлический патрон.

Винтовка с 6 нарезами (ход правый) имела калибр 12,7 мм. Патронник имел уширенную комору. Ствол ввинчен в ствольную коробку, которая разделяет ложу на две отдельные части — приклад и цевье. В ствольной коробке располагался вертикально скользящий затвор, управляемый нижним рычагом-скобой. На верхней части затвора расположен затравочный стержень для капсюля. Обратный замок врезан в шейку ложи. С правой стороны приклада имеется хранилище для капсюлей, закрываемое бронзовой крышкой на защелке. Для заряжания рычаг опускают вниз, затвор тоже скользит вниз и открывает патронник, в который вставляется бумажный (первоначально) патрон, содержащий 5,52 г дымного пороха и пулю весом 28,8 г. Коническая пуля имела начальную скорость 298,7 м/с. Такие ружья образцов 1848, 1852 и 1863 годов выпускались фабрикой Шарпа в Гартфорде. Открытый прицел был размечен до дистанции 800 ярдов (732 м). Именно на эти ружья устанавливались довольно примитивные оптические прицелы. Следует подчеркнуть, что солдаты полка Бердана имели зеленую униформу, которая позволяла им маскироваться и наносить южанам очень серьезный урон. Кроме того, эта же часть активно участвовала в боевых действиях и в качестве разведчиков в тылу южан.

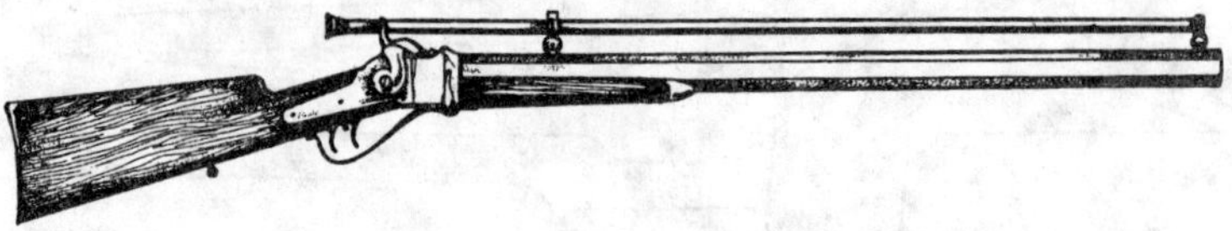

Рис. 36. *Одна из первых снайперских винтовок — капсюльная модель Шарпа с оптическим прицелом и шнеллером*

В России после неудачных результатов, полученных при войсковых испытаниях винтовок, переделанных по системе Терри — Нормана образца1866 года и Карле образца 1867 года, решено было обратиться к образцам оружия с металлическим патроном.

В конце 1868 г. лейтенант Баранов предложил несколько измененную им систему Альбини, принятую на вооружение бельгийской армии. Опыты оказались благоприятными. Было немедленно решено переделать по этой системе 10 000 винтовок.

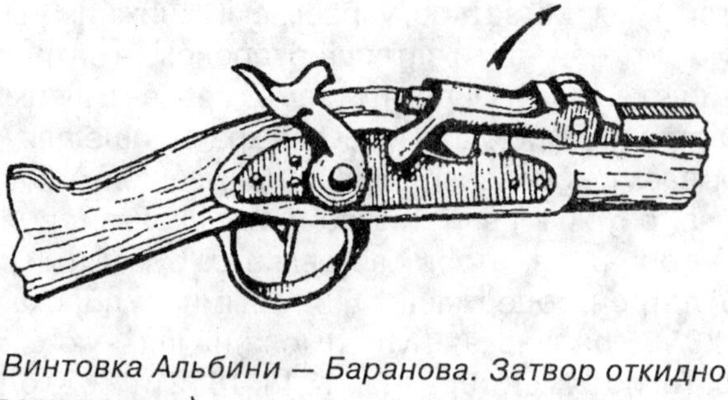

Рис. 37. *Винтовка Альбини — Баранова. Затвор откидной (вверх-вперед)*

Откидные затворы, кроме вращающихся вокруг поперечной горизонтальной оси, могли вращаться и вокруг продольной оси, расположенной параллельно оси канала ствола, то есть они откидывались не вверх и вперед, а вниз и в сторону. Такие затворы были, например, на винтовках Снайдера и Крнка.

В 1869 году для переделки 6-линейной винтовки была предложена система венца Крнка. Благодаря простоте конструкции и дешевизне система была принята на вооружение русской армии.

Рис. 38. *Винтовка Крнка. Затвор откидывается вверх и влево, вращаясь вокруг продольной оси*

Винтовка Крнка имела вес со штыком 4,9 кг, без штыка — 4,5 кг, начальная скорость пули — 305 м/с. Патрон к этой винтовке состоял из пули Минье, порохового заряда и гильзы с капсюлем и дополнительной чашечкой для усиления гильзы.

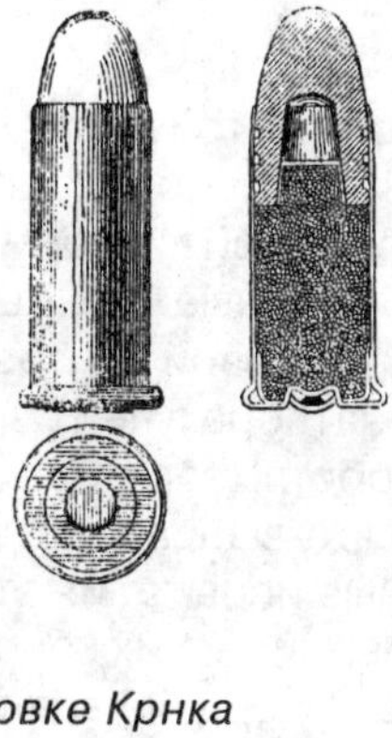

Рис. 39. *Патрон к винтовке Крнка*

Винтовками Крнка были вооружены войска, расположенные в центральной России; они составляли основное вооружение русских войск во время Русско-Турецкой войны 1877–1878 годов.

Прогресс конструкций стрелкового оружия вызвал необходимость в уменьшении его калибра. Это позволяло уменьшить вес винтовки и патрона, увеличить носимый боезапас и значительно улучшить баллистические качества оружия. Начальная скорость винтовки Крнка составляла 305 м/с, а Бердана — 437 м/с. Повышение начальной скорости благоприятно отражалось на улучшении точности, отлогости траектории и пробивной способности пули.

Специальная комиссия российских специалистов, выезжавшая во время войны 1863–1865 годов в США, из всех предлагаемых систем выбрала систему Бердана с откидным вверх затвором, но потребовала ее доработки для устранения ряда выявленных недостатков (непрочность затвора, недостаточная точность боя). Эта винтовка калибром 4,2 лин. (10,67 мм) была принята на вооружение российской армии под названием винтовки Бердана № 1. В Америке в 1868 году сразу же были заказаны 30 000 ружей и 7,5 млн патронов.

Рис. 40. *Винтовка Бердана ¹ 1 1868 г.*

Во время изготовления этой партии винтовок Бердан, находившийся в то время в России, предложил русскому правительству новый образец своей винтовки, так называемую винтовку № 2. Ее предварительные испытания дали отличные результаты. Преимущество новой винтовки заключалось в том, что вместо откидного затвора в ней был установлен скользящий, что повышало удобство заряжания и улучшало экстрагирование гильзы, поскольку выбрасыватель укреплялся в самом затворе. Сравнительные испытания этой винтовки с винтовкой № 1 и лучшей из европейских конструкций того времени немецкой винтовкой Вердера показали ее значительный перевес перед двумя остальными, после чего было решено принять на вооружение систему Бердана № 2 с использованием четырехгранного штыка вместо трехгранного.

Первоначально винтовки Бердана № 2 изготавливались в Англии, на заводе в Бирмингеме, а затем массовое их изготовление было внедрено на российских оружейных заводах.

Винтовка Бердана № 2 выпускалась в нескольких модификациях. Она имела калибр 4,2 лин. (10,67 мм), вес со штыком 4,89 кг, без штыка — 4,43 кг при начальной скорости пули 435 м/с.

Рис. 41. *Пехотная винтовка Бердана № 2*

Следует упомянуть и прицел с откидной рамкой винтовки Бердана № 2; он состоял из прицельной колодки, припаянной к стволу, со ступеньками, имеющими нанесенные сбоку деления для стрельбы на дистанции от 200 до 500 шагов через каждые 100 шагов, и прицельной рамки, вращающейся вокруг оси, проходящей через ушки прицельной колодки с делениями для стрельбы (от 600 до 1500 шагов пехотной винтовки и от 600 до 1400 драгунской и казачьей). Прицельная рамка в поднятом или откинутом положениях фиксировалась пластинчатой пружиной.

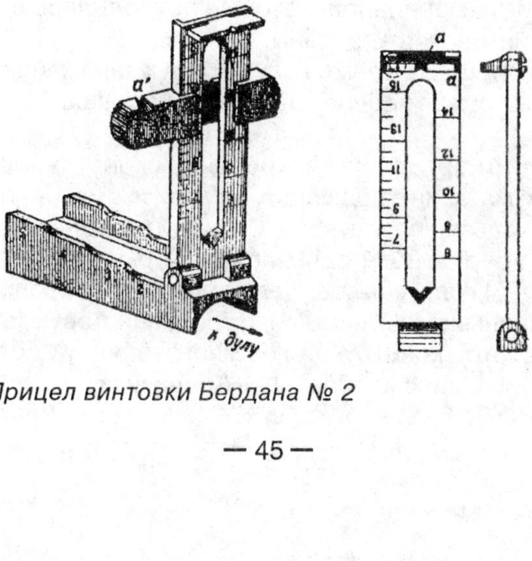

Рис. 42. *Прицел винтовки Бердана № 2*

К этому времени практика показала, что наилучшими для винтовок, использующих унитарный патрон, оказались системы продольно-скользящих затворов, поворачиваемые вокруг своей продольной оси для запирания и отпирания ствола и продвигаемые в ствольных коробках при помощи рукояток. Помимо винтовки Бердана № 2 к этим системам относились конструкции Маузера 1971 года, Гра 1874 года и многие другие. Такие затворы обеспечивали возможность надежного запирания ствола и позволяли экстрагировать гильзы с одновременным взводом курка, что оказалось чрезвычайно перспективным при дальнейшем создании магазинного оружия.

Создание магазинного оружия

Общее развитие техники в XIX века позволило перейти к разработке еще более скорострельных, по сравнению с предыдущими конструкциями, магазинных винтовок.

Первыми системами магазинных винтовок были конструкции барабанного типа, уже давно отработанные при создании револьверов. Однако из-за различного назначения этих видов ручного оружия после создания унитарного патрона и затворов продольно-скользящего типа от идеи использования барабанных ружей быстро отказались.

Основными недостатками барабанных ружей являлись медленность перезарядки барабана и проблема обтюрации при переходе пули из барабана в ствол. Не следует забывать и о громоздкости барабанов, которые приходилось делать под крупные винтовочные патроны.

Как и в прошлые времена перехода к заряжанию с казны, магазинные ружья первое время переделывались из однозарядных.

В Австрии артиллерист Кропачек сконструировал подствольный магазин с подающим механизмом, приспособленным для скользящего затвора. С другой стороны, едва успела Франция вооружиться однозарядным ружьем системы Гра образца1874 года, как все увеличивающееся распространение магазинных ружей заставило специалистов искать способ переделки этой конструкции на многозарядную. Для этого и было использовано изобретение Кропачека.

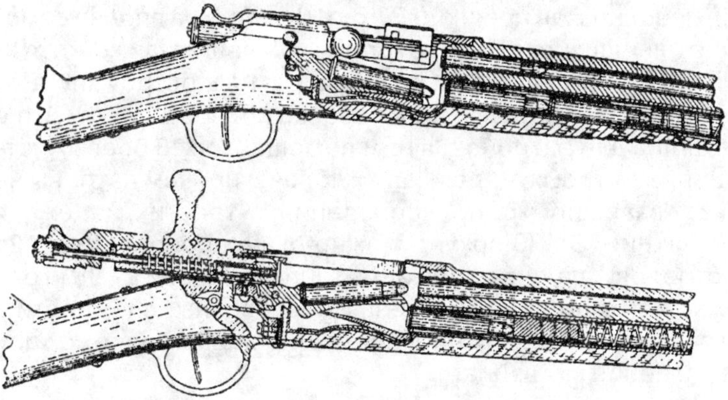

Рис. 43. *Винтовка системы Гра — Кропачека обр. 1874–1878 гг.*

Однако оружейники стали с большим интересом относиться к размещению патронных магазинов в прикладе. Схема работы магазина карабина Спенсера (1860 г.) емкостью 7 патронов приведена на рисунке. Патроны здесь подаются к затвору спиральной пружиной. Перезарядка производится при передергивании вниз рычага.

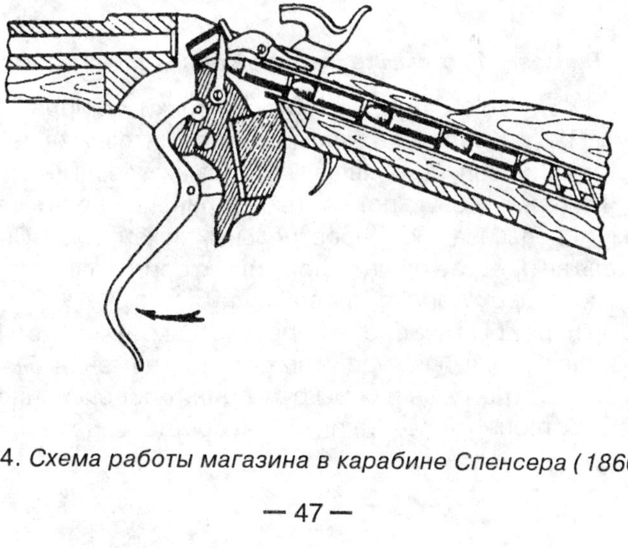

Рис. 44. *Схема работы магазина в карабине Спенсера (1860 г.)*

В австрийской системе Шульгоффа в качестве магазина был использован приклад. Ружье Шульгоффа вполне самостоятельная система, в которой многие детали конструкции осуществлены весьма оригинально и остроумно. Во-первых, полый приклад использован полностью в качестве магазина для патронов; в нем помещается 28 боевых патронов; во-вторых, надежная их подача, причем патроны не имеют взаимного соприкосновения; в-третьих, надежная экстракция. За 30 секунд можно было произвести до 25 выстрелов. Однако после испытаний в России в 1881 году ружье не было принято из-за дороговизны, сложности в изготовлении, низкой прочности приклада и задержек при загрязнении магазина.

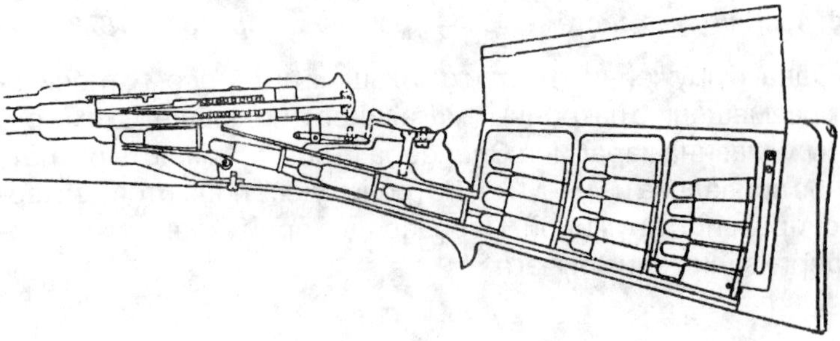

Рис. 45. *Винтовка системы Шульгоффа обр. 1880–1881 гг.*

В 1886 году во Франции вместо винтовки калибра 11 мм системы Гра — Кропачека была принята винтовка калибра 8 мм системы Лебеля, стрелявшая патронами с бездымным порохом. Тем самым было полностью устранено препятствие к полному использованию скорострельных механизмов. Система Лебеля не представляла собой ничего оригинального. Все дело было в новом порохе и новой пуле.

Новый порох был изобретен французским инженером Вьелем; состав пороха был коренным образом изменен. Вместо смеси из селитры, угля и серы был принят пироксилиновый порох. Собственно пироксилин был изобретен еще в середине XIX века и использовался в качестве взрывчатого вещества бризантного действия. Вьель изобрел способ превращения его в однообразную студенистую массу путем растворения в смеси спирта с эфиром (желатинизация). После этого из пороховой массы выпрессовывались длинные ленты путем выдавливания их из цилиндров с узкими соплами в дне, затем порох провяливали на воздухе, сушили и резали для получения мелких пластинок.

Пироксилиновый порох сгорал, почти полностью превращаясь в газы, между тем как дымный давал до 40% остатков, образуя клубы дыма и затрудняя чистку канала ствола.

После изобретения бездымного пороха стали совершенно бесцельными все прежние разработки переделочных систем для 4-линейных патронов с прежним дымным и более слабым порохом. Надо было воспользоваться новым достижением техники для резкого улучшения баллистических качеств винтовки при одновременном уменьшении ее калибра.

Кроме улучшения баллистических качеств оружия, уменьшение калибра давало возможность уменьшить вес патрона; ведь большая скорострельность винтовки требовала большего числа боеприпасов у стрелка. Уменьшение калибра оружия позволило уменьшить ношу стрелка.

Помимо нового пороха, в малокалиберной французской винтовке Лебеля была использована и новая пуля измененной конструкции. При значительно больших скоростях, с которыми пули двигались в канале ствола нового оружия, прежние свинцовые пули срывались с нарезов; для устранения этих срывов пришлось «одеть» пулю в твердую оболочку; в качестве материала оболочки почти везде был принят мельхиор (сплав меди с 10% никеля). Начальная скорость пули была увеличена с 430 м/с до 615 м/с.

Таким образом, 1886 год — год принятия во французской армии малокалиберной магазинной винтовки, стрелявшей патроном с бездымным порохом и с пулей в оболочке, явился наиболее важным годом в деле разработки магазинного оружия и дальнейшего его развития.

Следует сказать, что начиная с этого времени все системы винтовок одиночного огня (несамозарядных или автоматических) оказываются в значительной степени с нивелированными по своим основным характеристикам и конструкциям; после 1903 года (винтовка Спрингфильда) не было создано ни одной новой несамозарядной конструкции, имеющей принципиальное отличие от остальных. Таким образом, можно считать, что системы конца XIX — начала XX века являются вершиной оружейного искусства при создании неавтоматического оружия. Все конструкции отличаются почти одинаковыми калибрами (от 6,5 до 7,92 мм), исключительной простотой устройства, а вместе с тем и неприхотливостью к внешним условиям, надежностью работы всех механизмов и их живучестью, удовлетворительной скорострельностью, высокой меткостью и дальностью стрельбы при значительной пробивной способности пули.

Большинство винтовок рассматриваемого периода имеет серединные магазины, заполняемые сразу несколькими патронами. По способу заряжания такие винтовки подразделяются на винтовки с пачечным заряжанием и с заряжанием из обоймы.

Пачечные ружья делились на две категории: 1) ружья, в которых патроны вставлялись в магазин вместе с пачкой, проваливавшейся в открытое окно магазина по израсходовании последнего патрона; 2) ружья, в которых патроны проталкивались из пачки-обоймы в магазин пальцем, причем обойма отбрасывалась в сторону.

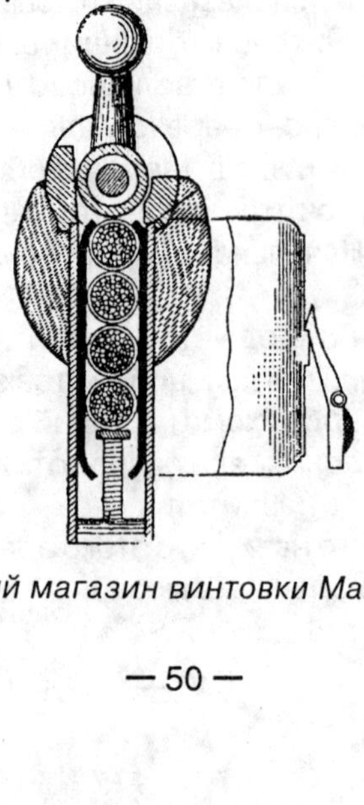

Рис. 46. *Серединный магазин винтовки Манлихера*

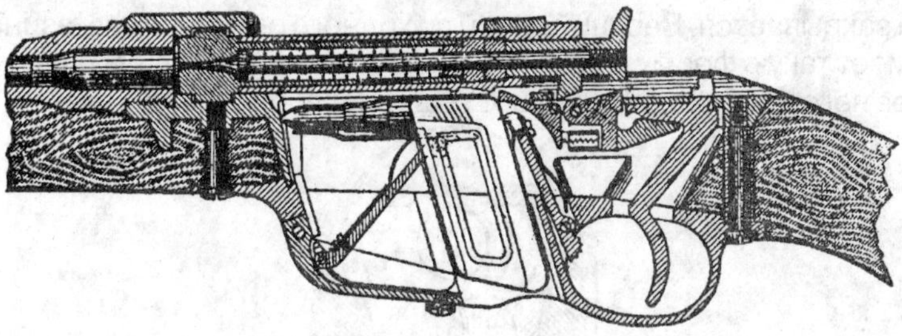

Рис. 47. *Серединный магазин винтовки Манлихера*

Представителями винтовок первой категории явились: малокалиберная магазинная винтовка Маузера образца 1888 года, принятая в германской армии, и Манлихера образца 1889 года, введенная в Австро-Венгрии.

Представителем винтовок второй категории явилась винтовка Маузера образца 1889 года.

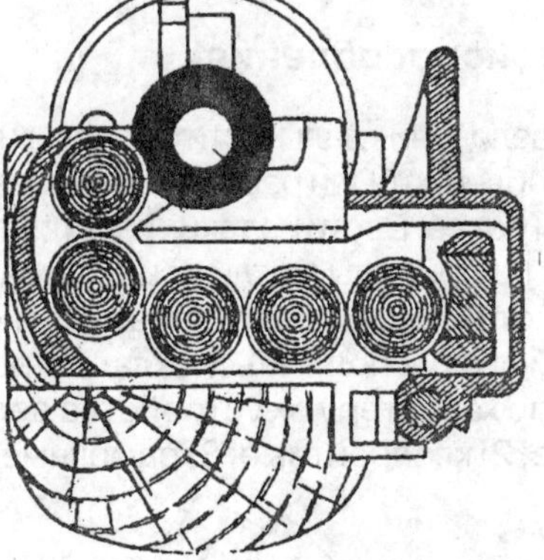

Рис. 48. *Серединный магазин винтовки Краг – Юргенсона*

К этому же времени относится введение в Дании, Норвегии и США малокалиберной винтовки системы Краг — Юргенсона с горизонтальным магазином. Магазин представляет собой горизонтальную коробку с крышкой, откидывающейся на шарнире (а) вместе с подающим механизмом (б); при откинутой крышке в магазин вкладываются патроны по одному, после чего крышка закрывается. Верхний конец выходного отверстия магазина имеет такую форму, что очередной патрон не может пройти через него, а может быть только выдвинут вперед затвором.

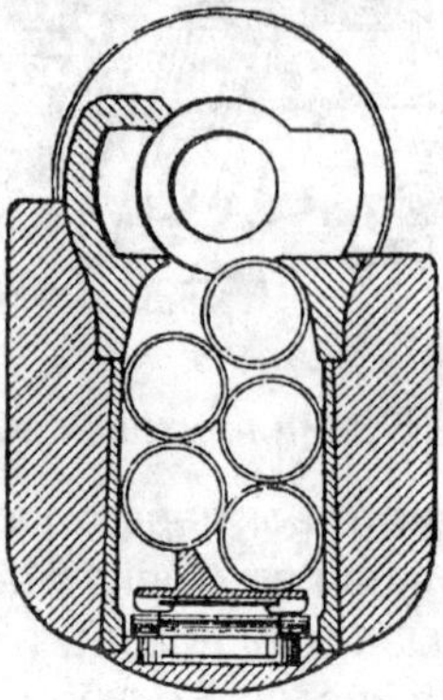

Рис. 49. *Серединный магазин с шахматным расположением патронов германской винтовки Маузера обр. 1898 г.*

Прицельные приспособления

В результате увеличения дальности боя новых винтовок их прицельные приспособления были рассчитаны на значительные дистанции — 2000 м и более. Вести на таких расстояниях прицельный огонь нереально, но прицелы могли использоваться при залповом огне, особенно при обстреле обратных склонов возвышенностей, на которых могут располагаться склады и резервы.

Все прицелы по характеру их устройства делятся на четыре вида: 1) откидные; 2) квадрантные; 3) рамочные и 4) секторные.

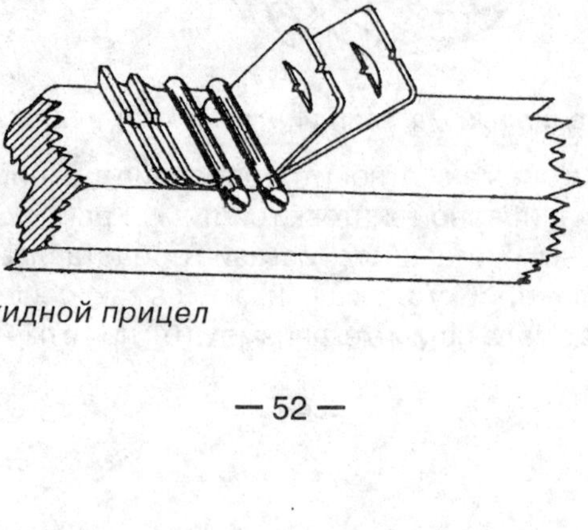

Рис. 50. *Откидной прицел*

Откидные прицелы весьма широко применялись в первых конструкциях нарезного стрелкового оружия. Благодаря исключительной простоте своего устройства такие прицелы можно встретить и в наши дни — в автоматических пистолетах, пистолетах-пулеметах и т.д. Особенно широкое применение этот прицел имеет в современном нарезном охотничьем оружии крупных калибров, поскольку, несмотря на свою примитивность, вполне удовлетворяет несложным требованиям охотников.

Откидной прицел состоит из нескольких пластинок с прорезями или отверстиями, каждая из которых соответствует одной или двум прицельным дальностям. Они сидят на осях и могут вращаться в пределах 90 градусов.

Их основными недостатками следует считать: 1) узкий и ограниченный диапазон прицельных дальностей; 2) неудобство эксплуатации (медлительность в установке).

Квадрантный прицел также имеет сравнительно давнее происхождение. Его устанавливали, например, на Литтихском штуцере 1843 года. Прицел состоит из колодки, укрепляемой непосредственно на стволе, прицельной планки и шарнира. Шкала прицельных дальностей (дистанций) нарезана в долях окружности, численные значения которых в шагах, метрах или ярдах нанесены на поверхностях гребней колодки.

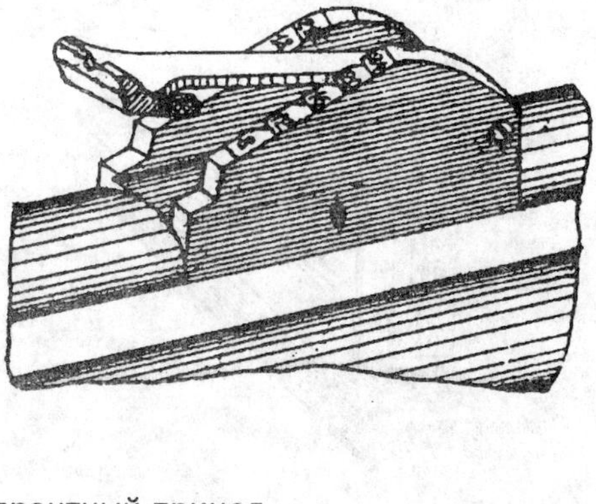

Рис. 51. *Квадрантный прицел*

Прицелы этого типа устанавливались на боевых образцах стрелкового оружия в течение более чем полувека. Они применялись в первых образцах магазинных винтовок почти до конца 90-х годов XIX века и даже позже.

У квадрантных прицелов, по сравнению с откидными, было весьма существенное преимущество, которое явилось поводом к их распространению в стрелковом оружии: прицел имел только одну прорезь. Это значительно ускоряло и упрощало обращение с прицельными приспособлениями, в особенности при переносе огня по глубине. Наряду с этим имелись и недостатки, главным из которых следует считать мелкий шаг шкалы дистанций прицеливания. Нанесенные численные значения шкалы были столь мелкими, что сильно затрудняло быструю установку прицела в боевых условиях, особенно в сумерки. Кроме того, ненадежным и непрочным было удержание прицельной планки в различных положениях заданных дистанций. Попытки усовершенствования этого прицельного приспособления не дали удовлетворительных результатов.

Рамочный прицел, пришедший на смену предыдущему, благодаря своим конструктивным особенностям имеет настолько большой и удобный шаг шкалы прицельных дальностей, что при некотором навыке со стороны стрелка можно легко устанавливать любую дистанцию, не наблюдая за численными значениями шкалы прицельной рамки. Это обстоятельство имеет исключительно большое значение, поскольку стрелок, не прерывая наблюдения за целью, может устанавливать прицел на требуемую дальность.

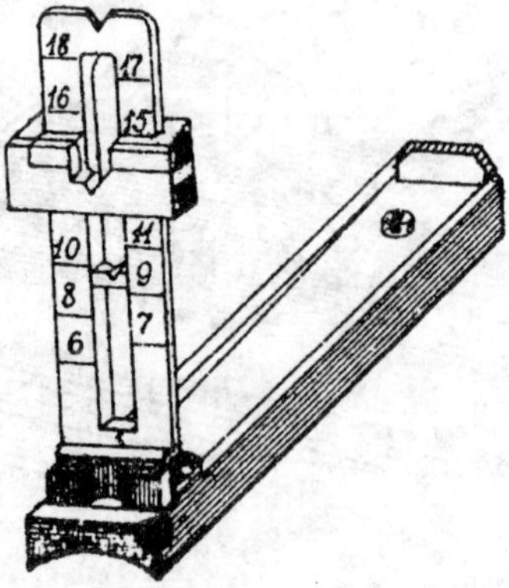

Рис. 52. *Рамочный прицел*

Рамочный прицел состоит из колодки, укрепленной непосредственно на стволе или на задней перемычке ствольной коробки (для удлинения прицельной линии), прицельной рамки со шкалой прицельных дальностей (дистанций), хомутика, при помощи которого устанавливаются углы прицеливания, и пружины, удерживающей прицельную рамку в двух положениях: опущенном (горизонтальном) и приподнятом (вертикальном).

Основными недостатками рамочных прицелов следует считать: 1) наличие нескольких прорезей для прицеливания, во всяком случае, не менее двух, а чаще три и более; 2) большая чувствительность к толчкам и даже незначительным ударам, в особенности при вертикальном положении прицельной рамки; 3) неравномерность шкалы: мелкие деления на меньшие дистанции и большие — на дальние.

Рамочный прицел, в силу своих конструктивных особенностей, требует от стрелка некоторой тренированности. Он должен всегда помнить, какой прицельной дальности соответствует та или другая прорезь прицельной рамки, поскольку в противном случае все преимущества этого прицела будут сведены к нулю.

По своему устройству рамочные прицелы делятся на собственно рамочные и ступенчато-рамочные.

Из всех разновидностей открытых прицельных приспособлений наиболее удачное конструктивное оформление получил так называемый секторный прицел, появившийся в конце XIX века в результате продолжительной эксплуатации магазинных винтовок малых калибров. В его устройстве почти полностью устранены перечисленные выше недостатки, поэтому позднейшие образцы магазинных винтовок используют именно эту конструкцию (сюда относится и знаменитая российская винтовка 1891/30 года, которая при модернизации в 1930 году, помимо всего прочего, получила и секторный прицел). Его прицельная планка имеет только одну прорезь для прицеливания. Кроме того, она имеет равномерную шкалу дистанций, полученную благодаря подбору кривизны направляющей колодки, что делает секторный прицел очень удобным в применении.

Рис. 53. *Секторный прицел*

Ни одно прицельное приспособление, предшествующее секторному, не может сравниться с ним по прочности и надежности. Он устроен таким образом, что при всех возможных положениях его прицельная планка покоится на двух опорах: горизонтальной оси и хомутике. Опыт прошедших мировых войн показал, что именно секторные прицелы наиболее безотказно работали в самых тяжелых боевых и походных условиях.

Следует упомянуть, что все открытые прицелы имеют один общий недостаток, объясняющийся тем, что в силу особенностей человеческого зрения оказывается невозможным одновременно четко видеть три объекта (точки) — прорезь, мушку и цель. Глаз может приспосабливаться к четкому рассмотрению разноудаленных предметов, но не к одновременному, а к последовательному.

Этот недостаток в значительной степени устраняется применением уже упомянутых секторных прицелов, у которых вместо прорезей устанавливаются круглые отверстия. Такие прицелы называются диоптрическими. Малые диаметры отверстий (от 1 до 2 мм) фиксируют глаз стрелка в определенном месте и позволяют наводить на цель только мушку. В этом, а также в возможности получения большей длины прицельной линии (поскольку прицелы располагаются на оружии по возможности ближе к глазу стрелка) и заключаются преимущества диоптрических прицелов перед открытыми. Недостатком рассматриваемых прицелов является то, что они ограничивают поле зрения и снижают яркость изображения цели, силу малой светосилы, что делает их неудобными в условиях плохой видимости.

И наконец, наилучшими прицелами для винтовок являются оптические прицелы, которые будут рассмотрены в отдельной главе.

Как правило, винтовки оснащаются подвижными мушками, которые могут перемещаться по горизонтали. После пристрелки они фиксируются при помощи кернения и больше не перемещаются. В большинстве моделей мушки защищаются от случайных ударов и солнечных бликов намушниками самых различных конструкций.

При этом следовало бы привести высказывание полковника Н. Волоцкого, сделанное им при анализе результатов войн начала XX века: «При стрельбе в бою окружающая стрелка обстановка так на него действует, что о правильном прицеливании или об установке прицела не может быть и речи, а выстрелы направляются под одним и тем же углом, который определяется удобством держания ружья при прикладке».

Конструкции винтовок, разработанные к началу Первой мировой войны (1914–1918 гг.)

Можно сказать, что вся история обычных магазинных винтовок закончилась с созданием нескольких образцов, разработанных ведущими мировыми оружейными фирмами в конце XIX — начале XX века. Правда, после Второй мировой войны было разработано несколько новых систем, отличавшихся дешевизной, надежностью и устранением недостатков, присущих моделям предыдущего времени. Однако эти конструкции были рассчитаны в основном на промежуточный патрон уменьшенной мощности, который создавался для автоматического оружия нового поколения. Поэтому ниже будут приведены данные о винтовках, выпускавшихся наибольшими партиями и показавшими наилучшие результаты в период самых кровопролитных войн в истории человечества.

Рис. 54. *Винтовка Маузера обр. 1898 г.*

Рис. 55. *Вильгельм Маузер (1834–1882)* *Пауль Маузер (1838–1914)*

Немецкие конструкторы стрелкового оружия братья Вильгельм и Пауль Маузеры были последними из 13 детей оружейного мастера Франца Маузера из города Оберндорфа-на-Некаре. С 12 лет они начали помогать отцу в его мастерской. Но впоследствии, после смерти отца, семья почти разорилась, и именно в это время вернувшийся из армии Пауль занялся разработкой конструкции винтовки под металлический унитарный патрон. В этом его активно поддержал брат Вильгельм, который, будучи изобретателем, проявил недюжинные способности к коммерции, что в дальнейшем предопределило разделение их обязанностей. Уже в первой модели винтовки Маузера (1865 г.) были определены основные конструктивные решения, которые доводились и совершенствовались в течение тридцати лет — затвор с поворотом при запирании с боевой пружиной в рукоятке, а также вся конструкция винтовки в целом. Но лишь в 1871 году в условиях жесточайшей конкурентной борьбы с фирмой Дрейзе-младшего на вооружение объединенной германской армии была принята винтовка Маузеров калибра 11 мм. Основная особенность новой конструкции состояла в прочном продольно-скользящем затворе. Ударник взводился не при запирании канала ствола, а при его открывании. Особый винтовой скос остова затвора с поворотом рукоятки оттягивал ударник назад, сжимая надетую на него стальную боевую пружину. Кроме того, братьями Маузер был разработан механизм предварительного сдвига гильзы после выстрела, что предупреждало возможность заклинивания гильзы в патроннике.

Все заботы по организации производства, рекламе, снабжению и «выбиванию» заказов взял на себя старший брат. А с началом серийного выпуска винтовок (1872 г.) были сняты последние претензии армейских критиков — Маузер снабдил свое детище простым флажковым, смонтированным в затворе предохранителем. В начале производства в мастерской Маузеров трудилось около 50 рабочих при двух паровых машинах, после чего завод расширился до такой степени (часть станочного парка была изготовлена по чертежам Пауля), что фирма принимала заказы до полумиллиона винтовок из самых различных стран. Причем для каждой из стран-заказчиц разрабатывались модификации с учетом требований и материальных ресурсов заказчика.

В 1884 году после смерти старшего из братьев завод был преобразован в акционерное общество, вследствие чего Пауль мог полностью сосредоточиться на создании новых образцов оружия.

В дальнейшем с появлением бездымного пороха фирма разработала и в 1888 году начала выпуск пятизарядной магазинной винтовки калибра 7,91 мм с пачечной системой заряжания (так называемая «модель Маузер и Комиссия»). В дальнейшем (1893 г.) на «испанский» Маузер стали устанавливать приведенный на рисунке простой и надежный магазин с шахматным расположением патронов, полностью спрятанный в ложе винтовки.

Последующие поиски наиболее рациональной конструкции и калибра привели к тому, что в 1898 году после всесторонних проверок германская армия приняла на вооружение 7,92-мм винтовку Маузера под названием «пехотная винтовка 98». Именно в этой конструкции и были воплощены все конструкторские достижения Маузера. К этому необходимо добавить, что в 1904 году патрон «88» с тупоконечной пулей получил усовершенствованную в аэродинамическом отношении пулю «S» («Spitzgeschoss») и соответствующее обозначение «S»-патрон. Использованная при этом новая форма пороховых зерен, не изменяя объема гильзы, позволила увеличить заряд, повысить давление в канале ствола до 3200 атм и довести начальную скорость облегченной пули до 875 м/с.

Сам же Пауль Маузер в 1898 году стал депутатом рейхстага, в 1901 году потерял левый глаз при испытаниях своего знаменитого пистолета («товарищ Маузер»), а в 1902 году стал почетным гражданином своего родного города Оберндорфа.

Знаменитый конструктор скончался у себя на родине 29 мая 1914 года, за два месяца до начала Первой мировой войны, в которой его конструкции сыграли столь выдающуюся роль.

В Германии много лет на вооружении находилась винтовка системы **Маузера** образца 1898 года:

- калибр — 7,92 мм;
- затвор — скользящий, прямого действия, с поворотом при запирании;
- начальная скорость пули — 890 м/с;
- вес пули — 10 г;
- прицельная дальность — 2000 м;
- прицел — секторный;
- магазин — вертикальный, с шахматным расположением патронов;
- число патронов в магазине — 5;
- штык — клинковый с пилой;
- способ крепления штыка — к цевью;

- защита руки от ожога — ствольная накладка;
- длина ствола — 740 мм;
- общая длина без штыка — 1250 мм;
- число нарезов — 4;
- длина хода нарезов — 240 мм;
- вес без штыка — 4,1 кг.

Магазинная винтовка Маузера благодаря своим высоким баллистическим, техническим и эксплуатационным свойствам была очень распространена в самых различных армиях мира. Помимо самой Германии, она была принята на вооружение в Бельгии (модель образца1899 г.), Испании (модель образца 1893 г.), Швеции (мод. образца 1993 г.), Мексики (мод. образца 1902 г.), Турции (модель образца1903 г.), Чехословакии (модель образца 1924 г.), Югославии (модель образца 1924 г.), Польши (модель образца 1929 г.), причем все эти модели отличаются только калибрами. Необходимо упомянуть, что система Маузера (часто ее называют просто «98») получила распространение не только как армейское, но и охотничье, и даже спортивное оружие и с успехом вошла даже в XXI век.

Затвор винтовки Маузера очень прост и, что характерно для винтовок этого поколения, разбирается и собирается без инструментов, причем большинство самых современных зарубежных моделей снайперского оружия с продольно-скользящими затворами продолжают использовать конструкцию Маузера практически без изменений.

Магазин винтовки также прост и надежен. Он заряжается при помощи обоймы.

Перед началом Первой мировой войны винтовка получила секторный прицел.

В дальнейшем было выпущено несколько модификаций этой винтовки, включая карабины нескольких вариантов, предназначенные для кавалерии, пеших артиллеристов, саперов и вспомогательных войск (индекс «а») и модель «98к» — укороченная, часто неправильно называемая карабином, которая стала основным оружием Вермахта с 1935 года, периода подготовки к Второй мировой войне. Эта модель имела более совершенную систему заряжания и ложу из более дешевых сортов дерева.

Рис. 56. *Немецкий офицер стреляет из снайперской винтовки Маузера («98к») на советско-германском фронте*

Кроме того, система Маузера сохраняет принципы своего устройства в конструкциях другого наименования (винтовки Ли — Энфилда образца 1914 г., Спрингфельда образца 1903 г., Арисака образца 1905 г.), принятых на вооружение армиями Англии, США и Японии. Устройство этих винтовок почти ничем не отличается от магазинного ружья системы Маузера, кроме конфигурации отдельных частей механизмов и калибра.

Естественно, что именно на винтовке Маузера немцы стали устанавливать оптические прицелы. Следует сказать, что при подготовке к Первой мировой войне все проектно-исследовательские и конструкторские работы велись с соблюдением предельной секретности. В конечном счете это привело к тому, что до середины 1915 года снайперских винтовок не было ни у одной из воюющих сторон.

Рис. 57. *Винтовка Ли — Энфилда № 4*

Рис. 58. *Снайперская винтовка Ли — Энфилда № 4 МК 1(Т)*

В Англии была принята на вооружение винтовка системы **Ли — Энфилда** образца 1914 года. Эта винтовка имеет следующие технические характеристики:

- калибр — 7,71 мм;
- начальная скорость пули — 740 м/с;
- вес пули — 11,27 г;
- прицельная дальность — 1510 м, по дополнительному боковому прицелу — 2380 м;
- затвор системы Маузер прямого действия с поворотом при запирании, с ударным механизмом и выбрасывателем;
- магазинная коробка вертикальная, с расположением патронов в шахматном порядке, с подающим механизмом;
- длина без штыка — 1170 мм;
- вес без штыка — 4,15 кг;
- длина ствола — 660 мм;
- длина хода нарезов — 250 мм;
- магазин на 5 патронов, из которых в случае закрытого затвора один находится в патроннике;

- штык клинковый;
- винтовка пристреляна без штыка.

Винтовка системы Ли — Энфилда мало чем отличается от винтовки системы Маузера, за исключением прицельного приспособления и устройства других второстепенных деталей оружия.

Этому образцу предшествовала винтовка аналогичного наименования образца 1903 года, отличавшаяся устройством запорного механизма.

Рис. 59. *Магазинная винтовка системы Спрингфельда обр. 1903 г.*

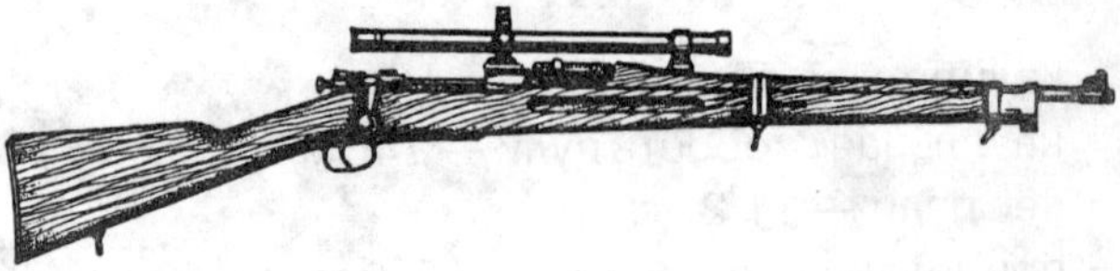

Рис. 60. *Снайперская винтовка Спрингфельда обр. 1903 г. времен Первой мировой войны*

Винтовка системы **Спрингфельда** образца 1903 года отличается от винтовки системы Маузер 1898 года лишь устройством немногих деталей.

- калибр — 30 (7,62 мм);
- начальная скорость пули — 820 м/с для легкой пули и 80 м/с для тяжелой;
- прицельная дальность — 2600 м;
- затвор скользящего типа с запирающим и ударным механизмами, затворной задержкой и отражателем;

- длина без штыка — 1100 мм;
- вес без штыка — 3,94 кг;
- длина ствола — 595 мм;
- длина хода нарезов — 254 мм;
- магазин на 5 патронов, из которых в случае закрытого затвора один находится в патроннике;
- штык клинковый;
- винтовка пристреляна без штыка.

Поскольку первоначально винтовка выпускалась под патрон с тупоконечной пулей, с 1906 года начали выпускать винтовку под остроконечную пулю калибра 30–06. Вследствие изменения патронника старые патроны под нее не подходят. На эту модификацию устанавливается рамочный прицел с двумя прорезями и диоптром на хомутике, который допускал не только вертикальное, но и горизонтальное перемещение. Такая модель получила наименование «Спрингфельд калибра 30–06 М 1903». В 1929 году была разработана модификация, модель M1903 AI с шейкой ложи пистолетного типа и с намушником цилиндрической формы.

Позже была выпущена модель снайперского типа, которая имела только шестикратный оптический прицел без открытого варианта и пистолетную шейку ложи. Эта модель получила наименование «Спрингфельд М 1903 А4» и прошла очень жесткие боевые испытания на полях Второй мировой и корейской войн.

Магазинная винтовка системы Арисака образца 1905 г., Япония

Эта винтовка была принята на вооружение японской армией вместо образца 1897 года того же наименования после окончания русско-японской войны (1904–1905 гг.). Она разработана после двухлетней эксплуатации конструкции 1897 года в условиях боевой и походной службы на маньчжурском театре военных действий. Особенностью последнего были сильные ветры с тучами мелкого песка, который, проникая во все незакрытые механизмы оружия, выводил его из строя. Поэтому покрытие ствольной коробки новой модели надежно защищало от засорения не только коробку, но и затвор.

3 - 7418 Секулич

Рис. 61. *Винтовка Арисака*

В устройстве затвора системы Арисака образца 1905 года, являющейся усовершенствованной конструкцией Маузера, японцы добились превосходства над затворами всех существующих до тех пор магазинных ружей как по количеству деталей, так и по простоте его сборки и разборки:

- калибр — 6,5 мм;
- начальная скорость пули — 730 м/с;
- вес пули — 9,02 г;
- прицельная дальность — 2400 м;
- длина без штыка — 1270 мм;
- вес без штыка — 3,9 кг;
- длина ствола — 789 мм;
- длина хода нарезов — 200 мм;
- магазин на 5 патронов, из которых в случае закрытого затвора один находится в патроннике;
- штык — клинковый;
- винтовка пристреляна без штыка.

Винтовка системы Манлихера образца 1895 г., Австрия

С 1885 года фирма «Манлихер» создала целый ряд конструкций винтовок и карабинов, начиная с калибра 11 мм под патрон на дымном порохе. Винтовки отличались конструкцией затворов, которые открывались и закрывались без поворота рукоятки. В силу целого ряда конструктивных недостатков от всех этих систем пришлось отказаться, и в конечном итоге были созданы и винтовка, и кавалерийский карабин, и пехотный штуцер.

Рис. 62. *Винтовка «Манлихер» с затвором прямого движения*

Характеристики:

- калибр — 8 мм;
- начальная скорость пули — 620 м/с;
- магазин — вертикальный, с однорядным заряжанием пачкой;
- число патронов в магазине — 5;
- прицел — рамочный;
- штык — клинковый;
- защита руки от ожога — ствольная накладка;
- длина ствола — 765 мм;
- общая длина без штыка — 1270 мм;
- число нарезов — 4;
- длина хода нарезов — 250 мм;
- дальность прицельного огня — 2250 м;
- вес без штыка — 3,65 кг.

В разработанной в 1895 году винтовке Манлихера затвор состоит из стебля и поворотной боевой личинки с двумя боевыми выступами и винтовыми пазами, в которые входят внутренние выступы стебля, причем при смещении назад рукоятки затвора стебель заставляет боевую личинку поворачиваться и выходить из зацепления со стволом. Такая винтовка пачечного заряжания выпускалась с 1895 по 1919 год.

Магазинная винтовка системы Лебеля образца 1907/1915/1916 гг., Франция

Характеристики:

- калибр — 8 мм;
- начальная скорость пули — 700 /м;
- вес пули — 12,8 г;

- затвор — прямого действия с поворотом при запирании патронника, с запирающим и ударным механизмом и выбрасывателем;
- вертикальная магазинная коробка с однорядным расположением патронов, спусковой скобой, подающим и спусковым механизмами, защелкой обоймы и зубом отражателем;
- прицельная дальность — 2400 м;
- длина без штыка — 1307 мм;
- вес без штыка — 4,2 кг;
- длина ствола — 804 мм;
- длина хода нарезов — 240 мм;
- магазин на 3 и 5 патронов; в случае закрытого затвора один патрон помещается в патроннике;
- штык — колющий, четырехгранный;
- винтовка пристреляна без штыка.

Рис. 63. *Винтовка системы Лебеля обр. 1916 г.*

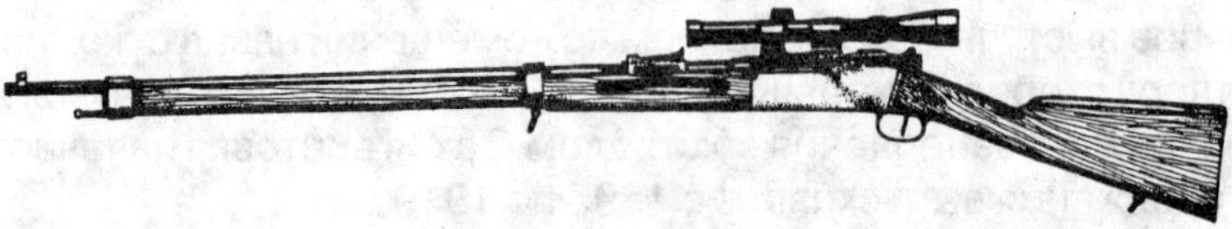

Рис. 64. *Снайперская винтовка Лебеля мод. 1886/93 г. времен Первой мировой войны*

8-мм магазинная винтовка системы Лебеля образца 1886 года была одной из первых винтовок уменьшенного калибра, стрелявших бездымным порохом. Однако вследствие имевшихся недостатков конструкции (особенно подствольного магазина) уже в 1890 году начались различные изменения.

Наконец в 1907 году была разработана такая конструкция, в которой принят магазин, наполняемый патронами, вставляемыми в коробку вместе с обоймой на 3 и 5 патронов. По устройству затвора, спускового механизма, прицельного приспособления и т.д. эта винтовка не отличалась от предыдущих моделей. В дальнейшем винтовка была модернизирована в 1915 и 1916 годах и в таком виде состояла на вооружении французской армии до внедрения самозарядного оружия.

Русская винтовка образца 1891/30 г., Россия

Русская трехлинейная винтовка системы С.И. Мосина показала себя одной из лучших и неприхотливейших винтовок своего времени. После незначительной модернизации в 1910 и 1930 годах она прослужила в русской, а затем советской армиях свыше 50 лет и была заменена принципиально иными системами огнестрельного оружия.

Рис. 65. *С.И. Мосин (1849–1900)*

Сергей Иванович Мосин родился на станции Рамонь Воронежской губернии 2 апреля 1849 года в семье отставного армейского подпоручика. По окончании Воронежского кадетского корпуса С.И. Мосин поступил в 3-е военное Александровское училище, откуда был переведен в Михайловское артиллерийское училище, которое и окончил по первому разряду в 1870 году в чине подпоручика и был назначен во вторую резервную конную артиллерийскую бригаду. Отслужив два года, молодой офицер, любивший технику и точные науки, почувствовал потребность получить инженерное образование. Он успешно сдал экзамены в Михайловскую артиллерийскую академию, его успехи в учебе были отмечены золотой медалью, а по окончании курса Мосин попросил направить его на службу в Тулу, на императорский оружейный завод.

Служба Мосина складывалась таким образом, что ему пришлось побывать помощником начальника или же начальником почти всех основных мастерских завода. Он успешно справлялся со своими обязанностями, в короткий срок проявил себя хорошим организатором производства, технологом и руководителем. 5 марта 1880 года штабс-капитан С.И. Мосин был назначен начальником одной из самых крупных для завода мастерских — инструментальной. В этой мастерской изготавливались опытные образцы магазинных винтовок отечественных и иностранных конструкторов, вследствие чего Сергей Иванович был осведомлен о ходе работ по созданию нового оружия. В 1882 году он занялся самостоятельной изобретательской работой по проектированию собственной винтовки.

Интенсивные работы по созданию магазинной винтовки велись в России с 1883 года, когда была создана «Особая комиссия по испытанию магазинных ружей»; помимо всех прочих, в состав этой комиссии был назначен и начальник оружейной мастерской Тульского оружейного завода С.И. Мосин.

Первоначальные действия комиссии, так же, как и за границей, заключались в испытаниях различных образцов магазинных винтовок, переделываемых из 4,2-линейных системы Бердана № 2, а также различных иностранных образцов.

Из винтовок русских изобретателей особое внимание было обращено на образец оружейного мастера Квашневского с подствольным магазином и С.И. Мосина с реечным магазином в прикладе, из иностранных — системы Маузера образца 1871/84 года и Гра — Кропачека образца 1874/85 года.

Ввиду крайней важности сведений, полученных от русского агента во Франции о принятии в 1886 году для французской армии магазинной винтовки, стреляющей патроном с бездымным порохом, комиссия значительно усилила работы по изучению и исследованию главных элементов нового патрона: нового пороха, пули и гильзы.

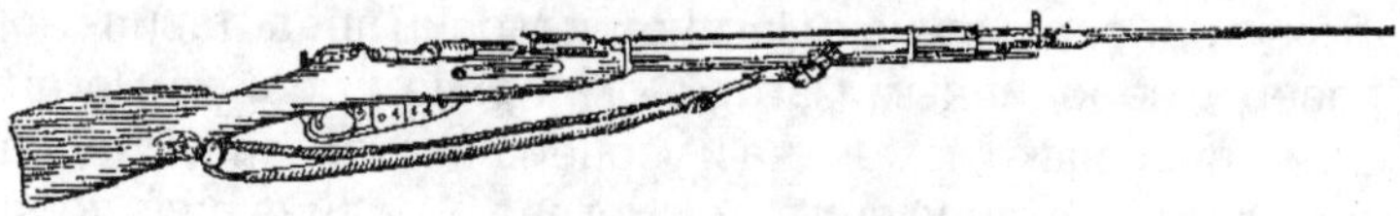

Рис. 66. *Русская 7,62-мм винтовка образца 1891/30 г.*

Уже в 1887 году С. Мосин попросил разрешение на прекращение всех своих работ по переделке винтовок Бердана и на проектирование новой малокалиберной винтовки, первоначально также с реечным магазином в прикладе, под новые патроны, разработанные к тому времени комиссией. В 1889 году Бельгиец Наган представил в России свою систему винтовки с серединным механизмом, стрелявшую патронами с бездымным порохом, калибром 8 мм. Магазин заряжался из обоймы, которая была так названа в отличие от пачки; из обоймы патроны выдавливались пальцем в магазин, как это производилось и далее в винтовке калибром 7,62 мм, и затем стрелок выбрасывал пустую обойму.

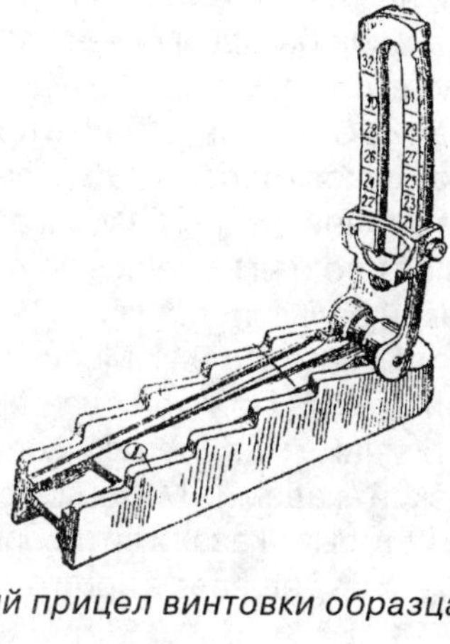

Рис. 67. *Рамочный прицел винтовки образца 1891 г.*

Обойма по сравнению с пачкой, которая вставлялась в магазин вместе с патронами и по израсходовании патронов проваливалась в открытое окно снизу магазина, имела то преимущество, что вес ее был меньше, а это давало некоторый выигрыш в отношении носимого стрелком запаса патронов. Вследствие указанного преимущества было отдано предпочтение винтовкам, заряжаемым из обоймы.

Почти одновременно с Наганом и Мосин представил свой образец с серединным магазином, причем обойма Нагана была им несколько изменена и усовершенствована. Предварительные испытания винтовок Нагана и Мосина дали хорошие результаты, и было решено заказать по 300 таких магазинных винтовок. Для сравнения преимуществ магазинных винтовок было заказано и 50 однозарядных винтовок, стрелявших малокалиберными патронами с бездымным порохом.

В октябре 1890 года были начаты испытания всех этих систем в нескольких войсковых частях.

При этом трехлинейные винтовки показали гораздо большую точность.

При стрельбе на скорость в две минуты в среднем выпускалось: из винтовки Нагана — 26,5, из винтовки Мосина — 29,6 пуль. Приблизительно такое же соотношение было зафиксировано и по другим показателям, кроме поломок. Здесь показатели системы Нагана были лучше, что объяснялось отличным качеством произведенных на его собственной фабрике образцов, в то время как Мосин был вынужден изготавливать свое оружие в крайней спешке, что, конечно, ухудшило качество.

Но к концу испытаний С. Мосин дополнительно представил улучшенный образец в количестве 300 экземпляров, также подвергнутый всесторонним испытаниям; этот образец оказался несколько более простым и дешевым в изготовлении по сравнению с винтовкой бельгийца.

16 апреля 1891 года винтовка С.И. Мосина была принята на вооружение русской армии. При этом на решение комиссии оказало серьезное влияние мнение таких ее членов, как профессор артиллерийской академии Михайловский и математик, академик Чебышев, которые указали, что мосинская конструкция проще, технологичнее дешевле в производстве, чем бель-

гийская. После показа винтовки императору Александру III последовало высочайшее утверждение, и система была принята на вооружение, но под наименованием «русской 3-линейной винтовки образца 1891 г.».

В дальнейшем С.И. Мосин был назначен начальником Сестрорецкого оружейного завода, на котором также выполнялись заказы по перевооружению русской армии новой винтовкой. В 1900 году он получил звание генерал-майора. К 1 января 1903 года фактически закончилось перевооружение русской армии новыми трехлинейными винтовками — их было выпущено около трех миллионов штук. Но С.И. Мосин не дожил до этого дня — он скончался от воспаления легких 26 января 1902 года в возрасте 52 лет.

По сравнению с первым магазинным малокалиберным образцом, принятым во Франции в 1886 году, утверждение магазинной винтовки для русской армии запоздало на 5 лет. В заслугу оружейных деятелей того времени, и главным образом Мосина, следует, однако, поставить то, что благодаря их трудам в 1891 году удалось разработать столь совершенную винтовку, что России в дальнейшем не пришлось прибегать к новому дорогостоящему перевооружению, как это оказалось необходимым почти всем остальным государствам. Франция заменила свой образец 1886 года на образец 1907 года, Германия образец 1888 года на модель 1898 года, Австро-Венгрия образец 1889 года на образец 1895 года, Англия образец 1889 года на образец 1914 года, Япония образец 1888 года на образец 1897 года и далее на модель 1905 года и т.д. Правда, последующая модернизация русской винтовки объясняется еще и выраженной нехваткой денежных средств как в дореволюционный период, так и при Советской власти.

В дальнейшем на вооружение русской армии были приняты модификации основной модели, а именно винтовки драгунского и казачьего образцов, а в 1907 году — карабин.

В то же время в соответствии с общемировыми тенденциями началось внедрение остроконечных пуль.

Впервые патрон с остроконечной пулей был принят в Германии в 1904 году. При этом начальная скорость полета пули увеличилась с 620 м/с до 860 м/с с попутным значительным улучшением баллистических качеств оружия. Все это было достигнуто путем облегчения веса пули и увеличения заряда пороха.

Патрон с остроконечной пулей для нашей 7,62-мм винтовки был разработан и принят на вооружение в 1908 году. По сравнению с прежней тупой пулей он давал увеличение начальной скорости с 615 до 860 м/с, дальность прямого выстрела по головной цели с 300 м до 423 м и максимальную прицельную дальность с 2700 шагов до 3200 шагов.

Дальнейшая модернизация этой винтовки продолжалась уже в советское время. Прежде всего в 1922 году произошел переход от трех типов винтовки (пехотной, драгунской и казачьей) к единому типу — драгунскому.

В 1930 году произошла наиболее радикальная модернизация винтовки:

- система крепления штыка была улучшена путем внедрения защелки Кабакова и Камарницкого;
- на винтовке установлен секторный прицел;
- установлены раздвижные пружинные ложевые кольца;
- отсечка-отражатель сделана из двух разделяющихся частей, более простых в изготовлении — пружинной части и лопасти.

Модернизации подверглись и более мелкие детали оружия.

После этого винтовка получила наименование винтовки образца 1891/30 года.

С принятием на вооружение винтовки нового образца и в соответствии с общим прогрессом вооружения была разработана снайперская винтовка, которая отличалась от стандартного образца значительно лучшей отделкой канала ствола и других деталей, что является обязательным условием для повышения кучности боя, более строгими допусками при изготовлении, установкой оптического прицела и изменением формы рукоятки затвора.

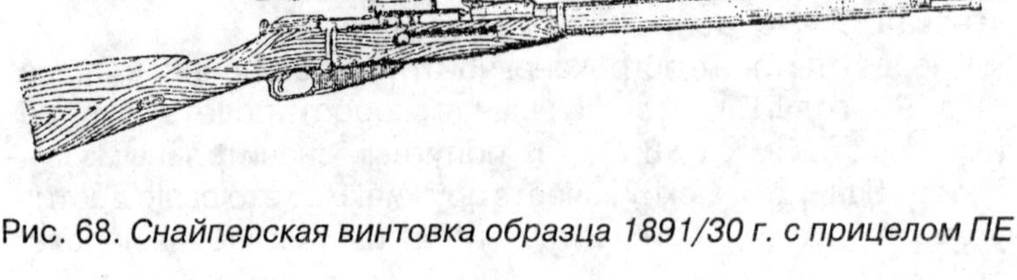

Рис. 68. *Снайперская винтовка образца 1891/30 г. с прицелом ПЕ*

На снайперской винтовке отсутствовал штык, а оптический прицел ПЕ кратностью х 4 устанавливался при помощи специального кронштейна, в свою очередь закрепляемого винтами над магазинной коробкой. Следует отметить, что расположенный над окном для заряжания оптический прицел не дает возможности пользоваться обоймой и заряжание производится по одному патрону, но в силу специфики работы снайпера это обстоятельство не является недостатком конструкции.

В дальнейшем в 1938 году был принят на вооружение карабин, являющийся укороченным вариантом винтовки 1891/30 года, а в 1944 году — карабин с откидным штыком.

- Калибр — 7,62 мм;
- начальная скорость пули — 865 м/с;
- затвор прямого действия с поворотом при запирании, с запирающим и ударным механизмами, предохранительным приспособлением и выбрасывателем;
- вертикальная магазинная коробка с однорядным расположением патронов, с подающим механизмом;
- вес пули — 9,6 г;
- длина со штыком — 1660 мм;
- длина без штыка — 1227 мм;
- масса со штыком — около 4,5 кг;
- длина ствола — 729 мм;
- защита руки от ожога — ствольная накладка;
- число нарезов — 4;
- длина хода нарезов — 240 мм;
- магазин на 5 патронов, из которых один в случае закрытия затвора находится в патроннике;
- штык — четырехгранный, колющий.

По причине отставания оптической промышленности и несовершенства имевшихся конструкций оптических прицелов, на фронтах Первой мировой войны снайперы стали появляться только с середины 1915 года. Первые снайперы были вооружены немецкой винтовкой системы Маузера. Именно снайперы стали наносить противнику заметный урон в условиях маломаневренной «окопной» войны, которая характеризовала и западный и восточный театры военных действий. Англичане первыми ощутили на себе активность немецких снайперов и ускорили создание снайперских систем. То же относилось и к французам.

В то время англичане заметили, что стоило только комунибудь из их солдат выглянуть из окопа или бойницы, как тут же раздавался выстрел и неосторожный падал, сраженный немецкой пулей. Сначала это считали случайностью, но вскоре стало ясно, что здесь есть какая-то система. Выстрелы немецких стрелков губили десятки и сотни английских и французских солдат на широком участке фронта. Вскоре отрядом английских разведчиков, пробравшихся в расположение передовых позиций немцев, была захвачена группа немецких солдат, среди которых один был вооружен нарезным охотничьим штуцером с оптическим прицелом. На допросе пленный показал, что германское командование отобрало из числа бывших охотников-егерей и стрелков-спортсменов несколько сот отличных стрелков, обучило их искусству маскировки и вооружило винтовками с оптическими прицелами. Ночью они выползали из окопов и, маскируясь непосредственно у переднего края противника, вели свой губительный огонь.

Англичане и французы учли боевые качества таких стрелков и очень быстро организовали под руководством майора Хескет Притчарда подготовку у себя таких же метких стрелков, которые впоследствии и были названы снайперами.

Чем же были вооружены такие стрелки-охотники?

Как уже говорилось, немцы использовали винтовки Маузера «98» калибра 7,92 мм с прицелами К. Цейса с четырехкратным увеличением. Впоследствии для этого стали применять укороченный вариант той же винтовки «98к» (курц — укороченный), которая показала свои прекрасные боевые качества уже на фронтах Второй мировой войны.

Рис. 69. *Винтовка «Маузер-98к»*

Англичане использовали винтовку «Ли-Энфилд» образца 1914 года калибра 7,71 мм с оптическим прицелом. Дальнейшее совершенствование этой модификации конструкции Маузера привело к созданию винтовки «Ли-Энфилд» с телескопическим прицелом № 4 MкI (Т).

Французы также применяли обычную свою винтовку Лебеля калибра 8 мм с оптическим прицелом.

Интересно, что японцы, пользуясь своей наиболее новой конструкцией Арисака образца 1905 года калибра 6,5 мм, применяли не оптический, а простой открытый прицел. Позже лучшие из японских стрелков стали получать винтовки «Арисака» калибра 7,7 мм — «модель 99» с рамочным прицелом. Вес этих винтовок составлял 3,96 кг, общая длина — 1280 мм, длина ствола 790 мм. Скорость вылета пули равнялась 750 м/с. Магазин этого оружия имел емкость в 5 патронов.

Наконец, американцы применяли снайперскую винтовку «Спрингфельд 1903А3» калибра 7,62 мм, которая почти без изменений использовалась во всех последующих войнах, включая вьетнамскую, на эту винтовку устанавливался оптический прицел фирмы «Варнер и Свессей» М1913.

Промежуточный период и Вторая мировая война

В период между двумя мировыми войнами интерес к снайперскому оружию заметно упал в большинстве ведущих стран. Однако, как и ранее, потребности рынка охотничьего и спортивного оружия заставили основные мировые фирмы разрабатывать все новые и новые системы как оружия, так и прицельных приспособлений и боеприпасов.

Тем не менее в ряде стран подготовка снайперов велась весьма активно.

Например, в Германии для нужд будущего Вермахта из соображений экономии для первоначальной подготовки снайперов широко использовались очень хорошие длинноствольные спортивные малокалиберные винтовки «Геко» моделей начала двадцатых годов с оптическими прицелами двукратного увеличения.

В Советском Союзе с модернизацией винтовки образца 1891 года и созданием оптической промышленности с конца 20-х годов в системе оборонного общества «Осоавиахим» началась активная подготовка стрелков, сопровождавшаяся массовым строительством тиров и стрельбищ, выпуском спортивного оружия и движением «Ворошиловских стрелков». Лучшие из стрелков, помимо получения соответствующего значка, допускались к освоению боевого снайперского оружия. С 1933 года был введен значок «Снайпер» общества «Осоавиахим», а позже, с 1938 года, выполнившие соответствующий норматив военнослужащие стали получать знак «Снайпер РККА». Тем не менее, несмотря на широчайшую подготовку стрелков, снайперскому делу уделялось достаточно мало внимания и, несмотря на создание в 1931 году собственной снайперской винтовки, снайперов готовилось явно недостаточное количество, что особенно проявилось во время финской кампании. И только на основании горького опыта зимы 1939–1940 годов началась интенсивная подготовка снайперских кадров.

Во время финской кампании 1939–1940 годов винтовки системы Мосина использовались при работе снайперов обеими сторонами: с советской стороны это были модернизированные винтовки с оптическим прицелом ПЕ четырехкратного увеличения. С финской стороны применялись также модернизированные винтовки образца 1891 года с оптическим прицелом. В Финляндии, стране с очень высокой культурой и популярностью стрельбы (финны были к тому времени многократными победителями мировых первенств и других международных соревнований по спортивной стрельбе), подготовка стрелков велась в многочисленных «шюцкоровских» организациях, так что неудивительно, что с началом боевых действий финские снайперы оказались очень хорошо подготовленными и нанесли советским войскам весьма серьезный урон. Нелишне отметить, что при своей подготовке финны уделяли очень большое внимание экипировке снайперов, и особенно искусству маскировки.

С началом Второй мировой войны снайперы действовали очень активно, и это заметно сказалось на ходе многих операций. Особенно отличились снайперы во время ведения позиционных действий. Известно, что героиня первого периода войны Людмила Павличенко уничтожила 309 вражеских солдат и офицеров. При обороне Сталинграда знаменитый снайпер В. Зайцев также уничтожил свыше трехсот врагов. На Ленинградском фронте в период блокады по инициативе заслуженного мастера спорта Д.П. Иванова использовались обычные малокалиберные винтовки. На дистанциях до 200 м в условиях окопной войны они позволяли метко поражать противника, оставаясь практически необнаруженными вследствие слабого звука выстрела и отсутствия вспышки. В то же время такое оружие применялось для снятия часовых и наблюдателей, а также при действиях разведгрупп в тылу врага. На Ленинградском фронте зародилось Всесоюзное движение снайперов под лозунгом «Что ни патрон — то немец». В 1942 году Президиумом Верховного Совета СССР был учрежден особый знак «Снайпер», которым награждались лучшие снайперы рядового и сержантского составов. Во время войны в тылу, да и на фронте, работали многочисленные курсы и школы по подготовке снайперов, а 21 мая 1943 года приказом Наркомата обороны за № 0367 была создана Центральная женская снайперская школа под руководством Н. Петровой, единственной женщины, впоследствии ставшей полным кавалером ордена Славы. Эта школа стала настоящей кузницей советских мастеров снайперского огня.

Конечно, во всех армиях мира снайперы пользовались в своих действиях относительной свободой выбора. Понятно, что главными их целями было уничтожение командного состава противника, пулеметчиков, наблюдателей, артиллерийских расчетов, экипажей бронетехники, неосторожно высунувшихся из люков и даже низколетящих самолетов. Что же касается так называемых снайперских дуэлей, то рассказы о них встречаются в широко распространенной мемуарной литературе и воспоминаниях очевидцев. Огромное значение имел моральный, а лучше сказать — деморализующий эффект работы снайперов в результате одного-единственного произведенного неизвестно откуда поражающего выстрела в, казалось бы, совершенно спокойной обстановке, и даже в тылу. Поэтому захваченного в бою стрелка со снайперской винтовкой в плен, как правило, не брали и уничтожали на месте.

Долгое время в Советском Союзе не знали мнения наших соперников во Второй мировой войне о советских снайперах. Однако сейчас, с появлением переводной мемуарной литературы, становится ясным, что немцы и их союзники высоко оценили профессиональную огневую и тактическую подготовку наших снайперов, их умение хорошо маскироваться и упорно выжидать подходящего момента для уверенного выстрела.

Следует сказать, что тактика снайперов была самой разнообразной — от работы в составе пехотного подразделения до «охоты» в паре или поодиночке. Зачастую это диктовалось сложившейся боевой обстановкой, но наиболее характерными были случаи свободного выбора места и цели в соответствии с наклонностями самого стрелка. В то же время в обороне на снайперов возлагались совершенно конкретные задачи в общей системе огня, как это случилось на Курской дуге летом 1943 года, когда в каждом пехотном полку были подготовлены и действовали специальные снайперские команды, занимавшие заранее указанные им позиции. И тем не менее даже в этом случае основными задачами этих отборных стрелков являлось уничтожение преимущественно решающих фигур нападавшей стороны.

Переход к самозарядному оружию

Поскольку настоящая книга рассматривает только оружие, которое при своем дальнейшем развитии использовалось в качестве снайперского, мы не будем останавливаться на самозарядных и автоматических системах, разрабатывавшихся как до Первой мировой войны, так и после нее, а перейдем к созданию самозарядных систем с оптическим прицелом.

Первым, кто начал разрабатывать самозарядные и автоматические винтовочные системы еще во времена дореволюционной России, был знаменитый инженер-оружейник В.Г.Федоров. Еще в период подготовки к Первой мировой войне он был направлен в командировку в Японию для отбора и закупки большой партии японских винтовок Арисака образца 1905 г. калибра 6,5 мм. И на основании изучения патронов к этой винтовке он первым пришел к выводу, что для разработки надежно работающей автоматической винтовки необходимо создание некоего промежуточного патрона меньшего калибра и мощности, что и доказало свою состоятельность через несколько десятков лет. В 1911 году он даже провел специальные исследования и предложил новую конструкцю патрона с уменьшенным калибром и гильзой без закраин. К сожалению, в то время это не было принято во внимание.

В советское время над созданием самозарядных винтовок трудились такие выдающиеся конструкторы-оружейники, как Ф.В. Токарев, С.Г. Симонов и Н.В. Рукавишников. Они предлагали достаточно надежо работающие системы, при оценке которых комиссия Министерства вооружения РККА руководствовалась не только их боевыми качествами, но и сложностью (технологичностью) изготовления и относительной величиной денежных затрат.

В результате Комитет Обороны 17 июля 1939 года принял решение сосредоточить усилия на создании самозарядной винтовки системы Токарева (СВТ). Конструктору удалось создать достаточно совершенную самозарядную винтовку, несмотря на слишком мощный патрон калибра 7,62 мм и выступающую закраину.

Эта винтовка прошла испытания во время советско-финской войны 1939–1940 годов, показала хорошие результаты и после некоторых улучшений 13 апреля 1940 года была принята на вооружение под наименованием «7,62-миллиметровая самозарядная винтовка системы Токарева образца 1940 г. (СВТ-40)».

Рассматриваемая винтовка действовала по принципу отвода пороховых газов, которые воздействуют на газовый шток, имеющий короткое продольное движение. Запирание канала ствола производится перекосом затвора вниз. Ударно-спусковой механизм куркового типа рассчитан на ведение только одиночного огня. Флажковый предохранитель подпирает спусковой крючок. Экстрагирование и отражение стреляной гильзы осуществляется подпружиненным выбрасывателем, смонтированным в затворе, и отражателем, жестко закрепленным на дне ствольной коробки. Питание патронами производится из отъемного коробчатого магазина на 10 патронов, расположенных в шахматном порядке. Магазин снаряжается из обоймы, вставляемой сверху в пазы крышки ствольной коробки. При израсходовании патронов затвор останавливается в крайнем заднем положении на затворной задержке и система остается открытой для последующего заряжания. Прицел секторного типа допускает ведение огня на дистанции до 1500 м. В целях повышения устойчивости винтовка была снабжена дульным тормозом-компенсатором. Для штыкового боя предусмотрено наличие клинкового штыка, который в обычных условиях носится в чехле на поясе стрелка.

Рис. 70. *7,62-мм самозарядная винтовка системы Токарева образца 1940 г.*

Несмотря на постоянную работу над совершенствованием этой конструкции, некоторых недостатков избежать все же не удалось. К ним относятся чувствительность к загрязнению, запылению, загустевшей смазке, к воздействию низкой и высокой температур, а также неудобство газорегулировки и возможность утери отъемного коробчатого магазина.

Кроме того, самозарядня винтовка Токарева образца 1940 года была принята на вооружение и в качестве снайперской винтовки. Снайперская самозарядная винтовка отличалась от основного образца только наличием кронштейна с оптическим прицелом новой конструкции — ПУ кратностью 3,5 на кронштейне, крепившемся с правой стороны магазинной коробки, и улучшенным исполнением (обработкой) канала ствола для повышения кучности боя. При испытаниях опытных самозарядных снайперских винтовок точность их стрельбы сопоставлялась с обычными самозарядными винтовками без оптического прицела и не сравнивалась с кучностью боя других снайперских систем, в результате чего не было учтено, что новая винтовка имеет гораздо большее рассеивание по сравнению с магазинной снайперской винтовкой образца 1891/30 года. Несмотря на обнаруженные в самозарядных винтовках недостатки, было решено путем незначительных конструктивных изменений добиться улучшения кучности их боя. Такая поспешность объясняется подготовкой к скорой войне. И действительно, начавшаяся вскоре война потребовала большого количества снайперских винтовок, а между тем производство снайперских винтовок образца 1891/30 года было приостановлено еще в 1940 году. Вместе с тем попытки усовершенствования снайперских самозарядных винтовок показали, что без коренной переделки всей системы выполнение этой задачи невозможно. Поэтому в начале 1942 г. было восстановлено производство магазинных снайперских винтовок образца 1891/30 года, а с 1 октября 1942 года выпуск снайперских винтовок СВТ-40 был прекращен. Следует упомянуть, что на выпускавшихся во время войны снайперских винтовках образца 1891/30 года устанавливались оптические прицелы как ПЕ, так и ПУ.

Устройство отечественных оптических прицелов будет рассмотрено в отдельной главе.

Со своей стороны немцы также пытались внедрить на фронте самозарядное прецизионное оружие. И неудачно: их автоматические винтовки FG-42 и «Вальтер» (Walther) кал. 7,92 мм (то есть под обычный винтовочно-пулеметный патрон) с оптическими прицелами оказались ненадежными и были быстро сняты с производства. Причем модель «Вальтер», выпущенная в 1943 году, была сконструирована на основе нашей известной самозарядной винтовки СВТ-40.

В США начиная с 1936 года начался серийный выпуск самозарядной винтовки «Гаранд». Она быстро завоевала популярность благодаря своей надежности и низкой стоимости. К ее недостаткам следует отнести наличие постоянного магазина пачечного заряжания, вследствие чего во время стрельбы магазин и механизм винтовки оказывались открытыми сверху. Кроме того, по израсходовании патронов пачка выбрасывалась из магазина и легко терялась в боевых условиях. Эта винтовка была выпущена в количестве свыше шести миллионов штук. На винтовку устанавливался и оптический прицел, после чего она использовалась в качестве снайперской. В качестве таковой она участвовала во Второй мировой войне, а также после войны, например, во Вьетнаме.

Технические характеристики

- калибр — 7,62 мм;
- используемый патрон — 7,62x63 (.30–06);
- полная длина — 1106 мм;
- длина ствола — 610 мм;
- вес (без оптического прицела) — 4,30 кг;
- нарезы — 4 правосторонних;
- емкость магазина — 8 патронов.

Рис. 71. *Самозарядная винтовка «Гаранд»*

Послевоенный период

Во время Корейской войны южнокорейско-американская сторона и северные корейцы с китайскими добровольцами были вооружены тем же снайперским оружием, что и во время Второй мировой войны. На той войне американцы использовали уже зарекомендовавшие себя винтовки «Спрингфельд» М1903 А3 и М1903 А4, а северокорейцы — нашу снайперскую винтовку образца 1891/30 года.

Как и обычно после больших войн, интерес к снайперским стрельбам в послевоенное время заметно снизился. И снова, как и раньше, основным стимулом к дальнейшему развитию конструкций прецизионных винтовок и оптических прицелов явился коммерческий интерес фирм, выпускающих спортивно-охотничье оружие.

Вторая половина XX века характеризуется следующими направлениями создания боевого снайперского оружия.

В послевоенный период были разработаны самозарядные (и автоматические) винтовки второго поколения, в большинстве стран называемые штурмовыми. Этому в первую очередь способствовало создание так называемых «промежуточных» патронов.

В Советском Союзе это был «патрон образца 1943 г.», разработанный Н. Елизаровым и Б. Семиным. Его основными данными были: калибр — 7,62 мм, масса патрона — 16,2 г, масса пули — 7,9 г, масса заряда — 1,6 г.

В дальнейшем в 1973 году на вооружение был принят патрон меньшего калибра — 5,45 x 39 мм, разработанный группой конструкторов под руководством В. Сабельникова. Этот патрон длиной 57 мм имеет пулю массой 3,4 г.

Здесь следует сделать оговорку: калибр 5,45 мм измеряется по расстоянию между полями нарезов, что соответствует нормальному диаметру канала ствола оружия в 5,6 мм.

С другой стороны, в 1963 году странами НАТО была принята на вооружение американская автоматическая винтовка «М16А1» калибра 5,56 мм, под патрон 5,56 x 45 НАТО, которая и стала родоначальницей всего нового класса оружия. При этом вес ее патрона равнялся 11,6 г, вес пули — 3,56 г.

Позднее, в 1982 году, этот патрон «М 193» был заменен бельгийским патроном «SS 109» с более тяжелой пулей, что и послужило причиной создания автоматической винтовки «М16А2».

Хотя на оружие этого типа и устанавливаются зачастую оптические прицелы, его все-таки нельзя рассматривать как снайперское (для него появился даже особый термин — «суррогатная снайперская винтовка»), и мы в основном не будем возвращаться к данному калибру в дальнейшем.

В 60-е годы XX века весь мир столкнулся с такими повсеместно распространившимися явлениями, как терроризм и вооруженная уголовная преступность. Следует упомянуть, что убийство президента США Д. Кеннеди в 1963 г. было осуществлено с использованием старой, но очень надежной винтовки времен Первой мировой войны «Манлихер-Каркано» калмбра 6,5 мм с установленным на ней оптическим прицелом. Знаменитый проповедник и правозащитник Мартин Лютер Кинг был убит в Америке также из снайперской винтовки.

Рис. 72. *Карабин М1891 TS «Манлихер-Каркано» кал. 6,5 мм*

Необходимость борьбы с террористическими и уголовными группами потребовала создания для полицейских антитеррористических образований и спецназа «бесшумного» оружия, т.е. снайперских винтовок с поглощением звука выстрела. Они могли эффективно поражать цели на расстоянии не более 400 м, но это было вполне достаточно для уничтожения преступников в городских условиях.

Для этих же целей в полицейских операциях многих стран, особенно там, где необходимо уничтожение целей при минимальном шуме в условиях многонаселенного города, применяются малокалиберные винтовки (5,6 мм бокового огня, или .22 LR) с оптическими прицелами. О таком оружии в России мы поговорим ниже.

Наконец, для обстрела крупных целей со значительных дистанций было создано снайперское оружие крупного калибра (не менее 12,7 мм). Оно предназначалось для поражения легкой бронетехники, ракетных установок, РЛС, самолетов на аэродромах, складов боеприпасов и даже вертолетов на расстояниях до 2000 м. Такое оружие не имеет разработанной концепции в системе вооружений и используется в качестве средства огневой поддержки своих войск и в различных диверсионных операциях, а не в качестве специализированного снайперского оружия. Как правило, точность боя таких систем приносится в жертву массо-габаритным характеристикам. Существует тенденция к дальнейшему увеличению калибра таких винтовок — вплоть до калибра 20 мм, что ставит под сомнение возможность перемещения таких монстров в условиях пехотной войны. Поэтому конструкторы зачастую предусматривают возможность разъема винтовки на две половины и переноски ее вдвоем. Кроме того, в моде сейчас и конструкция типа «буллпап» — с переносом магазина и затвора за спусковую скобу для повышения компактности всей системы. Нелишне упомянуть, что с увеличением калибра винтовок возрастает и вес переносимых снайперами на себе боеприпасов.

Ниже будет приведен (по странам) обзор оружия снайперского типа, использовавшегося или используемого в настоящее время всеми основными производителями этой недешевой техники.

Советский Союз (Россия)

Выше уже подробно рассказывалось об основном оружии русской и советской армий — винтовке системы С.И. Мосина, — и хотя она и не состоит сейчас на вооружении современной Российской Армии, ее нельзя сбрасывать со счетов при рассмотрении снайперского оружия; поэтому в главе об оптических прицелах приведены технические характеристики устанавливавшихся на эту винтовку прицелов ПЕ и ПУ.

Как уже говорилось, винтовки СВТ-40 при сравнительных испытаниях показали кучность в 1,5 худшую, чем винтовки образца 1891/30 года, в связи с чем были сняты с производства. Однако тенденции к созданию самозарядных винтовок, в том числе и снайперских, привели к тому, что начиная с 1958 года в СССР снова начались работы по созданию самозарядной снайперской винтовки, которая имела бы высокую скорострельность и высокую кучность боя и была бы снабжена современным оптическим прицелом. При этом такая винтовка должна была использовать в качестве боеприпаса старый армейский патрон 1908 года 7,62 x 54 с закраиной. Свои разработки на испытания представили два конструктора — Е.Ф. Драгунов и А.С. Константинов. Обе винтовки сразу же перекрыли заданный норматив по кучности боя. Однако в ходе испытаний была обнаружена масса поломок, задержек и отказов, в связи с чем обе системы прошли значительную стадию доработок с серьезными изменениями их конструкции. В конечном итоге по меткости стрельбы и кучности боя винтовка Драгунова показала свое преимущество и в 1963 году была принята на вооружение Советской Армии.

Евгений Федорович Драгунов (1920–1991) родился в Ижевске в семье потомственных оружейников: на Ижевском оружейном заводе работал еще его дед. Драгунов-младший в 1938 году после окончания индустриального техникума начал работать на оружейном заводе в качестве технолога ложевого цеха, но уже в 1939 году призывается на службу в армию. Именно там, в Дальневосточном военном округе, Драгунов, работая оружейным мастером, а затем и старшим оружейным мастером, получил большой практический опыт ремонта самого различного стрелкового и артиллерийского вооружения, отлично изучил все образцы стрелкового оружия. Много пришлось стрелять и ему самому, проверяя бой и пристреливая винтовки и пулеметы.

Рис. 73. *Е.Ф. Драгунов (1920–1991)*

После демобилизации из Советской Армии в 1945 году Драгунов возвращается в Ижевск и поступает на работу в конструкторское бюро. При непосредственном участии Драгунова были выполнены работы по модернизации 7,62-мм карабина образца 1944 года и создан опытный образец карабина под патрон образца 1943 года.

В 1949 году им был создан кронштейн для оптического прицела ПУ к снайперской винтовке образца 1891/30 годов, что позволило снаряжать магазин винтовки патронами из обоймы (а не по одному патрону, как приходилось делать при старом кронштейне). В это же время Драгунов пробует свои силы и в самостоятельных разработках оружия. Прошла заводские и полигонные испытания, показав хорошие результаты по кучности боя, созданная им снайперская винтовка «МС-74». Она имела ствол на 500 г большей массы, чем у штатной винтовки образца 1891/30 годов, но ее общий вес не превышал 4,8–4,9 кг. Однако на производство эта винтовка поставлена не была.

В 50-е годы Драгунов много и успешно работает над созданием высокоточных спортивных винтовок. Им были разработаны первые модели целевых винтовок калибров 7,62 и 5,6 мм С-49, «ЦВ-50», «МЦВ-50», «Зенит», «Стрела», «Тайга». Под его руководством началось создание винтовок «Биатлон» и «СМ» (спортивная модель). В конструировании этих винтовок ему очень помог личный опыт — Драгунов был прекрасным стрелком-перворазрядником, много и успешно выступал в соревнованиях на первенство города и республики.

Опыт конструктора спортивного оружия пригодился Драгунову и при создании боевой снайперской винтовки, особенно дизайна ложи. В 1959 году он представил на испытания первый вариант такой винтовки. Она показала хорошую кучность боя, но давала значительное количество задержек и даже поломок некоторых деталей, в среднем через каждые 500–600 выстрелов. Последующие 1–1,5 года ушли на доработку конструкции и достижение требуемой надежности работы всех механизмов. Эти задачи удалось успешно решить, и винтовка СВД, выдержав все войсковые испытания, была принята на вооружение.

Приведем современную оценку конструкции снайперской винтовки СВД, данную в швейцарском военном журнале (Schweizer Waffen — Magazin, 1989. — N 9. — S. 502–503): «Снайперская винтовка Драгунова эргономически спроектирована очень хорошо. Вопреки традиционным канонам проектирования точного оружия, бывший стрелок-спортсмен Драгунов сделал свою винтовку легким оружием. С оптическим прицелом и полным магазином она весит 4,55 кг. Цевье, состоящее из двух половин, снабженное большим числом продольных прорезей, служащих для охлаждения, а также приклад рамной конструкции с интегрированной пистолетной рукояткой выполнены из фанерной плиты. Центр тяжести заряженной винтовки располагается почти точно на уровне магазина».

Далее автор статьи весьма высоко оценивает кучность боя и надежность винтовки Драгунова. По результатам специально проведенных стрельб из винтовки Драгунова сделан следующий вывод: «Нормативы НАТО предписывают для снайперских винтовок максимальный радиус рассеивания на дистанции 600 ярдов (548,6 м) серии из 10 выстрелов 15 дюймов (38,1 см). Советская снайперская винтовка Драгунова уверенно перекрывает эти требования. Отдача, несмотря на относительно мощные патроны, умеренная. Винтовки Драгунова известны тем, что могут надежно функционировать в труднейших условиях без тщательного ухода».

Снайперская винтовка СВД явилась вершиной конструкторской деятельности Драгунова. Всего за время работы в конструкторском бюро Драгунов выполнил 27 разработок, получил 7 авторских свидетельств на изобретения, удостоин Ленинской премии.

Рис. 74. *Общий вид снайперской винтовки Драгунова*

Самозарядная винтовка СВД предназначена для уничтожения появляющихся, движущихся, открытых и замаскированных целей днем и ночью.

Эффективность ее огня (при стрельбе по целям без бронежилета) представлена в таблице 1.

Таблица 1

Эффективность огня при стрельбе из винтовки СВД

	Лучшие снайпера	Средние снайпера
По головной фигуре	До 500 м	До 300 м
По грудной фигуре	До 700 м	До 500 м
По поясной фигуре	До 800 м	До 700 м
По бегущей фигуре	До 800 м	До 700 м

Для стрельбы из СВД применяются винтовочные патроны калибра 7,62 x 54 с обыкновенными, трассирующими и бронебойно-зажигательными пулями или винтовочные снайперские патроны.

Огонь из винтовки ведется одиночными выстрелами.

Подача патронов при стрельбе производится из коробчатого магазина емкостью 10 патронов.

В настоящее время, помимо открытого прицела, для стрельбы днем винтовка оснащена штатным прицелом ПСО-1М2; для стрельбы в ночных условиях — прицелами НСПУМ (модель СВДН2) или НСПУ-3 (модель СВДН3). При этом возможна установка и других оптических прицелов (*см.* главу 4 «Оптика»).

В комплект поставки основной модели входят:

- магазины;
- оптический прицел ПСО-1М2;
- штык-нож;
- ремень;
- принадлежность для чистки и смазки;
- масленка.

Винтовка СВД является самозарядным оружием (табл. 2). Перезарядка винтовки основана на использовании энергии пороховых газов, отводимых из канала ствола к газовому поршню.

Запирание канала ствола осуществляется поворотом затвора против часовой стрелки на три боевых упора, заходящих в вырезы ствольной коробки, причем в качестве третьего упора используется досылатель патрона. Благодаря этому при тех же поперечных габаритах затвора и угле поворота площадь бое-

Таблица 2

Технические характеристики винтовки СВД

Характеристика	СВД	СВДН2	СВДН3
Калибр, мм	7,62	7,62	7,62
Прицельная дальность, м: с открытым прицелом	1200	1200	1200
с оптическим прицелом	1300	1300	1300
с ночным прицелом		300	300
Емкость магазина, патронов, шт	10	10	10
Начальная скорость пули, м/с	830	830	830
Масса винтовки с оптическим прицелом, не снаряженным магазином, щекой приклада, без штыка-ножа, кг	4,3	5,9	5,8
Габариты винтовки без штыка-ножа, мм: длина	1220	1220	1220
высота	230	271	303
ширина	88	118	140
Длина ствола, мм	620	620	620
Скорострельность, выстр/мин	30	30	30
Дульная энергия, Дж	4064	4064	4064

вых упоров увеличилась примерно в полтора раза. Кроме того, три опорные поверхности обеспечивают стабильное положение затвора во время выстрела и повышают кучность стрельбы. Главная деталь автоматики — затворная рама, воспринимающая воздействие пороховых газов через газовый поршень и толкатель. Они выполнены в виде отдельных деталей с собственной возвратной пружиной и перемещаются в переднее положение сразу же после отбрасывания рамы назад.

Спусковой механизм допускает ведение только одиночного огня.

Предохранитель флажковый, двойного действия. Он одновременно запирает спусковой крючок и ограничивает движение затворной рамы назад, подпирая рукоятку перезарядки.

На дульной части ствола устанавливается пламегаситель с пятью продольными прорезями-щелями, которые расположены таким образом (две снизу и три сверху), что вытекающие при выстреле пороховые газы тормозят отдачу.

Для ведения ближнего боя к пламегасителю крепится стандартный штык-нож.

При выстреле последним патроном затворная рама останавливается в заднем положении, что предупреждает снайпера о необходимости повторного заряжания (смены магазина).

К недостаткам основной модели следует отнести отсутствие сошек и необходимость, в случае использования открытого прицела, отстегивать подушку приклада, что требует дополнительного времени.

Второй из недостатков был устранен в следующей модели семейства винтовок Драгунова — **СВДС** (табл. 3).

Рис. 75. *Снайперская винтовка СВДС*

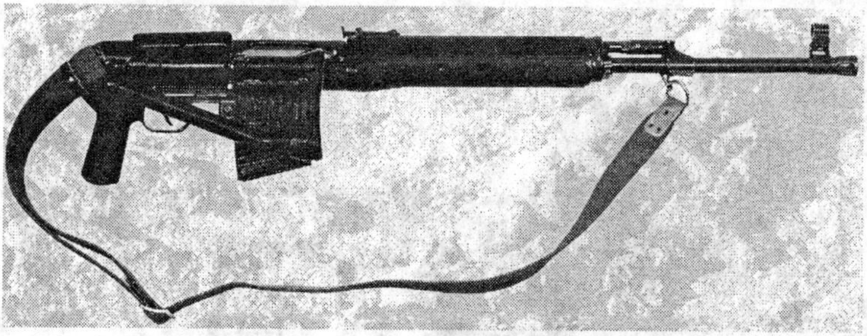

Рис. 76. *Снайперская винтовка СВДС в походном положении*

В настоящее время, помимо открытого прицела, винтовка СВДС может комплектоваться ночными прицелами НСПУМ (модель СВДСН2) или НСПУ-3 (модель СВДСН3).

Таблица 3

Технические характеристики винтовки СВДС

Характеристика	СВДС	СВДСН2	СВДСН3
Калибр, мм	7,62	7,62	7,62
Прицельная дальность, м: с открытым прицелом	1200	1200	1200
с оптическим прицелом	1300	1300	1300
с ночным прицелом		300	300
Емкость магазина, патронов	10	10	10
Начальная скорость пули, м/с	810	810	810
Масса винтовки с оптическим прицелом и неснаряженным магазином, кг	4,68	6,26	6,16
Габариты винтовки без штыка-ножа, мм:			
длина с прикладом откинутым	1135	1135	1135
сложенным	875	875	875
высота	175	271	303
ширина	88	118	140

Для внутренних войск и отрядов быстрого реагирования в 1994 году была представлена разрабатывавшаяся в течение многих лет снайперская винтовка **СВУ**. Винтовка была сконструирована Л.В. Бондаревым в тульском ЦКИБ СОО (Центральном конструкторско-исследовательском бюро спортивного и охотничьего оружия) по схеме «буллпап».

Рис. 77. *Снайперская винтовка СВУ с диоптрическим прицелом*

Рис. 78. *Снайпер с винтовкой СВУ в засаде*

Приклад и ствол винтовки имеют общую осевую линию. Магазин и детали автоматики винтовки расположены позади пистолетной рукоятки, спусковая тяга, проходящая вдоль левой стенки ствольной коробки, сделана более длинной, чем у прототипа — СВД, приклад перенесен на продолжение канала ствола (в результате чего оружие характеризуется «линейной отдачей», что уменьшило подскок винтовки при выстреле, но усилило толчок в плечо). Газовая камера также смещена назад. Центр тяжести расположен над рукояткой управления огнем, что значительно улучшило баланс винтовки и облегчило ее удержание при стрельбе. В силу укороченного ствола начальная скорость пули снизилась до 800 м/с, а дульная энергия — до 3445 Дж.

Для компенсации отдачи используемого все того же, что и в базовой модели СВД, патрона используется трехкамерное дульное устройство и упругий и подвижный относительно ствольной коробки затыльник приклада. Что касается дульного устройства, то оно имеет необычное наименование «снижатель звука», поскольку не только поглощает до 40% энергии, но одновременно является дульным тормозом, компенсатором-грузиком, пламегасителем и частично — глушителем.

Точность боя этой модели, конечно, ниже, чем у винтовки СВД, поскольку она сразу же предназначалась для быстрого действия на малых дистанциях, вплоть до ближнего боя.

Основание для установки оптического прицела смещено вперед и вверх. В качестве дневного прицела используется ПСО, а ночного — НСПУ, НСПУ-М и НСПУ-3. Кроме того, предусмотрено и крепление для установки обычных серийно выпускаемых лазерных целеуказателей. Секторный прицел заменен диоптрическим, причем регулируемые целик и мушка смонтированы на откидных стойках. Приклад, ствольная коробка и цевье винтовки покрыты маскировочной (камуфляжной) окраской.

Эта модель предназначена для спецназа внутренних войск и других спецформирований.

Технические характеристики

Патрон — 7,62 x 54 мм.
Вес — 4,4 кг.
Длина винтовки — 900 мм.
Длина ствола — 600 мм.
Начальная скорость пули — 800 м/с.

Для нужд служб специального назначения и быстрого реагирования была создана и в 1987 году принята на вооружение «Винтовка специальная снайперская» **(ВСС) «Винторез»** конструкции П. Сердюкова и В. Красникова. Автоматика винтовки работает за счет отвода пороховых газов. Запирание ствола обеспечивается поворотом затвора с шестью боевыми выступами. Движением затвора управляет затворная рама. Режимы огня — одиночный и непрерывный.

Основное достоинство винтовки состоит в низком уровне шума при выстреле. Известно, что громкий и резкий звук выстрела происходит при прорыве части пороховых газов между пулей и стенками канала ствола, при срабатывании («клацании») металлических частей винтовки при перезарядке, при движении газов, истекающих из ствола вслед за пулей и вследствие образования ударной, или «Баллистической волны», при полете пули со сверхзвуковыми скоростями (свыше 320 м/с).

Испытания глушителей, которые смогли бы решить техническую сторону проблемы, с использованием не только механической части, но и специальных, пропитанных различными химическими составами мембран, начались еще во время Второй мировой войны, причем такие системы в глубокой тайне даже внедрялись на фронте. Но серьезно к этому вопросу обратились только в 60-е годы XX века. С этого периода начались интенсивные исследования, конструкторские разработки и внедрение различных типов глушителей, финансировавшиеся известными оружейными фирмами по заказу не только военных, но, главным образом, полицейских ведомств и контртеррористических подразделений.

Наибольшее распространение получили устройства расширительного типа, на которые в настоящее время ориентируются почти все фирмы. Простейшей из них является расширительная камера, устанавливаемая (привинчиваемая) на конце ствола у дульного среза. Выходное отверстие глушителя прикрыто упругой мембраной с небольшим отверстием для пули. Следует подчеркнуть, что глушитель, помимо подавления звука, снимает и «вспышку» от выстрела, что имеет немаловажное значение при работе на небольших дистанциях, на которые и рассчитаны все подобные системы.

Рассматриваемая винтовка ВСС оборудована интегрированным глушителем цилиндрической формы, который целиком накрывает ствол впереди короткого цевья и составляет с оружием одно целое. Газы отводятся в глушитель через спиральные ряды отверстий, выполненных в стволе по дну нарезов. Там газы последовательно рассеиваются, проходят расширительные камеры, разбиваются сепаратором на взаимогасящие потоки, охлаждаются особой, свернутой в рулон сеткой-радиатором. Сепаратор содержит несколько перегородок, установленных под разными углами к оси канала ствола.

4 - 7418 Секулич

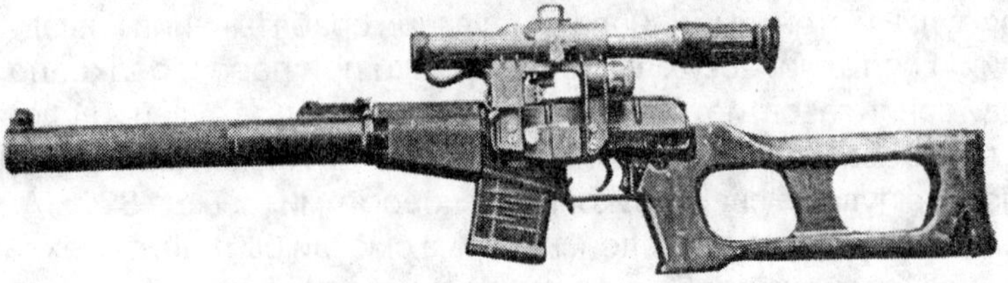

Рис. 79. *Винтовка ВСС «Винторез»*

Вторым важнейшим компонентом винтовки ВСС является специальный 9-мм патрон СП-5 конструкции Н. Забелина и Л. Дворяниновой. Он выполнен на основе гильзы промежуточного патрона образца 1943 года и имеет тяжелую остроконечную цельнооболочечную пулю. Высокая поперечная нагрузка (24,6 г/см^2) отчасти компенсирует ее незначительную начальную скорость, а большой калибр повышает убойное действие. Цель в бронежилете 2–3 классов по отечественной классификации надежно поражается с расстояния в 400 м. Подробнее о боеприпасах к этой винтовке — *см.* главу 2 «Боеприпасы».

По своим деталям и узлам снайперская винтовка ВСС на 70% унифицирована с автоматом специальным АС (под патрон СП-6) из бесшумного автоматного комплекса. По своей сути они составляют единое семейство. Флажковый предохранитель аналогичен установленному на СВД.

На ВСС можно крепить различные штатные прицелы. Дневной оптический прицел ПСО-1-1 подобен прицелу ПСО-1 снайперской винтовки СВД, но с дистанционными шкалами под баллистику патрона СП-5. Верхний маховичок прицела — для установки дальности — имеет шкалу с цифрами от 5 до 40, с ценой делений 25 м, что соответствует углам прицеливания для ведения огня на дальности от 50 до 400 м. Так как баллистика патрона СП-6 близка баллистике патрона СП-5, шкалой прицела пользуются при стрельбе обоими патронами. Боковой маховичок, как и в прицеле ПСО-1, служит для внесения боковых поправок. Сетка прицела имеет один основной угольник для наведения в цель. Вправо и влево от него расположена шкала боковых поправок, снизу — дальномерная шкала по цели высотой 1,7 м (ростовая фигура с цифрами от 1 до 40 в десятках метров дальности). Прицел ПСО-1-1имеет четырехкратное увеличение и поле зрения 6°; его масса — 0,58 кг.

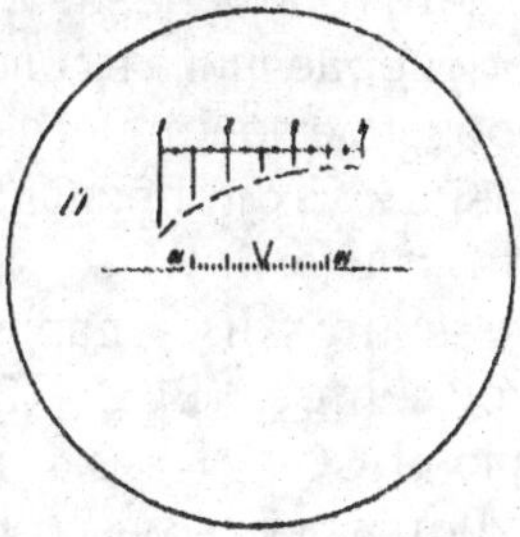

Рис. 80. *Сетка прицела ПСО-1-1*

Помимо прицела ПСО-1-1, для стрельбы из ВСС может быть использован и другой дневной оптический прицел — 1П43.

Для стрельбы ночью используется ночной прицел НСПУ-3 или БНП-1. В последнее время созданы ночные прицелы нового поколения — серия прицелов 1ПН93, некоторые из которых также могут применяться на винтовке ВСС для ночных стрельб (подробнее — *см*. главу 4 «Оптика»).

Кроме того, на кожухе глушителя установлен открытый секторный прицел, регулируемый по высоте и по боковому направлению мушки в намушнике. Прицельная планка имеет гривку с прорезью для прицеливания и вырезы для удержания хомутика в установленном положении. На прицельной планке нанесена шкала с делениями от 10 до 42: на правой стороне от 10 до 40, на левой — от 15 до 42. Цифры шкалы обозначают дальности стрельбы в десятках метров. Такая шкала позволяет устанавливать прицел соответственно дальности до цели с точностью 20–30 м.

На основании мушки и на корпусе нанесена общая риска, определяющая положение мушки после приведения оружия к нормальному бою.

Размещение прицела и мушки на глушителе вызывает при эксплуатации оружия необходимость строго следить за правильным присоединением глушителя, оберегать его от ударов и других механических повреждений.

Магазины — сменные, пластмассовые, на 10 и 20 патронов с шахматным расположением. Снаряжаются они из обоймы. В винтовке ВСС допускается применение и патронов СП-6 с оголением бронебойного сердечника в головной части. Тем самым повышается пробивное действие, но снижается точность боя оружия. Деревянный узкий приклад аналогичен СВД и снабжен упругим затыльником.

Ударный механизм винтовки — ударникового типа.

Масса снайперской винтовки ВСС — 2,6 кг, с магазином на 10 патронов и прицелом ПСО-1-1 — 3,41 кг. Прицельная дальность, как и у большинства бесшумных образцов, ограничена дистанцией в 400 м. Относительно невысокая отдача 9-мм патрона способствует точности стрельбы. Небольшая длина винтовки — 894 мм — соответствует ее специальному назначению. Оружие легко разбирается на крупные узлы: ствол со ствольной коробкой, деталями автоматики, ударно-спусковым механизмом и цевьем, глушитель с прицельными приспособлениями, приклад. Все это вместе с прицелами и магазинами укладывается в «дипломат» размерами 450 х 370 х 140 мм. Сборка оружия в зависимости от квалификации стрелка занимает от 30 до 60 секунд. В собранном виде винтовку ВСС переносят в чехле с лямками.

Бесшумная винтовка ВСС создавалась для контртеррористических групп КГБ и армейского спецназа и выпускается тульским оружейным заводом. В настоящее время она используется в основном отрядами «краповых беретов» Внутренних войск, службой охраны президента, а также спецназом ВДВ и подразделениями глубинной разведки. Поэтому одним из требований, предъявлявшихся к новой винтовке при ее создании, являлась возможность скрытой переноски и высокая готовность к боевому применению. Поэтому винтовка был выполнена разборной на три основных узла — винтовка со снятым прикладом и глушителем, глушитель и приклад. Время ее перевода в боевое положение не более 1 мин.

При необходимости винтовка может переноситься разобранной на основные узлы в кейсе размерами 45 х 37 х 19 см.

В Туле была разработана снайперская магазинная винтовка **МЦ-116М**, являющаяся модифицированным вариантом однозарядной целевой винтовки калибра 7,62 мм МЦ-116. Для обеспечения повышенной жесткости при минимально возможном весе, а также для лучшего охлаждения оружия при стрельбе ствол винтовки имеет продольные желобки, которые когда-то делались на первых образцах крупнокалиберной целевой винтовки МЦ-13. Продольно-скользящий затвор имеет два боковых выступа, что обеспечивает надежное запирание канала ствола. Взведение ударного механизма, расположенного в затворе продольно-скользящего типа, производится при открывании затвора (повороте рукоятки). Спусковой механизм допускает регулировку натяжения в пределах от 100 до 500 г. Возможна также регулировка протяжки спуска и положения спускового крючка.

Рис. 81. *Снайперская винтовка МЦ-116М*

Одночастная ореховая ложа спортивного типа имеет вырез для большого пальца и выраженный пистолетный выступ. Длина приклада может регулироваться путем вставки сменных прокладок в пределах ±17 мм, а амортизирующий затыльник смягчает воздействие отдачи на плечо стрелка. Регулируемая по высоте и горизонтали щека обеспечивает наиболее удобное положение головы снайпера относительно прицела. Продольные сквозные отверстия в цевье также помогают охлаждению винтовки. Проходящий под цевьем продольный паз

Рис. 82. *Стрельба из МЦ-116 М в полевых условиях*

может использоваться (при стрельбе с ремнем) для перемещения антабки, а также для крепления двуногой сошки. При этом снайпер должен обращать внимание на однообразие заранее выбранного наиболее удобного положения сошки, поскольку его изменение вызывает смещение СТП. Сошки имеют телескопическую конструкцию, а также шарнир, позволяющий опирать оружие как на горизонтальную, так и на вертикальную поверхность.

Винтовка снабжена магазином на 5 или 10 патронов.

Технические характеристики

Длина винтовки — 1250 мм;
вес винтовки — 5,5 кг;
скорострельность — 10 выстрелов/мин.

Для этих же целей на Ижевском машиностроительном заводе на базе разработанной Е.Ф. Драгуновым спортивной винтовки «Рекорд» создана 7,62 мм снайперская магазинная винтовка **СВ-98.**

Винтовка предназначена для вооружения снайперов с целью уничтожения различных появляющихся, движущихся, открытых и замаскированных одиночных целей на дальности до 1000 м.

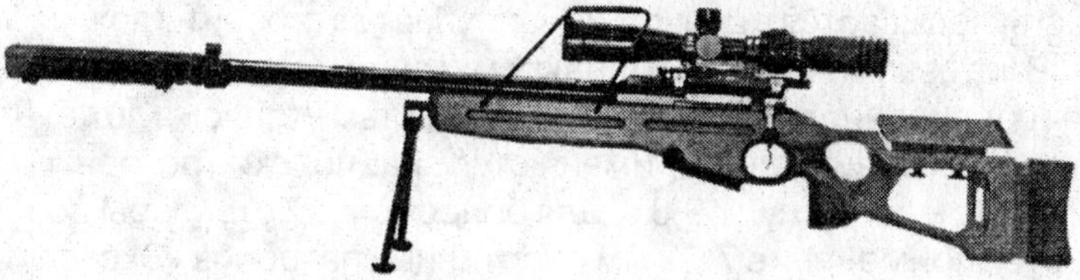

Рис. 83. *Снайперская винтовка СВ-98 (вид слева)*

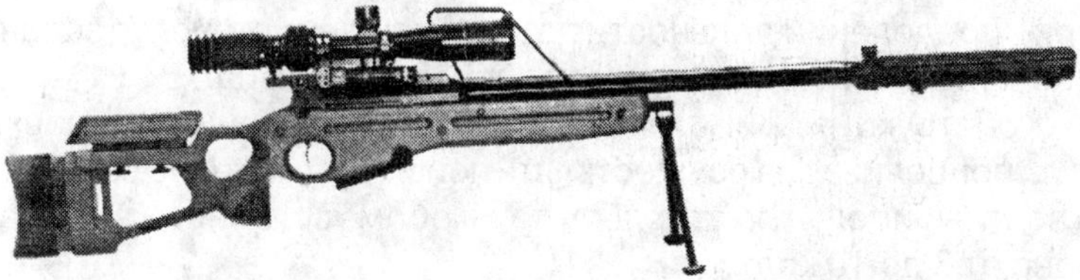

Рис. 84. *Снайперская винтовка СВ-98 (вид справа)*

Изготовленный способом холодной ковки ствол винтовки — «свободно плавающий», поскольку закреплен казенной частью в ствольной коробке и при колебаниях во время выстрела не касается других деталей. На дульной части ствола имеется резьба для установки глушителя-пламегасителя.

Запирание ствола осуществляется поворотом продольно-скользящего затвора с тремя симметрично расположенными боевыми выступами.

Ложа винтовки выполнена из прессованной клееной фанеры с возможной ее будущей заменой стеклонаполненным полиамидом. Укладка винтовки в ложу осуществляется на специальную пластмассу. Ложа имеет регулировку приклада по длине, гребня приклада — по вертикали и горизонтали, затыльника приклада —

по вертикали и по углу поворота относительно продольной оси винтовки. Все это обеспечивает возможность подгонки винтовки под антропологические данные снайпера. В нижней части цевья имеется продольный паз для установки двуногой сошки с раздельной регулировкой каждой выдвижной стойки по высоте. Стойки оканчиваются сошниками. В походном положении сошка вкладывается в цевье и не выступает за габариты ложи.

Винтовка снабжена сменным магазином на 10 патронов. В присоединенном положении он полностью утоплен в ложе. Для стрельбы из винтовки применяются снайперские патроны 7Н1 и 7Н14 с массой пули 9,8 г. Для более точной стрельбы допускается применение 7,62 мм спортивных патронов «Экстра» со свинцовым сердечником. Боевая скорострельность винтовки — 10 выстрелов в минуту.

Винтовка снабжена открытым и оптическим прицелами.

Установленный на ней штатный панкратический прицел 1П69 обеспечивает автоматический ввод углов прицеливания при определении дальности до цели или при установке заданной дальности при помощи поворотного кольца.

Конструкция прицела позволяет без изменения установки угла прицеливания осуществлять поиск, наблюдение за целью и вести прицельную стрельбу при любом увеличении в диапазоне от 3 до 10 крат.

Предохранитель винтовки в положении «П» блокирует ход спускового крючка и стопорит затвор от поворота (отпирания).

По данным отстрела винтовка равноценна лучшим моделям спортивного оружия и по кучности превышает показатели винтовки СВД в 1,5–2 раза.

В комплект винтовки входят:

- оптический прицел 1П69;
- магазины;
- сошка;
- тактический глушитель, снижающий пламя выстрела, уровень звука и энергию отдачи;
- противомиражное устройство;
- сумка для переноски магазинов;
- набор сменных прокладок для регулировки гребня и затылка приклада;

- набор инструментов для регулировки, сборки и разборки;
- набор принадлежностей для чистки и смазки;
- ремень;
- футляр или чехол для переноски винтовки в комплекте.

В настоящее время разрабатываются варианты винтовки под патрон 7,62 x 51 НАТО (.308 «Винчестер») и под патрон .338 «Лапуа магнум», что заметно повысит экспортные возможности этого прекрасного оружия.

Технические характеристики

Калибр, мм 7,62.
Масса без оптического прицела и глушителя — 5,5 кг.
Масса с оптическим прицелом и глушителем — 7,5 кг.
Длина ствола — 650 мм.
Шаг нарезов — 320 мм.
Начальная скорость пули — 820 м/с.
Кучность стрельбы с глушителем по трем сериям из 10 выстрелов на дистанции 300 м, поперечник, мм, не более:
патроном «Экстра» 90,
патроном 7Н1 150.
Снижение уровня звука глушителем — не менее 20 Дб.
Снижение энергии отдачи глушителем — не менее 30%.
Гашение дульного пламени устраняется полностью.
Регулируемое усилие спуска — 1,0–1,5 кгс.
Вместимость магазина — 10 патронов.
Величина регулировки длины приклада — 20 мм.
Величина регулировки гребня приклада, мм:
по вертикали 15,
по горизонтали ±4.
Величина регулировки затылка приклада от нейтрального положения, мм:
вверх и вниз 30,
вправо и влево 7.
Длина винтовки, мм:
без глушителя 1200,
с глушителем 1375.

В 90-е годы в Тульском КБ приборостроения под уже имеющийся и весьма удачный патрон калибра 12,7 х 108 мм была сконструирована крупнокалиберная самозарядная винтовка **В-94 (ОСВ-96).**

Винтовка предназначена для поражения легкой бронетехники, ракетных установок, самолетов и вертолетов на аэродромах, цистерн с горючим, а также для уничтожения огневых точек, антиснайперской борьбы и для проведения спецопераций, в частности направленных против террористических вылазок и бандформирований. Создание этого оружия было продиктовано опытом локальных вооруженных конфликтов, в частности войной в Афганистане.

Рис. 85. *Винтовка В-94 (ОСВ-96)*

Автоматика перезарядки винтовки работает за счет отвода пороховых газов из канала ствола, причем газоотводная трубка установлена над стволом справа. Запирание ствола производится поворотом затвора. Рукоятка перезаряжания расположена справа.

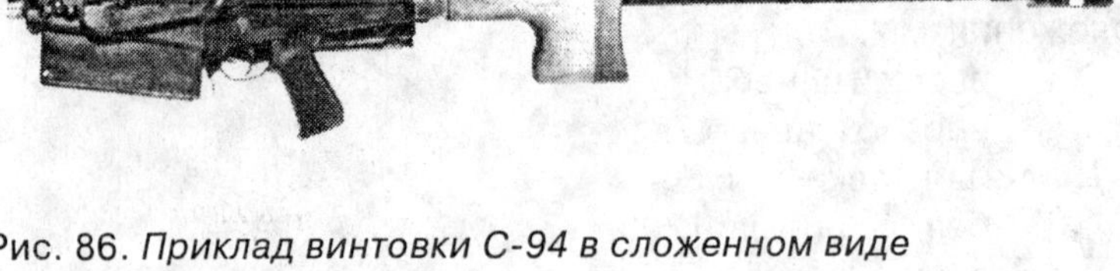

Рис. 86. *Приклад винтовки С-94 в сложенном виде*

Значительная отдача мощного патрона частично компенсируется двухкамерным дульным тормозом собственной конструкции и амортизирующим резиновым затыльником приклада. Кроме того, винтовка оборудуется и специальным съемным пламегасителем.

Деревянный приклад не регулируется ни по длине, ни по высоте. Однако для удобства транспортировки чрезвычайно длинной винтовки приклад складывается. Также для удобства переноски и транспортировки служит и установленная на винтовке вблизи центра тяжести скоба (ручка).

На винтовке установлена двуногая сошка, шарнир которой допускает ее поворот относительно винтовки в поперечной плоскости, что позволяет делать упор на поверхностях, имеющих любой угол наклона.

Питание винтовки — из коробчатого магазина на 5 патронов. Защелка магазина расположена перед спусковой скобой. Экстракция стреляной гильзы производится вправо.

На левой стороне ствольной коробки на выступе типа «ласточкиного хвоста» крепятся оптические прицелы. Первоначально это был все тот же штатный прицел винтовки СВД ПСО-1, но затем его заменил специально сконструированный прицел ПОС 13 х 60 тринадцатикратного увеличения, который весит 3,5 кг или более легкий прицел двенадцатикратного увеличения — ПОС 12 х 56. Зачастую на оружие устанавливается более легкий прицел девятикратного увеличения 1П21 производства объединения БелОМО. Используемый для ночной стрельбы прицел пятикратного увеличения позволяет вести ночью стрельбу на дистанциях до 600 м.

Технические характеристики

Вид используемого боеприпаса отечественный, 12,7 х 108 мм снайперский патрон.

Штатные патроны с пулей Б-32, БЗТ.

Принцип работы автоматики отвод пороховых газов.

Габаритные размеры в боевом положении, мм:

длина 1662,

ширина 125.

Высота с оптическим прицелом 304 мм.

Габаритные размеры в сложенном положении, мм:

длина 1100,

ширина 130.

Высота с оптическим прицелом 304.

Длина ствола — 1000 мм.

Вес — 11,7 кг (без прицела и патронов).

Начальная скорость пули, м/с :

снайперского патрона 905±5,

штатного патрона 820±5.

Прицел х13 — телескоп.

Прицельная дальность — 1500 м.

Емкость магазина — 5 патронов.

Гарантийный ресурс — 3000 выстрелов.

С ростом преступности и терроризма во многих странах, в том числе и в России, активно используются малокалиберные винтовки (кал. 5,6 мм бокового огня, или .22 LR).

К сожалению, такое оружие было по достоинству оценено и бандформированиями, особенно в Чечне, поскольку при разгроме местных стрелково-спортивных клубов ими было похищено немало прекрасных спортивных винтовок СМ-2 и биатлонных БИ-6. Стволы этих винтовок обеспечивают высокую кучность боя, а выстрел из такого оружия, особенно при стрельбе из глубины помещения в условиях города, оказывается почти бесшумным.

Еще с середины 70-х годов спецподразделения МВД применяли магазинные винтовки ТОЗ-17 и ТОЗ-18, которые на дистанции 100 м и более давали удовлетворительную кучность боя, были дешевыми и надежными. На винтовки устанавливался оптический прицел довольно значительной кратности — 4,0х, поскольку в таких операциях снайперу необходимо не только видеть цель, но и уверенно идентифицировать ее с опознанием преступника по фотографии или описанию. Конечно, такие винтовки не являлись основным оружием спецназа, но успешно использовались при таких действиях, как снятие наблюдателей, уничтожение перед началом операции наружного освещения, камер слежения и т.д.

Для более эффективного использования оружия такого класса в городских условиях конструкторами Ижмаша впервые в России была создана малокалиберная винтовка **СВ-99.**

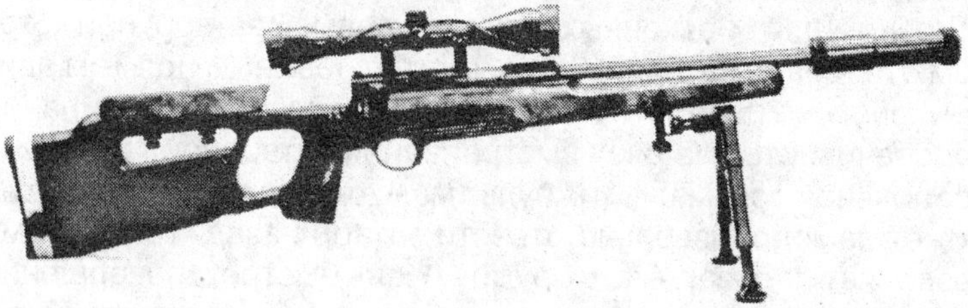

Рис. 87. *Снайперская винтовка СВ-99*

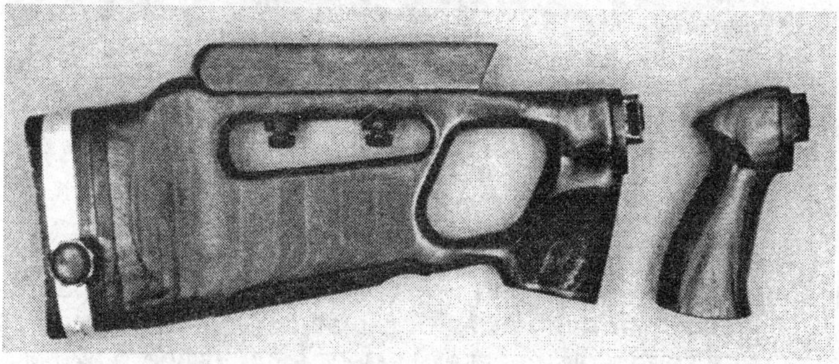

Рис. 88. *Снайперская винтовка СВ-99.*
Съемные приклад и пистолетная рукоятка

Рис. 89. *Снайперская винтовка СВ-99. Укороченный вариант*

Первое, что бросается в глаза, — это ранее характерный в основном для биатлонных винтовок прямой затвор, при котором отведение затвора производится обычным прямым движением, а не поворотом и перемещением назад. Запирание обеспечивается за счет выстраивания затворной группы по продольной оси: малый импульс малокалиберного патрона не может самопроизвольно отвести затвор назад. Такая схема позволяет перезаряжать оружие очень быстро и совершенно бесшумно, что очень важно при работе на коротких дистанциях.

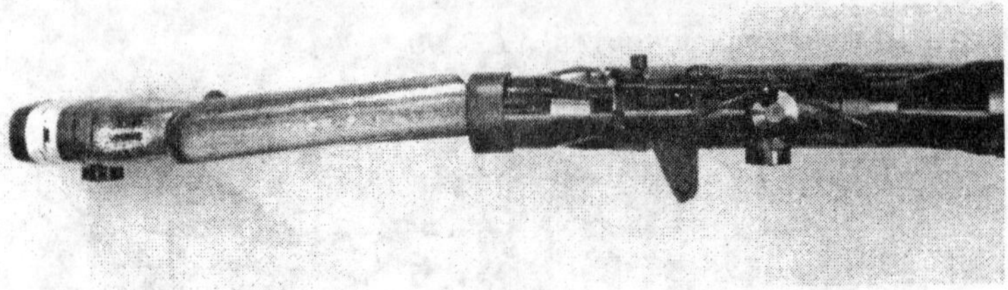

Рис. 90. *Снайперская винтовка СВ-99. Вид сверху. Хорошо видно искривление ложи*

Для скрытной транспортировки СВ-99 легко разбирается на несколько частей, самая большая из которых (ствол со ствольной коробкой и цевьем) имеет в длину всего 520 мм. Одним нажатием на кнопку-фиксатор приклад можно отделить, а вместо него установить пистолетную рукоятку. В таком укороченном варианте оружие может использоваться при передвижении в непосредственной близости от противника.

Рис. 91. *Снайперская винтовка СВ-99. Сошка в сложенном виде*

Очень характерной особенностью винтовки является искривление ложи, что хорошо видно сверху. Этот элемент, заимствованный у конструкторов высококлассного спортивного оружия, очень облегчает прицеливание.

В комплект СВ-99 входит глушитель, снижающий и без того негромкий звук выстрела до минимума. Ствол изготавливается методом холодной ковки, имеет 6 правосторонних нарезов шагом 420 мм. Даже при установленном глушителе на стандартной дистанции 100 м серия из десяти выстрелов целевыми патронами укладывается в круг диаметром 22 мм, что является чрезвычайно высоким показателем.

Винтовка оборудована складной двуногой сошкой. Приклад снизу имеет гнезда для двух запасных обойм с патронами.

Оружие имеет регулируемую ортопедическую щеку, индивидуально подгоняемую под стрелка и регулируемый по высоте затыльник приклада.

Технические характеристики

Калибр — 5,6 мм.
Общая длина — 1000 мм (с глушителем).
Длина ствола — 350 мм.
Усилие спуска — 0,5–1,0 кг.
Число нарезов — 6.
Емкость магазина — 5 патронов.
Вес — 3,75 кг.

Австрия.
Снайперская винтовка «Штейр»

Эта чрезвычайно популярная винтовка была создана австрийской фирмой «Штайр-Даймлер-Пух» (Steyer-Daimler-Puh) в конце 60-х годов на базе охотничьего карабина и была в качестве армейской снайперской винтовки SSG-69 (Scharfschutzengewehr 69) принята на вооружение австрийской армии в 1969 году в виде двух модификаций, под патрон 7,62 х 51 (патрон НАТО) и .243 «Винчестер» (*см.* главу 2 «Боеприпасы»). Конструкция винтовки магазинного типа была настолько удачной, что она уже более тридцати лет серийно выпускается и активно раскупается по всему миру. Интересно, что ствол винтовки производится методом холодной ковки в соответствии с собственной технологией фирмы: полая заготовка помещается над пресс-формой казенной части и ствола с нарезами, после чего обрабатывается молотом. При этом металл заполняет все полости формы, а сама заготовка удлиняется до необходимых размеров. После этого следует только окончательная обработка и доводка основной части оружия. А еще со времен восемнадцатого столетия было известно, что металл после ковки на оправке становится заметно тверже, чем при литье, что обеспечивает стабильность боя винтовки в течение долгого времени без необходимости в дополнительной пристрелке.

Рис. 92. *Винтовка SSG-69 на сошке с интегрированным глушителем*

В течение последних тридцати лет фирмой «Штейр-Манлихер» (Stayer-Mannlicher) было выпущено несколько модификаций винтовки, которая скорее похожа на спортивно-целевую, чем на армейскую. Масса винтовки с прицелом шестикратного увеличения составляет 4,5 кг.

Фирма гарантирует, при правильной подготовке стрелка, с вероятностью 0,8 попадание с расстояния в 600 м в грудную мишень, а с 800 м — в ростовую.

Затвор стандартного продольно-скользящего типа запирает патронник боевыми выступами. Рукоятка затвора отогнута вниз.

Спуск курка — с предупреждением, которое может регулироваться как по длине, так и по натяжению. При этом возможна установка шнеллерного механизма.

Шейка ложи имеет пистолетный выступ. Длина приклада регулируется с использованием надставки.

Рис. 93. *Вооруженные винтовками SSG-69 полицейские снайперы контролируют свой сектор обстрела*

На основе SSG-69 специально для нужд полицейских контртеррористических подразделений была создана винтовка «SSG-Police» с более тяжелым стволом, выпускаемая в настоящее время. Она имеет три модификации — обычную, с укороченным стволом («SSG-Kurc») и «SSG-SD» — с укороченным стволом и съемным пламегасителем. Общей характеристикой всех этих модификаций является наличие сменного роторного магазина на пять патронов с прозрачной стенкой, позволяющей видеть количество оставшихся в магазине патронов.

Оптический прицел винтовки («Кахлес» ZF 69 или 6х42 ZFM) шестикратного увеличения крепится на продольном гребне ствольной коробки.

По утверждению рекламных проспектов фирмы, стрельба на дистанцию 300 м дает радиус рассеивания 80 мм, а на дистанцию 600 м — 200 мм.

Существует и спортивно-целевой вариант этой винтовки с более удобной ложей и утяжеленным стволом — «Steyer-Match» под патрон RWS для выступления на стрелковых соревнованиях высокого уровня.

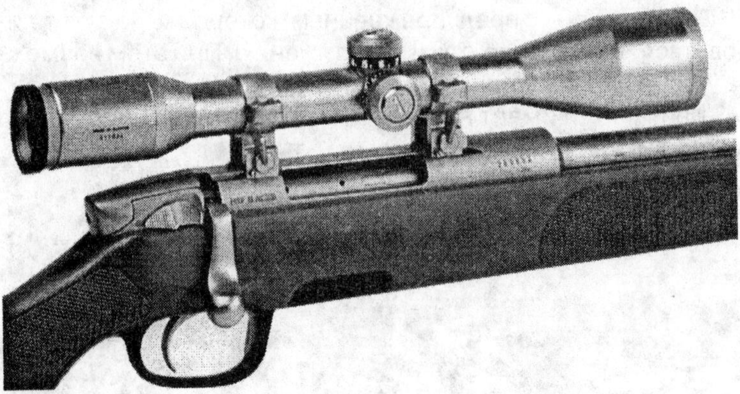

Рис. 94. *Снайперская винтовка SSG-69 с мощным прицелом Kahles-ZF95 10x42*

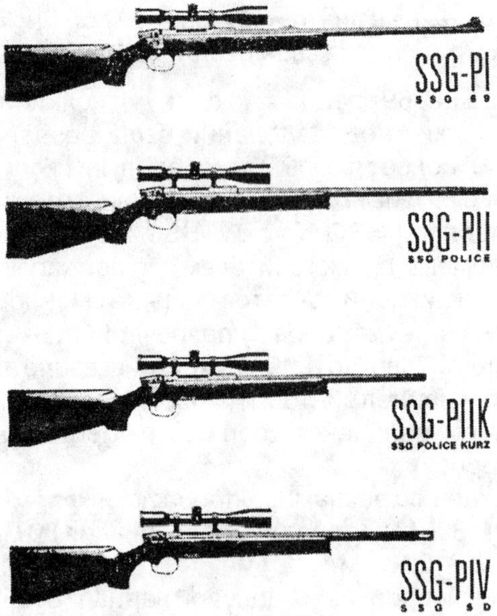

Рис. 95. *Многообразие моделей винтовки SSG*

Бельгия

Примером того, как возросший спрос на надежные магазинные винтовки вызывает удачную ответную реакцию завода-изготовителя, является магазинная снайперская винтовка FN 30-11 бельгийской государственной фирмы «Фабрик Насьональ» (Fabrique National). Эта фирма была в свое время создана для выпуска знаменитых армейских винтовок системы Маузера. Затем на основе этой конструкции в тридцатые годы была создана усовершенствованная система, предназначенная для бельгийской армии. Эта же винтовка выпускалась и после Второй мировой войны, но с повсеместным внедрением самозарядного и автоматического оружия спрос на магазинные, хотя и надежные и недорогие системы, упал и завод перешел на производство автоматического оружия. Однако с возрождением в 70-е годы интереса к простому и недорогому снайперскому оружию фирма, используя старые наработки создала усовершенствованную снайперскую модель 30-11, предназначенную для полицейских и контртеррористических формирований.

Рис. 96. *Снайперская винтовка FN 30-11 со сложенными сошками*

Винтовка под названием FN 30-11 была сконструирована под патроны 7,62 x 51 (НАТО) или .308 «Винчестер». Винтовка сохранила затвор старой надежной системы Маузера с боевыми выступами спереди и сзади. Удлиненный массивный ствол заканчивается пламегасителем, сходным с установленным на российской винтовке СВД. Натяжение спуска колеблется в пределах от 1,3 до 1,5 кг. Ложа деревянная, оригинальной конструкции. Дело в том, что каждая сменная надставка представляет собой своеобразный самостоятельный приклад, который отличается от других по длине, ширине и поперечному смещению. Таким образом, каждый владелец (пользователь) винтовки может подобрать себе ложу в соответствии со своим анатомическим строением, что немаловажно с учетом специфического назначения снайперского оружия. К ложе могут крепиться сошки от стандартного единого пулемета НАТО FN-MAG или петлеобразный ремень.

Необходимо отметить, что рекламируемая многими оружейными фирмами ременная петля является обязательной при выполнении упражнений на спортивных соревнованиях любого ранга, но совершенно неприемлема для снайперской стрельбы в боевых условиях: регулирование длины и натяжения ремня при использовании такой петли требует значительного времени, желательной дополнительной пристрелки и при этом направляет оружие в определенный сектор без возможности серьезного перенацеливания по фронту. В то же время при ее использовании рука заметно затекает и лежать в таком положении более одного часа в ожидании цели оказывается попросту невозможно.

К винтовке FN 30-11 могут крепиться оптические прицелы с кратностью от 4х (FN 4 х 28) до 24х. Это стало возможным благодаря созданию целой серии переходников для установки других современных оптических и электронно-оптических прицелов.

Великобритания

Знаменитая и очень удачно сконструированная английская магазинная винтовка «Ли-Энфилд» различных модификаций, прошедшая в качестве и обычной пехотной, и снайперской винтовки Первую и Вторую мировые войны и имевшая калибр 7,71 мм, в 60-е годы XX века была переделана под патрон НАТО

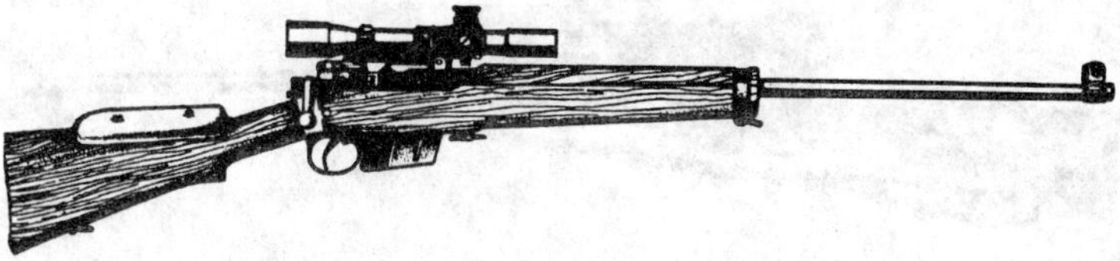

Рис. 97. *Снайперская винтовка «Энфильд» Л42А1*

7,62 x 51 мм и получила наименование «Энфильд» Л42А1 (Enfield L42A1). От своей предшественницы, винтовки «Ли-Энфилд» № 4 она отличалась новым стволом, изготавливавшемся методом холодной ковки на оправке, новым магазином и усовершенствованным спусковым механизмом с регулируемым предупреждением.

Винтовка имела открытый прицел, а четырехкратный оптический прицел с прицельной сеткой обеспечивал возможность эффективного огня на дистанциях до 1000 м. Эта винтовка весом 4,43 кг при общей длине 1181 мм имела ствол длиной 699 мм. Начальная скорость пули в 838 м/с обеспечивала возможность надежного поражения целей на дистанциях до 800 м. Магазин вмещал 10 патронов.

Эта винтовка прослужила до начала 80-х годов и использовалась как в армии, так и в полицейских подразделениях.

Дальнейшим развитием этого семейства снайперских винтовок явилась модель «Энфилд Энвой» весом 4,75 кг, из которых 1,7 кг приходится на ствол, выполненный методом горячей штамповки.

Для полицейских подразделений тот же оружейный завод в Энфилде выпускал снайперскую винтовку «Энфорсер» того же калибра с утяжеленным стволом. Винтовка имела в стволе пять нарезов, а натяжение спуска было уменьшено и могло регулироваться в пределах от 1,1 до 2,1 кг. Винтовка имела обычный (диоптрический) прицел и оптический — телескопический, с переменным увеличением в пределах от 4x до 10x.

Рис. 98. *Магазинная снайперская винтовка «Энфорсер»*

Дальнейшим развитием серии конструкций «Ли-Энфилд» явилась магазинная винтовка нового поколения **«L96A1 PM»**, которая начала выпускаться фирмой «Экьюресл Интернешнл» (Accuracy International) в г. Портсмуте и была принята на вооружение британской армией в 1986 году Чопорные англичане — члены комиссии сначала сделали удивленные лица, увидев на армейских испытаниях винтовку откровенно спортивного вида. Но первой из армейских снайперских винтовок спортивного типа явилась принятая на вооружение Советской Армией еще в 1963 году снайперская винтовка СВД, так что удивляться было особенно нечему. Конструкторы отказались от обычной деревянной ложи, и винтовка была собрана на алюминиевом каркасе, покрытом высокопрочной пластмассой. Это обеспечивает возможность вести из винтовки огонь даже при серьезных повреждениях пластмассовой отделки. Винтовка имеет традиционный «маузеровский» затвор скользящего типа, который можно открывать и закрывать не отрывая глаз от окуляра прицела, то есть не прекращая наблюдения за местностью. Приклад имеет регулируемый амортизирующий затыльник и нерегулируемый упор для щеки.

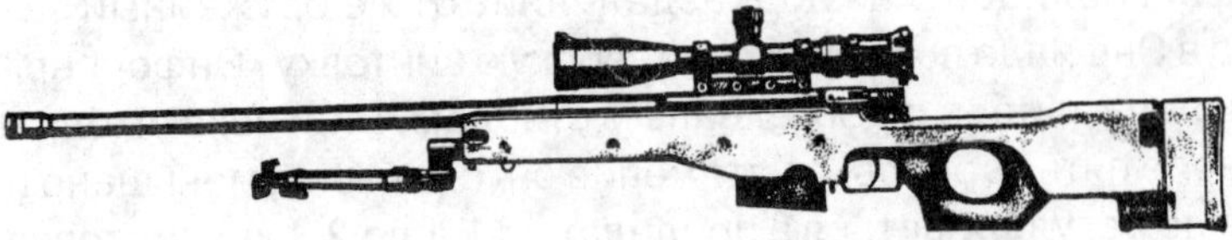

Рис. 99. *Магазинная снайперская винтовка модели «L96A1 PM»*

Изготовленный из нержавеющей стали ствол ввинчивается в ствольную коробку. Конструкция винтовки разработана таким образом, что боек имеет ход всего в 6 мм, что делает этот элемент сходным с целевым спортивным оружием. По сведениям фирмы, ствол сохраняет точность боя после произведения 5000 выстрелов и более. На переднем конце цевья винтовки крепятся быстросъемные сошки, а в прикладе расположен выдвижной штырь. Сошки вместе с выдвинутым штырем образуют жесткую регулируемую треногу, обеспечивающую возможность удержания винтовки в положении наблюдения за целью в течение длительного времени. Этим оружием были снабжены не только армейские снайперы, но и стрелки морской пехоты Королевских ВМС.

Точность и малые допуски при производстве простого кронштейна позволяют быстро устанавливать оптический прицел без нарушения правильности боя винтовки. Стандартный оптический прицел «Шмидт и Бендер» 6 х 42 может быть заменен телескопическим прицелом той же фирмы с изменяющейся кратностью 2,5 — 10 х 56. Пехотные варианты конструкции оборудуются, кроме того, и открытыми прицелами, рассчитанными на стрельбу на дистанции до 700 м.

В настоящее время эта модель уже снята с производства, но следует подчеркнуть, что она долгое время поступала на вооружение многих других стран (помимо Великобритании — еще и Швеции, а также ряда стран Ближнего Востока, Африки и Азии) и будет еще долго оставаться на действительной службе. В то же время ее коммерческое наименование — РМ осталось прежним. Взамен конструкторы фирмы создали несколько модификаций базовой модели, и одна из них является новой конструкцией — **«Коверт» (Covert)**. Эта винтовка имеет специальное назначение и имеет складывающийся приклад и относится к бесшумным, что очень важно при необходимости в скрытности проводимой операции. Для незаметной транспортировки глушитель снимается; короткий ствол со ствольной коробкой прикреплен к ложе. Все элементы конструкции, включая оптический прицел, затвор и коробку с патронами, укладываются (помещаются) в небольшой чемодан туристического типа, изготовленный в виде готовальни.

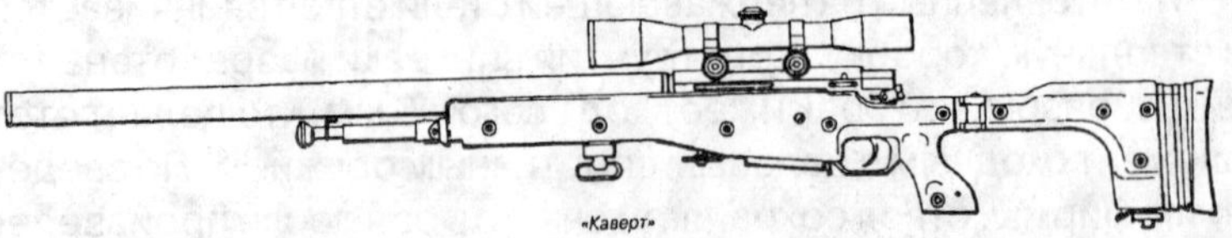

Рис. 100. *Общий вид винтовки «Коверт»*

При обратной сборке глушитель устанавливается и закрепляется на стволе, устанавливаются сошки и вставляются затвор и магазин. Очень значительным достоинством конструкции является то, что оптический прицел не отделяется от ствольной коробки, что снимает необходимость в дополнительной пристрелке. При этом очень важным является правильное и равномерное затягивание винтов.

При использовании в этой винтовке обычных боеприпасов калибра 7,62 мм НАТО звук выстрела будет заметно снижен. Но настоящий эффект бесшумности стрельбы может быть достигнут при использовании специальных патронов, стреляющих с дозвуковой скоростью.

Модель «Коверт» имеет следующие технические характеристики:

Патрон: обычный — 7,62 x 51 мм НАТО, специальный (дозвуковой) — 7,62 мм (начальная скорость — 315 м/с).

Вес — 6,5 кг (с прицелом).

Длина — 1250 мм.

Магазин — 10 патронов.

Другой моделью того же семейства является снайперская винтовка **«Супер Магнум» («Super Magnum»)**, в основном схожая с предыдущей. Однако она разрабатывалась прежде всего в качестве обычного боевого прецизионного снайперского оружия под специальный финский патрон высокой точности .338 «Лапуа Магнум» (этот калибр обычно обозначается 8, 6x 70 мм). Пуля «Лев» данного боеприпаса на расстоянии 1000 м от стрелка имеет кинетическую энергию в 1770 Дж, что позволяет использовать винтовку не только для уничтожения живой силы, но и поражения легкой боевой техники. Эта же винтовка разработана и для использования других патронов — .300 «Винчестер

Магнум» и 7,00 мм «Ремингтон Магнум». Для повышения кучности боя винтовка имеет толстостенный ствол с дульным тормозом, одновременно являющимся и пламегасителем.

Приклад винтовки может регулироваться по длине и высоте. Двуногие сошки обеспечивают надежный упор при прицеливании и выстреле. Винтовка имеет стандартный оптический прицел «Бауш и Ломб Тактикел» десятикратного увеличения. При этом возможна установка других оптических и электронно-оптических прицелов и специальных устройств.

Для этой же винтовки фирма «Лапуа» разрабатывает и другие специальные боеприпасы.

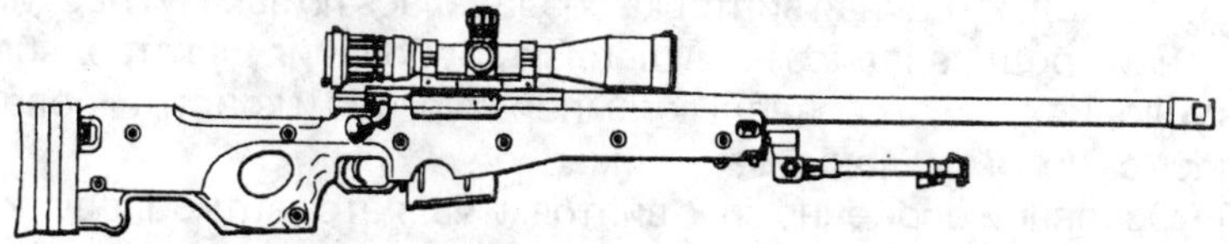

Рис. 101. *Снайперская винтовка «Супер Магнум»*

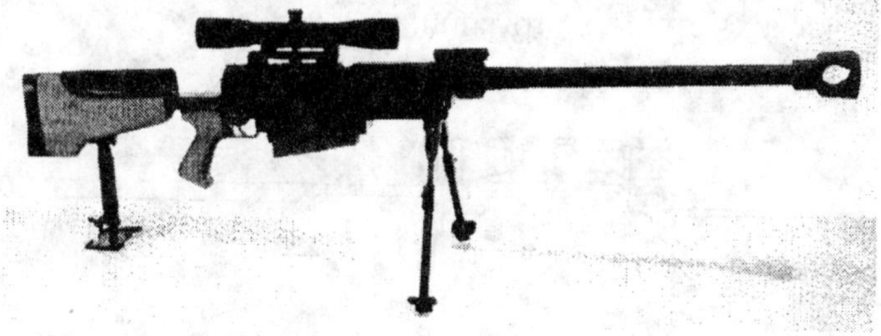

Рис. 102. *Снайперская винтовка «Супер Магнум»*

Винтовка имеет следующие характеристики

Патрон — .338 «Лапуа Магнум», .300 «Винчестер Магнум» или 7,00 мм «Ремингтон Магнум».
Длина — 1268 мм.
Вес — 6,80 кг.
Длина ствола: 686 мм (для патрона .338),
660 мм (для патронов .300 и 7,00 мм).

Емкость магазина — на четыре (.338) или пять (.300 и 7,00 мм).

Начальная скорость пули — 914 м/с (для .338), 987 м/с (для .300) и 948 м/с (для 7,00 мм).

Продолжением семейства магазинных снайперских винтовок Л96А1 явилось создание винтовки второго поколения модели **«Эй-Даблю» (Model AW , «Arctic Warfare» — Арктическая война)**. Эта модель сохраняет основные «маузероподобные» черты своих предшественниц. Затвор скользящего типа имеет те же три боевых выступа в передней части, но его передергивание заметно облегчается, что упрощает работу стрелка. Поскольку данная винтовка создавалась по заказу Швеции и к ней предъявлялись повышенные требования для стрельбы в условиях низких северных температур, она и конструировалась с учетом желаний заказчика.

Основной особенностью винтовки является антиобледенительная конструкция затвора, которая обеспечивает его безотказную работу (включая и возможность осечек) при температурах до –40° С и при резких перепадах температур, приводящих к образованию конденсата в виде воды или инея на металлических частях конструкции.

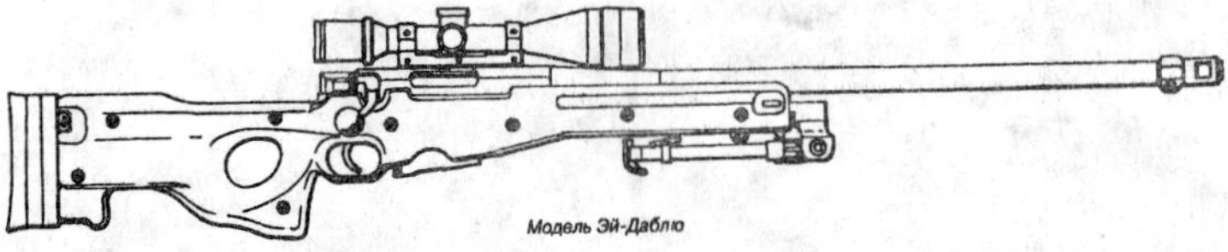

Рис. 103. *Снайперская винтовка Model AW*

При условии использования высококачественных патронов фирма гарантирует кучность боя винтовки в пределах круга радиусом 10 мм на расстоянии 100 м и сохранение таких же высоких качеств после производства нескольких тысяч выстрелов.

Эта модель, принятая на вооружение шведской и бельгийской армиями и получившая в Швеции наименование «снайперская винтовка ПСГ-90», оборудуется оптическим прицелом десятикратного увеличения «Хенсольдт» 10 х 42.

Система снабжена дульным тормозом и съемными сошками.

Технические характеристики

Патрон — 7,62x51 мм НАТО.
Длина — 1180 мм.
Вес — 6,10 кг.
Длина ствола — 650 мм.
Емкость магазина — 10 патронов.
Начальная скорость пули — 850 м/с.

Очередной разработкой английских оружейников стала магазинная винтовка **«М 82»**, оборудованная все тем же продольно-скользящим затвором маузеровского типа, но с увеличением длины рукоятки для облегчения перезаряжания и возможности работы в перчатках. Эта модель принята на вооружение многими армиями стран Британского содружества и выпускалась в самых различных модификациях.

Однако компания «Паркер-Хейл» прекратила выпуск этих винтовок и в 1990 году продала права на их производство Управлению вооружений ВМФ США, после чего уже американская фирма «Гиббс Райфл», принадлежащая указанному Управлению, начала выпуск винтовок с наименованием «**Модель 85**».

Помимо достоинств предыдущей модели, эта винтовка оборудована сошками, высота которых может регулироваться прямо на линии огня. Оружие может быть окрашено в черный или камуфляжный цвета. Питание винтовки осуществляется при помощи съемного магазина, вмещающего 10 патронов. Предусмотрена возможность установки глушителя.

Винтовка оборудована открытым прицелом, а на ствольной коробке могут — по желанию — крепиться обычный шестикратный оптический прицел «Паркер Хейл» или электронно-оптическое устройство ночного видения «Симрад КН 250».

Рис. 104. *Снайперская винтовка «Модель 85» с глушителем*

Технические характеристики

Патрон — 7,62 x 51 мм НАТО.

Длина — 1150 мм.

Вес — 5,7 кг (с оптическим прицелом).

Начальная скорость пули — 850 м/с.

Емкость магазина — 10 патронов.

Венгрия

Начиная с 1992 года в Венгрии начался выпуск крупнокалиберных винтовок с общим наименованием «Гепард». Оружие предназначено для уничтожения легкобронированной техники, наблюдательных пунктов, противоснайперской борьбы и т.д.

Первая модель — **«Гепард М1»** является однозарядной. Ее ствол калибра 12,7 мм проходит через трубчатую муфту с установленной на ней сошкой. Пистолетная рукоятка используется для управления затвором. Для заряжания винтовки следует повернуть пистолетную рукоятку, открывая казенную часть и потянуть назад, а затем полностью снять затворную раму. После этого в патронник вставляется патрон. Затем затворная рама вставляется обратно, пистолетная рукоятка поворачивается, запирая патрон, и вручную взводится курок. Винтовка оборудована двенадцатикратным оптическим прицелом, позволяющим вести прицельный огонь на дистанции до 2000 м. При этом используемый в оружии российский патрон позволяет на дистанции 600 м пробивать стальную броню толщиной 15 мм.

Модификация этой винтовки — модель **М1А1** является тем же оружием, но установленным на специальной станине.

Технические характеристики

Патрон — 12,7 x 107 мм российского (советского) производства.

Принцип действия — однозарядная.

Длина — 1570 мм.

Вес — модель М1 — 19 кг,

модель М1А1 — 22 кг.
Длина ствола — 1100 мм.
Начальная скорость — 840 м/с.
Фирма-изотовитель — Tehnika, Budapest.

Модель **«Гепард М2»** является самозарядной. Ствол и казенная часть винтовки установлены в трубчатой станине с пружиной для частичного демпфирования отдачи. Автоматика перезарядки работает на принципе длинной отдачи ствола. Патроны расположены в магазине, установленном рядом с пистолетной рукояткой. После присоединения магазина затвор оттягивается назад и при возврате под действием пружины захватывает патрон и подает его в патронник. При каждом очередном выстреле затвор подается назад с экстрагированием гильзы и взведением курка.

Рис. 105. Снайперская винтовка «Гепард М2»

Работа автоматики отбирает часть энергии отдачи. Однако система автоматической перезарядки снижает эффективную дальность стрельбы, ограничивая ее дистанцией всего лишь в 1000 м.

Для использования в воздушно-десантных войсках и спецподразделениях была создана конструкция винтовки **M2A1**, отличающаяся от предыдущей складным прикладом и более мощным дульным тормозом.

Технические характеристики

Патрон — 12,7 x 107 мм российского (советского) производства.

Принцип действия — самозарядная.

Длина — 1530 мм.

Вес — 12 кг.

Длина ствола — 1100 мм.

Емкость магазина — 10 патронов.

Начальная скорость пули — 840 м/с.

Изготовитель — Tehnika, Budapest.

Следующая модель, **«Гепард M3»**, является модификацией предыдущей модели винтовки M2, но сконструированной под советский патрон калибра 14,5 x 114 мм. Автоматика этой винтовки также действует на описанном выше принципе длинной отдачи ствола. Для гашения силы отдачи в конструкции предусмотрено наличие гидравлического амортизатора и пружины для возврата ствола в исходное положение после поглощения силы отдачи. Кроме того, винтовка оборудована и мощным дульным тормозом.

Энергия пули весом 64 г, вылетающей из ствола со скоростью около 1000 м/с, позволяет на дистанции 600 м пробивать броневой лист толщиной 25 мм .

Оптический прицел и двуногая сошка — те же, что и у предыдущей модели.

Винтовка изготавливается с 1995 года.

Технические характеристики

Патрон — 14,5 x 114 мм российского (советского) производства.

Принцип действия — самозарядная.

Длина — 1880 мм.
Вес — 20 кг.
Длина ствола — 1480 мм.
Емкость магазина — на 5 или 10 патронов.
Начальная скорость пули — около 1000 м/с.
Эффективная дальность стрельбы — до 910 м.
Изготовитель — Tehnika, Budapest.

Израиль

Снайперская самозарядная винтовка **«Галил» (Galil)** была сконструирована в соответствии с предыдущей моделью — одноименным израильским автоматом. Это оружие — прекрасный пример системы, созданной на базе автомата Калашникова.

Винтовка выпускается военно-промышленным предприятием «Рамат ха-Шарон». Она была сконструирована в начале 80-х годов и принята на вооружение в 1983 году.

Рис. 106. *Самозарядная снайперская винтовка «Галил»*

Принцип действия автоматики — отвод газов, действующих на поршень, связанный с затворной рамой. Затвор вращающийся. Возможно ведение только одиночного огня. Двуногие сошки могут регулироваться по высоте и принимают на себя основной вес оружия. Стандартный прицел «Нимрод» 6 x 40 крепится с левой стороны ствольной коробки и, по данным фирмы-изготовителя, может сниматься при транспортировке и устанавливаться обратно без необходимости в дополнительной пристрелке. Вместо обычного оптического прицела на это же место может крепиться прицел ночного видения.

Винтовка имеет дульный тормоз с компенсатором, что уменьшает отдачу и сбой прицеливания при производстве выстрела. Вместо дульного тормоза может устанавливаться глушитель, причем изготовители рекомендуют в этом случае пользоваться боеприпасами с дозвуковой скоростью пули. Приклад имеет регулируемый плечевой упор и упор (подушечку) для щеки. Сам приклад складной, что повышает удобство транспортировки.

Изготовители гарантируют, что при стрельбе стандартным патроном на 300 м пули уместятся в круге диаметром от 12 до 15 см, а при стрельбе на 600 м — в круге диаметром 30 см. При использовании более высококачественных боеприпасов эти показатели должны значительно улучшиться.

Технические характеристики

Патрон — 7,62 х 51 мм НАТО.

Калибр — 7,62 мм (.30).

Длина винтовки — 1115 мм (с прикладом); 840 мм (со сложенным для транспортировки прикладом).

Длина ствола — 508 мм, 4 нареза, закрученные вправо, полный оборот за 305 мм.

Вес — 6,40 кг с сошками.

Магазин — 20 патронов, съемный.

Начальная скорость пули — 815 м/с.

Прицельная дальность — 700 м.

Италия

Знаменитая итальянская оружейная фирма «Беретта» с ростом интереса к высокоточному оружию на основании серии спортивных и охотничьих конструкций в середине 80-х годов выпустила на оружейный рынок магазинную снайперскую винтовку **«Беретта»** (полное наименование — Beretta Sniper).

Винтовка выпущена под стандартный патрон 7,72 х 51 мм НАТО и имеет продольно-скользящий затвор маузеровского типа. Толстостенный ствол оружия выполнен методом холодной ковки. Регулируемый по длине приклад имеет отверстие для большого пальца, регулируемую подушечку для щеки, а к концу цевья крепятся сошки телескопического типа, позволяющие регулировать высоту установки оружия.

В цевье расположен стабилизатор, позволяющий смягчать и компенсировать вибрации ствола при выстреле. На дульной части ствола установлен пламегаситель. Магазин вмещает 5 патронов.

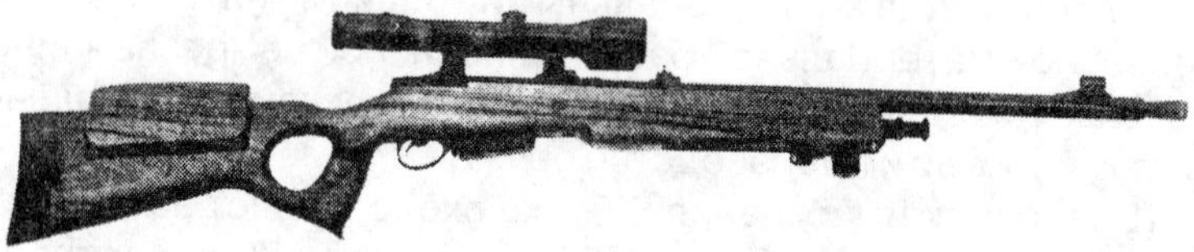

Рис. 107. *Снайперская винтовка «Беретта» со сложенной сошкой*

Магазинная винтовка с продольно-скользящим затвором маузеровского типа имеет открытый прицел, регулируемый не только по высоте, но и по горизонтали (например, с учетом наличия бокового ветра). Стандартным оптическим прицелом является телескопический прицел «Цейс Диавари» кратностью от 1,5х до 6х, но предусмотрена возможность установки любых стандартизированных в НАТО оптических или электронно-оптических устройств.

Технические характеристики

Патрон — 7,62 х 51 мм НАТО.

Длина — 1165 мм.

Вес — 5,55 кг.

Длина ствола — 586 мм, 4 нареза, закрученные вправо, полный оборот за 305 мм.

Начальная скорость пули — 845 м/с.

Емкость магазина — 5 патронов.

Оптический прицел — изменяющейся кратности — от 1,5х до 6х.

Швейцария

Швейцария во все времена славилась своими отличными стрелками. Еще в период средневековья многие европейские государства с удовольствием нанимали в ландскнехты швейцарских стрелков, и даже сейчас папская гвардия целиком состоит из швейцарцев. Причем они периодически (и с успехом) сдают нормативы по стрельбе.

В наше время стрелки Швейцарии также отличались на многих Олимпиадах и мировых первенствах, что всегда поддерживалось не только национальными традициями, но и очень серьезной материальной базой, основанной на чрезвычайно высокой прецизионности изделий швейцарской промышленности, включая и производство оружия.

Швейцарская компания SIG уже около 150 лет выпускает оружие для нужд своей армии. Однако только в 70-х годах прошлого века была выпущена первая специализированная снайперская винтовка. Основанием для ее конструирования был богатый опыт, накопленный при создании спортивного и охотничьего оружия.

Первой из таких целевых разработок была конструкция **SSG 2000** — магазинная винтовка, созданная немецким изобретателем Зауэром на основании уже имеющегося опыта. Она отличается оригинальным решением запирания казенной части оружия.

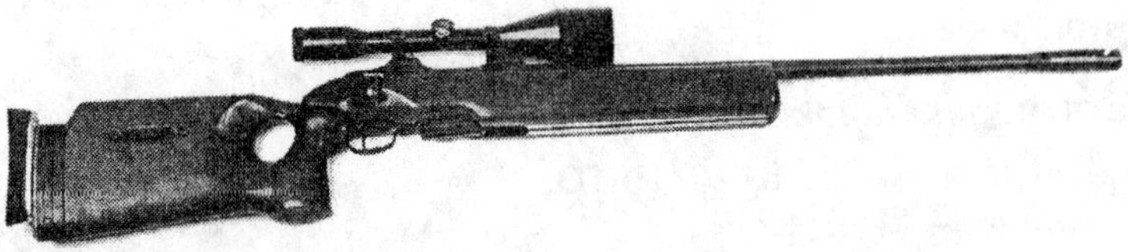

Рис. 108. *Снайперская винтовка SSG 2000 SIG*

Утолщенный отвол, выполненный с использованием технологии холодной ковки, составляет единое целое с компенсатором, дульным тормозом и пламегасителем, которые позволяют снайперу максимально скрывать свое местонахождение после выстрела и частично снижать отдачу и нарушение линии прицеливания после предыдущего выстрела. Ложа спортивного типа имеет отверстие для большого пальца и позволяет регулировать свои габариты. Предусмотрена установка трехногой сошки.

Винтовка не имеет открытого прицела, но предусматривает возможность установки большинства оптических устройств. В то же время изготовитель рекомендует установку прицела с изменяемой кратностью типа «Шмидт и Бендер» 1,5-6 х 42 или «Диатал ЦА» 8 х 50 известной фирмы «Zeiss Diatal ZA».

Как и все снайперские модели фирмы ЗИГ, и данная винтовка имеет устанавливаемый над стволом защитный экран (эластичную горизонтальную ленту), отводящий в стороны поднимающийся от ствола нагретый воздух, препятствующий нормальному прицеливанию. В то же время непонятно, почему такое устройство необходимо для производящей одиночные точные выстрелы снайперской винтовки. Кроме того, в полевых условиях такой экран (лента) заметно «парусит» даже при среднем ветре и мешает нормальному прицеливанию.

Описанная винтовка получила широкое применение в специализированных антитеррористических полицейских подразделениях многих стран.

Технические характеристики

Патрон — 7,62 х 51 НАТО и другие модификации.

Начальная скорость пули — 800 м/с.

Принцип действия — использование продольно-скользящего затвора с магазинным заряжанием.

Длина — 1210 мм.

Вес (с прицелом) — 6,60 кг.

Длина ствола — 610 мм при 4 нарезах, закрученных вправо, полный оборот в 305 мм.

Магазин — на 4 патрона.

Изготовитель — фирма ZIG, Нейхаузен, Швейцария.

Дальнейшей разработкой той же фирмы явилась снайперская винтовка **SSG 3000**, выполненная по модульному приципу: ствол соединяется со ствольной коробкой при помощи струбцины, а спусковой механизм может устанавливаться по выбору. Предохранитель блокирует и курок, и боек, и затвор.

Приклад обеспечивает регулировку по длине, высоте гребня (щечки) и углу наклона. При этом ложа изготавливается из клееной древесины, а под цевьем имеется продольный паз для перемещения антабки для ремня (петли), упора для руки или двуногой сошки. Открытый прицел отсутствует, на ствольную коробку можно устанавливать любой оптический прицел. При этом изготовитель рекомендует специально спроектированную для данной модели оптическую систему «Hensoldt 1,5-6 x 24 BL» переменной кратности от x1,5 до x6. В то же время предусматривается возможность (с использованием переходника) установки всего семейства дневной и ночной оптики стандарта НАТО.

Рис. 109. *Снайперская винтовка SSG 3000 SIG*

В целях экономии средств, винтовка имеет переходник для использования в период тренировочного цикла малокалиберных патронов бокового огня (L.R.).

Технические характеристики

Патрон — 7,62 x 51 НАТО при возможности использования иных модификаций.

Начальная скорость пули — 800 м/с.

Принцип действия — магазинная, с продольно-скользящим затвором.

Длина — 1180 мм.

Вес — 5,4 кг.

Длина ствола — 610 мм, 4 нареза, закрученные вправо, с полным оборотом в 305 мм.

Магазин — емкостью 5 патронов.

Изготовитель — фирма SIG, Нейхаузен, Швейцария.

На базе довольно популярного во многих странах автомата SG 550 та же фирма разработала снайперскую винтовку **SIG SG 550**, с учетом своего малого калибра являющуюся исключением среди всех снайперских винтовок.

Рис. 110. *Снайперская винтовка SIG SG 550*

Винтовка является самозарядной и работает на основе отвода пороховых газов при запирании ствола вращающимся вдоль продольной оси затвором. В то же время система предусматривает возможность только одиночного огня, а удлиненный и заметно более толстый ствол обеспечивает резкое улучшение кучности боя оружия.

Приклад позволяет регулировать свою длину и высоту подушечки под щеку, а для удобства транспортировки он может складываться.

Пистолетная рукоятка снабжена регулируемым упором для руки («грибком»), а на цевье может устанавливаться регулируемая по высоте двуногая сошка.

Винтовка не имеет открытого прицела и допускает возможность установки любого прицела по выбору снайпера.

Технические характеристики

Патрон — 5,56 х 45 НАТО.

Начальная скорость — 1000 м/с.

Принцип действия — самозарядная, с отводом пороховых газов.

Длина — общая — 1130 мм; со сложенным прикладом — 905 мм.

Вес — 7,02 кг.

Длина ствола — 650 мм, 6 нарезов, закрученных вправо, полный оборот — 254 мм.

Магазин — на 20 или 30 патронов.

Изготовитель — фирма SIG, Нейгаузен, Швейцария.

США

Целый ряд снайперских винтовок США ведет свое начало от спортивно-охотничьего оружия точного боя, оснащенного высококачественными оптическими прицелами. Такие модели магазинного типа имеют продольно-скользящий затвор и отличаются простотой и надежностью в эксплуатации.

Вместе с тем потребности армии и ВМФ США заставили оружейников перейти к разработке конструкций самозарядных винтовок.

По заказу ВМФ США в начале 60-х годов на вооружение морской пехоты поступила магазинная снайперская винтовка модели **М40А1**, разработанная на базе популярной спортивной винтовки «Ремингтон 700». Винтовка имеет продольно-скользящий затвор маузеровского типа, утолщенный матовый (не дающий бликов) ствол, изготовленный из нержавеющей стали, отличается повышенной прочностью и обеспечивает высокую кучность боя винтовки.

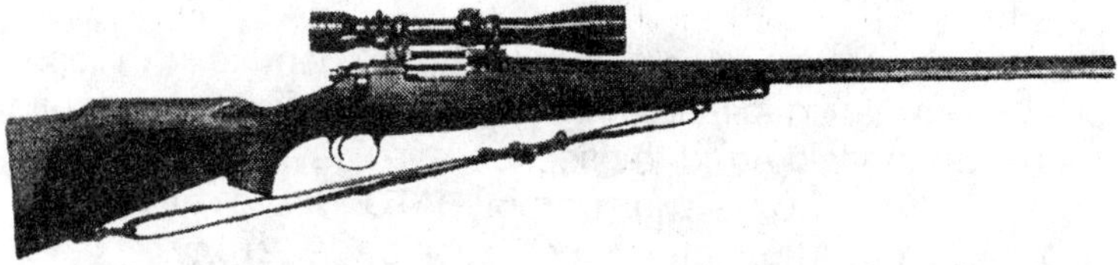

Рис. 111. *Магазинная винтовка модели М40А1*

Рис. 112. *Американские морские пехотинцы с винтовками М40А1 на огневом рубеже*

Винтовка не имеет открытого прицела, а также сошек, хотя на цевье предусмотрена антабка для надеваемой на левую руку ружейной петли. Деревянная ложа спортивной винтовки заменена на кевларо-графитовую. Винтовка оснащена оптическим прицелом десятикратного увеличения и не имеет сошек.

Технические характеристики

Патрон — 7,62 х 51 НАТО.

Длина — 1116 мм.

Длина ствола — 610 мм, 4 канавки, закрученные вправо, полный оборот за 305 мм.

Вес — 6,57 кг.

Емкость магазина — 5 патронов.

Начальная скорость пули — 775 м/с.

Оптический прицел — Leupold Vari-X III 3,5х — 10х с дальномером на 200–600 ярдов.

В конце 60-х годов на базе состоявшей на вооружении американской армии самозарядной винтовки М14 фирма «Спрингфелд Армори» (Springfield Armory) разработала новую снайперскую винтовку калибра 7,62 мм под патрон НАТО. Новая модель, названная **М21**, была принята на вооружение в 1972 году.

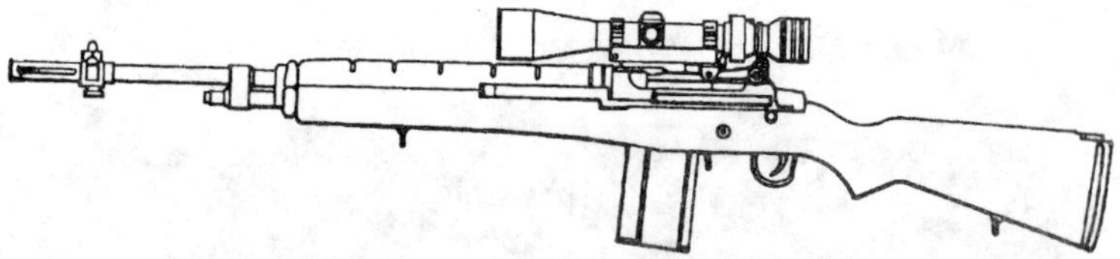

Рис. 113. *Самозарядная снайперская винтовка М21*

Автоматика винтовки М21 действует за счет отвода пороховых газов из канала ствола. Газовая камера и поршень обрабатываются вручную и хромируются. Канал ствола запирается поворотом затвора. Ложа винтовки изготовлена из пропитанного эпоксидными смолами орехового дерева, и газовая камера расположена внутри цевья — под стволом. Ложа имеет пистолетный выступ, но не имеет ни регулируемой длины приклада, ни щечки. При производстве этой винтовки особое внимание на заводе-изготовителе уделялось контролю качества канала ствола. Предполагается, что следствием высококачественной обработки всех элементов винтовки, а в особенности канала ствола, все пули на расстоянии 300 м должны укладываться в круг диаметром 15 см. Вместо установленного на конце ствола пламегасителя можно укреплять глушитель.

Питание винтовки осуществляется от прямого коробчатого магазина емкостью 20 патронов.

Винтовка M21 снабжена открытым диоптрическим прицелом, а в качестве основного оптического в конструкции используется прицел Leupold 10 x 42 с изменяющейся кратностью от 3х до 10х. Прицел рассчитан на ведение огня на дистанциях до 1000 м, но наибольшая эффективность достигается при стрельбе на расстоянии 600–800 м.

Та же самая фирма выпускает и несколько иные модификации рассматриваемого оружия: это — винтовка M21, у которой для лучшей стабилизации пули в полете нарезы в стволе сделаны с несколько большей крутизной; у этих стволов ход нарезов составляет 254 мм по сравнению с обычным 305 мм. В ложе ствол укладывается на резино-стекловолоконной подкладке.

Технические характеристики

Патрон — 7,62 х 51 мм НАТО.

Длина — 1120 мм.

Длина ствола — 560 мм, четыре нареза, закрученные вправо, полный оборот за 305 мм.

Вес — 5,10 кг со снаряженным магазином.

Начальная скорость пули — 850 м/с.

Магазин — на 20 патронов.

Сошки — имеются только у коммерческого варианта, выпускаемого под наименованием M1A.

Дальнейшим совершенствованием снайперского оружия явилась снайперская винтовка **M24**, выпускаемая фирмой «Ремингтон Армз» (Remington Arms co.).

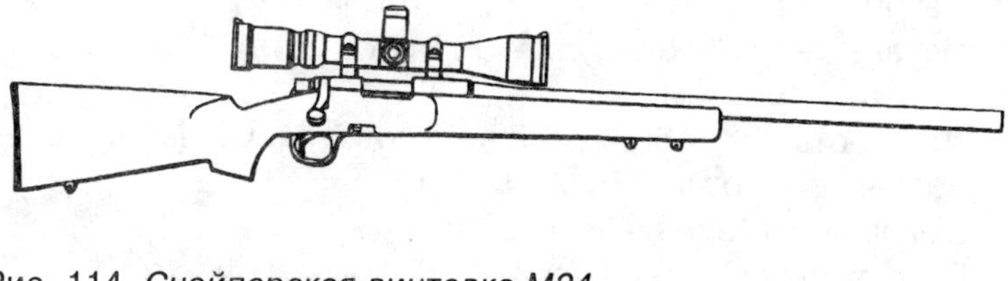

Рис. 114. *Снайперская винтовка M24*

Данная модель была создана на основе уже известной винтовки Ремингтон М700, выпускаемой той же компанией, что и винтовка М40, до сих пор состоящая на вооружении частей морской пехоты ВМС США.

Винтовка М24 выпускается с 1988 года.

Эта винтовка магазинного типа с продольно-скользящим затвором системы «Маузер» изготовлена под высококачественный патрон М118 с пулей калибра 7,62 мм и 300 Винчестер Магнум. Она имеет высококачественный ствол из нержавеющей стали со специальной нарезкой и пламегасителем на конце. Этот трехщелевой пламегаситель, по данным фирмы, обеспечивает снижение возникающей при выстреле вспышки на 80%. Спусковой механизм имеет регулировочное устройство. Ложа производства фирмы «H.S. Precision» из графитно-кевларовой пластмассы имеет алюминиевое основание и может регулироваться по длине. На конце цевья укреплены сошки фирмы «Harris».

В комплект винтовки, помимо снайперского прицела фирмы «Leupold» десятикратного увеличения, входят прибор наблюдения М-144, лазерный дальномер, штатив-тренога бинокль Steiner и специальный чемодан для укладки винтовки и принадлежностей. Общий вес всего комплекта с тарой составляет 25,4 кг.

Следует упомянуть, что первоначальная цена винтовки составляла 5000 $. И хотя после наладки производства она и снизилась, все-таки нынешняя цена в 2500 $ при заказе в 2500 экземпляров позволяет закупать ее в ограниченных количествах — в основном для десантников и частей специального назначения.

Технические характеристики

Патрон — 7,62 мм и 300 Винчестер Магнум.

Начальная скорость пули — 777 м/с.

Длина — 1092 мм.

Длина ствола — 610 мм, 5 нарезов, закрученных вправо, полный оборот за 285 мм.

Емкость магазина — 6 патронов.

Прицел — телескопический 10x фирмы «Leupold».

Прицельная дальность — 900 м.

Для американских частей специального назначения выпускается бесшумная снайперская винтовка **«Грендел» С-16** производства фирмы «Грендел» (Grendel Inc.).

Винтовка является самозарядной модификацией предыдущей модели — бесшумной магазинной винтовки «Грендел» SRT.

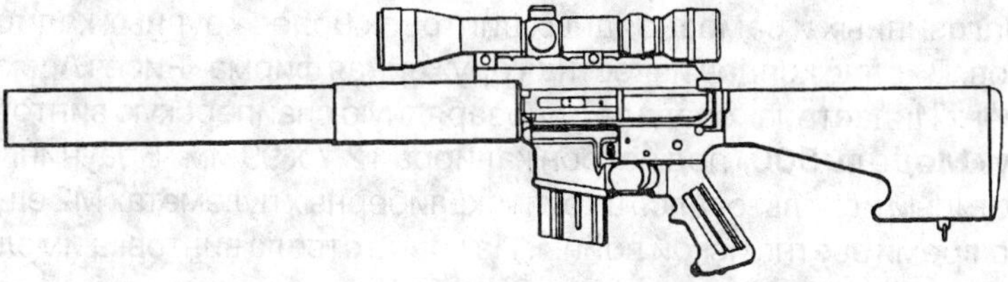

Рис. 115. *Модель «Грендел» С-16*

Система автоматики данной модели была создана на основе широко известной винтовки М16 с отводом пороховых газов, но рассчитанной на собственный боеприпас калибра 7,62 мм, предназначенный для бесшумного поражения целей на дистанциях до 300 м. При стрельбе пулями весом 9,3 г и уменьшенном количестве порохового заряда начальная скорость пули составляет несколько менее 330 м/с, то есть дозвуковую. Как известно, в этом случае пуля в полете не образует собственную звуковую волну. Остальные звуки глушатся интегрированным глушителем, составляющим со стволом одно целое.

Открытый прицел отсутствует. На ствольной коробке винтовки можно устанавливать большинство типов стандартизированных странами НАТО оптических и электронно-оптических прицелов.

Технические характеристики

Патрон — 7,62 х 36 мм.

Начальная скорость пули — около 330 м/с.

Длина — 995 мм.

Длина ствола — 409 мм, 6 нарезов, закрученных вправо, полный оборот за 203 мм.

Вес — 4,8 кг со снаряженным магазином.

Магазин — съемный рожок на 20 патронов.
Дистанция стрельбы — до 300 м.

В 80-е годы XX века в США начались активные конструкторские работы по созданию крупнокалиберных снайперских винтовок, способных поражать цели на сверхдальние дистанции. Для этого в США разрабатывались различные конструкции магазинных и самозарядных винтовок более крупных калибров. В конце концов известная оружейная фирма «Рисеч Армамент Индастриз» создала однозарядную снайперскую винтовку **«Модель 500»** под патрон калибра 12,7 х 99 мм «Браунинг», который использовался в крупнокалиберных пулеметах M2 еще во время вьетнамской войны. На конце ствола винтовка имела дульный тормоз-пламегаситель. Приклад имел «щечку» и регулируемый по длине затыльник. Масса винтовки — 13,6 кг, прицельная дальность стрельбы — 1800 м.

В 1983 году фирма «Барретт Файрармз Мэнюфэкчуринг» (Barett Firearms Manufacturing) создала 12,7-мм самозарядную винтовку, **М82**, соответствующую требованиям, предъявляемым военным министерством США к снайперским винтовкам специального назначения SASR (Special Application Snipe Rifle). Ее автоматика действует за счет короткого отката ствола. Тяжелый ствол длиной 838 мм имеет продольные ребра жесткости и охлаждения, а на конце — двухкамерный дульный тормоз, поглощающий около 30% энергии отдачи. Общая длина винтовки — 1575 мм, вес — 16,1 кг.

Емкость магазина этой винтовки — 11патронов, а на конце цевья укреплены складывающиеся сошки. Винтовка имеет оптический прицел «Леуполд Скаут» М3 или М11 десятикратного увеличения, обеспечивающий прицельную стрельбу на дистанции до 2000 м (по данным фирмы, отклонение от точки прицеливания на этой дистанции не превышает 510 мм). Возможна установка прицелов ночного видения. По данным зарубежной печати, эта винтовка использовалась подразделениями морской пехоты ВМС США во время операции «Буря в пустыне».

В 1989 году была выпущена несколько улучшенная модель этой же винтовки — **M82A1**, названная «Легкая пятидесятка». Это оружие калибра 12,7 мм определено военными как «винтовка специального назначения, оснащенная оптическим прицелом». Действие ее автоматики основано на отдаче ствола. В момент выстрела ствол и затвор соединены вместе и под действием пороховых газов отходят назад в ствольную коробку. Затвор удерживается в затворной раме и после того, как ствол отходит назад на короткое расстояние, затворная рама продолжает движение назад. При этом паз в раме вращает затвор, отпирая ствол. Ствол останавливается, но затворная рама продолжает откатываться, извлекая и экстрагируя гильзу, после чего под действием амортизирующих пружин вся система возвращается вперед, захватывая очередной патрон и досылая его в патронник.

Рис. 116. *Снайперская винтовка M82A1*

К цевью винтовки крепятся сошки от единого пулемета НАТО M80. Кроме того, винтовка может устанавливаться на станки и треногу. Ствол оснащен двухкамерным дульным тормозом, обеспечивающим компенсацию 65% энергии отдачи. Отверстия в передней части ствольной коробки обеспечивают возможность циркуляции воздуха вокруг патронника.

На винтовке имеется рукоятка для удобства ее переноски.

Как показала война в Персидском заливе, винтовка M82A1 — популярно называемая «Легкая пятидесятка» (Light Fifti), в наибольшей степени раскрывает свой потенциал при использовании ее против техники, но не против живой силы. В данной винтовке могут быть использованы все типы патронов 12,7 x 99 мм (.50) «Браунинг»: общего назначения M33, бронебойный M2, бронебойно-зажигательный M88, бронебойно-зажигательно-трассирующий M20, а также патроны производства некоторых европейских стран. При этом следует особо упомянуть бронебойно-зажигательный боеприпас APEL, который на расстоянии 500 м пробивает броневой лист толщиной 30 мм и обладает значительным заброневым эффектом. Отмечается также, что результативность использования винтовки M82A1 еще более возрастает при использовании патрона норвежской фирмы «Reufoss», пули которого сочетают разрывное, зажигательное и трассирующее действие и представляют собой прекрасное средство для борьбы с легкобронированной техникой. Армейские саперы во время боевых действий против Ирака применяли винтовку M82A1 для уничтожения установленных на территории Кувейта противотанковых мин. Попадание пули калибра 12,7 мм вызывало разрушение мин или же взрывало ее.

На ствольной коробке винтовки имеется место, предусмотренное для установки любого оптического или электронно-оптического прицела, соответствующего стандарту НАТО. Кроме того, на винтовке имеется и открытый прицел.

Технические характеристики

Калибр — 12,7 x 99 мм (.50) «Браунинг».
Длина — 1447 мм.
Длина ствола — 737 мм.
Вес — 12,90 кг.
Емкость магазина — 10 патронов.
Начальная скорость пули — 850 м/с .
Прицел — телескопический x10.

Винтовка Барретт M82A1 имела модификацию под названием **M98**, разработанную под патрон .338 «Лапуа Магнум». Следует упомянуть, что использование этих патронов для полицейских формирований обеспечивает повышенную точность поражения целей (живая сила, легкобронированная автотехника и пр.) на дистанциях свыше 1000 м. При этом оружие под этот патрон обеспечивает настильность траектории огня на расстояниях до 1000 м.

Элементы газового механизма винтовки расположены в прикладе, что устраняет отрицательное воздействие газов на кучность стрельбы. Отведенные из ствола пороховые газы подаются в рабочее пространство, расположенное позади стрелкового агрегата.

Винтовка оборудована высокоэффективным дульным тормозом.

«Свободноплавающий» ствол прикреплен к алюминиевому основанию.

Модель снайперской винтовки калибра 12,7 мм **M82A2** той же фирмы «Барретт» была представлена в конце 1989 года на оружейной выставке в Лас-Вегасе. Это был вариант винтовки предыдущей модели, но выполненной по схеме «буллпап», что заметно уменьшило ее длину и вес. По сравнению с моделью M82A1 длина ствола и механизм остались без изменений. Сошки отсутствуют, но имеется передняя рукоятка для удержания оружия левой (свободной) рукой. Плечевой упор выполнен таким образом, что частично опирается на плечо стрелка.

Рис. 117. *Снайперская винтовка M82A2 калибра 12,7 мм*

На винтовке M82A2 предусмотрена возможность любых стандартизированных оптических и оптико-электронных прицелов и приспособлений, но открытый прицел отсутствует за ненадобностью в силу малой прицельной линии. Во всем же остальном принцип действия автоматики и устройство винтовки соответствует предыдущей конструкции M82A1.

Технические характеристики

Патрон — 12,7 х 99 мм (.50 «Браунинг»).
Длина — 1409 мм.
Длина ствола — 736 мм.
Вес — 12,2 кг.
Емкость магазина — 10 патронов.
Начальная скорость пули — 850 м/с.
Прицел — телескопический х10.

Для облегчения крупнокалиберного оружия и упрощения его конструкции та же фирма «Баррет» выпустила несамозарядную винтовку **Модель 90А1** с уже давно и положительно зарекомендовавшим себя затвором маузеровского типа, который перемещается взад-врепед внутри приклада. Она также сконструирована по схеме «буллпап». Винтовка имеет чрезвычайно удачно подобранные габариты и снабжена коробчатым магазином на 5 патронов.

Пистолетная рукоятка расположена перед магазином, а на конце цевья располагаются двуногие сошки.

Рис. 118. *Винтовка «Баррет» М90А1*

Свободный ствол винтовки имеет для лучшего охлаждения и уменьшения веса продольные желобки-ребра. Считается, что удачная модель дульного тормоза снижает отдачу при выстреле до уровня обычной армейской винтовки. Открытый прицел отсутствует.

На винтовку могут быть установлены любые стандартные оптические прицелы, а при помощи переходника — электронно-оптические прицелы и целеуказатели, например прицел с лазерным целеуказателем типа LORIS.

Технические характеристики

Патрон — 12,7 x 99 мм (.50 «Браунинг»).
Длина — 1143 мм.
Длина ствола — 736 мм.
Вес — 9,98 кг.
Емкость магазина — 5 патронов.
Начальная скорость пули — 850 м/с.

В 1987 году компания «Мак-Миллан», специализировавшаяся на производстве высококачественных охотничьих ружей (в основном ручной сборки), представила на оружейный рынок снайперские винтовки — сначала калибра 7,62 мм, а затем и 12,7 мм. Первой из них была модель M87, после чего последовала более совершенная конструкция **«Мак-Миллан M93»**. Эта магазинная винтовка калибра .50 под патрон Браунинга обеспечивает надежное поражение целей на расстояниях до 1500 м.

Рис. 119. *Снайперская винтовка «Мак-Миллан»*

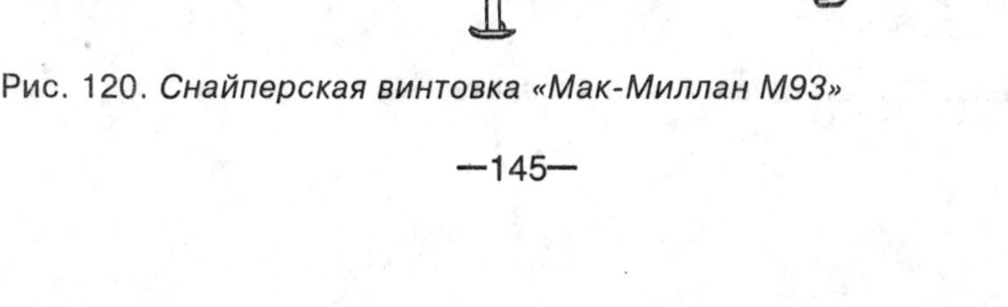

Рис. 120. *Снайперская винтовка «Мак-Миллан M93»*

Эта модель, помимо наличия обычных передних сошек, закрепленных на оголовке цевья, имеет еще одну сошку под прикладом, что обеспечивает возможность фиксации оружия в определенной точке ожидания цели, что очень важно при многочасовом ожидании снайпера в засаде. Кроме того, как и большинство крупногабаритных систем, приклад винтовки может складываться при транспортировке. Упомянутый приклад может регулироваться по длине и высоте подставки под щеку.

Винтовка оснащена очень эффективным дульным тормозом, заметно снижающим отдачу, и имеет съемный магазин, позволяющий делать от пяти до десяти выстрелов в минуту.

Оружие не имеет открытого прицела, но основание ствольной коробки позволяет размещать любой из современных оптических устройств дневного или ночного видения.

Федеративная Республика Германия

На базе состоящей на вооружении Бундесвера автоматической винтовки G3 фирмы «Хеклер и Кох» (Heckler & Koch GmbH) было создано целое семейство конструкций различного назначения, к которым относится и стандартная снайперская винтовка **G3SG/1**, использующая патрон НАТО 7,62 х 51 мм. Данная винтовка самозарядная и работает на принципе отдачи свободного затвора. Для переоборудования под снайперскую обычные армейские стволы отстреливаются и из них выбираются наилучшие. При этом вместо обычного спускового механизма устанавливается система с возможностью регулирования натяжения спуска курка в пределах от 900 до 1500 г.

Рис. 121. *Снайперская винтовка G3SG/1*

Открытый прицел сохранен, но наряду с ним имеется место для установки оптического прицела. В качестве стандартных винтовка укомплектована прицелом либо фирмы «Шмидт и Бендер», либо «Цейс» с переменным увеличением от х1,5 до х4-кратного. Прицелы рассчитаны на стрельбу до 600 м.

Технические характеристики

Патрон — 7,62 х 51 мм НАТО (.308 «Винчестер»).

Вес — 5,54 кг (с прицелом).

Длина — 1025 мм.

Длина ствола — 450 мм, четыре нареза, закрученные вправо, полный оборот на 305 мм.

Начальная скорость пули — 820 м/с.

Емкость магазина — 20 патронов.

Следующим этапом фирмы «Хекклер и Кох» в производстве высокоточного оружия был выпуск самозарядной снайперской винтовки **PSG-1** (Prazicionsschutzengewehr), предназначенной для поражения целей на значительных дистанциях — до 800 м и более. Эта разработка используется национальными подразделениями полиции и спецназа. Калибр и боеприпасы остались прежними, но длина ствола была увеличена на одну треть и составила 650 мм. Полигональная нарезка канала значительно утолщенного ствола позволяет снизить трение пули со стенками канала, что повышает ее начальную скорость.

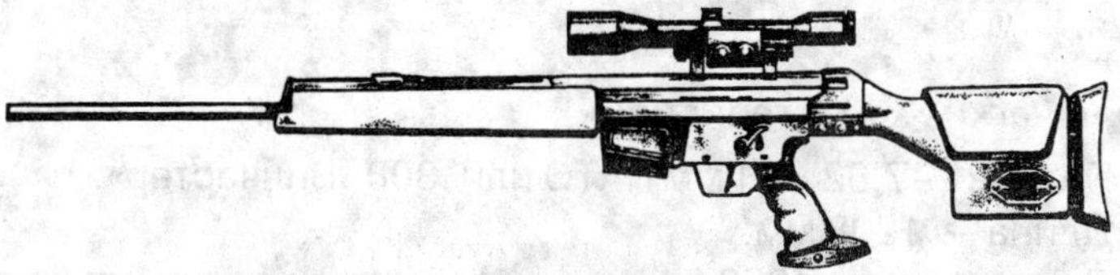

Рис. 122. Снайперская винтовка PSG-1

Автоматика винтовки основана на отдаче свободного затвора со сдерживающими втулками. Винтовка отличается исключительно точной отделкой всех частей при минимальных допусках, что значительно снижает шумность оружия при перезарядке.

Спусковой механизм регулируемый, стандартное натяжение спуска — 1,5 кг. Спусковой крючок снабжен накладкой изменяемой ширины. Винтовка имеет регулируемый по длине и наклону приклад и щечку, что обеспечивает ее индивидуальную подгонку под стрелка. Цевье изготавливается из дерева. Пистолетная рукоятка имеет ортопедическую форму. Крепящиеся к концу цевья сменные складные трехногие сошки обеспечивают надежную опору оружия.

Установка открытого прицела не предусмотрена. Крепление для установки любого оптического прицела стандарта НАТО выполнено в качестве единого целого со ствольной коробкой. В комплекте с винтовкой поставляется оптический прицел 6 х 42 с полем зрения 4 градуса. Прицел обеспечивает возможность внесения предварительных поправок с учетом силы бокового ветра и высоты над уровнем моря. Помимо него могут устанавливаться и любые стандартизированные НАТО целеуказатели и оптико-электронные прицелы ночного видения.

На винтовку установлен стандартный сменный коробчатый магазин емкостью 20 патронов, но имеется и магазин на 5 патронов, что делает конструкцию более компактной. Фирма-изготовитель дает гарантию кучности в 80 мм при стрельбе на 300 м при условии использования высококачественных боеприпасов типа .308 «Винчестер».

Винтовка предназначена для ведения только одиночного огня.

Технические характеристики

Патрон — 7,62 х 51 мм НАТО или .308 «Винчестер».

Длина — 1208 мм.

Длина ствола — 650 мм, нарезка полигональная, 4 канавки, закрученные вправо.

Вес — 9,0 кг (с прицелом и сошками).

Начальная скорость пули — 820 м/с.

Прицел — 6х телескопический.

Прицельная дальность — 700 м.

Емкость магазина — 5 или 20 патронов.

Дальнейшей разработкой фирмы «Хекклер и Кох» явилась самозарядная армейская снайперская винтовка **MSG-90** калибра 7,62 мм. Эта модель отличается особой точностью в изготовлении всех деталей с жесткими нормами допусков. Для повышения кучности стрельбы даже на предельных дистанциях винтовка имеет тяжелый, удлиненный по сравнению с предыдущим образцом ствол, изготовленный методом холодной ковки с последующими расточкой и закалкой. Четыре нареза выполнены в процессе ковки.

Рис. 123. *Снайперская винтовка MSG-90*

Принцип действия автоматики основан на отдаче свободного затвора с задерживающими втулками. Приклад может регулироваться по длине и высоте. Спусковой крючок оборудован специальной накладкой, а натяжение спуска отрегулировано на устойчивое натяжение в 1,5 кг. На конце пластикового цевья в продольном пазу может устанавливаться антабка для ружейного, надеваемого на руку ремня-петли или для двуногой сошки, использование которой особенно важно при стрельбе из такой тяжелой винтовки.

На ствольной коробке расположен стандартный по нормам НАТО-СТАНАГ 2324 узел крепления любого оптического или оптико-электронного прицела. Открытый прицел отсутствует. В обычном варианте на винтовку устанавливается прицел х12 с градуировкой на дистанции от 100 до 800 м с возможностью внесения предварительных поправок при стрельбе в высокогорье и с учетом бокового ветра.

Эта же винтовка под обозначением **HK91A** выпускается на рынок в качестве охотничьей или полицейской с установкой на ней стандартного прицела «Леуполд» 3 х 9.

Технические характеристики

Патрон — 7,62 х 51 НАТО.
Длина — 1165 мм.
Длина ствола — 600 мм, 4 нареза, закрученные вправо, многоугольный профиль.
Вес — 6,40 кг без оптического прицела.
Емкость магазина — на 5 или 20 патронов.
Начальная скорость пули — 850 м/с.

Для спортивной стрельбы и нужд полицейских и специальных формирований фирма «Маузер» разработала целый ряд систем магазинного типа с продольно-скользящим затвором конструкции Геманна, имеющим один запирающий выступ в передней части. Такой затвор имеет малый вес, что позволяет применять более легкий боек и более упругую боевую пружину, а это почти вдвое сокращает промежуток времени между спуском курка и моментом воспламенения капсюльного состава. Кроме того, малая масса бойка меньше влияет на смещение оружия от удара по капсюлю.

Типичным образцом такого оружия является модель **«Маузер» SP66** под патрон 7,62 х 51 мм НАТО, разработанная на основе хорошо зарекомендовавшего себя семейства оружия 66S. Характерная для спортивно-целевого оружия деревянная ложа с отверстием для большого пальца и пистолетной рукояткой схожа с ложей предыдущей серии. Приклад может регулироваться по длине, а «щечка» по высоте. Цевье сделано широким для удобства его удержания левой рукой.

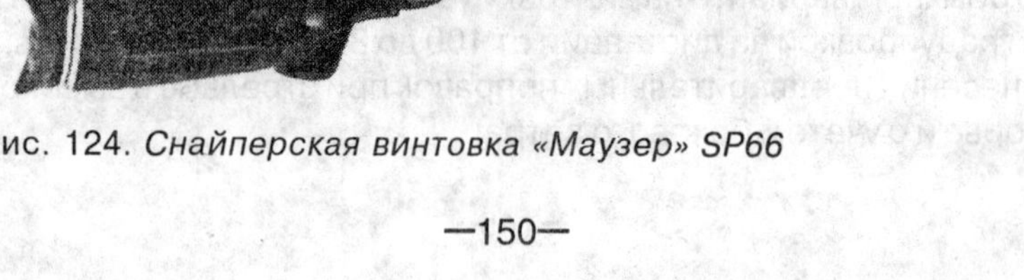

Рис. 124. *Снайперская винтовка «Маузер» SP66*

Длинный ствол (680 мм) снабжен дульным тормозом-пламегасителем реактивно-щелевого типа. Открытый прицел не предусмотрен. В комплект поставки винтовки включен оптический прицел телескопического типа «Цейс Диавари ЗА» (Zeiss Diavari ZA) с переменным увеличением от x1,5 до x6. Кроме того, предусмотрена планка для установки любого оптического или оптико-электронного прицела стандарта НАТО-СТАНАГ 2324. Предусматривается и возможность установки на дуло винтовки глушителя, что особенно важно для проведения различных полицейских и антитеррористических спецопераций.

Накладка на спусковом крючке шириной 10 мм позволяет вести огонь в толстых перчатках. Эта модель имеет постоянный магазин на три патрона.

Технические характеристики

Патрон — 7,62 x 51 НАТО или .300 «Винчестер Магнум».
Длина — 1200 мм.
Длина ствола — 650 мм, 4 нареза, закрученные вправо, полный оборот за 305 мм.
Вес — 6,12 мм со стандартным прицелом «Цейс».
Емкость магазина — 3 патрона.
Начальная скорость пули — 850 м/с.

Следующей разработкой фирмы «Маузер» является модель **86 SR**. Эта магазинная винтовка имеет обычный маузеровский затвор с двумя боевыми запирающими выступами спереди. Высокая кучность стрельбы обеспечивается благодаря толстому стволу, изготовленному методом холодной ковки, оборудованному пламегасителем и уложенным на прокладку из искусственной резины. Предусмотрена различная конструкция ложи, изготавливающейся либо из клееной многослойной древесины, либо из пластмассы и имеющей регулируемый по длине и высоте затыльник, а также регулируемую по высоте «щечку». По желанию заказчика ложа может быть окрашена в маскировочные цвета. На цевье предусмотрен продольный паз для установки антабки для ремня-петли или же двуногой сошки.

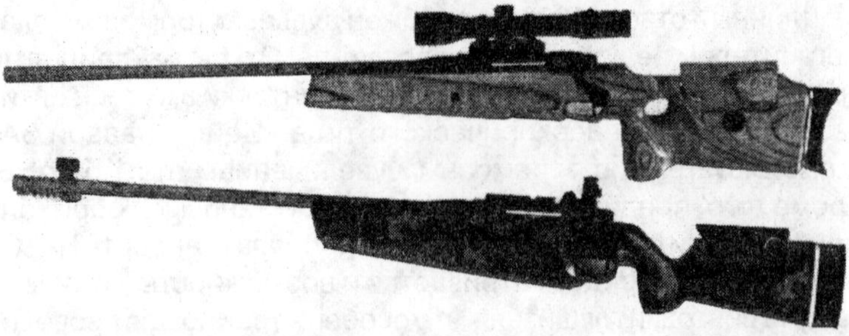

Рис. 125. *Снайперские винтовки Маузера также снабжены продольно-скользящими затворами*

Обычный ствол может заменяться бесшумным, причем длина глушителя оказывается незначительной при большом диаметре, что в малой степени удлиняет оружие.

В зависимости от заказа могут быть предусмотрены (порознь) либо открытый, либо оптический прицелы, причем предусмотрена возможность установки любого оптического или электронно-оптического прицела, в том числе и в комбинации с лазерным дальномером.

Имеется возможность регулирования натяжения спуска в пределах от 0,8 до 1,6 кг и — по выбору — спуск «сухой» или с предупреждением.

Технические характеристики

Патрон — 7,62 х 51 НАТО.
Длина — 1273 мм.
Длина ствола — 650 мм, 4 нареза, закрученные вправо, полный оборот за 305 мм.
Емкость магазина — 9 патронов.
Начальная скорость пули — 850 м/с.

В соответствии со специальным заказом Бундесвера, в 1993 году фирма «Маузер» выпустила на рынок магазинную снайперскую винтовку модели **«Маузер» SR 93**. Одним из основных требований, предъявляемых к этой винтовке, явилась способность пробивать бронежилет на расстоянии 600 м. Для этого винтовка была сконструирована под патроны либо .300

«Винчестер Магнум», либо .338 «Лапуа Магнум», позволяющие придать пуле начальную скорость в 915 м/с. Однако с учетом дороговизны этих боеприпасов при подготовке снайперов было сконструировано переходное устройство, позволяющее использовать и патроны 7,62 х 51 НАТО.

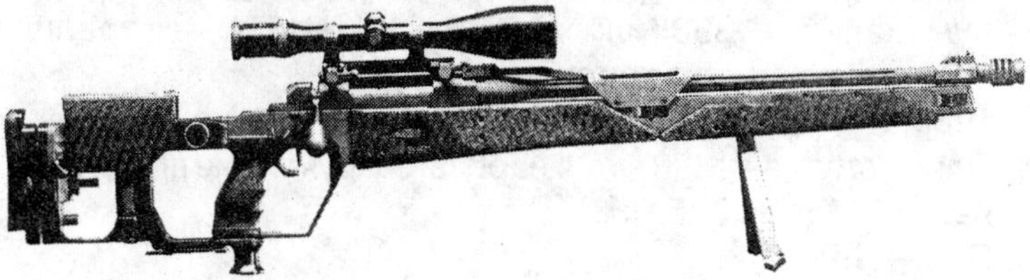

Рис. 126. *Снайперская винтовка «Маузер» модель SR93*

Магазинная винтовка модели 93 имеет обычный маузеровский продольно-скользящий затвор, запирающий двумя выступами в передней части. Однако рукоятка затвора может переноситься на левую сторону для удобства работы стрелков-левшей. Для этого же с обеих сторон сделаны два дублирующих друг друга предохранителя.

Каркас винтовки изготовлен из магниево-алюминиевого сплава, на котором смонтированы все остальные узлы и элементы. Оборудованный дульным тормозом массивный ствол, изготовленный методом холодной ковки, не имеет контактов или опор на цевье на всем своем протяжении. Ребристая поверхность ствола несколько облегчает конструкцию и значительно повышает теплоотдачу. Приклад в виде рамы регулируется как по длине, так и по высоте. На прикладе крепится и регулируемая по высоте «подушечка», которая может перемещаться с левой стороны приклада на правую. Под пластмассовым цевьем проходит продольный желоб, на котором крепятся двуногие сошки. Кроме того, сошка-подставка выдвигается вниз из приклада, что обеспечивает возможность установки винтовки в определенное положение при длительном ожидании положения цели.

Имеющийся на ствольной коробке узел крепления позволяет установить любой оптический или электронно-оптический прицел, выбор которых определяется самим заказчиком. Установка открытого прицела не предусмотрена.

Фирма гарантирует, что при использовании указанных высококачественных боеприпасов при стрельбе на 100 метров диаметр серии выстрелов из пяти пуль не превысит 25 мм.

Технические характеристики

Патрон — «Винчестер Магнум» калибра .300 или «Лапуа Магнум» калибра .338 (или же 7,62x51 мм НАТО — в тренировочном варианте с переходником).

Длина — 1230 мм.

Длина ствола — 650 мм, 4 нареза, закрученные вправо, полный оборот за 305 мм.

Вес — 5,90 кг.

Емкость магазина — 5 (.338) или 6 (.300) патронов.

Начальная скорость пули — 915 м/с.

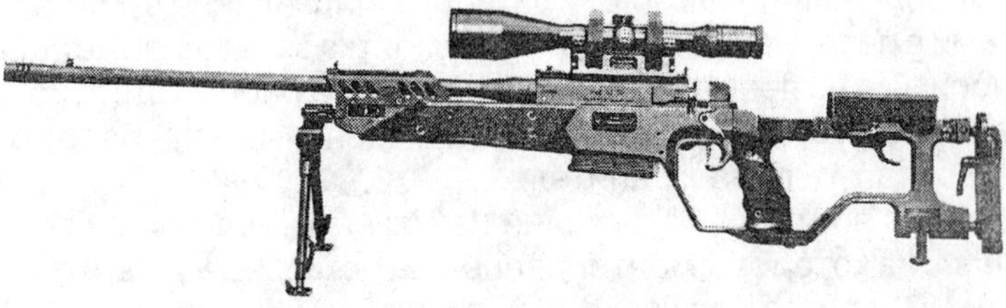

Рис. 127. *Снайперская винтовка SR-97*

Финляндия

Финляндия — «культовая» страна в производстве высокоточного оружия, как спортивного, так и армейско-полицейского типа. Ведущая финская оружейная фирма «Сако Лимитед» (Sako Ltd.) является сторонницей того, что наилучшей конструкцией снайперской винтовки может быть только магазинная. Фирма разработала на этой основе «Систему точной стрельбы TRG». В зависимости от калибра, существуют две модификации снайперских винтовок: **TRG-21** — для стрельбы обычным патроном 7,62 x 51 мм НАТО и **TRG-41** — для стрельбы национальным высококачественным патроном «Лапуа Магнум» калибра .338.

Рис. 128. *Магазинная снайперская винтовка «Sako» TRG-21*

Массивный ствол винтовки, заканчивающийся дульным тормозом-пламегасителем, изготавливается методом холодной ковки. Имеется возможность установки глушителя без съема дульного тормоза. На верхней части ствольной коробки имеется основание в виде ласточкиного хвоста, которое позволяет устанавливать практически любой оптический или электронно-оптический прицел. Винтовка имеет и открытый прицел. На конце цевья крепятся двуногие сошки, высота которых может регулироваться.

Спусковой механизм работает с предупреждением, а натяжение спуска может регулироваться в пределах от 1 до 2,5 кг. Съемный коробчатый магазин вмещает десять патронов калибра 7,62 мм или пять — калибра .338.

Каркас-основание ложи изготовлен из алюминия, а сама ложа — из пластмассы. Приклад регулируется практически во всех направлениях, а «щечка» — по высоте.

Технические характеристики

Патрон — 7,62 х 51 мм НАТО (TRG-21) или «Лапуа Магнум» калибра .338 (TRG-41).

Длина — 1150 мм.

Длина ствола — 660 мм, 4 нареза, закрученные вправо, полный оборот за 280 мм.

Вес — 4,7 кг.

Емкость магазина — 10 патронов 7,62 мм или 5 патронов калибра .338.

Начальная скорость пули — 850 м/с.

Фирмой «Сако Лимитед» выпускается бесшумная снайперская винтовка **SSR Mark 1**, **Silent Sniping Rifle**. Глушитель винтовки органически входит в конструкцию и составляет с самой винтовкой единое целое. При этом в винтовке Марк 1 используется специальный патрон калибра7,62 x 51 мм НАТО, выпускаемый фирмой «Сако». Пуля этого патрона имеет дозвуковую скорость и при коротком стволе обеспечивает почти бесшумный выстрел и высокую точность боя при стрельбе до 300 м. В то же время сама фирма рекомендует использовать эту винтовку для гарантированного попадания на дистанциях до 200 м. При этом диаметр разброса серии выстрелов не превышает 60 мм. Технические данные этого патрона фирма не приводит. Винтовка допускает возможность использования и обычного патрона НАТО и приглушает звук выстрела, но не может компенсировать звуковой удар от пули, летящей со скоростью, почти втрое превышающей скорость звука.

Следует упомянуть, что винтовка этой же конструкции под наименованием **Mark 3** изготавливается под патрон .22 и предназначается для использования различными полицейскими и антитеррористическими формированиями.

Винтовка Марк 1 имеет продольно-скользящий затвор с тремя боевыми выступами, ложу, изготовленную из синтетических материалов с алюминиевым основанием-каркасом, и оборудована двуногими сошками с регулируемой высотой. Приклад, как и у винтовки TRG-1, может регулироваться во всех плоскостях, а «щечка» — только по высоте.

Открытый прицел на винтовке отсутствует. На ствольной коробке могут крепиться любые оптические и электронно-оптические прицелы, соответствующие стандартам НАТО, в том числе и специально проградуированный прицел, предназначенный для стрельбы дозвуковым боеприпасом.

Технические характеристики

Патрон — 7,62 x 51 мм НАТО.
Длина винтовки — 1180 мм.
Длина ствола — 465 мм, длина глушителя 660 мм.
Вес — 4,1 кг.
Емкость магазина — 5 патронов.
Начальная скорость пули — обычного патрона НАТО — 820 м/с, специального патрона «Сако» — 300 м/с.

Франция

На основе состоявшей на вооружении французской армии старой магазинной винтовки МАС-36 в конце 60-х годов была разработана конструкция снайперской винтовки **FR-F1**, Fusil a Repetition Model F1 (многозарядная винтовка, модель Ф1).

Рис. 129. *Магазинная снайперская винтовка FR-F2*

Винтовка создавалась под существовавший во Франции стандарт патрона 7,5 х 54 мм.

Поскольку патрон 7,5 х 54 мм является чисто французским, созданным в 1929 году для конструирования собственного пулемета, не используется ни в одной другой системе, французы были вынуждены в основном по коммерческим соображениям и из-за присоединения к блоку НАТО практически отказаться от него и перейти на патрон 7,62 х 51 мм НАТО.

Винтовка имеет удлиненный ствол, обеспечивающий хорошие баллистические характеристики, и деревянную ложу. Приклад может удлиняться. Он оборудован регулируемой по высоте «щечкой». Винтовка имеет открытый прицел и стандартный оптический прицел «Модель 53-бис» четырехкратного увеличения. К цевью крепятся двуногие сошки.

В 1984 году на вооружение французской армии была принята новая модель **FR-F2**, используемая параллельно со старой моделью, но имеющая некоторые отличия: цевье и приклад имеют стальное основание, покрытое черной матовой пластмассой, причем ствол заключен в термостойкий пластмассовый кожух, снижающий инфракрасное излучение от винтовки и уменьшающий мешающее прицеливанию марево от нагретого металла. По чисто практическим соображениям сошки у этой модели передвинуты почти к самому магазину.

Винтовка модели FR-F2 выпускается только под патрон 7,62 х 51 мм НАТО и имеет те же габариты и снабжена тем же оптическим прицелом, что и предыдущая.

Технические характеристики

Патрон — 7,5 х 54 мм (французский) или 7,62 х 51 мм НАТО.

Длина — 1138 мм.

Длина ствола — 552 мм, 4 нареза, закрученные вправо, полный оборот за 305 мм.

Вес — 5,20 кг.

Емкость магазина — 10 патронов.

Начальная скорость пули (НАТО) — 850 м/с .

Французская фирма «PGM Intervention» выпускает магазинные винтовки модели **«UR Intervention»**. Данная конструкция имеет модульную схему, причем все ее элементы собраны на легкосплавном металлическом основании. Массивный свободно плавающий ствол для повышения теплоотдачи и снижения веса сделан ребристым и оборудован комбинированным дульным тормозом. Приклад может регулироваться и по длине, и по высоте, а двуногая сошка обрудована осевым амортизатором, что предупреждает возможность «сваливания» винтовки и обеспечивает возможность установить оружие практически на любой поверхности.

Рис. 130. *Снайперская винтовка ПЖМ «УР Интервенция»*

Винтовка может быть оборудована и стволом с глушителем, причем стволы взаимозаменяются очень легко. Глушитель позволяет снизить звук выстрела на расстоянии 5 метров от дульного среза со 113 до 83 Дб.

Оружие не имеет открытого прицела, но основание типа ласточкиного хвоста позволяет устанавливать либо специализированные оптические прицелы, либо любой из прицелов стандарта НАТО.

Технические характеристики

Патрон — 7,62 x 51 мм НАТО и специальные боеприпасы.
Принцип действия — магазинная, с продольно-скользящим затвором.
Длина — 1030 мм.
Вес — 5,50 кг.
Длина ствола — 600 мм.
Магазин — съемный, на 5 патронов.
Изготовитель — фирма «PGM Precision», Франция.

Та же фирма сконструировала и модель **«UR Commandos»**, причем вариант «Коммандос I» имеет обычный приклад, а «Коммандос II» — складывающийся.

Основное отличие винтовки «Коммандос I» от описанной выше модели «УР Интервенция» состоит в более коротком стволе. Модульная конструкция обеспечивает возможность быстрой замены стандартного ствола длиной 470 мм на ствол от винтовки «Интервенция» (600 мм) или на ствол для бесшумной стрельбы.

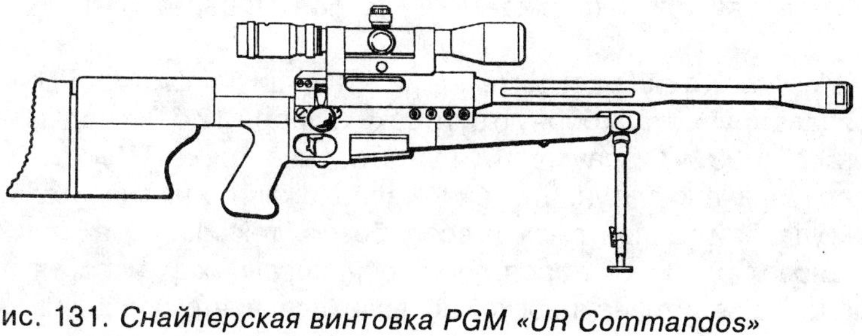

Рис. 131. *Снайперская винтовка PGM «UR Commandos»*

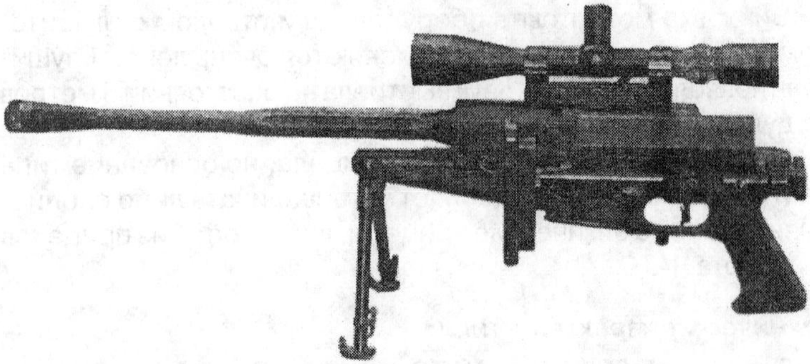

Рис. 132. *Снайперская винтовка PGM «UR Commandos» в походном положении*

Вариант винтовки «Коммандос II» со сложенным прикладом и сошками помещается в обычный рюкзак десантника, что значительно облегчает транспортировку оружия.

Открытый прицел отсутствует, а винтовка может оборудоваться оптическими системами аналогично модели «Интервенция».

Технические характеристики

Патрон — 7,62 x 51 мм НАТО и специальные боеприпасы.
Принцип действия — магазинная, с продольно-скользящим затвором.
Длина — 1020 мм в боевом состоянии.
740 мм — со сложенным прикладом.
Вес — 5,5 кг.
Длина ствола (стандартная) — 470 мм.
Начальная скорость пули «бесшумного» патрона — 290 м/с.
Изготовитель — фирма «PGM Preciion», Франция.

В соответствии с современными тенденциями фирма «PGM» создала крупнокалиберную винтовку калибра 12,7 мм под патрон 12,7 x 99 мм «Браунинг». Оружие называется **«UR Hecate»** и предназначено для уничтожения расположенных на значительном удалении целей, прежде всего боевой техники — ракетных установок, радиолокаторов, легкобронированных транспортных средств, для антиснайперской борьбы и для уничтожения взрывчатых устройств — морских мин или неразорвавшихся авиабомб.

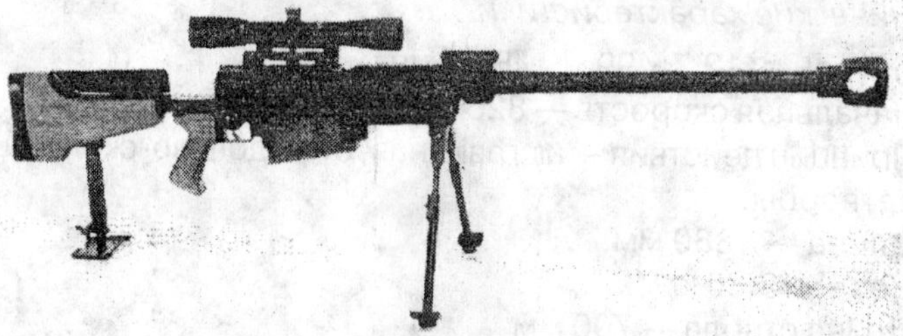

Рис. 133. *Крупнокалиберная снайперская винтовка «Экат-II» PGM*

Модель «Экат», равно как и другие винтовки фирмы «PGM», но меньшего калибра, имеет модульную конструкцию, в которой все прочие элементы установлены на прочном основании из легкого металлического сплава. Для улучшения теплоотдачи и снижения веса ствол имеет глубокие желобки, а весьма эффективный дульный тормоз снижает отдачу до уровня отдачи обычной винтовки калибра 7,62 мм. Продольно-скользящий затвор обеспечивает надежное запирание благодаря трем мощным боевым выступам в передней части.

Винтовка обеспечивает прицельный огонь и надежное поражение целей на расстояниях свыше 1500 м. Поэтому она не имеет открытого прицела, но оборудована основанием типа ласточкиного хвоста, позволяющего устанавливать специализированные оптические прицелы типа «Универсал» (Universal), «Уивер» (Weaver) и все оптические устройства стандарта НАТО, включая и ночные электронно-оптические, без дополнительных переходников.

Передняя двуногая сошка снабжена осевым амортизатором, предупреждающим «сваливание» оружия. Кроме того, в нижней части приклада имеется еще одна, дополнительная сошка, обеспечивающая возможность удерживать винтовку в нужном направлении в течение продолжительного времени, что позволяет снайперу отдохнуть.

Приклад может регулироваться по длине и высоте, для удобства транспортировки может легко отсоединяться от основной части оружия.

Технические характеристики

Патрон — 12,7 x 99 мм «Брауниг».

Начальная скорость — 825 м/с.

Принцип действия — магазинная, с продольно-скользящим затвором.

Длина — 1380 мм.

Вес — 13,80 кг.

Длина ствола — 700 мм.

Магазин — на 7 патронов.

Изготовитель — фирма «PGM Preciion», Франция.

Чехия

Бывшая Чехословакия, а ныне Чехия, также выпускала снайперскую винтовку под наименованием **«Модель 54»**, сконструированную на основе российской винтовки образца 1891/30 года.

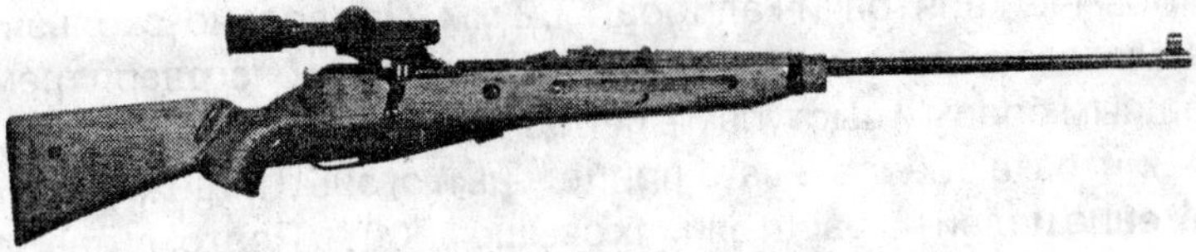

Рис. 134. *Снайперская винтовка «Модель 54»*

Винтовка имела модернизированную ложу с пистолетным выступом, несколько укороченное цевье и длину ствола 700 мм.

Установленный на винтовке оптический прицел обеспечивал прицельный огонь на дистанциях до 1200 м.

В период развала Варшавского Договора Чехословакия представила на рынке оружия оригинальную разработку знаменитой фирмы «Чешка Зброевка» (Иељка Zbrojovka) — модель **IZ 537** — уже под патрон 7,62 x 51 мм НАТО или же .308 «Винчестер». Винтовка имела продольно-скользящий затвор маузеровского типа.

Натяжение спуска может регулироваться в пределах от 1,4 до 2,0 кг.

Винтовка имеет деревянную ложу. Сошки имеют телескопическую конструкцию и могут регулироваться по высоте. Затыльник приклада, а также щека могут регулироваться по длине и высоте.

На винтовку устанавливается оптический прицел известной фирмы «Smidt & Bender» переменного увеличения от x1,5 до x6.

Технические характеристики

Патрон — 7,62 x 51 мм НАТО или .308 «Винчестер».

Принцип действия — магазинная, с продольно-скользящим затвором.

Длина — 1150 мм.

Вес с прицелом — 6,5 кг.

Эффективная дальность стрельбы — до 1000 м.

Изготовитель — фирма «Иељка Zbrojovka», Чехословакия.

Югославия

Хотя страна с таким названием практически не существует, но в сербской ее части, в знаменитом городе оружейников Крагуевце с 1976 года фирмой «Crvena Zastava» производится самозарядная снайперская винтовка «**Model 76**».

Рис. 135. *Снайперская винтовка М76*

Скопированная со снайперской винтовки СВТ и автомата Калашникова, но имеющая более толстый ствол, полуавтоматическая винтовка была сконструирована под находящийся на вооружении югославской армии патрон для армейских винтовок системы Маузера калибра 7,92 x 57.

Практически вся система перезарядки перенесена на эту конструкцию с автомата АК47, однако позволяющая вести только одиночный огонь.

Нерегулируемый приклад, пистолетная рукоятка и цевье с вентиляционными щелями — прорезями — изготавливаются из дерева.

Имеется открытый прицел.

Предусматривается возможность установки как дневного, так и ночного (электронно-оптического) прицелов. В качестве дневного используется прицел завода из г. Ниш, практически копирующий российский прицел ПСО-1. То же можно сказать и о ночном прицеле к винтовке.

Технические характеристики

Патрон — «Маузер» 7,92 x 57 мм.

Принцип действия — самозарядная, с отводом пороховых газов.

Длина — 1135 мм.

Вес — 4,20 кг.

Длина ствола — 550 мм, 4 нареза, закрученные вправо, полный оборот через 240 мм.

Магазин — съемный, на 10 патронов.

Начальная скорость пули — 720 м/с.

Изготовитель — завод «Crvena Zastava», г. Крагуевац, Югославия (Сербия).

Глава 2
БОЕПРИПАСЫ

Взрывчатые вещества и явление взрыва

Взрывчатыми веществами (ВВ) называются неустойчивые системы и химические соединения, способные под влиянием незначительных внешних воздействий (удар, трение, укол, нагрев и пр.) совершить быстрое превращение в газообразное состояние. Процесс такого очень быстрого химического превращения ВВ в другие, более устойчивые вещества сопровождается выделением тепла и большого количества сильно нагретых и находящихся под очень большим давлением газов, значительно превосходящих по своей плотности атмосферный воздух. Раскаленные газы — продукты распада ВВ, резко расширяясь, способны в короткий срок произвести большую механическую работу.

Взрывом называется явление чрезвычайно быстрого физического или химического изменения вещества, сопровождающееся таким же быстрым превращением его потенциальной энергии в механическую работу.

Эта работа производится сжатыми газами — продуктами распада ВВ, стремящимися к расширению и создающими тем самым резкое повышение давления в среде, окружающей место взрыва. Именно очень резкое повышение давления и является характерной чертой взрыва. Сопутствующий признак взрыва — сильный звук.

Химическая реакция, сопровождающаяся взрывом, называется взрывчатым превращением.

Взрыв имеет следующие характерные признаки:

Кратковременность процесса, то есть быстрота перехода ВВ из твердого или жидкого состояния в газообразное.

В зависимости от химического состава ВВ и условий, при которых происходит взрыв, взрывчатые превращения протекают с различными скоростями — от сотых до миллионных долей секунды. Так, например, заряд бездымного пороха сгорает в оружии за 0,002 с, 1 кг динамита взрывается в течение

0,00002 с. Этой быстротечностью процесса взрывчатого превращения и объясняется огромная, по сравнению с другими источниками энергии, мощность ВВ, несмотря на то что запас энергии на единицу веса у ВВ обычно меньше, чем у других горючих веществ (нефти, бензина, угля и т.д.).

Образование газов — наличие большого количества газообразных продуктов взрыва, способных к расширению и превращению тепловой энергии в механическую.

В среднем при взрыве одной весовой единицы ВВ образуется 1000 объемных единиц газопродуктов.

Выделение тепла при реакции взрывчатого превращения, что повышает упругость газообразных продуктов.

Например, при взрыве 1 л нитроглицерина выделяется 24 000 ккал тепла.

Виды взрывчатых превращений и классификация взрывчатых веществ по их применению

В зависимости от химического состава ВВ и условий взрыва взрывчатые превращения протекают с различными скоростями, при которых может происходить быстрое сгорание, собственно взрыв или детонация.

Быстрым сгоранием ВВ называют процесс взрывчатого превращения, распространяющийся по всей массе ВВ со скоростью не более нескольких метров в секунду. Если этот процесс протекает на открытом воздухе, то он обычно не сопровождается даже каким-либо звуковым эффектом. Примером тому может служить сгорание на открытом воздухе зерен дымного пороха, которое протекает со скоростью 10–13 мм/с.

В закрытом же объеме сгорание ВВ протекает более энергично, чем на воздухе, причем горение в этом случае сопровождается резким звуком. Типичным примером такого взрывчатого превращения является горение боевого заряда бездымного пороха в канале ствола (скорость примерно до 10 м/с). Последовательное быстрое сгорание ВВ сопровождается более или менее резким нарастанием давления газов в канале ствола, которые по мере образования распространяются в сторону наименьшего сопротивления, выполняя при этом работу по перемещению (выталкиванию) из канала ствола пули или снаряда.

Собственно взрыв — это процесс разложения ВВ, который протекает с огромной скоростью, измеряемой сотнями метров в секунду. Такой взрыв сопровождается резким нарастанием давления газов в месте взрыва, ударом газов по окружающей среде, что влечет за собой раскалывание и дробление окружающих предметов, находящихся в непосредственной близости от места взрыва. Примером такой формы взрывчатого превращения может служить взрыв динамита или спрессованного пироксилина, протекающий со скоростью нескольких сотен метров в секунду.

Детонацией называют процесс, распространяющийся по ВВ с максимально возможной для него скоростью, измеряемой обычно тысячами метров в секунду. Например, скорость детонации пироксилина доходит до 6800 м/с, нитроглицерина — 8200 м/с. К концу взрыва, т.е. к тому моменту, когда произошло разложение всего заряда, газы еще не успевают расшириться и занимают первоначальный объем ВВ. Из-за этого сразу развивается громадное давление газов *во все стороны.* Такой резкий скачок давления и удар газов приводят к дроблению преграды на мельчайшие куски (рис. 136). Вследствие того что при детонации давление газов достигает громадной величины раньше, чем газы начнут распространяться по линии наименьшего сопротивления, разрушительный эффект получается и в том случае, когда заряд ВВ помещен не внутри взрываемого предмета, а снаружи. Этим свойством детонации широко пользуются в подрывном деле для разрушения мостов, инженерных сооружений, железнодорожных путей и т.д.

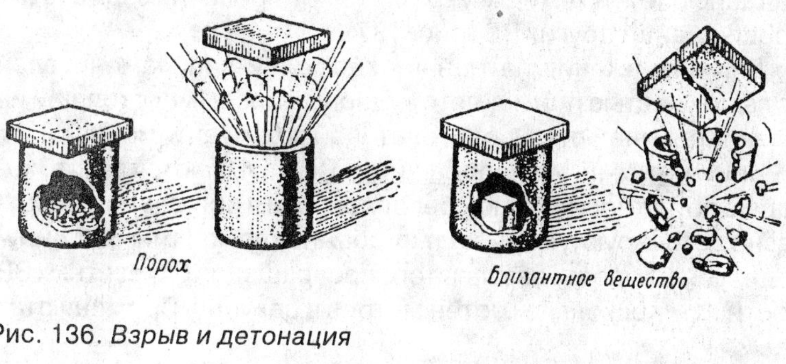

Рис. 136. *Взрыв и детонация*

Если обыкновенный взрыв происходит, как правило, от нагревания ВВ, то детонация в большинстве случаев наступает при условии, если в непосредственной близости от основного заряда (или даже в некотором расстоянии от него) взрывается то же самое или другое ВВ. Взрывчатое вещество, которое способно вызвать детонацию в другом ВВ, называется *детонатором.*

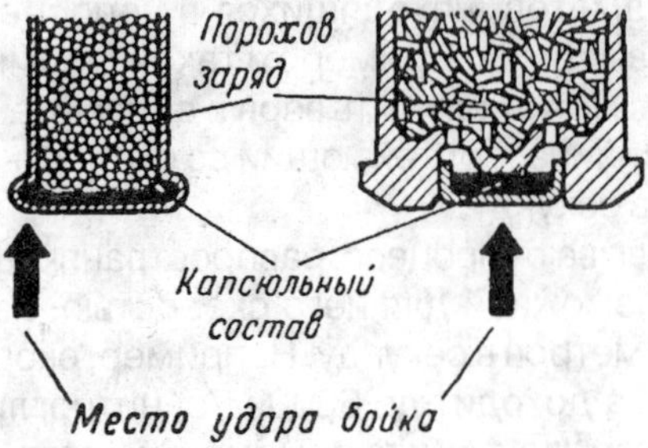

Рис. 137. *Капсюльный состав (инициирующее ВВ в винтовочных гильзах)*

В зависимости от применения взрывчатые вещества разделяются на три большие группы: инициирующие, бризантные, или дробящие, и метательные, или пороха.

Инициирующие ВВ отличаются тем, что обычной формой их взрывчатого превращения является полная детонация. Инициирующие ВВ наиболее чувствительны к внешним воздействиям и легко взрываются от незначительного удара, накола, воздействия пламени и т.д. Они используются преимущественно для изготовления всевозможных воспламенителей и снаряжения капсюлей, применяемых для инициирования взрывчатых превращений других ВВ (рис. 137).

Для снаряжения патронных капсюлей-воспламенителей большей частью применяется ударный состав, состоящий из смеси гремучей ртути, бертолетовой соли и антимония.

Бризантными, или дробящими, ВВ называются такие, которые при относительной безопасности в обращении безотказно детонируют. Взрывают их обычно капсюлями инициирующих ВВ. Скорость взрывчатого превращения бризантных ВВ достигает нескольких сотен метров в секунду. Применяются они в качестве разрывных зарядов снарядов, авиационных бомб, мин и гранат. К бризантным ВВ относятся пироксилин, нитроглицерин, нитрогликоль, динамит, тротил, гексоген и др.

Метательными ВВ, или порохами, называются такие взрывчатые вещества, превращения которых носят характер быстрого горения, протекающего большей частью со скоростью нескольких метров в секунду. Пороха используются во всех видах огнестрельного оружия в качестве источника энергии, необходимой для сообщения движения пуле (снаряду). Поэтому из всех видов ВВ пороха представляют для стрельбы наибольший интерес, что требует, хотя бы в общих чертах, ознакомления с их свойствами и особенностями.

Пороха по их составу, физическим и химическим свойствам подразделяются на два вида: дымные пороха (механические смеси) и бездымные пороха (коллоидные).

Дымный, или черный, порох по сравнению с другими видами известных в настоящее время метательных ВВ в баллистическом отношении невыгоден и в отношении работы малопродуктивен: после взрыва его пороховые газы увеличивают свой объем лишь в 280–300 раз больше первоначального объема заряда.

Поэтому дымные пороха как метательное средство при стрельбе из нарезного ручного оружия в настоящее время не применяются; они полностью вытеснены более прогрессивными бездымными порохами.

Бездымные пороха (коллоидные)

К концу XIX века дымный порох из-за своей небольшой силы уже не мог удовлетворять требованиям, предъявляемым к огнестрельному оружию в отношении дальнобойности (несколько подробнее это освещено в главе, посвященной истории винтовки). Для военных специалистов стало совершенно очевидным, что дальнейшего увеличения дальнобойности оружия можно достичь путем уменьшения его калибра при значительном росте начальной скорости пули. Для этого потребовалось использование более мощных метательных взрывчатых веществ.

Применение известных в то время бризантных ВВ для метательных целей было невозможно из-за чрезвычайно больших скоростей их взрывчатых превращений. Поиски новых метательных ВВ привели к тому, что была изыскана возможность обработки нитроклетчатки (пироксилина) определенными растворителями, которые позволили регулировать скорость сгорания этого сильного ВВ.

Химической основой бездымных порохов являются бризантные ВВ — пироксилин и нитроглицерин.

Пироксилин изготавливается из веществ, богатых клетчаткой или целлюлозой — хлопка, древесины, льна, пеньки и т.д., соответствующим образом обработанных азотной и серной кислотами. Пироксилин представляет собой почти белую массу и внешне не отличается от материала, из которого изготовлен.

Нитроглицерин изготавливается из смеси чистого обезвоженного глицерина с азотной и серной кислотами. Он представляет собой светлую жидкость без запаха. Нитроглицерин способен растворять в себе некоторые виды нитроклетчатки.

Превращение бризантного ВВ — пироксилина в метательное ВВ — порох достигается его желатинизацией.

Процесс желатинизации заключается в том, что пироксилин обрабатывается некоторыми растворителями, в результате чего резко изменяет свою физическую основу, превращаясь в однообразную пластичную, а при застывании — роговидную массу (твердый коллоид). Благодаря большой плотности и вязкости взрывчатое превращение этой массы протекает в виде быстрого горения, поскольку она становится метательным ВВ.

Бездымные пироксилиновые пороха изготавливаются из смеси двух сортов пироксилина: № 1 и № 2, обладающих различными взрывчатыми свойствами. Изменением соотношения этих двух сортов пироксилина подбирают нужную силу бездымного пороха и скорость его горения.

Для получения бездымного пороха из этих сортов пироксилина его обрабатывают растворителем, состоящим из смеси спирта и эфира. В результате пироксилин № 2 растворяется, образуя клейкую плотную жидкость (коллодиум), а пироксилин № 1 набухает. При тщательном перемешивании образуется пластическая масса, которая легко поддается механической обработке при изготовлении пороховых зерен требуемых формы и размеров.

Преимущество пироксилиновых порохов перед нитроглицериновыми состоит в относительной безопасности при производстве, более низкой температуре горения (2400 °С), что удлиняет сроки службы канала ствола, а также в его большей стойкости при длительном хранении.

Бездымные нитроглицериновые пороха. При изготовлении этих видов порохов сущность желатинизации остается той же, что и для пироксилиновых порохов. В данном случае растворителем для пироксилина служит нитроглицерин, причем оба эти ВВ в желатинизированном состоянии очень тесно связаны между собой.

Бездымные нитроглицериновые пороха в зависимости от количества содержащегося в них нитроглицерина бывают двух основных видов:

- баллиститы (содержащие до 30% нитроглицерина) — это пороха, состоящие из смеси пироксилина № 1 с нитроглицерином;
- кордиты (содержащие до 60% нитроглицерина) — это пороха, состоящие из пироксилина № 1 с нитроглицерином, причем желатинизация их требует присутствия летучих растворителей. В качестве летучего растворителя применяются ацетон или спирто-эфирная смесь.

Преимущества нитроглицериновых порохов по сравнению с пироксилиновыми состоят в следующем: быстрота изготовления (несколько часов вместо суток); дешевизна в производстве; более мощное действие; большая физическая стойкость; большая адаптируемость к различным условиям, в которых происходит сгорание.

Недостатками нитроглицериновых порохов являются:

- высокая температура взрывчатого превращения (3000–3500 °С), что приводит к быстрому выгоранию канала ствола, а следовательно, и к сокращению срока службы данного оружия;
- возможное выпотевание нитроглицерина из пороховой массы при резких колебаниях температур, что приводит к изменению первоначальных баллистических свойств.

Физические и химические свойства бездымных порохов

По своему внешнему виду бездымные пороха похожи на рог или столярный клей. Хорошо желатинизированный порох в тонких пластинках и листах почти прозрачен. Цвет пороха бывает различным: от светло-желтого до темно-бурого. Мелкозернистые пороха при тщательной обработке их графитом (что делается в целях повышения их плотности и предупреждения слипания зерен) имеют темно-серый цвет и блестящую поверхность.

Бездымные пороха нерастворимы в воде. Гигроскопичность их незначительна. Однако при хранении бездымных порохов в сыром месте их влажность повышается (до 2 %), что снижает их баллистические свойства, так как вода способна вытеснять нитроглицерин из состава пороха.

Удельный вес различных сортов бездымных порохов колеблется в пределах от 1,55 до 1,63.

Температура воспламенения бездымных порохов колеблется от 180 до 200 °С. С повышением температуры заряда скорость горения пороха повышается, так как уменьшается расход тепла, необходимого для нагревания.

Бездымные пороха обладают при сгорании большой газоотдачей. Так, 1 кг пороха дает при взрыве около 900 л пороховых газов, что позволяет развивать давление в канале ствола винтовки до 3200 атм.

Бездымные пороха обладают значительной прочностью и упругостью, в связи с чем не деформируются и не перетираются в пыль при транспортировке и сотрясениях.

Качество бездымного пороха определяется тем, насколько правильны и одинаковы (однообразны) по форме и размерам пороховые зерна — от этого в значительной степени зависит однообразное и закономерное образование пороховых газов при выстреле, а следовательно, и точность стрельбы.

Боеприпасы

Выбор боеприпасов, наиболее подходящих для той или иной винтовки или для выполнения конкретной боевой задачи, является важнейшим элементом снайперской подготовки.

Известно, что первоначально боевые снайперские винтовки попросту отбирались из наиболее удачных (по калибровке и отстрелу) серийных стволов с установкой их на ложи из высококачественной древесины (в основном из орехового дерева), с установкой оптических прицелов и при незначительных конструктивных изменениях (например, у российских винтовок образца 1891/30 года конструктивные изменения касались только рукоятки стебля затвора — она делалась более длинной и искривленной, чтобы работать под установленным над стеблем затвора оптическим прицелом.

То же относилось и к патронам. Разработанные еще в конце XIX — начале XX веков мощные патроны калибра 6,5–7,92 мм вполне соответствовали предъявлявшимся к снайперским винтовкам требованиям — их высокая пробивная способность (особенно при использовании стального сердечника), хорошая настильность траектории (а значит, и возможность удлинения дистанции прямого выстрела), а также стабильность пули при полете на предельные для ручного огнестрельного оружия расстояния позволяют использовать такие боеприпасы даже и в самых современных конструкциях снайперских винтовок. Характерным примером является отечественный патрон калибра 7,62 x 54 образца 1908/30 года. Несмотря на такой недостаток, как наличие буртика вокруг донца гильзы, именно этот патрон явился основой для создания семейства снайперских винтовок СВД и других конструкций оружия.

То же можно сказать и про «единый патрон НАТО» 7,62 x 51. Позже были разработаны и специальные «снайперские» боеприпасы, отличающиеся более точным изготовлением. При этом весьма тщательно выдерживались допуски по массам пули и порохового заряда, балансировке пули, толщине ее оболочки, степени обжима пули в дульце гильзы и т.д. Понятно, что все это несколько удорожает патроны, но обеспечивает повышенную эффективность стрельбы.

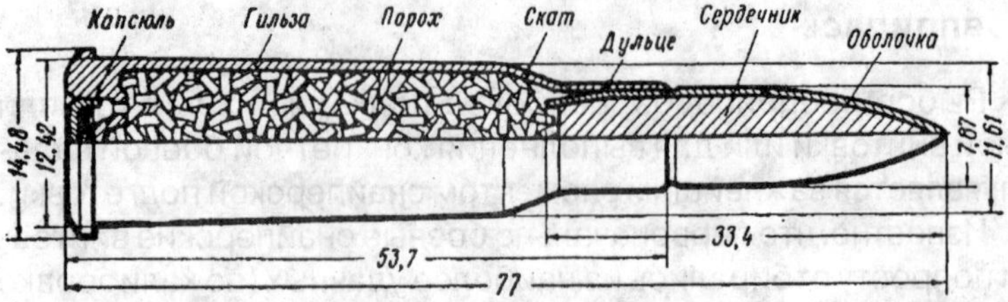

Рис. 138. *Отечественный патрон 7,62 х 54*

Используемые в отечественных винтовках боеприпасы

Для отечественных снайперских винтовок калибра 7,62 мм были разработаны следующие виды боеприпасов.

1) «Снайперские». Эти патроны, отличающиеся особой тщательностью изготовления, отличаются высокой кучностью и специально предназначены для уничтожения живой силы противника. Пуля боеприпаса ничем не окрашена во избежание изменения веса. При попадании в живые ткани (кости) такая пуля разворачивается боком и идет «кувырком» с нанесением тяжелого поражения. В то же время благодаря наличию стального сердечника «снайперские» пули имеют пробивную способность, на 25–30% превышающую соответствующий показатель обычных легких пуль. На упаковках эти патроны имеют надпись «снайперские».

2) Второй вид — это так называемые «пули с серебряным носиком» (весом 9,6 г). Помимо стального сердечника, в головной части таких пуль имеется и свинцовая заливка, обеспечивающая большую устойчивость пули в полете. Эти боеприпасы предназначены для стрельбы по легкобронированным целям. Баллистика пуль с серебряным носиком и кучность боя почти такие же, что и у «снайперских», вследствие чего при стрельбе этими видами снайперских боеприпасов следует руководствоваться таблицей превышения средних траекторий для винтовки СВД, для которой они и были сконструированы.

При работе из отечественной снайперской винтовки зачастую приходится использовать и патроны специального назначения, для чего они и будут перечислены ниже.

Патроны с бронебойными пулями предназначены для поражения целей, находящихся за бронеукрытиями. От обыкновенных пуль они отличаются наличием сердечника из очень твердого сплава. Как правило, между оболочкой и твердым сердечником имеется мягкая свинцовая рубашка.

Носик бронебойной пули окрашен в черный цвет.

Трассирующие пули предназначены для корректировки огня, пристрелки и целеуказания при стрельбе на дистанции до 1000 м. В таких пулях спереди находится свинцово-сурьмяной сердечник, а сзади — плотно запрессованный трассирующий состав, который и воспламеняется при выстреле. При этом свечение трассера может быть оранжевым, желтым, зеленым и малиновым. Последний цвет наиболее заметен как днем, так и ночью. В целом ряде наставлений для армий различных стран, в частности НАТО, рекомендуется снаряжать магазины снайперских винтовок патронами с обычными пулями вперемежку с трассирующими.

Мы не можем согласиться с такой трактовкой: снайпера должны неукоснительно соблюдать принцип использования для выполнения боевых задач патронов одного типа, одной партии и по возможности из одного ящика (укупорки) с обязательной пристрелкой винтовки этими же патронами. Не следует также забывать, что трассирующие пули, теряя часть своего сигнального заряда, летят по иной, чем обычные пули, траектории и к тому же отличаются незначительной пробивной способностью. Их следует использовать исключительно для целеуказания. И наконец, нужно подчеркнуть, что при горении трассирующего состава наблюдается смещение центра тяжести, а выделяющиеся при этом агрессивные продукты горения разрушительно воздействуют на канал ствола.

Носик трассирующей пули окрашен в зеленый цвет.

Опыт Второй мировой войны показал неэффективность чисто зажигательных пуль, вследствие чего в настоящее время выпускаются бронебойно-зажигательные пули, носик которых окрашен в черный цвет с красным пояском.

Более часто применяются бронебойно-зажигательно-трассирующие пули, которые одновременно имеют и бронебойный, и зажигательный, и трассирующий эффекты. В их обычной оболочке содержатся и бронебойный стальной сердечник и зажигательный состав и трассер. Носик бронебойно-зажигательно-трассирующей пули окрашен в фиолетовый и красный цвета.

Таблица 4

Технические характеристики отечественных винтовочных патронов калибра 7,62 мм

№ п/п	Наименование и сокращенное обозначение	Индекс патрона	Масса патрона, г	Масса пули, г	Масса заряда, г	Начальная скорость полета, м/с	Окраска вершины пули
	ПАТРОНЫ БОЕВЫЕ						
1	7,62-мм винтовочн. снайперский патрон 7,62 СН гж	7Н1	21,9	9,8	3,1	815–830	Серебристая до 1976 г.
2	7,62-мм винтовочн. патрон с пулей со стальным сердечн. 7,62 гж	57Н323С без обоймы 57Н223С в обойме 57Н323П	21,8	9,6	3,15	820–835	
3	7,62-мм винтовочн. с пулей со стальным сердечником, (сталь У12А с термической обработкой 7,62 ПП гж		21,8	9,6	3,15	820–835	
4	7,62-мм винтовочн. патрон с бронебойно-зажигат. пулей 7,62 Б-32 гж или 7,62 Б-32 гл или 7,62 Б-32 гс	7Б33 или 57Б3322	22,9	10,4	3,08	800–815	Черная и красный поясок
5	7,62-мм винтовочн. патрон с пристрелочно-зажигательной пулей 7,62 ПЗ гж или 7,62 ПЗ гс или 7,62 ПЗ гл	73П2 или 573П322	22,3	10,0	3,05	800–815	Красная
6	7,62-мм винтовочн. патрон с трассирующей пулей 7,62 Т-46 гж или 7,62 Т-46 гл	7Т2 или 57Т322	22,0	9,6	3,1	790–805	Зеленая

Для использования в винтовке ВСС «Винторез» изготавливаются специальные патроны СП-5 (снайперские) и СП-6 (повышенной пробиваемости, их часто называют бронебойными) калибра 9 мм конструкции Н. Забелика и Л. Дворянинова. Эти патроны являются важнейшей составной частью всей бесшумной системы. Все они имеют одинаковые размеры и состоят из пули, гильзы, метательного заряда и капсюля-воспламенителя. Основная их особенность состоит в конструкции пуль.

Пуля патрона СП-5 состоит из стального и свинцового сердечников, помещенных в биметаллическую оболочку. Стальной сердечник для повышения пробивного действия пули размещен в ее носовой части. Свинцовый сердечник не только придает пуле необходимую массу, но и обеспечивает ее врезание в нарезы канала ствола. Форма пули длиной 36 мм обеспечивает ей хорошие баллистические свойства при полете с дозвуковой скоростью.

Отличительные окраски пули патронов СП-5 не имеют. Упаковочные картонные коробки на 10 патронов имеют надпись «Снайперский».

Пуля патрона СП-6 имеет другую конструкцию и состоит из стального сердечника, свинцовой рубашки и биметаллической оболочки. Стальной закаленный сердечник этой пули — значительно большей длины, чем у пули патрона СП-5: он заполняет всю полость биметаллической оболочки. Носовая часть пули выступает из оболочки. Благодаря своей конструкции пуля патрона СП-6 обладает более высоким пробивным действием, чем пуля патрона СП-5.

Вершинка пули патрона СП-6 окрашивается в черный цвет. Упаковочные картонные коробки для этих патронов имеют отличительную полосу черного цвета.

Гильзы патронов СП-5 и СП-6 изготавливаются по технологии гильз 7,62 х 39-мм патронов образца 1943 года за исключением операции обжимки дульца (9 мм вместо 7,62 мм). Первые партии гильз изготовлялись из биметалла, в дальнейшем их стали делать стальными с покрытием зеленым лаком.

Баллистические характеристики патронов СП-5 и СП-6 близки друг другу, поэтому оба боеприпаса могут использоваться в оружии с одним прицельным приспособлением. Кучность пуль патронов СП-5 лучше кучности пуль патронов СП-6.

Устройство пуль, их пробивное действие и баллистика определяют и назначение патронов: для снайперской стрельбы по открыто расположенной незащищенной живой силе следует применять патроны СП-5, для поражения целей в средствах индивидуальной защиты, расположенных в автомобилях или за легкими укрытиями — патроны СП-6.

Патроны СП-5 и СП-6 выпускаются Климовским штамповочным заводом.

В середине 90-х годов в Туле в габаритах патрона СП-6 был разработан еще и патрон ПАБ-9 (патрон автоматный бронебойный (табл. 5).

Пуля патрона ПАБ-9 отличается от СП-6. Она не имеет заднего центрирующего пояска, задний конус пули длиннее, диаметр сердечника несколько больше. Пули СП-6 и ПАБ-9 различаются также длиной и толщиной свинцовой рубашки. В результате таких изменений пуля и сам патрон ПАБ-9 имеют несколько большую массу, а пули, кроме того, — худшие показатели кучности стрельбы. Увеличение длины ведущей части пули ПАБ-9 привело к возрастанию давления форсирования и некоторому повышению ее начальной скорости по сравнению с патроном СП-6.

По баллистике патрон ПАБ-9 несколько отличается от СП-5 и СП-6. Он предназначен для стрельбы из малогабаритного автомата 9А-91 и винтовки ВСК-94, разработанных в 90-х годах в тульском Конструкторском бюро приборостроения (КБП). Использование патронов ПАБ-9 при стрельбе из винтовки ВСС не предусмотрено.

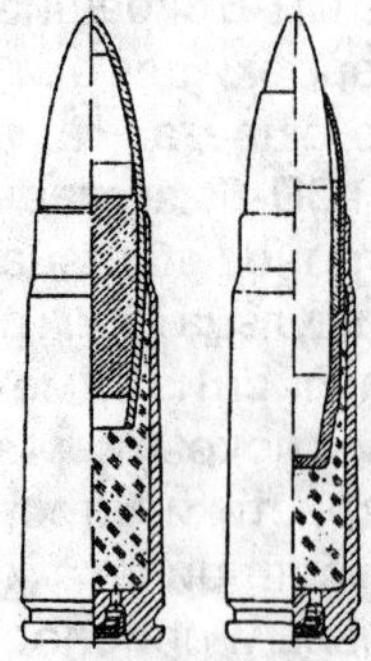

Рис. 139. *Разрез 9 х 39-мм патрона СП-5 (слева) и СП-6 (справа)*

Рис. 140. *9 х 39-мм патроны: ПАБ-9 (слева), СП-6 (справа)*

Таблица 5

Основные характеристики 9-мм специальных патронов

Характеристика	СП-5	СП-6	ПАБ-9
Длина, мм: патрона	56	56	56
гильзы	39	39	39
пули	36	42	42
Масса, г: патрона	23,4	23,0	24,7
пули	16,2	15,5	17,2
Начальная скорость пули, м/с	Около 290	Около 290	Более 300

Различие в весе зарядов, естественно, вызывает существенную разницу в траекториях. Поэтому следует порознь пристреливать оружие одним и другим типами патронов.

Для стрельбы из винтовки В-94 калибра 12,7 мм применяются специальные боеприпасы 12,7 х 108 мм, разработанные еще в 30-е годы прошлого столетия на базе патрона Виккерса под крупнокалиберный пулемет ДШК. В 1938 году патрон был модернизирован и получил новые пули. Основной из них является зажигательная пуля Б32 со стальным сердечником.

Рис. 141. *Патрон 12,7 х 108 мм*

Эти патроны имеют следующие технические характеристики

Общая длина — 146,8 мм.
Длина гильзы — 105,9 мм.
Диаметр донышка гильзы — 21,6 мм.
Вес пули — 48,28 г.
Начальная скорость пули — 840 м/с.
Начальная энергия пули — 15 570 Дж.
Скорость на дистанции 300 м — 630 м/с.
Энергия на дистанции 300 м — 9 572 Дж.

Рис. 142. *Отечественные пули для винтовки В-94:*
а — пуля снайперская, цельнометаллическая;
б — пуля бронебойно-зажигательная Б-32;
в — пуля бронебойно-зажигательно-трассирующая БЗТ;
1 — оболочка; 2 — зажигательный состав; 3 — свинцовая рубашка; 4 — сердечник; 5 — стаканчик трассера;
6 — трассирующий состав; 7 — воспламеняющий состав

Приведенные на рисунке пули к винтовке В-94 имеют следующие назначения:

- пуля снайперская, цельнометаллическая, бронзовая, обеспечивает поражение живой силы, защищенной индивидуальными средствами защиты;

- пуля бронебойно-зажигательная Б-32, штатная, предназначена для зажигания горючих жидкостей и поражения живой силы, находящейся за бронированными укрытиями. Головная часть пули окрашена в черный цвет с красным пояском;
- пуля бронебойно-зажигательно-трассирующая БЗП, штатная, по механизму бронебойного и зажигательного действия аналогична пуле Б-32. Головная часть пули окрашена в фиолетовый цвет с красным пояском.

Для стрельб из снайперских винтовок типа «Гепард М3» венгерского производства использовались советские патроны калибра 14,5 х 115 мм, разработанные в 1941 году в качестве боеприпаса для противотанковых ружей. Бронепробиваемость пуль позволяет использовать крупнокалиберное оружие против легкобронированных целей, боевых вертолетов и для разрушения легких укрытий.

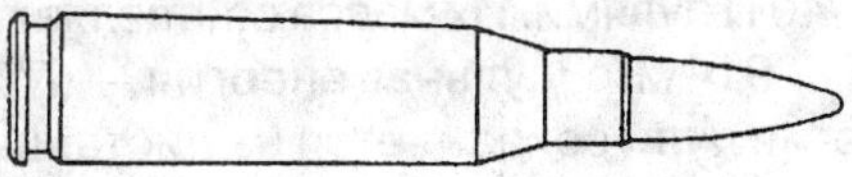

Рис. 143. *Патрон 14,5 х 15 мм*

Эти патроны имеют следующие технические характеристики

Общая длина — 156 мм.
Длина гильзы — 114,3 мм.
Диаметр донышка гильзы — 26,9 мм.
Вес пули — 63,44 г.
Начальная скорость пули — 976 м/с.
Начальная энергия пули — 30 215 Дж.
Скорость на дистанции 300 м — 732 м/с.
Энергия на дистанции 300 м — 16 979 Дж.

Боеприпасы иностранного производства

Как следует из главы о современных конструкциях снайперских винтовок, очень многие из них были созданы на основе именно охотничьих образцов карабинов, давно захвативших коммерческий рынок спортивно-охотничьего оружия.

В главе, посвященной моделям снайперского оружия, параллельно с описанием конструкций упоминаются и используемые при этом стандартные боеприпасы. Однако знаменитое требование к снайперам «один выстрел — один труп» требует более тонкого подхода к выбору патронов. Это привело к резкому повышению интереса к специальным боеприпасам, зачастую имеющим нестандартные характеристики. И это снова подводит нас к разработкам, предназначенным для стрелков-спортсменов и охотников-промысловиков.

Известно, какой популярностью пользуется финский патрон .338 «Lapua Magnum» с оболочечной (B-408) и полуоболочечной (EB-401) пулями. Их масса составляет 16,2 г, начальная скорость — 914 м/с, дульная энергия — 6768 Дж, причем высокая энергия пули сохраняется на дистанциях до 1500 м. Не следует забывать, что для поражения человека достаточно пули с энергией в 100 Дж. В ходе военных операций в Боснии и Герцеговине патрон .338 «Лапуа Магнум» доказал свою большую эффективность при контрснайперской борьбе, чем даже крупнокалиберный .50 BMG благодаря большей портативности оружия, которое под него разработано. Эти винтовки, выпускаемые фирмами «Sako», «Erma», «Mauser», «Dakota Arms» и др., продемонстрировали высокую точность при стрельбе на дальности до 1000–1400 м.

Необходимо заметить, что такое оружие (в среднем на 1 кг тяжелее стандартных снайперских винтовок калибра 7,62 мм) и боеприпасы «неармейского» калибра 8,58 мм хотя и не принято на вооружение в большинстве ведущих армий мира, тем не менее охотно закупается спецслужбами ряда стран, например английскими, хотя они и имеют усиленный 7,62-мм снайперский патрон .300 «Голанд-Голанд Магнум» (Goland-Goland Magnum) с рифленой поверхностью гильзы, заметно облегчающей ее экстракцию.

Среди охотников-профессионалов уже на протяжении длительного времени весьма популярен 7,62-мм винтовочный патрон .30–30 «Винчестер» (Winchester). Не менее широко известен и патрон того же калибра .300 «Винчестер Магнум» (Winchester Magnum), но с пулей массой 9,72 г и дульной энергией 5216 Дж. При создании снайперских винтовок конструкторы стремятся учитывать имеющийся обширный выбор соответствующих боеприпасов. Это расширяет не только боевые возможности рассматриваемого оружия, но и рынок его сбыта.

В последнее десятилетие появились и новые перспективные снайперские патроны. Среди них в первую очередь следует назвать усиленные 7,62-мм патроны все той же финской фирмы «Lapua» D46 и D47 с пулями массой соответственно 11,2 и 12 г. Американский снайперский патрон М118 SB («special ball» — специальная пуля) имеет пулю массой 11,3 г. Патрон .300 «FFV AP» шведской компании «FFV» отличается исключительной настильностью траектории пули и пробивным действием. Американской фирме «Мак-Миллан» (McMillan) принадлежит 7,6-мм патрон .30 «Феникс» с тяжелой пулей массой 16,2 г и начальной скоростью 945 м/с.

Популярность «нестандартных» калибров объясняется тем, что армейские снайпера привязаны к общеармейским патронам, унифицированным для использования в нескольких образцах стрелкового оружия. Кроме того, это связано и с экономией денежных средств. В то же время спецслужбы (а также отдельные армейские снайпера высшего класса) согласны использовать такое нестандартное оружие и патроны, хотя это и сопряжено со значительными материальными издержками.

С другой стороны, снайпера спецслужб, полицейских и антитеррористических подразделений, а также и представители откровенно криминальных элементов вполне удовлетворяются использованием армейских промежуточных патронов нормального и уменьшенного калибров.

5,56-мм патрон НАТО (.223 «Ремингтон») был разработан в 1957 году на основе охотничьего патрона .222 той же фирмы. С 1967 года состоялся переход на этот патрон, получивший наименование М 193. Однако в дальнейшем пуля патрона обнаружила недостаточное пробивное действие и устойчивость в полете. Поэтому в 1980 году был стандартизирован бельгийский патрон SS 109 с гораздо лучшими характеристиками.

Рис. 144. *Патрон 5,56 x 45 мм НАТО*

Общая длина — 57,3 мм.
Длина гильзы — 44,45 мм.
Диаметр донышка гильзы — 9,50 мм.
Вес пули — 4,00 г.
Начальная скорость пули — 930 м/с.
Дульная энергия пули — 1708 Дж.
Скорость на дистанции 300 м — 650 м/с.
Энергия на дистанции 300 м — 834 Дж.

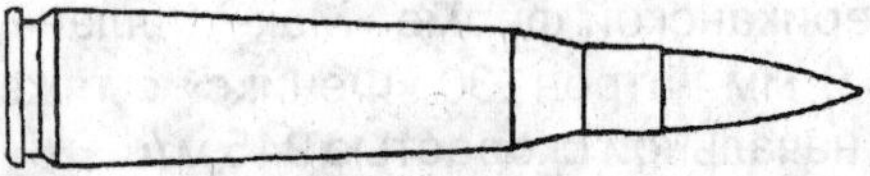

Рис. 145. *Патрон .243 «Винчестер» (Winchester)*

Общая длина — 68,8 мм.
Длина гильзы — 51,9 мм.
Диаметр донышка гильзы — 12,0 мм.
Вес пули — 6,48 г.
Начальная скорость пули — 836 м/с.
Дульная энергия пули — 2257 Дж.
Скорость на дистанции 300 м — 631 м/с.
Энергия на дистанции 300 м — 1285 Дж.

Патрон .243 «Винчестер» (Winchester) является типичным охотничьим боеприпасом, использованным создателями снайперского оружия благодаря его высокой точности, обеспечиваемой незначительной по сравнению с патронами более крупного калибра отдачей. В середине 50-х годов у гильзы от патрона 7,62 x 51 НАТО был заужен диаметр шейки под 6-мм пулю. Таким образом, это обеспечило возможность переделки любого оружия калибра 7,62 x 51 НАТО под патрон .243 путем простой замены ствола.

Рис. 146. *Патрон 7 мм «Ремингтон Магнум» (Remington Magnum)*

Общая длина — 82,30 мм.
Длина гильзы — 63,5 мм.
Диаметр донышка гильзы — 13,33 мм.
Вес пули — 9,72 г.
Начальная скорость пули — 948 м/с.
Дульная энергия пули — 4358 Дж.
Скорость на дистанции 300 м — 686 м/с.
Энергия на дистанции 300 м — 2282 Дж.

Патрон 7 мм «Ремингтон Магнум» появился на коммерческом рынке в начале 60-х годов вместе с серией новых охотничьих винтовок. Он был выбран в качестве боеприпаса для снайперской стрельбы благодаря своей высокой точности. Имеющийся в нижней части гильзы поясок обеспечивает однообразие положения патронов в патроннике и позволяет использовать пороховой заряд повышенной мощности.

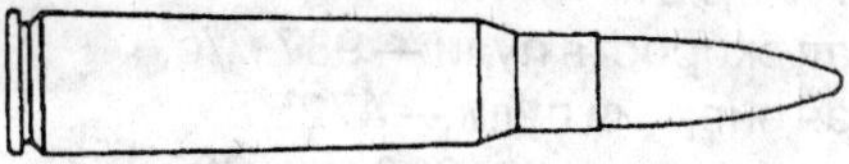

Рис. 147. *Патрон 7,5 мм французский армейский*

Такие боеприпасы приняты на вооружение только во французской армии еще в 1929 году, но в настоящее время постепенно выходят из употребления в связи с переводом французских моделей снайперских винтовок на стандартный патрон 7,62 x 51 мм НАТО.

Технические характеристики

Общая длина — 75,95 мм.
Длина гильзы — 53,59 мм.
Диаметр донышка гильзы — 12,24 мм.
Вес пули — 12,31 мм.
Начальная скорость пули — 835 м/с.

Начальная энергия пули — 3138 Дж.
Скорость на дистанции 300 м — 568 м/с.
Энергия на дистанции 300 м — 1452 Дж.

Рис. 148. *Патрон .300 «Винчестер Магнум»*

Это также коммерческий патрон с пояском того же назначения, что и «Ремингтон», также появился около сорока лет назад. Первоначально он предназначался только для охотничьих целей и имел полуоболочечную пулю, но впоследствии была создана и «боевая» пуля, после чего он стал все чаще использоваться в снайперских конструкциях благодаря исключительно высокой кучности и надежности.

Технические характеристики

Общая длина — 83,82 мм.
Длина гильзы — 66,55 мм.
Диаметр донышка гильзы — 13,51 мм.
Вес пули — 9,72 г.
Начальная скорость пули — 987 м/с.
Начальная энергия пули — 4725 Дж.
Скорость на дистанции 300 м — 693 м/с.
Энергия на дистанции 300 м — 2329 Дж.

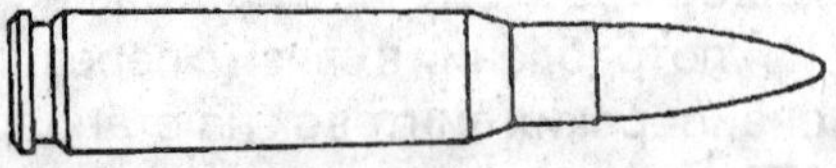

Рис. 149. *Патрон 7,62 x 51 НАТО*

Этот боеприпас американского производства пробился в 50-е годы в качестве стандартного (единого) патрона НАТО в условиях жесточайшей конкуренции. В результате у патрона «Спрингфельд .30-06» была укорочена гильза и несколько облегчена пуля. Несмотря на это, боеприпас практически сохранил высокие баллистические качества благодаря использованию более мощного пороха сферического зернения. После тщательной работы фирма-изготовитель добилась исключительной точности патронов.

Технические характеристики

Общая длина — 69,85 мм.
Длина гильзы — 51,05 мм.
Диаметр донышка гильзы — 11,94 мм.
Вес пули — 9,65 г.
Начальная скорость пули — 3519 Дж.
Скорость на дистанции 300 м — 642 м/с.
Энергия на дистанции 300 м — 1988 Дж.

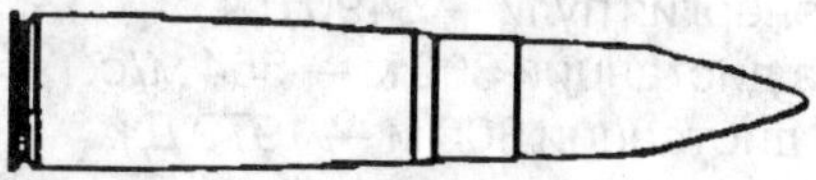

Рис. 150. *Патрон 7,62 х 36 мм «Грендел»*

Данный патрон был создан фирмой «Грендел» для своей собственной бесшумной снайперской винтовки того же названия. Патрон представляет собой гильзу патрона 5,54 мм М193, укороченную и расширенную у шейки (дульца) под пулю калибра 7,62 мм. Предполагается, что такая пуля вполне эффективна на дистанции до 300 м.

Технические характеристики

Общая длина — 55 мм.
Длина гильзы — 36 мм.
Диаметр донышка гильзы — 9,5 мм.
Вес пули — 14,3 г.
Начальная скорость пули — около 330 м/с.
Начальная энергия пли — около 778 Дж.

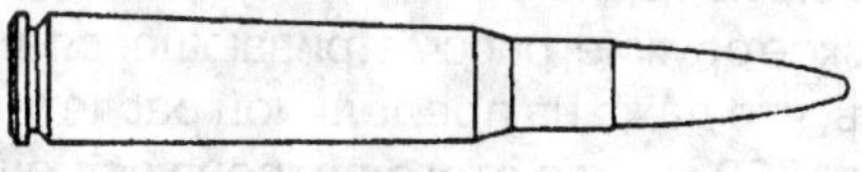

Рис. 151. *Патрон 7,92 х 57 «Маузер»*

Этот патрон является одним из старейших, разработан в 1888 году и предназначался для знаменитой немецкой боевой винтовки «Маузер», а в настоящее время выпускается для югославской снайперской винтовки М76 производства завода «Црвена Застава» из г. Крагуевац, являющейся чем-то средним между снайперской винтовкой СВД и автоматом Калашникова.

Технические характеристики патрона

Общая длина — 80,60 мм.
Длина гильзы — 57,00 мм.
Диаметр донышка гильзы — 12,0 мм.
Вес пули — 12,85 г.
Начальная скорость пули — 737 м/с.
Начальная энергия пули — 3490 Дж.
Скорость на дистанции 300 м — 554 м/с.
Энергия на дистанции 300 м — 1972 Дж.

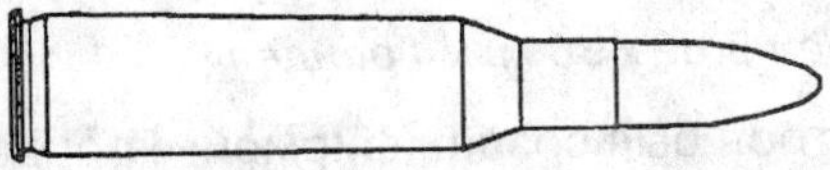

Рис. 152. *Патрон «Лапуа Магнум» (Lapua Magnum)*

Знаменитая финская компания «Лапуа» в 1990 году разработала конструкцию этого патрона в качестве наиболее надежного боеприпаса для охотничьей стрельбы с обеспечением максимальной точности боя. В результате были получены патроны, в одинаковой мере пригодные для спортивных соревнований наивысшего ранга, охоты на любые реальные дистанции и для снайперской стрельбы на дистанции до 1800 м. Сам же боеприпас был разработан на базе уже существовавшего патрона .416 «Регби» (Rugby). Патрон калибра .338 (8,59 х 70 мм) занимает промежуточное положение между калибрами 7,62 х 51 мм и калибра .50 (12,7 мм). Понятно, что под такой патрон было немедленно сконструировано соответствующее снайперское оружие, рассматривающееся в главе 1. Следует упомянуть, что даже на предельной расчетной прицельной дальности 1800 м пуля этого патрона все еще обладает огромной энергией в 627 Дж.

Технические характеристики патрона

Общая длина — 91,50 мм.
Длина гильзы — 69,20 мм.
Диаметр донышка гильзы — 14,91 мм.
Вес пули — 16,20 г.
Начальная скорость пули — 914 м/с.
Начальная энергия пули — 6766 Дж.
Скорость на дистанции 300 м — 763 м/с.
Энергия на дистанции 300 м — 4710 Дж.

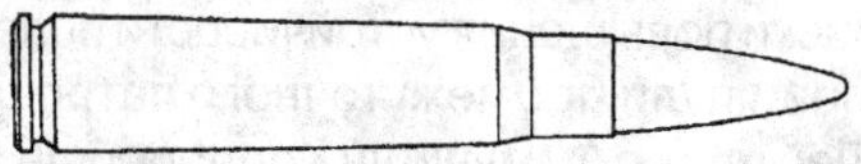

Рис. 153. *Патрон калибра .50 «Браунинг»*

К созданию в 1920 году крупнокалиберного пулемета «Браунинг» был разработан специальный патрон калибра 12,7 мм, который оказался столь удачным, что был принят на вооружение армии США одновременно с пулеметом в 1923 году и прекрасно показал себя в ходе Второй мировой войны, и был принят на вооружение всеми западными странами в послевоенный период. Когда на сцену вышли крупнокалиберные винтовки специального назначения, разработанные для дистанционного уничтожения крупной техники, не имеющей серьезной броневой защиты, старый патрон оказался как нельзя кстати.

Технические характеристики

Обща длина — 137,80 мм.
Длина гильзы — 99,10 мм.
Диаметр донышка гильзы — 20,30 мм.
Вес пули — 42,90 г.
Начальная скорость пули — 887 м/с.
Начальная энергия пули — 16 876 Дж.
Скорость на дистанции 300 м — 665 м/с.
Энергия на дистанции 300 м — 9576 Дж.

Патроны малого калибра при относительно удовлетворительной кучности стрельбы на малых дистанциях характеризуются другими более важными качествами — надежным поражающим действием пули, а также высокими настильностью и скоростью. Благодаря этому большим спросом при создании самозарядных винтовок полицейского и коммерческого образцов пользуются наш отечественный патрон 7,62 х 39 образца 1943 года и 5,56 х 45 НАТО (американское обозначение М855).

Большое значение имеет и портативность и легкость конструируемых под эти патроны винтовок с уменьшенными отдачей и опрокидывающим моментом, что особенно удобно при использовании в стесненных условиях.

Ведутся поиски повышения устойчивости полета и настильности траектории пули промежуточного патрона. Американская фирма «Лайтфилд Аммунишн Корпорейшн» совместно с английской «Альфа Аммунишн Лимитед» создала серию патронов, в том числе и винтовочных, с помещенной в пластиковый поддон пулей «Альфа». При движении ее по каналу ствола пластмасса играет роль смазки, существенно снижающей потери кинетической энергии. Поэтому у пули «Альфа» начальная скорость на 50% выше, импульс отдачи на 36% ниже, а кучность боя улучшена в 1,5–2,0 раза. В Австрии фирмой «SMI» выпущен 5,56-мм патрон с пулей, у которой центр тяжести заметно смещен вперед. Из-за этого она более устойчива в полете и на расстоянии 100 м пробивает броневой лист толщиной 15 мм.

Следующими в «шкале мощностей» стоят 5,6-мм спортивные патроны кольцевого воспламенения («бокового огня») с цилиндрической гильзой. По мощности они сравнимы с пистолетными патронами. Тем не менее их удачная конструкция и равномерное и полное сгорание порохового заряда обеспечивают высокую точность, а мягкая безоболочечная пуля обладает достаточно высоким останавливающим действием. Типичным представителем патронов такого типа является обычный малокалиберный патрон .22 «Long Rifle» (5,6 мм «Длинный стрелковый»). Под него уже давно создаются гражданские и служебные пистолеты, охотничьи винтовки и снайперские винтовки для стрельбы на небольшие расстояния — до 100 м. Этого вполне достаточно для полиции и спецслужб, особенно при работе в городских условиях.

Следует заметить, что прекрасные снайперские винтовки могут получиться и при доработке с установкой оптических прицелов обычных спортивных конструкций, например биатлонных.

При удовлетворительных качествах патронов этого калибра продолжается их совершенствование в направлении увеличения мощности. Уже известны такие 5,6-мм патроны бокового огня, как американские .22 SM с оболочечной пулей высокой пробиваемости и отечественный патрон «Ковбой».

Необходимо указать, что в настоящее время наблюдается значительный прогресс в разработке новых высокоэффективных порохов. Созданный фирмой «Primex Technologies» порох позволяет при создании новых боеприпасов увеличить начальную скорость пули на 10% при сохранении прежнего уровня давления при выстреле или придать прежнюю начальную скорость пуле с большой массой или при сохранении скорости и массы пули снизить давление в канале ствола. Таким образом, новый порох позволяет при калибре .308 получить баллистические характеристики патрона .30–08, причем это может быть достигнуто при использовании достаточно легкого и удобного для стрелка оружия. Другой интересной разработкой является высокоэнергетический порох № 500 финской компании «Vihtavouri Oy», при создании которого использовалось компьютерное моделирование процессов физики плазмы. Все большее количество компаний выходит на рынок с высокоточными патронами калибра .308, созданными специально для снайперских и спортивных стрельб.

Другим перспективным направлением является создание патронов с увеличенной дальностью эффективной стрельбы. Уже упомянутый новый патрон М-118LR, принятый на вооружение снайперов армии США, эффектен на дальностях до 900 м, что на 100 м больше, чем для других боеприпасов этого калибра. К последним тенденциям относится и применение при изготовлении пуль покрытий на основе молибдена. При выстреле такое покрытие уменьшает трение пули, благодаря чему возрастает скорость последней. Кроме того, тонкий слой молибдена остается в канале ствола, заполняя и сглаживая любые микроскопические неровности. В настоящее время компания «Black Hills» производит снайперские патроны, снаряженные именно такими пулями.

До недавнего времени возможности использования оружия калибра .223 в качестве снайперского были существенно ограничены отсутствием специальных боеприпасов. С одной стороны, высокоскоростные пули при попадании в цель, как правило, пробивали ее насквозь, оставаясь опасными для окружающих. С другой стороны, благодаря малой массе они изменяли свою траекторию после пробивания стекла. Особое значение эти факторы имели для снайперов правоохранительных органов, которые в силу специфики своей деятельности вынуждены беспокоиться по поводу минимизации косвенного ущерба и которым часто приходится стрелять через оконные и автомобильные стекла. Последние разработки в области боеприпасов успешно решили эти проблемы. Фирма «Longbrow Ammunition» предлагает патроны калибров .223 и .308, показывающие на дистанции 100 м кучность около 14 мм. Эти патроны снаряжаются специальными фрагментирующимися пулями, содержащими металлический порошок, которые при попадании в цель разрушаются, передавая ей достаточно для ее надежного поражения энергии. Так называемые тактические боеприпасы калибра .223 производства фирм «Federal и Hornady» позволяют с высокой точностью поражать находящиеся за стеклами цели. Аналогичные патроны европейского производства снаряжаются пулями, оболочка и весь корпус которых изготавливаются методами станочной обработки. Новый снайперский патрон «Винчестер/Олин» (Winchester/Olin) позволяет поражать цели, защищенные легкой броней. Он снаряжается подкалиберной пулей, представляющей собой сердечник калибра .22 из закаленной стали, помещаемый в поддон калибра .308.

Специальные «дозвуковые» патроны для так называемых бесшумных винтовок описываются в главе о современных снайперских винтовках. То же относится и к боеприпасам для крупнокалиберных снайперских систем. Следует только упомянуть пулю PPI массой 47,8 г и с начальной скоростью 800 м/с к 12,7-мм патрону, которая с расстояния 300 м пробивает броневой щит толщиной 25 мм. Она запатентована французской фирмой «SFM». Секрет пули состоит в утолщенном спереди сердечнике и напрессованной на его хвостовую часть латунной втулке. Подобная конструкция уменьшает сопротивление движению в канале ствола и обеспечивает большую устойчивость в полете. Такое техническое решение может быть реализовано в патронах всех штатных калибров.

В заключение необходимо заметить, что потребителям не следовало бы полагаться на одни только публикуемые характеристики предлагаемых патронов. Если, скажем, фирма производила отстрел данной партии десятью выстрелами по десять патронов, то, как правило, в рекламные показатели попадает не среднее арифметическое поперечников всех десяти серий, а только один — наилучший показатель, который может явиться следствием случайного подбора наиболее однородных патронов, что никак не говорит об объективности проводимого отстрела. Это объясняется очень жесткой конкуренцией фирм на рынке оружия и боеприпасов.

Глава 3
БАЛЛИСТИКА

При сгорании во время производства выстрела порохового заряда образуется большое количество характеризующихся высокой температурой газов, вызывающих резкое повышение давления в канале ствола. В результате пуля выталкивается из ствола, а при попадании в воздушную среду продолжает свое движение по инерции.

Наука, изучающая движение пули (снаряда), называется баллистикой. По характеру сил, воздействующих при этом на пулю, баллистика делится на внутреннюю и внешнюю.

Внутренняя баллистика изучает движение пули в канале ствола под действием пороховых газов и все явления, вызывающие и сопровождающие это явление. Она призвана решить задачу, как придать пуле наибольшую скорость без превышения допустимо возможного давления пороховых газов в канале ствола.

Внешняя баллистика изучает законы движения пули после прекращения воздействия на нее пороховых газов — после ее вылета из канала ствола.

Внутренняя баллистика

При спуске курка с боевого взвода боек ударяет по капсюлю, вызывая этим мгновенный взрыв ударного состава. Возникающее при этом сильное пламя проникает в толщу порохового заряда, воспламеняя со всех сторон зерна пороха. Пороховой заряд, почти одновременно загораясь, выделяет большое количество упругих пороховых газов. По мере сгорания заряда пороховым газам становится тесно в пороховой камере (патроннике). Стремясь расшириться, они давят во все стороны с одинаковой силой, в том числе и на пулю. Встречая сопротивление прочных стенок ствола и дна гильзы, упирающейся в личинку затвора, газы распространяются в сторону наименьшего сопротивления, толкая пулю перед собой. Сдвинувшаяся с места пуля врезается в нарезы, которые и придают ей вращательное движение.

В этом и состоит *явление выстрела.* Оно протекает очень быстро. Например, пуля в стволе 7,62-мм армейской винтовки движется всего лишь около 0,0015 с.

По мере сгорания порохового заряда количество пороховых газов увеличивается, в связи с чем быстро нарастает и их давление. Когда оно достигает определенной величины, достаточной для преодоления сил сопротивления движению (обжимки пули в дульце гильзы, врезания пули в нарезы и др.), пуля начинает свое движение.

Давление пороховых газов, которое необходимо для полного врезания пули в нарезы, называется *давлением форсирования.* В стрелковом оружии оно колеблется в пределах 300–500 кг/м^2 (при стрельбе оболочечными пулями).

В связи с тем что пуля начинает свое движение раньше полного сгорания заряда, давление пороховых газов в канале ствола меняет свою величину. Вначале, когда пуля еще не приобрела большую скорость движения, количество газов растет значительно быстрее, чем увеличивается объем запульного пространства, т.е. пространства в канале ствола между дном гильзы и дном пули, в силу чего давление газов в канале ствола повышается и достигает своей наибольшей величины. Увеличение давления вызывает ускорение движения пули, а это приводит к тому, что прирост количества газов уже не может поспеть за увеличением запульного пространства и давление в канале ствола начинает постепенно снижаться.

После того как заряд сгорел, дальнейшее движение пули происходит под действием постоянно расширяющегося количества пороховых газов, которые благодаря своей упругости обладают еще большим запасом энергии; продолжая расширяться, они увеличивают скорость движения пули.

В дальнейшем пороховые газы, вырываясь из канала ствола со скоростью, большей, чем скорость пули, продолжают на некотором расстоянии от дульного среза оружия (до 20 см) оказывать давление на дно пули и увеличивать ее скорость — до тех пор, пока сопротивление окружающей воздушной среды не станет равным давлению газов на донце пули.

Следовательно, по мере продвижения пули в канале ствола скорость ее движения непрерывно возрастает, достигая наибольшей своей величины в нескольких сантиметрах от дульного среза ствола.

Давление пороховых газов достигает своей наибольшей (максимальной) величины в начале нарезной части ствола, в нескольких сантиметрах от пульного входа. Максимальное давление, которое развивают пороховые газы в стволе винтовки образца 1891/30 года при стрельбе легкой пулей — 2850 кг/см², при стрельбе тяжелой пулей — до 3200 кг/см². Максимальное давление пороховых газов в канале ствола винтовки калибра 5,6 мм равно 1300 кг/см².

Давление газов в момент вылета пули из канала ствола называется *дульным давлением.* В винтовке калибра 7,62 мм оно равно 416 кг/см², а в малокалиберной — около 100 кг/см². Характер изменения давления пороховых газов в канале ствола и нарастания скорости движения пули при стрельбе из винтовки образца 1891/30 года и винтовки калибра 5,6 мм (.22 LR) графически отображен на прилагаемом рисунке.

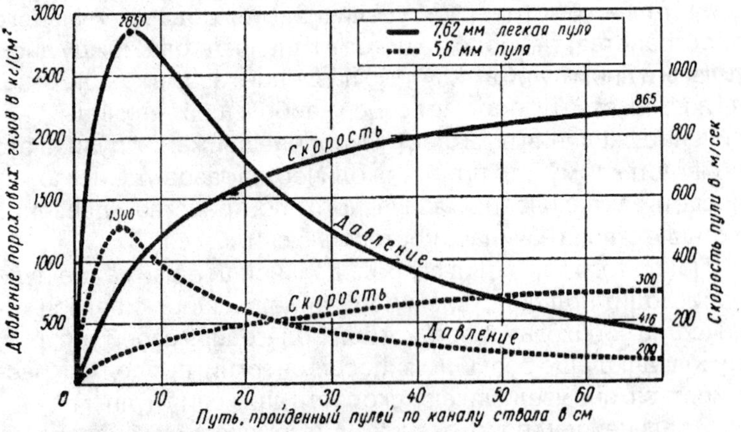

Рис. 154. *Кривые давления пороховых газов и скорости пули в стволе винтовки образца 1891/30 гг. и винтовки кал. .22 LR*

Нужно отметить, что характер нарастания давления пороховых газов в канале ствола в значительной мере зависит от плотности порохового заряда. С увеличением плотности заряда резко увеличивается скорость горения пороха, а следовательно, и нарастание давления газов, вплоть до возникновения детонации. Поэтому во избежание несчастных случаев не следует стрелять патронами с глубоко посаженными пулями.

Как известно из вышесказанного, с повышением процента влажности порох горит медленнее, отчего и нарастание давления пороховых газов в канале ствола может происходить также медленнее. Поэтому при отсыревшем пороховом заряде возможен *затяжной выстрел*, при котором между ударом бойка по капсюлю и выстрелом проходит заметный промежуток времени. При повышенной влажности заряда, а также недостаточной мощности капсюля сноп пламени от взрыва капсюльного состава не может произвести одновременного возгорания всех пороховых зерен, а воспламеняет лишь близлежащие слои пороха, от которых следующие слои загораются через некоторый промежуток времени. В связи с этим, если после спуска курка выстрела не последовало, стрелок не должен торопиться с перезарядкой оружия, а выжидать несколько секунд, чтобы не мог произойти взрыв порохового заряда при открытом затворе и как следствие ранение стрелка и порча оружия.

В этом отношении наибольшую осторожность следует проявлять при стрельбе патронами, длительное время хранившимися без герметической упаковки и в недостаточно сухом месте.

Прочность и живучесть стволов

При горении заряда пороховые газы в стволе оружия развивают, как было сказано, очень высокое давление. Даже наименьшее давление в дульной части ствола в момент вылета пули равно нескольким сотням атмосфер (одна техническая атмосфера равна давлению в 1 кг на 1 см^2 площади).

Понятно, что, для того чтобы ствол мог выдержать такое напряжение, при изготовлении оружия большое внимание уделяется прочности ствола. Прочность ствола зависит от толщины его стенок и качества металла.

В соответствии с характером кривой давления газов ствол огнестрельного оружия в казенной части делается толще, а в дульной — тоньше.

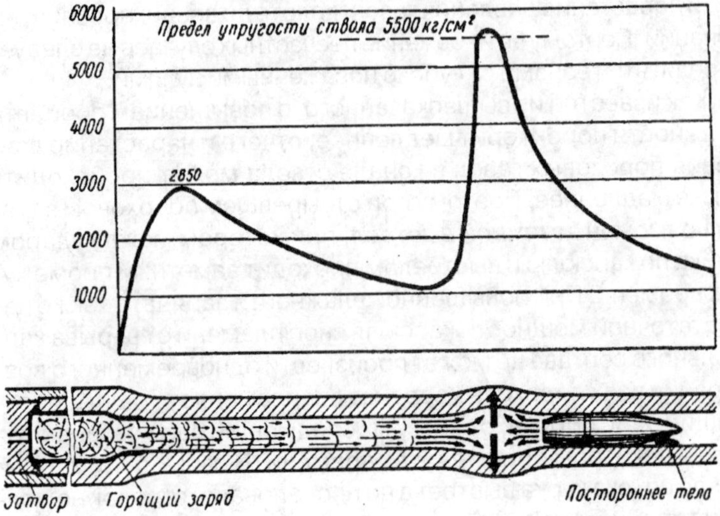

Рис. 155. *Схема раздутия канала ствола, которое образуется при давлении пороховых газов, превышающем запас прочности ствола*

Учитывая практическую эксплуатацию оружия, толщина стенок ствола рассчитывается с таким запасом прочности, чтобы они могли выдержать давление газов, значительно превышающее нормальное. Поэтому прочность ствола всегда превышает нормальное давление пороховых газов (которое образуется при стрельбе обычными патронами) на несколько сотен и даже тысяч атмосфер. Так, например, для винтовки образца 1891/30 года, в канале ствола которой максимальное давление достигает 2850–3200 атм, дополнительный запас прочности составляет 2650–3200 атм. Это значит, что ствол винтовки в отдельных случаях может выдержать громадное давление — до 5500 атм.

При выстреле стенки ствола, сопротивляясь давлению газов, расширяются. Прочность ствола рассчитывается так, чтобы металл подвергался только упругим деформациям расширения: при давлении газов расширялся, а после прекращения давления принимал свои первоначальные размеры. Если давление в стволе превысит величину, на которую рассчитана прочность ствола (в данном случае 5500 атм), то наступит остаточная деформация, и ствол будет раздут или даже разорван.

В стрелковой практике случаи разрыва винтовочных стволов бывают крайне редкими. Однако раздутие стволов — явление довольно частое. В подавляющем большинстве случаев это происходит вследствие небрежного отношения и безграмотной эксплуатации оружия со стороны стрелка.

Как правило, причиной образования раздутий являются *посторонние тела,* во время выстрела находившиеся в канале ствола на пути движения пули: оставшиеся после чистки тряпки, кусочки дульца гильзы, собравшаяся в каплю густая смазка, пробка из грязи или снега и т.д. Постороннее тело является препятствием, своего рода тормозом, который приводит к некоторому замедлению движения пули; упругие пороховые газы, идущие вслед за пулей, наталкиваясь на ее донце, отталкиваются и создают обратную волну. В то же время основная масса газов продолжает двигаться в направлении дульной части. Столкновение двух волн газов образует такое сильное местное давление, которое превышает запас прочности ствола. Такое резкое местное возрастание давления и вызывает раздутие, а подчас и разрыв ствола.

Раздутие ствола легко обнаруживается при внимательном осмотре его канала; оно имеет вид теневого кольца. Иногда раздутие можно обнаружить на ощупь, когда оно выступает наружу в виде кольцевой выпуклости на стволе.

Во избежание раздутия необходимо тщательно протирать канал ствола оружия и приучать себя внимательно просматривать канал ствола перед стрельбой.

В процессе эксплуатации ствол оружия подвергается значительному износу. Этому способствует целый ряд причин механического, термического и химического характера.

Прежде всего, пуля при прохождении по каналу ствола вследствие больших сил трения скругляет углы полей нарезов и производит истирание внутренних стенок канала ствола. Кроме того, движущиеся с большой скоростью частицы несгоревшего пороха в пороховых газах с силой ударяют в стенки канала ствола, вызывая на их поверхности так называемый наклеп. Это явление заключается в том, что поверхность канала ствола покрывается тонкой коркой с постепенно развивающейся в ней

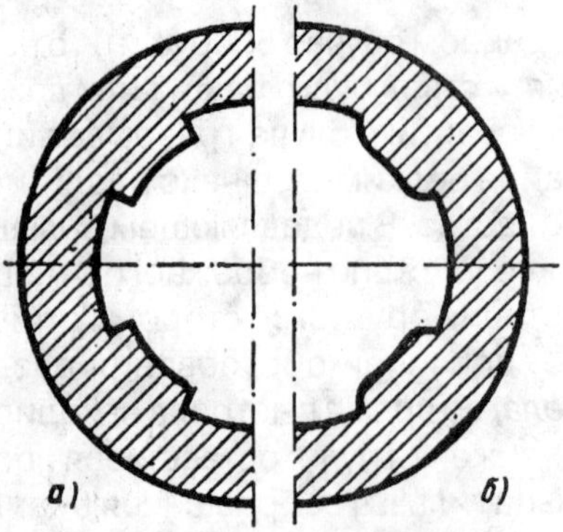

Рис. 156. *Истертость внутренних стенок ствола*
а — ствол новой винтовки — неокругленные грани полей нарезов; б — округленные поля в результате длительной эксплуатации оружия

хрупкостью. Происходящая при выстреле упругая деформация расширения ствола приводит к появлению на внутренней поверхности металла мелких трещин. Образованию таких трещин способствует и высокая температура пороховых газов, которые в силу очень короткого действия вызывают частичное оплавление поверхности канала ствола. В нагретом слое металла возникают значительные напряжения, которые в конечном счете и приводят к появлению и увеличению этих мелких трещин. Повышенная хрупкость поверхностного слоя металла и наличие к тому же трещин на нем приводят к тому, что пуля при прохождении по каналу ствола производит в местах образования трещин сколы металла.

Износу ствола в значительной степени способствует и *нагар,* остающийся в канале ствола после выстрела. Он представляет собой остатки сгорания капсюльного состава и пороха, а также металла, соскобленного с пули или выплавленного из нее, оторванных газами кусочков дульца гильзы и т.д.

Имеющиеся в нагаре сложные комплексные химические соединения обладают свойством адсорбировать влагу из воздуха, растворяться в ней и образовывать растворы, которые, вступая в реакцию с металлом, приводят к его коррозии (ржавлению), появлению в канале ствола сначала сыпи, а затем и раковин. Все эти факторы приводят к изменению, разрушению поверхности канала ствола, что влечет за собой увеличение его калибра, особенно у пульного входа, и, естественно, к снижению его прочности в целом.

Увеличение калибра приводит также к уменьшению начальной скорости пули, а отсюда — к резкому ухудшению боя оружия, то есть к потере им своих баллистических качеств.

Однако ухудшение кучности боя нарезного оружия наступает не только из-за разрушения поверхности канала ствола и его износа; практикой давно установлено, что в процессе эксплуатации прекрасные по своим качествам стволы начинают либо резко, либо постепенно ухудшать свою кучность боя. Причиной этому в первую очередь служат томпакизация стволов при стрельбе оболочечными пулями и свинцевание стволов при стрельбе обычными малокалиберными пулями, то есть отложение на полях и в углах нарезов металла, который к тому же, как правило, наслаивается неравномерно, создавая бугры и впадины. А так как металлические отложения в каждом стволе происходят по-разному, то и каждый экземпляр винтовки по-разному начинает менять свой бой. Поэтому каждому стрелку следует изучить состояние канала ствола, характер и особенности боя своей винтовки и установить, при каком режиме она обладает наилучшим боем, в соответствии с этим периодически очищая ствол от свинца.

Пригодность ствола для дальнейшей стрельбы называется его «живучестью» — способностью выдерживать определенное количество выстрелов, после которых он теряет свои баллистические качества.

Увеличение «живучести» ствола достигается правильным уходом за ним и бережным отношением — путем своевременной и правильной чистки.

Начальная скорость и дульная энергия пули

Пуля, начиная под действием пороховых газов передвигаться по каналу ствола все быстрее, достигает своей максимальной скорости в нескольких сантиметрах от дульного среза. Затем, двигаясь по инерции и встречая сопротивление воздушной среды, пуля начинает терять свою скорость. Следовательно, скорость движения пули все время меняется. С учетом этого обстоятельства скорость пули принято фиксировать только в каких-нибудь определенных фазах ее движения. Обычно фиксируют скорость пули при ее вылете из канала ствола.

Скорость движения пули в момент вылета ее из канала ствола называется *начальной скоростью.* Она измеряется тем расстоянием, которое могла бы преодолеть пуля за одну секунду при вылете ее из канала ствола, если бы на нее не действовали ни сопротивление воздуха, ни ее собственная тяжесть.

Так как скорость пули в некотором удалении от дульного среза мало отличается от скорости при вылете ее из канала ствола, при практических расчетах обычно считают, что наибольшую скорость пуля имеет в момент вылета из канала ствола, т.е. что начальная скорость пули является наибольшей (максимальной) скоростью. Такую скорость принято обозначать «Vo».

При стрельбе из винтовки образца 1891/30 года начальная скорость (Vo) легкой пули равна 865 м/с, а тяжелой — 800 м/с. При стрельбе из малокалиберных винтовок обычных образцов (.22 LR) начальная скорость пули различных партий патронов обычно может колебаться в пределах 280–330 м/с.

Величина начальной скорости является одной из самых важных характеристик не только патронов, но и оружия. Необходимо рассматривать скорость пули в сочетании с ее массой. Очень важно знать, какой энергией обладает данная пуля, какую работу она может выполнить.

Пробивное действие пули характеризуется ее *кинетической* энергией (живой силой). Кинетическая энергия, которую сообщают пуле пороховые газы в момент ее вылета из канала ствола, называется *дульной* энергией. Энергия пули измеряется в килограммометрах или Джоулях.

Килограммометр (Кг/м) представляет собой такую энергию, которая необходима для совершения работы по поднятию 1 кг на высоту 1 м. В одном килограммометре содержится 9,81 Дж.

Из всего сказанного ясно, какое большое практическое значение для стрельбы имеют большая начальная скорость и зависящая от нее дульная энергия пули. С увеличением начальной скорости пули и ее дульной энергии увеличивается дальность стрельбы, становится более отлогой траектория пули, значительно изменяется воздействие внешних факторов на ее полет, а также увеличивается ее пробивное действие.

Отдача оружия и образование угла вылета

При сгорании заряда расширяющиеся пороховые газы с одинаковой силой давят на всю поверхность занимаемого ими объема. Давление, с которым газы действуют на стенки канала ствола, вызывает упругое их расширение; давление газов на донце пули заставляет ее быстро перемещаться вдоль канала ствола; давление же на дно гильзы, а через нее — на затвор и ствольную коробку передается всему оружию и заставляет его перемещаться назад, в направлении, противоположном движению пули. Можно сказать, что при выстреле силы пороховых газов как бы отбрасывают оружие и пулю в разные стороны. Движение оружия назад при выстреле называется *отдачей оружия.*

Отдача оружия оказывает определенное воздействие на меткость стрельбы, поэтому снайперу необходимо разобраться в сущности этого явления.

В соответствии с законами механики одна и та же сила, действуя на тела с различной массой (весом), приводит их в движение со скоростью, обратно пропорциональной их массе (весу). Если пренебречь реактивным воздействием пороховых газов, то можно сказать, что *скорость отдачи винтовки во столько раз меньше начальной скорости пули, во сколько раз пуля легче винтовки.*

Отдача оружия начинается с началом движения пули и достигает наибольшей силы в момент вылета ее из канала ствола.

Сила давления пороховых газов, вызывающих отдачу, действует по оси канала ствола в направлении, противоположном полету пули. Отдача винтовки воспринимается плечом стрелка в точке, лежащей ниже канала ствола. Противодействие плеча отдаче является той силой реакции, которая направлена в противоположную отдаче сторону и равна ей. Образуется пара сил, которая заставляет винтовку во время выстрела вращаться дульной частью вверх. Вращающий оружие момент возникает с движением пули и появлением силы отдачи; при этом сразу же начинается вращение оружия вокруг центра тяжести.

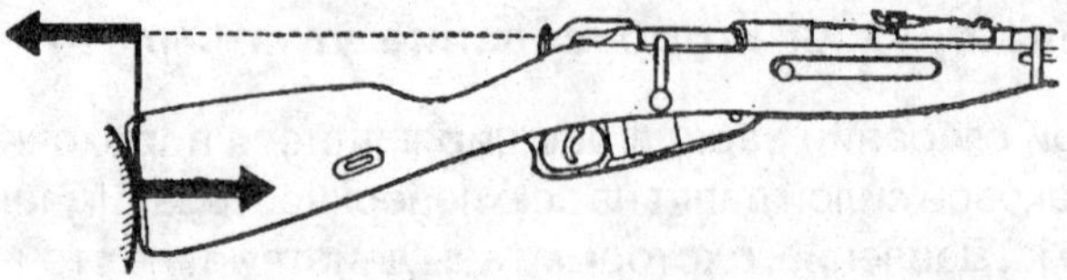

Рис. 157. *Пара сил, заставляющая винтовку при выстреле вращаться дульной частью вверх*

Отдача оружия отрицательно сказывается на меткости стрельбы. Помимо «боязни» выстрела, характерного для многих молодых стрелков (об этом будет сказано ниже), отдача при выстреле значительно отклоняет ствол винтовки от того первоначального направления, которое было ей придано во время прицеливания.

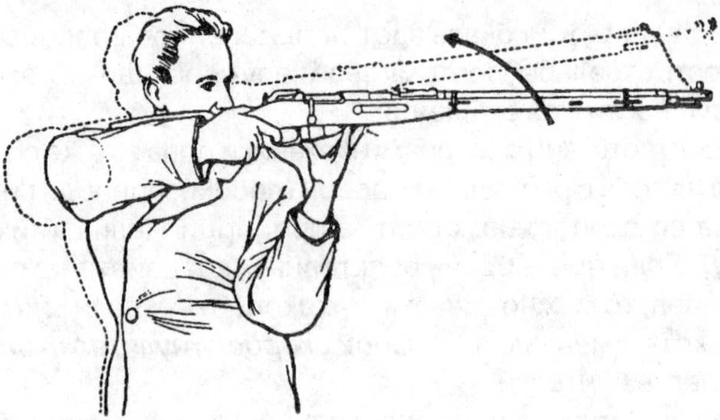

Рис. 158. *При отдаче винтовка не только отходит назад, но и подбрасывается дульной частью вверх*

Винтовка при выстреле под влиянием отдачи и реакции плеча стрелка не только отходит назад, но еще и вращается дульной частью вверх. При этом подбрасывание ствола вверх начинается еще в то время, когда пуля находится в канале ствола. Следовательно, ось канала ствола в момент выстрела смещается на некоторый угол. Угол, образованный направлением оси канала ствола до выстрела и в момент выстрела, называется *углом вылета*.

Угол вылета — величина непостоянная и в значительной степени зависит от изготовки стрелка. В еще большей степени величина угла вылета зависит от длины *плеча пары сил*, вра-

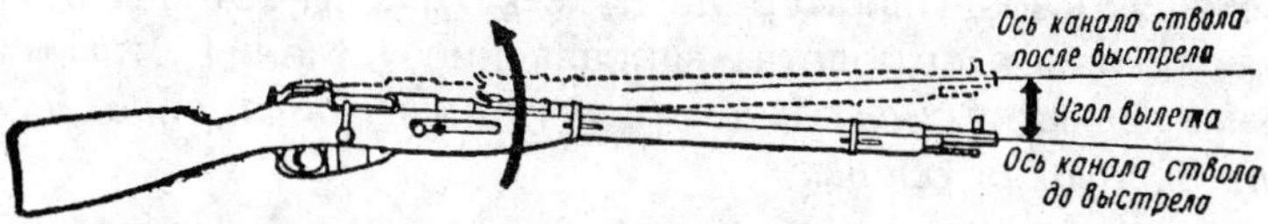

Рис. 159. *Угол вылета*

щающих оружие. С увеличением плеча пары сил увеличивается и угол вылета.

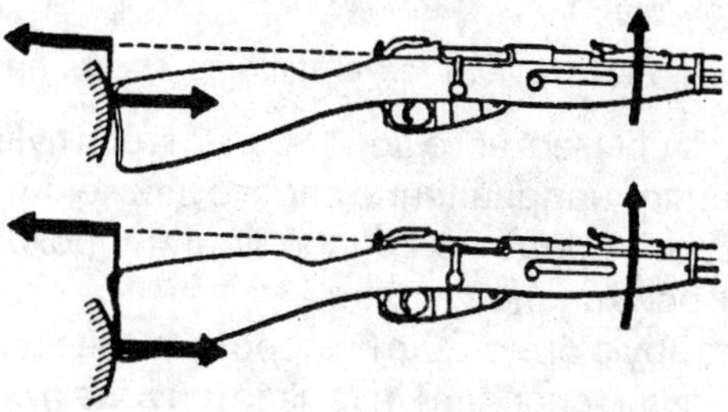

Рис. 160. *Зависимость угла вылета от изготовки*

Вполне очевидно, что неоднообразная прикладка, то есть неоднообразный упор приклада в плечо, влечет за собой образование при каждом выстреле разных углов вылета, что приводит к разбросу пуль по вертикали.

Следовательно, для того чтобы добиться кучной стрельбы, необходимо выработать в себе умение правильно и однообразно упирать приклад в плечо.

Внешняя баллистика

Образование траектории

Пуля, получив при вылете из канала ствола некоторую начальную скорость, стремится по инерции сохранить величину и направление этой скорости.

Если бы полет пули совершался в безвоздушном пространстве и на нее не действовала бы сила тяжести, пуля двигалась бы прямолинейно, равномерно и бесконечно. Однако на пулю, летящую в воздушной среде, действуют силы, которые изменяют скорость ее полета и направление движения. Этими силами являются *сила тяжести (гравитация)* и *сила сопротивления воздушной среды.*

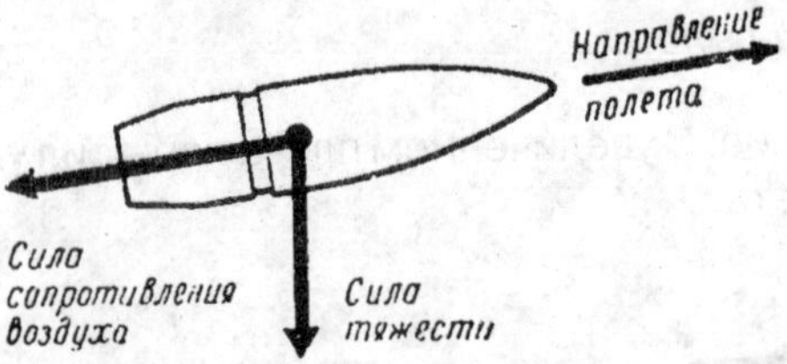

Рис. 161. *Силы, действующие на пулю во время ее полета*

Вследствие совместного действия этих сил пуля теряет скорость и изменяет направление своего движения, перемещаясь в воздушной среде по кривой линии, проходящей ниже направления оси канала ствола.

Линия, которую описывает в пространстве центр тяжести движущейся пули (снаряда), называется *траекторией.*

Обычно баллистика рассматривает траекторию над (или под) *горизонтом оружия* — воображаемой бесконечной горизонтальной плоскостью, проходящей через точку вылета.

Движение пули, а следовательно, и форма траектории зависят от многих условий. Поэтому, чтобы уяснить себе, как образуется в пространстве траектория пули, необходимо рассмотреть прежде всего, как действуют на пулю в отдельности сила тяжести и сила сопротивления воздушной среды.

Действие силы тяжести. Представим себе, что на пулю после ее вылета из канала ствола не действуют никакие силы. Как уже говорилось, в этом случае пуля двигалась бы по инерции бесконечно, равномерно и прямолинейно по направлению оси канала ствола; за каждый отрезок времени она пролетала бы одинаковые расстояния с постоянной скоростью, равной начальной. В этом случае, если бы ствол оружия был направлен прямо в цель, то пуля, следуя в направлении оси канала ствола, попала бы в нее.

Допустим теперь, что на пулю действует только одна сила тяжести. Тогда она начнет падать вертикально вниз, как и всякое свободно падающее тело.

Как известно из механики, высота падения $H = gt^2/2$, где g — ускорение силы тяжести (9,8 м/с^2), а t — время в секундах.

Так, за 1 секунду пуля упадет вниз на $9{,}8 \cdot 1^2/2 = 4{,}9$ м, за 2 секунды — на $9{,}8 \cdot 2^2/2 = 19{,}6$ м, за 3 секунды — на 44,1 м, за 4 секунды — на 78,4 м и т.д.

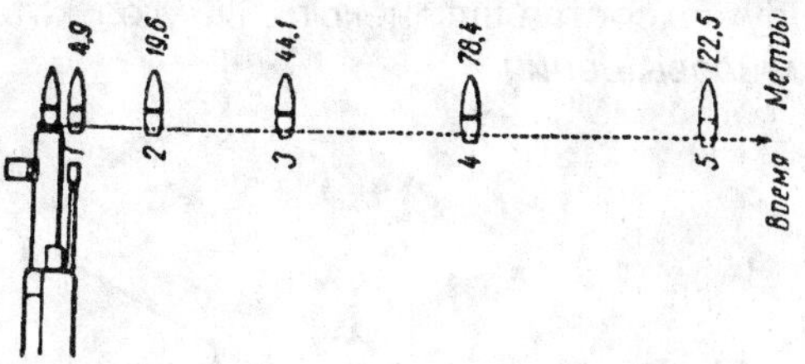

Рис. 162. *Падение пули (в пустоте) под действием силы тяжести*

Если предположить, что на пулю при ее полете по инерции в безвоздушном пространстве действует сила тяжести, то под действием этой силы пуля опустится ниже продолжения оси канала ствола в первую секунду на 4,9 м, во вторую — на 19,6 м и т.д. В этом случае, если навести ствол оружия в цель, то пуля никогда не попадает в нее, поскольку под действием силы тяжести она пролетит под целью.

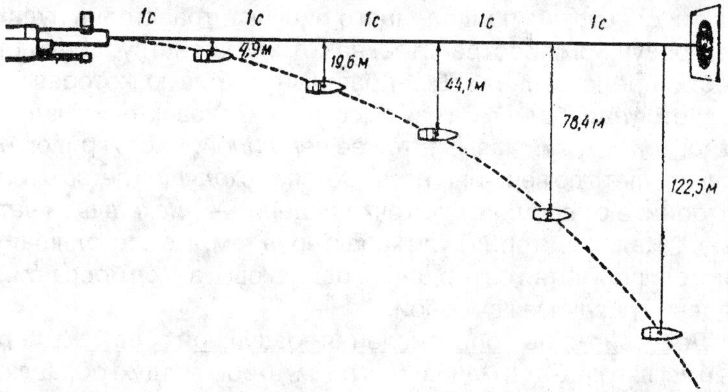

Рис. 163. *Движение пули (под действием силы тяжести, но без учета сопротивления воздуха)*

Вполне очевидно, что, для того чтобы пуля пролетела определенное расстояние и попала в цель, необходимо направить ствол оружия куда-то выше цели, с тем чтобы траектория пули, изгибаясь под влиянием силы тяжести, попала в центр цели. Для этого нужно, чтобы ось канала ствола и плоскость горизонта оружия составляли некоторый угол, который называется *углом возвышения.*

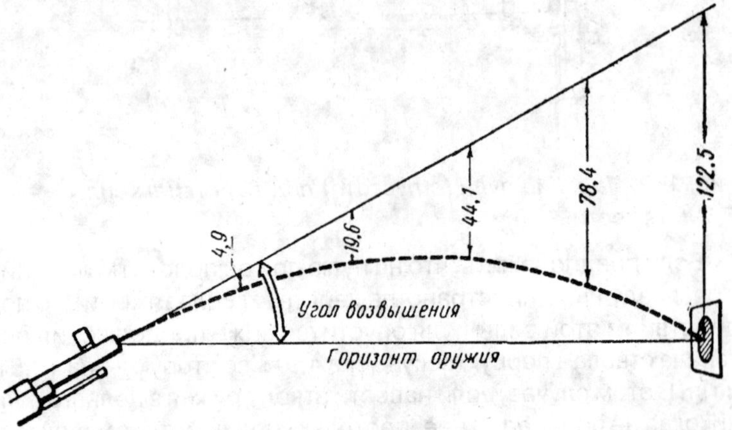

Рис. 164. *Угол возвышения (траектория пули в безвоздушном пространстве)*

Как следует из приведенного рисунка, траектория пули в безвоздушном пространстве, на которую действует сила тяжести, представляет собой правильную кривую, которая называется *параболой.* Самая высокая точка траектории над горизонтом оружия называется ее *вершиной.* Часть кривой от точки вылета до вершины называется *восходящей ветвью траектории*, а от вершины до точки падения — *нисходящей ветвью.* Такая траектория пули характерна тем, что восходящая и нисходящая ветви совершенно одинаковы, а угол бросания и падения равны между собой.

Действие силы сопротивления воздушной среды. На первый взгляд кажется маловероятным, чтобы воздух, обладающий такой малой плотностью, мог оказывать существенное сопротивление движению пули и тем самым значительно снижать ее скорость.

Однако опытами установлено, что сила сопротивления воздуха, действующая на пулю, выпущенную из винтовки калибра 7,62 мм, представляет собой значительную величину — порядка 3,5 кг.

Поскольку пуля весит всего лишь несколько грамм, становится вполне очевидным большое тормозящее действие, которое оказывает воздух на летящую пулю.

Во время полета пуля расходует значительную часть своей энергии на то, чтобы раздвинуть частицы воздуха, мешающие ее полету.

Как показывают фотоснимки пули, летящей со сверхзвуковой скоростью (свыше 340 м/с), перед ее головной частью образуется уплотнение воздуха. От этого уплотнения во все стороны расходится головная волна. Частицы воздуха, скользя по поверхности пули и срываясь с ее боковых стенок, образуют позади пули зону разреженного пространства. Стремясь заполнить образовавшуюся позади пули пустоту, частицы воздуха создают завихрения, в результате чего за дном пули тянется хвостовая волна.

Уплотнение воздуха впереди головной части пули тормозит ее полет, разреженная зона позади пули засасывает ее и этим еще больше усиливает торможение; ко всему этому стенки пули испытывают трение о частицы воздуха, что также замедляет ее полет. Равнодействующая этих трех сил и составляет силу сопротивления воздуха.

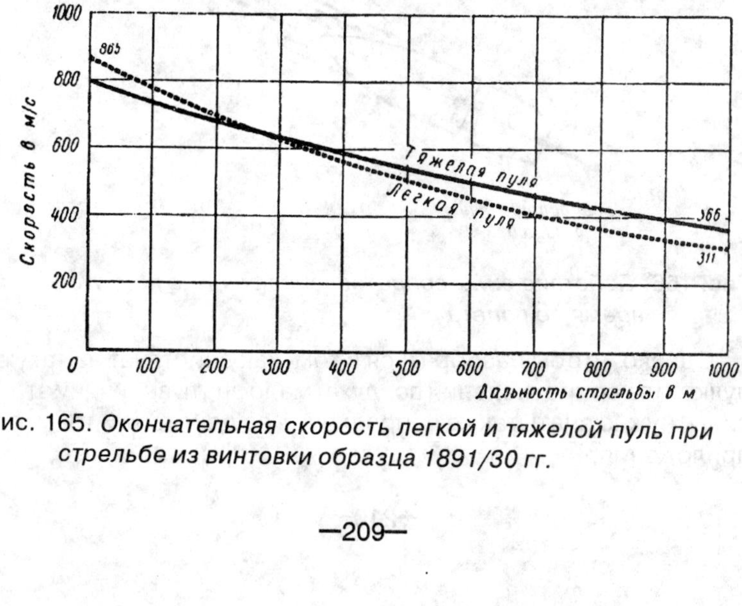

Рис. 165. *Окончательная скорость легкой и тяжелой пуль при стрельбе из винтовки образца 1891/30 гг.*

Приведенный график показывает величину воздействия сопротивления воздуха на полет пули.

Таким образом, под воздействием силы сопротивления воздуха траектория пули теряет форму правильной параболы, приобретая форму несимметричной кривой линии; вершина делит ее на две неравные части, из которых восходящая ветвь всегда длиннее и отложе нисходящей. При стрельбе на средние дистанции можно условно принимать отношение длины восходящей ветви траектории к нисходящей как 3:2.

Воздействие сопротивления воздуха на пулю продолговатой формы

Выше было сказано о том, что сопротивление воздуха оказывает сильное тормозящее действие на пулю, в результате чего она теряет свою скорость.

Для того чтобы сопротивление воздуха меньше тормозило пулю во время полета, вполне очевидно, что нужно уменьшить ее калибр и увеличить вес. Эти соображения и привели к необходимости применять пули продолговатой формы.

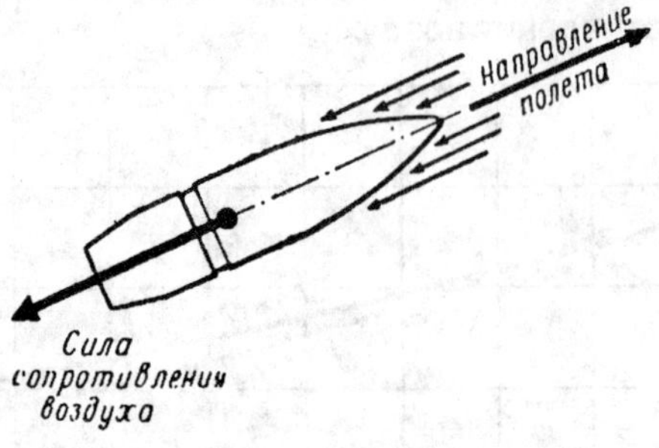

Рис. 166. *Действие силы сопротивления воздуха на пулю во время ее попета*

Однако, чтобы разобраться в том, как действует на такую пулю сила сопротивления воздуха, мало знать величину этой силы, нужно знать также направление ее действия и точку ее приложения.

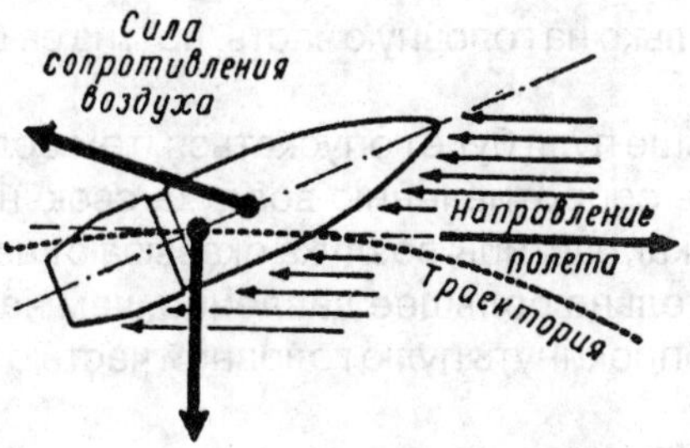

Рис. 167. *Действие силы сопротивления воздуха на пулю в самом начале ее полета*

Пуля при полете стремится по инерции сохранить то направление своей продольной оси, которое было ей придано стволом оружия.

Если бы полет пули совершался в безвоздушном пространстве, то направление ее продольной оси было бы неизменным, и пуля падала бы на землю не головной частью, а донной.

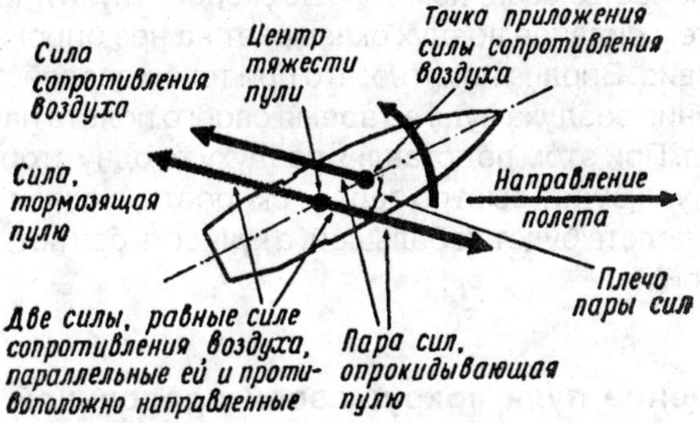

Рис. 168. *Опрокидывающее действие силы сопротивления воздуха на летящую пулю*

Однако при действии на пулю силы сопротивления воздуха полет ее будет совсем иным. В первый момент, когда пуля вылетает из канала ствола, сопротивление воздуха только тормозит ее движение. Но как только пуля начинает под действием силы тяжести опускаться вниз, частицы воздуха начинают давить не только на головную часть, но и на ее боковую поверхность.

Чем больше пуля будет опускаться, тем больше она будет и подставлять сопротивлению воздуха свою нижнюю поверхность. А так как частицы воздуха оказывают на головную часть пули значительно большее давление, чем на хвостовую, они стремятся опрокинуть пулю головной частью вверх.

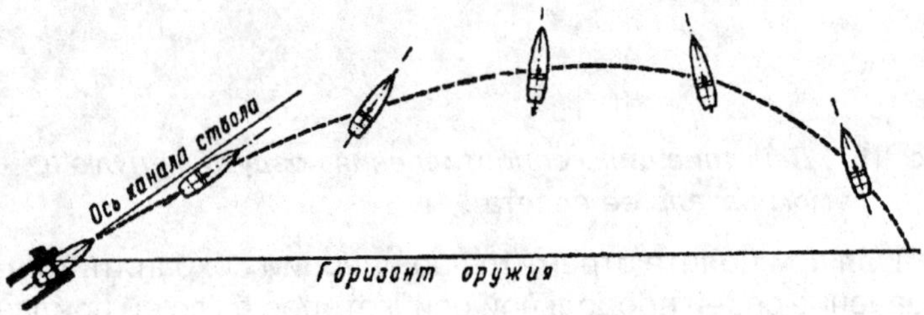

Рис. 169. *Полет невращающейся продолговатой пули в воздухе*

Следовательно, сила сопротивления воздуха не только тормозит пулю при ее полете, но и стремится опрокинуть ее головную часть назад. Чем больше скорость пули и чем она длиннее, тем сильнее воздух оказывает на нее опрокидывающее действие. Вполне понятно, что при таком воздействии сопротивления воздуха пуля во время своего полета начнет кувыркаться. При этом подставляя воздуху то одну сторону, то другую, пуля будет быстро терять скорость, в связи с чем дальность полета будет небольшой, а кучность боя неудовлетворительной.

Вращение пули вокруг своей продольной оси

Общеизвестно, что тело приобретает значительную устойчивость, если ему придать быстрое вращательное движение вокруг его оси. Примером устойчивости вращающегося тела может служить игрушка — «волчок». Невращающийся «волчок» не будет стоять на своей заостренной ножке, но если «волчку» придать быстрое вращательное движение вокруг своей оси, то он будет устойчиво стоять на ней.

Для того чтобы пуля приобрела способность бороться с опрокидывающим действием силы сопротивления воздуха, сохраняла устойчивость при полете, ей придают быстрое вращательное движение вокруг своей продольной оси. Это быстрое вращательное движение пуля приобретает благодаря наличию винтообразных нарезов внутри канала ствола. Под действием давления пороховых газов пуля продвигается по каналу ствола вперед, одновременно с этим вращаясь вокруг своей продольной оси. По вылете из ствола пуля по инерции сохраняет полученное сложное движение — поступательное и вращательное.

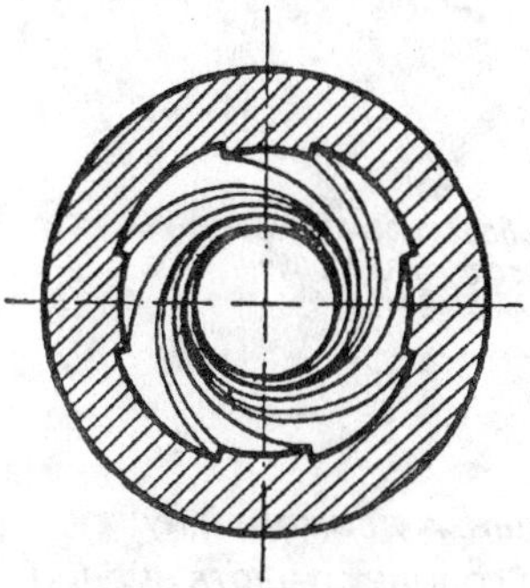

Рис. 170. *Канал ствола нарезного оружия*

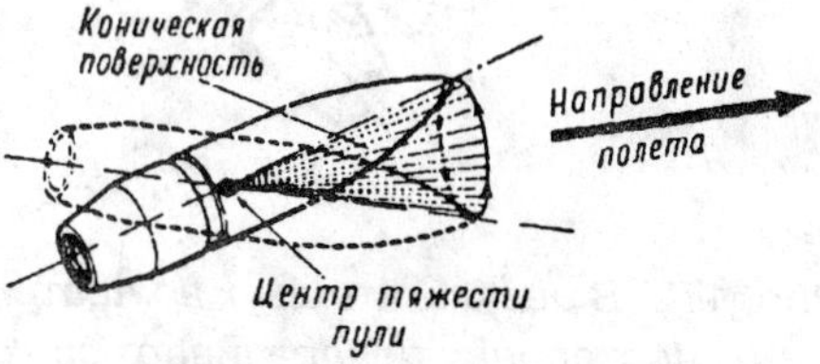

Коническое вращение головной части пули

Не вдаваясь в подробности объяснения физических явлений, связанных с воздействием силы на тело, совершающее сложное движение, необходимо все же сказать о том, что пуля при своем полете совершает правильные колебания и своей головной частью описывает вокруг траектории окружность. При этом продольная ось пули как бы «следит» за траекторией, описывая вокруг нее коническую поверхность.

Рис. 171. *Полет вращающейся пули в воздухе*

При применении законов механики к летящей пуле становится очевидным, что чем больше скорость ее движения и чем пуля длиннее, тем сильнее воздух стремится ее опрокинуть. Поэтому пулям различного типа необходимо придавать различные скорости вращения. Так, легкая пуля, выпущенная из винтовки образца 1891/30 года, имеет скорость вращения 3604 об/с, а пуля, выпущенная из винтовки калибра 5,6 мм, — только 830 об/с.

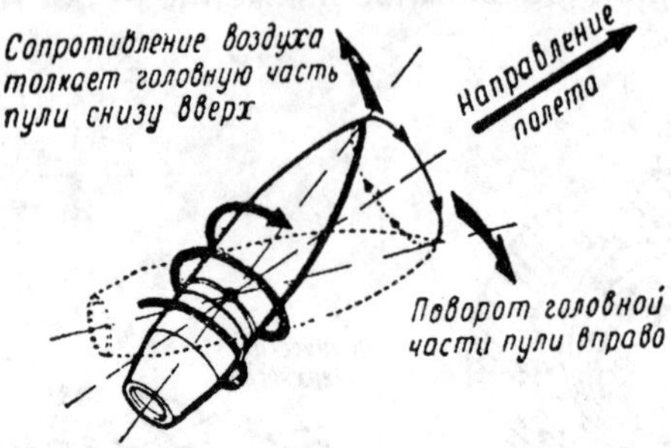

Рис. 172. *В результате двух вращательных движений пуля постепенно поворачивает свою головную часть вправо (в сторону вращения)*

Однако вращательное движение пули, столь необходимое для придания ей устойчивости во время полета, имеет и свои отрицательные стороны.

Вследствие разности давления воздуха на боковую поверхность из-за падения скорости вращения пули в соответствии с законом Бернулли наблюдается боковое отклонение пули. Такое постоянное боковое отклонение вращающейся пули от плоскости стрельбы называется *деривацией*.

По мере удаления пули от дульного среза оружия величина деривационного отклонения ее быстро и прогрессивно возрастает.

При стрельбе на ближние и средние дистанции деривация не имеет большого практического значения. Так, при дальности стрельбы в 300 м деривационное отклонение равно 2 см, а на 600 м — 12 см. Деривацию приходится учитывать только при особо точных стрельбах на дальние дистанции, внося соответствующие поправки в установку прицела и сообразуясь с таблицей деривационных отклонений пули для определенных дистанций.

Следует, однако, иметь в виду, что целый ряд современных оптических прицелов при установке той или иной дистанции стрельбы учитывает фактор деривации и самостоятельно вносит необходимую поправку.

Зависимость траектории от углов бросания

Элементы траектории

Выше уже говорилось о том, что для бросания пули на определенную дальность необходимо придать стволу винтовки некоторое возвышение относительно горизонта оружия. Угол, образуемый горизонтом оружия и продолжением оси канала ствола до выстрела, называется углом возвышения.

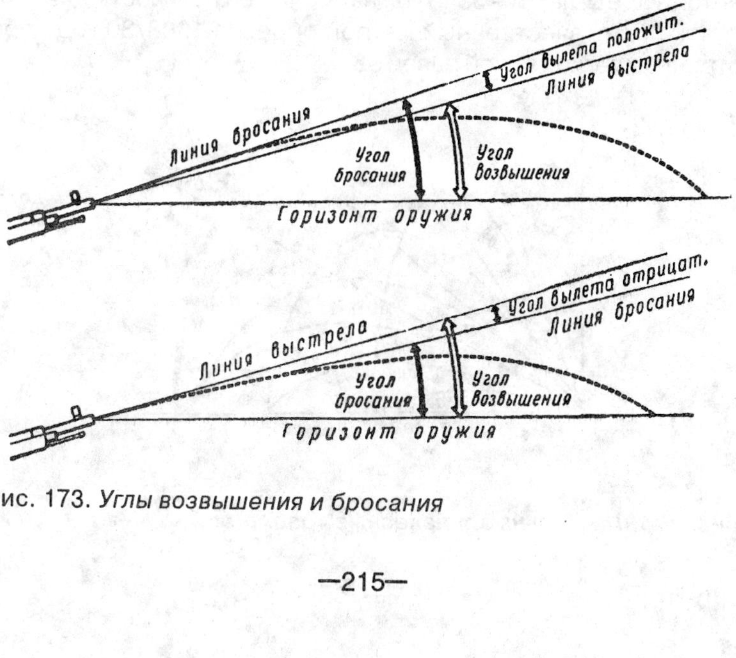

Рис. 173. *Углы возвышения и бросания*

Однако правильнее говорить о зависимости горизонтальной дальности стрельбы, а следовательно, и траектории от *угла бросания,* который является арифметической суммой угла возвышения и угла вылета.

Если угол вылета отрицательный, то угол бросания меньше угла возвышения, и, наоборот, если угол вылета положителен, то угол бросания оказывается большим, чем угол возвышения.

Итак, между горизонтальной дальностью полета пули и углом бросания существует определенная зависимость.

Согласно законам механики наибольшая горизонтальная дальность полета пули в безвоздушном пространстве соответствует углу бросания, равному 45°. При увеличении угла от 0 до 45° дальность полета пули возрастает, а затем при дальнейшем увеличении углов от 45 до 90° — уменьшается. Угол бросания, при котором горизонтальная дальность полета пули будет наибольшей, называется *углом наибольшей дальности*.

При полете пули в воздухе угол наибольшей дальности не достигает величины 45°, в зависимости от веса и формы пули его величина для современного стрелкового оружия колеблется в пределах 30–35°. Угол наибольшей дальности для винтовок под отечественный патрон образца 1908/30 года при стрельбе легкой пулей равен 35°.

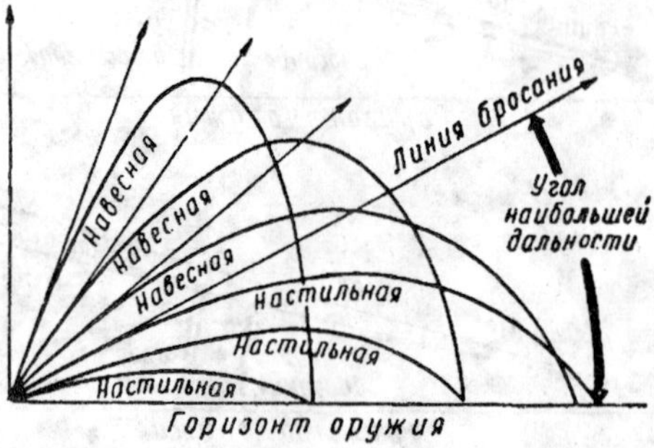

Рис. 174. *Настильные и навесные траектории*

Траектории, образуемые при углах бросания меньше угла наибольшей дальности (0–35°), называются *настильными*.

Траектории, образуемые при углах бросания, превышающих угол наибольшей дальности (35–90°), называются *навесными*.

Как следует из приведенного рисунка, при стрельбе из одного и того же оружия можно получить две траектории с одинаковой горизонтальной дальностью — настильную и навесную. Для стрельбы по открытым, видимым целям используются настильные траектории. Благодаря отлогости таких траекторий они зачастую позволяют поражать, не меняя прицела, растянутые в глубину цели или цели, расположенные на различных от стрелка расстояниях.

Протяженность таких расстояний определяет прямой выстрел.

Расстояние, при котором траектория пули не превышает высоты мишени от точки вылета до точки падения, называется *прямым выстрелом*.

При стрельбе на 250 м из отечественной снайперской винтовки траектория получается отлогой и ее высота не превышает 20 см. Таким образом, при выстреле на любую дистанцию в пределах 250 м пуля будет поражать мишень высотой менее 20 см.

На расстояния, превышающие 250 м, когда вершина траектории превышает высоту цели, поражаемое пространство будет находиться только на восходящей и нисходящей ветвях. Причем поражаемое пространство на восходящей ветви будет больше, чем на нисходящей, поскольку восходящая ветвь является более отлогой.

Рис. 175. *Поражаемое пространство при прямом выстреле*

На практике стрелку очень важно знать дальность прямого выстрела. Для этого необходимо запомнить высоту мишеней согласно курсу стрельб из стрелкового оружия (КС-85):

- головная фигура (мишени № 5 и 5а) — 30 см;
- грудная фигура (мишени № 6 и 4 с кругами) — 50 см;
- ручной пулемет (мишень № 10) — 55 см;
- пулеметный расчет (мишень № 10а) — 75 см;
- ростовая фигура (мишени № 8 и 8а) — 150 см.

Точкой прицеливания может быть и середина нижнего обреза цели. В этом случае для совмещения СТП с серединой цели необходимо по таблице превышений выбрать прицел, дающий необходимое превышение траектории.

Таблица 6

Превышение траектории над линией прицеливания. Винтовка СВД

Дистанция стрельбы, м	50	100	150	200	250	300	350	400	450	500	550	600	700
Деления прицела	Превышение, см												
1	1	0	–3										
2	1	5	4	0	–11								
3	6	14	18	17	11	0	–18						
4	11	25	35	39	39	33	20	0	–28				
5	18	38	53	64	70	70	64	50	28	0	–43		
6	–	53	–	95	–	120	–	110	–	74	–	0	–130

Примечание. Стрельба легкой пулей. Начальная скорость пули — 830 м/с.

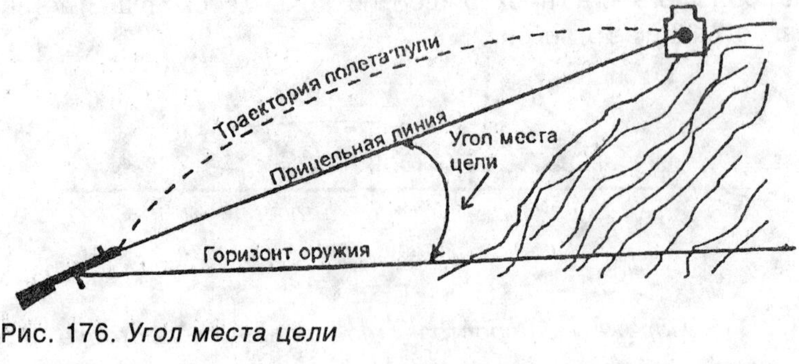

Рис. 176. *Угол места цели*

Положение цели относительно горизонта оружия в баллистике определяется величиной *угла места цели.* Этот угол заключен между горизонтом оружия и линией прицеливания, когда они не параллельны друг другу.

Если цель ниже горизонта, то угол места цели считается отрицательным, если выше — положительным.

Очевидно, что угол возвышения геометрически является суммой углов прицеливания и места цели.

При стрельбе в горах мы используем, как правило, не всю траекторию, а лишь ту ее часть, которая лежит над линией прицеливания.

В связи с этим находит себе применение тот факт, что давно подмеченный опытными снайперами, что при «крутой» стрельбе «с горы» (вниз) и «на гору» (вверх), т.е. при больших углах места цели, *пуля висит,* и для попадания в цель приходится уменьшать установку прицела сравнительно с расстоянием, так как чем отложе траектория, тем ниже должен быть прицел.

При изучении движения пули в воздухе применяют обозначения элементов траектории, приведенные на вкладке.

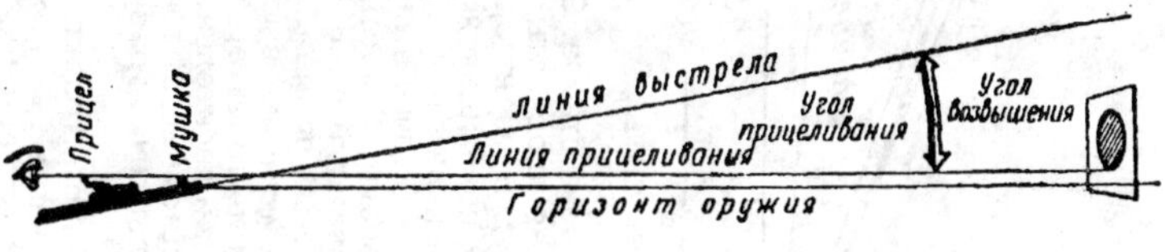

Рис. 177. *Линия прицеливания и угол прицеливания*

В снайперской и вообще стрелковой практике оказалось более удобным пользоваться не углом бросания, а *углом прицеливания.* Поэтому с некоторым отступлением от изложения вопросов внешней баллистики здесь приводятся и элементы наводки.

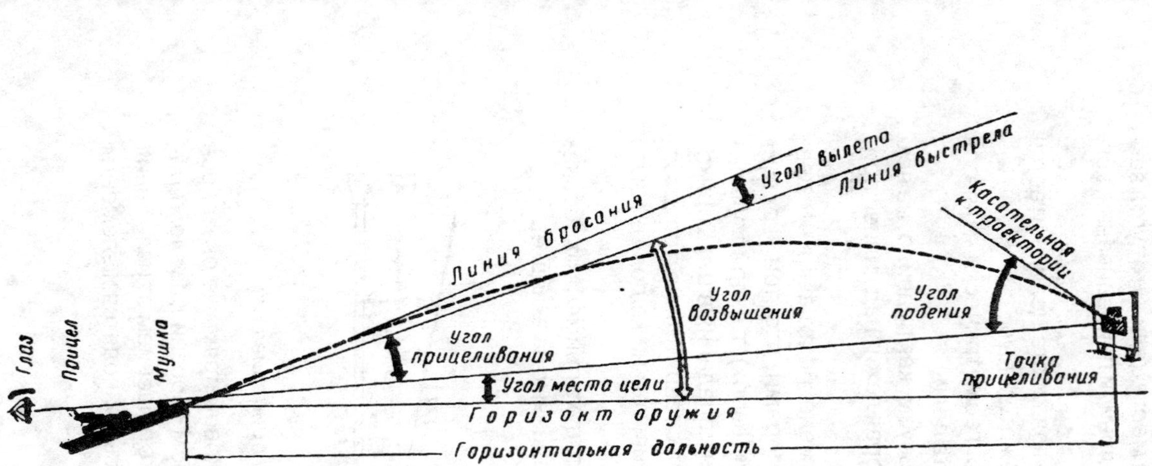

Рис. 178. *Траектория и ее элементы*

Точка вылета — центр дульного среза ствола. Она является началом траектории.
Горизонт оружия — горизонтальная плоскость, проходящая через точку вылета. На чертежах и рисунках, изображающих траекторию сбоку, горизонт оружия имеет вид горизонтальной линии.
Линия выстрела — прямая линия, являющаяся продолжением оси канала ствола наведенного оружия.
Линия бросания — прямая линия, являющаяся продолжением оси канала ствола в момент выстрела. Она является касательной к траектории в точке вылета.
Плоскость стрельбы — вертикальная плоскость, проходящая через линию выстрела.
Угол возвышения — угол, образованный линией выстрела и горизонтом оружия.
Угол бросания — угол, образованный линией бросания и горизонтом оружия.
Угол вылета — угол, образованный линией выстрела и линией бросания.
Точка падения — точка пересечения траектории с горизонтом оружия.
Угол падения — угол, образованный касательной к траектории в точке падения и горизонтом оружия.
Горизонтальная дальность — расстояние от точки вылета до точки падения.
Вершина траектории — наивысшая точка траектории над горизонтом оружия. Вершина делит траекторию на две части — ветви траектории.
Восходящая ветвь траектории — часть траектории от точки вылета до вершины.
Нисходящая ветвь траектории — часть траектории от вершины до точки падения.
Высота траектории — расстояние от вершины траектории до горизонта оружия.

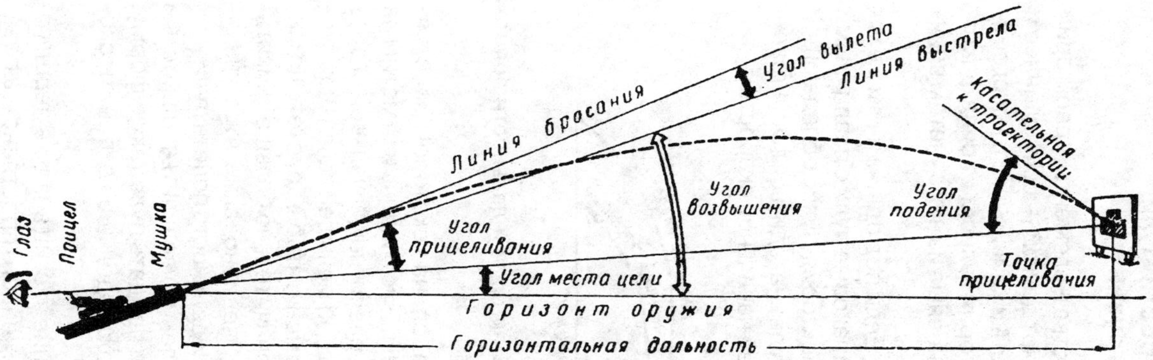

Рис. 179. *Элементы наводки*

Линия прицеливания — прямая, проведенная от глаза стрелка через прицел на вершину мушки и в точку прицеливания.
Точка прицеливания — точка пересечения линии прицеливания с целью или плоскостью цели (при выносе точки прицеливания).
Угол прицеливания — угол, образованный линией прицеливания и линией выстрела.
Угол места цели — угол, составленный линией прицеливания и горизонтом оружия.
Угол возвышения — алгебраическая сумма углов прицеливания и угла места цели.

Зависимость траектории от величины начальной скорости пули, ее формы и поперечной нагрузки

Сохраняя свои основные свойства и элементы, траектории пуль могут резко отличаться одна от другой — быть длиннее и короче, иметь различную отлогость и кривизну. Эти многообразные изменения формы траектории зависят от ряда факторов. Ниже будут рассмотрены основные из них с учетом влияния на стрельбу.

Влияние начальной скорости. Если под одним и тем же углом бросания выпустить две одинаковые пули с различными начальными скоростями, то траектория пули, обладающей большей начальной скоростью, будет находиться выше траектории пули, обладающей меньшей начальной скоростью.

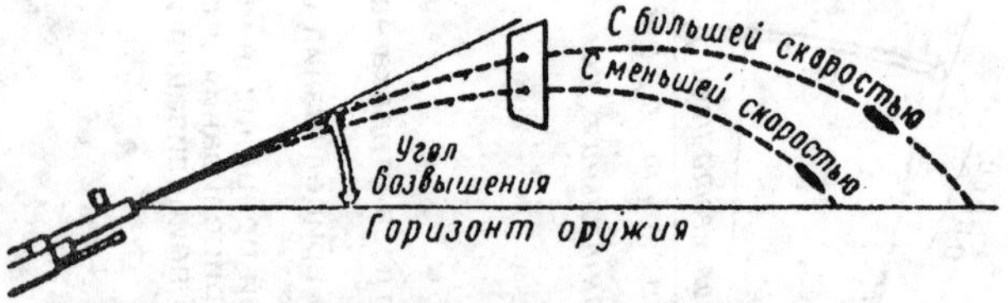

Рис. 180. *Зависимость высоты траектории и дальности полета пули от начальной скорости*

Для того чтобы в этом убедиться, на некотором расстоянии от точки вылета поставим большую мишень и отметим на ней пробоины пуль, обладающих различной начальной скоростью. Понятно, что пуле, обладающей меньшей начальной скоростью, потребуется больше времени, чтобы долететь до мишени, в связи с чем она успеет и значительно больше снизиться под действием силы тяжести. Очевидно также, что с увеличением скорости увеличивается и дальность полета пули.

Влияние формы пули. Стремление увеличить дальность и меткость стрельбы потребовало придать пуле такую форму, которая позволяла бы ей как можно дольше сохранить скорость и устойчивость в полете.

Как уже было сказано, сгущение частиц воздуха перед головной частью пули и зона разреженного пространства позади нее являются основными факторами силы сопротивления воздуха. Головная волна, резко увеличивающая торможение пули, возникает при ее скорости, равной или превышающей скорость звука (свыше 330 м/с), увеличивающейся в квадрате с увеличением скорости.

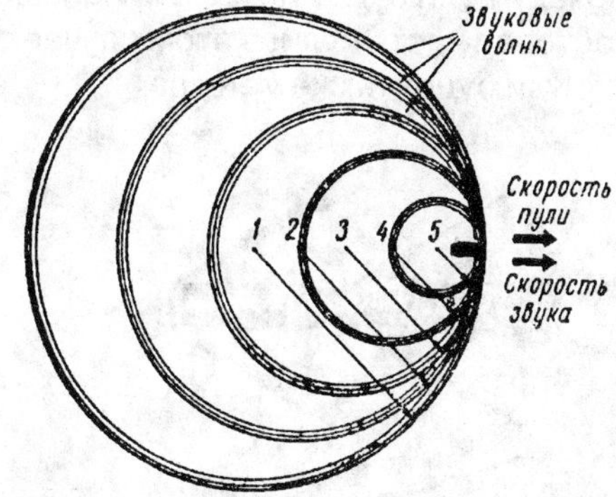

Рис. 181. *Распространение звуковых волн, порождаемых пулей, летящей со скоростью звука*

Если скорость пули меньше скорости звука, то она летит у самого гребня звуковой волны; в этом случае пуля не испытывает большого сопротивления воздуха. Если же ее скорость больше скорости звука, то пуля обгоняет все звуковые волны, образующиеся перед ее головной частью; в этом случае возникает головная волна, которая очень тормозит полет пули, вследствие чего она быстро теряет скорость.

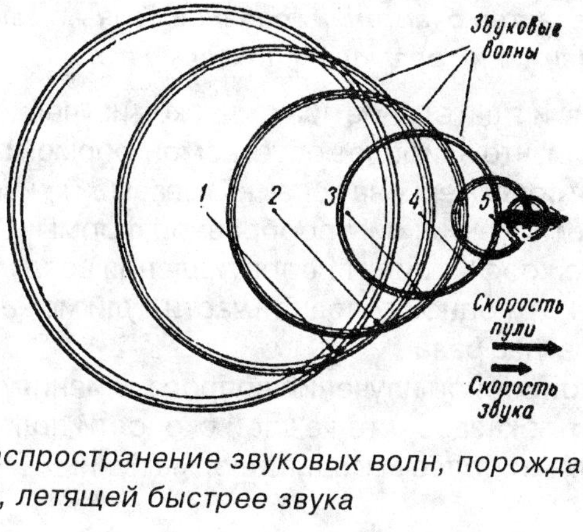

Рис. 182. *Распространение звуковых волн, порождаемых пулей, летящей быстрее звука*

Если взглянуть на характер очертания головной волны и завихрений воздуха, которые возникают при движении различных по форме пуль, то видно, что давление на головную часть пули тем меньше, чем пуля острее. Зона разреженного пространства позади пули будет также тем меньше, чем больше скошена хвостовая часть пули; в этом случае завихрений позади летящей пули будет также меньше.

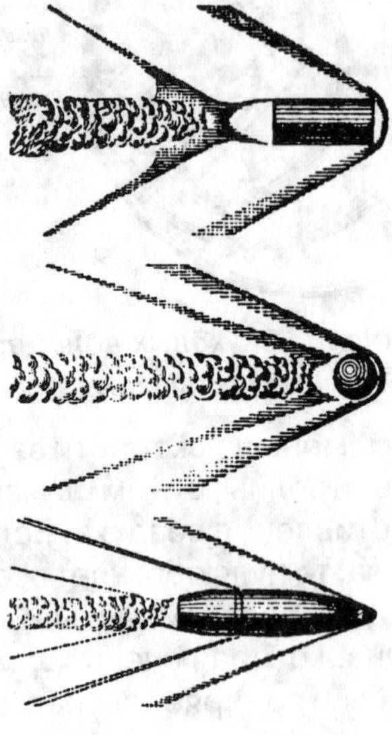

Рис. 183. *Характер очертаний головной волны, возникающей при движении различных по форме пуль*

И теория, и тщательное практическое изучение полностью подтвердили, что наиболее обтекаемой формой пули является такая, которая очерчена по так называемой кривой наименьшего сопротивления, сигарообразной формы. Опыты показывают, что коэффициент сопротивления воздуха в зависимости только от одной головной части пули может изменяться в полтора-два раза.

Более подробное изучение вопроса влияния формы пули на ее полет показало, что каждой скорости полета соответствует своя, наиболее выгодная форма пули.

Влияние поперечной нагрузки. Чем тяжелее пуля, тем большей кинетической энергией она будет обладать, следовательно, тем легче и дольше преодолевать сопротивление воздуха, а значит, сохранять свою скорость. Однако способность пули сохранять свою скорость зависит не просто от ее веса, а от отношения веса к площади, встречающей сопротивление воздуха.

Поперечной нагрузкой называется отношение веса пули к площади ее наибольшего поперечного сечения.

Поперечная нагрузка будет тем большей, чем больше вес пули и чем меньше ее калибр. Следовательно, при одинаковом калибре поперечная нагрузка будет больше у пули более длинной по сравнению с короткой.

Поэтому из двух пуль, выпущенных при прочих равных условиях, дальше полетит та, у которой больше поперечная нагрузка; такая пуля обладает большей кинетической энергией, в связи с чем лучше сохраняет свою скорость во время полета, меньше подвергаясь тормозящему воздействию (сопротивлению) воздуха. А это означает, что пуля с большей поперечной нагрузкой имеет и большую дальность полета, а также более отлогую траекторию.

Однако, несмотря на преимущества пули с большой поперечной нагрузкой, существует и определенный предел ее увеличения.

Прежде всего, с увеличением веса пули возрастает и отдача оружия. Кроме того, увеличение поперечной нагрузки за счет чрезмерно удлиненной пули вызовет и более значительное опрокидывающее действие ее головной части назад силой сопротивления воздуха. Исходя из этого и устанавливаются оптимальные габариты современных пуль.

Глава 4
ОПТИКА

Глаз и зрение

Стоящие перед снайпером тактические задачи требуют от него умения не только быть исключительно метким стрелком, способным наименьшим числом пуль поразить намеченные цели, но и умения искусно маскироваться и внимательно наблюдать за полем боя.

Увидеть противника на современных «пустынных» полях сражений в пределах досягаемости стрелкового оружия — задача, выполнимая для снайпера лишь в том случае, если он обладает отличным зрением. В боевой обстановке снайпер, оставаясь «невидимкой» для врага, должен «вести бой глазами», отыскивать очень мелкие и незаметные цели и сразу же поражать их.

Вести наблюдение за полем боя приходится почти всегда в неблагоприятных условиях. Маскировка противника, огонь его артиллерии, туман, сумерки, прямые лучи солнца, дымовые завесы и т.д. сильно затрудняют работу наблюдателя.

Основным рабочим инструментом человека являются при этом его глаза.

Как облегчить работу глаз, помочь наилучшим образом выполнить стоящие в бою задачи — вот вопросы, которые, безусловно, интересуют каждого снайпера. Знание того, как устроен и как работает глаз, — необходимая предпосылка для ответа на эти вопросы.

Устройство глаза

Глазное яблоко представляет собой в разрезе шарообразное тело неправильной формы, окруженное тремя оболочками. Наружная оболочка глаза, называемая *склеротикой*, состоит из плотного белого вещества. Лежащая под склеротикой *сосудистая оболочка* (хориондея) является сплетением кровеносных сосудов, питающих клетки глаза. Оболочка, выстилающая внутреннюю поверхность глаза, называется *сетчаткой* или *ретиной*.

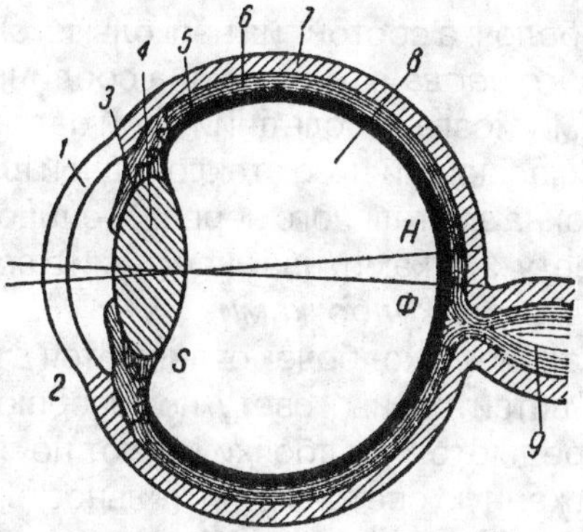

Рис. 184. *Устройство глаза: 1 — зрачок; 2 — роговица; 3 — радужная оболочка; 4 — хрусталик; 5 — сетчатка; 6 — сосудистая оболочка; 7 — склеротика; 8 — задняя камера; 9 — зрительный нерв*

Передняя часть склеротики прозрачна и, несколько выступая вперед, образует *роговую оболочку,* или *роговицу.* Под роговицей сосудистая оболочка переходит в непрозрачную *радужную оболочку* с круглым отверстием в центре — зрачком. Радужная оболочка обладает способностью сокращаться и изменять диаметр зрачка. При достаточной яркости рассматриваемых предметов зрачок непроизвольно сокращается, а при слабом освещении, наоборот, увеличивается, регулируя количество света, поступающего в глаз.

Диаметр зрачков у отдельных людей колеблется в незначительных пределах. В среднем при ярком освещении он равен 2–2,5 мм и 7–8 мм ночью.

Между роговицей и радужной оболочкой находится *передняя камера,* наполненная сильно преломляющей прозрачной жидкостью. Непосредственно за наружной оболочкой расположен *хрусталик* — двояковыпуклая линза из прозрачного хрящевидного вещества, укрепленная в кольцеобразной мышце. Эта мышца может сужать и растягивать хрусталик, изменяя кривизну его поверхностей, а следовательно, и его фокусное расстояние.

Внутренняя часть глаза — *задняя камера* — заполнена стекловидной влагой и выстлана светочувствительной оболочкой — сетчаткой.

Сетчатая оболочка состоит из нескольких слоев разветвлений *зрительного нерва,* которым она соединена со зрительными участками мозга. Последний слой сетчатки, непосредственно соприкасающийся со стекловидной влагой, содержит конечные волокна зрительного нерва, соединенные с чувствительными к свету клетками, называемыми в соответствии с их формой *палочками и колбочками.*

Функции палочек и колбочек отличаются друг от друга. Палочки очень чувствительны к свету, но совершенно не различают окраски предметов. Колбочки имеют по сравнению с палочками пониженную светочувствительность, но зато они обладают способностью «различать» окраску предметов. Именно с их помощью глаз воспринимает все многообразие цветов окружающего нас мира.

Количество палочек и колбочек очень велико (около 7 миллионов колбочек и 130–150 миллионов палочек), но распределены они на сетчатке крайне неравномерно.

Наибольшее количество палочек и колбочек сосредоточено несколько в стороне от оптической оси глаза (ближе к височной части), в месте, называемом благодаря его окраске *желтым пятном.* В центре желтого пятна находятся только одни колбочки. Здесь каждая колбочка соединена с отдельным волокном зрительного нерва. Ближе к краю желтого пятна одно волокно обслуживает уже несколько палочек и колбочек, причем количество палочек в несколько десятков раз больше количества колбочек.

Желтое пятно является самым важным участком сетчатки и служит для детального рассмотрения предметов. Именно в эту часть сетчатки непроизвольно направляется изображение того предмета, который рассматривается в деталях.

Так, целясь, стрелок инстинктивно несколько наклоняет голову, но не для удобства прицеливания, как это кажется, а для того, чтобы изображение цели попало в центр желтого пятна.

Место входа зрительного нерва в сетчатку называется *слепым пятном.* Этот участок сетчатки совершенно лишен колбочек и палочек и не воспринимает светового раздражения.

Ниже приведен рисунок для обнаружения слепого пятна. Если закрыть левый глаз и смотреть правым на крест, то при расстоянии глаза примерно в 20 см от книги черный диск справа перестанет быть видимым: его изображение попадет на место входа зрительного нерва, где нет светочувствительных элементов (слепое пятно).

Рис. 185. *Рисунок для нахождения слепого пятна*

Зрительное восприятие изображения предметов происходит следующим путем: лучи света, идущие от рассматриваемого предмета, попадают через зрачок внутрь глаза и последовательно преломляются в передней камере и хрусталике, давая на сетчатке изображение предмета. Сетчатка, восприняв изображение предмета, передает его по зрительному нерву в мозг, где оно преобразуется в зрительное впечатление.

Известно, что изображение предмета, рисуемое двояковыпуклой линзой, обратное. Такое изображение и получается на сетчатке глаза, и мы, казалось бы, должны видеть предметы тоже «вверх ногами». То, что изображение предметов воспринимается человеком в естественном виде, следует отнести за счет мозга, который приспособился правильно расценивать получающееся на сетчатке обратное изображение.

Аккомодация

Видеть и рассматривать предмет можно только в том случае, если его изображение рисуется точно на сетчатке. Для нормального глаза такое изображение дают те предметы, лучи от которых идут параллельным пучком, то есть предметы, находящиеся на достаточно далеком расстоянии. Между тем каждый знает, что глаз может ясно, хотя и не одновременно, видеть как далекие, так и близкие предметы.

Способность глаза давать на сетчатке отчетливые изображения различно удаленных предметов достигается изменением кривизны поверхностей хрусталика с помощью особых мышц глаза. Благодаря очень быстрому изменению кривизны поверхностей хрусталика глаз автоматически путем изменения фокусного расстояния хрусталика добивается отчетливого изображения на сетчатке.

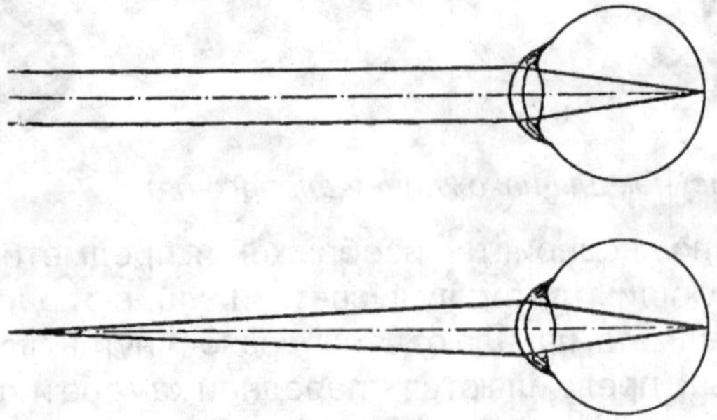

Рис. 186. *Механизм аккомодации глаза*

Эта способность человека рассматривать как дальние, так и близкие предметы называется *аккомодацией глаза.*

Простой опыт показывает, как работает аккомодационный аппарат глаза. Встаньте у открытого окна и вытяните перед собой руку, держа в ней какой-нибудь предмет, например карандаш. При рассматривании карандаша в руке дальние предметы будут казаться как бы в полутумане, их изображение не будет фиксироваться на сетчатке глаза, который приспособился для рассматривания находящегося вблизи карандаша. Если же перевести глаза с карандаша и рассматривать отдаленные предметы, то карандаш будет виден расплывающимся, с неясными контурами.

Этот опыт показывает, что глаз для ясного видения какого-либо предмета, находящегося на расстоянии, должен приспособиться к восприятию изображения с этого расстояния.

Стрелкам наиболее часто приходится иметь дело с аккомодацией. Целясь из винтовки с открытым прицелом, стрелок имеет перед глазами цель, мушку и прорезь прицела, находящиеся на различных от глаза расстояниях. Такое рассматривание трех различно удаленных точек, которые глазу приходится совмещать в одной плоскости, было бы невозможным, если бы глаз не обладал способностью последовательно и быстро аккомодироваться с одной точки на другую и создавать от них единое зрительное впечатление.

Прицеливание из оружия с открытым прицелом оказывает на глаз большое физическое воздействие. При долгом прицеливании глаз устает и уже недостаточно четко видит даже те предметы, которые находятся в непосредственной близости от стрелка. В этом случае глазу необходимо дать отдых, закрыв его на несколько секунд или смотря на какой-нибудь удаленный и неяркий предмет.

На очень близких расстояниях предмета от глаза (2–5 см) хрусталик, несмотря на максимальное сжатие кольцевой мышцы, уже не может дать на сетчатке четкого изображения. То наименьшее расстояние, при котором глаз еще четко видит, называется *ближней точкой глаза.* У молодых людей мышца, управляющая хрусталиком, обладает достаточной силой, поэтому ближняя точка глаза расположена на меньшем расстоянии от хрусталика, чем у людей пожилых. К старости аккомодационная способность очень часто пропадает, и глаза видят четкими только те предметы, которые находятся на большом расстоянии.

Расстройство аккомодации может быть вызвано не только ослаблением мышцы, но также и сильным переутомлением глаз, действием алкоголя, а в иных случаях и душевными волнениями.

Для стрелка-снайпера, который должен отлично стрелять из винтовки как с оптическим винтовочным прицелом, так и с открытым (когда прорезь находится на расстоянии 30–40 см, мушка в 95–100 см, а цель в 300–600 м от глаза), сохранение хорошего зрения на близких расстояниях имеет весьма существенное значение.

Рассматривание каких-либо предметов на расстояниях ближней точки глаза очень утомляет хрусталик и мышцу. Поэтому, обладая способностью видеть предметы с расстояния 10–14 см, мы обычно держим их на несколько большем расстоянии, на котором усталость глаза не ощущается, а мелкие детали видны достаточно хорошо.

Такое расстояние, равное для нормального глаза примерно 25 см, называется *расстоянием наилучшего зрения.* Именно на расстоянии наилучшего зрения человек держит книгу при чтении. Расстояние до предмета, когда его изображение получается на сетчатке предельно четким, а хрусталик находится в состоянии покоя, называется *расстоянием дальней точки глаза.* Проведенные исследования показали, что для нормального зрения все предметы, лежащие далее 6 м от глаза, рассматриваются без напряжения, так, как если бы они находились в бесконечности.

Близорукость и дальнозоркость

В отличие от нормального глаза, способного четко видеть предметы в пределах от 12 см и до бесконечности, различаются так называемые близорукие и дальнозоркие глаза.

Близорукий глаз вследствие удлиненной формы глазного яблока или ненормально выпуклого хрусталика с коротким фокусным расстоянием получает изображения бесконечно удаленных предметов не на сетчатке, а несколько ближе ее. Исправляют близорукость очками с рассеивающими стеклами, которые заставляют пучок параллельных лучей, идущих в близорукий глаз, несколько разойтись и пересечься точно на сетчатке.

При дальнозоркости, наоборот, имеет место сильное сжатие глазного яблока или слишком малое сжатие хрусталика, в результате чего лучи пересекаются за сетчаткой. Дальнозоркость исправляется очками с собирательными стеклами, заставляющими лучи несколько сойтись и пересечься на сетчатке.

Практика показывает, что лица с недостатками зрения, исправленными очками, могут стрелять не хуже стрелков с нормальным зрением. Однако как дальнозоркость, так и близорукость являются препятствием для работы снайпера в боевых условиях. Снайпер должен обладать нормальным зрением.

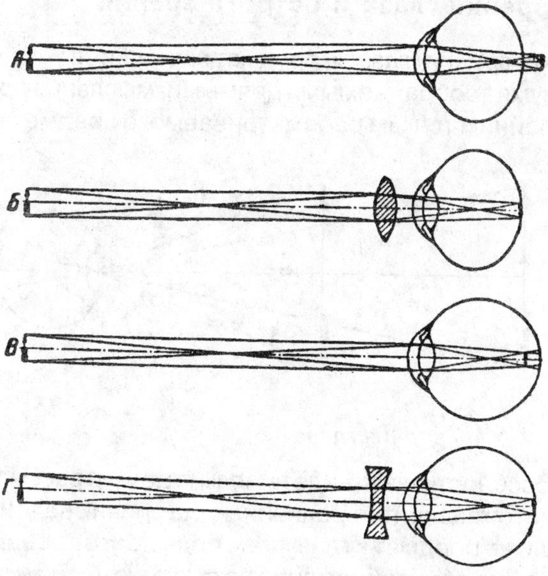

Рис. 187. *Поле зрения глаза: А — дальнозоркий глаз; Б — дальнозоркий глаз, исправленный очками; В — близорукий глаз; Г — близорукий глаз, исправленный очками*

Поле зрения глаза

Угол, в пределах которого видит неподвижный глаз, называется *полем зрения глаза.* Этот угол составляет в горизонтальной плоскости около 150–180° и в вертикальной — 120–130°.

В действительности, вследствие неравномерности распределения на сетчатке палочек и колбочек рассмотреть предметы в деталях возможно лишь в очень небольшом участке поля зрения, не превышающем угол в 1–1,5° и соответствующем середине желтого пятна. Вся остальная часть сетчатки не допускает детального рассмотрения и рассчитана лишь на грубую ориентировку в пространстве.

Угол зрения глаза и острота зрения

Углом зрения глаза на предмет называется угол, составленный двумя воображаемыми прямыми, мысленно проведенными к крайним точкам рассматриваемого предмета.

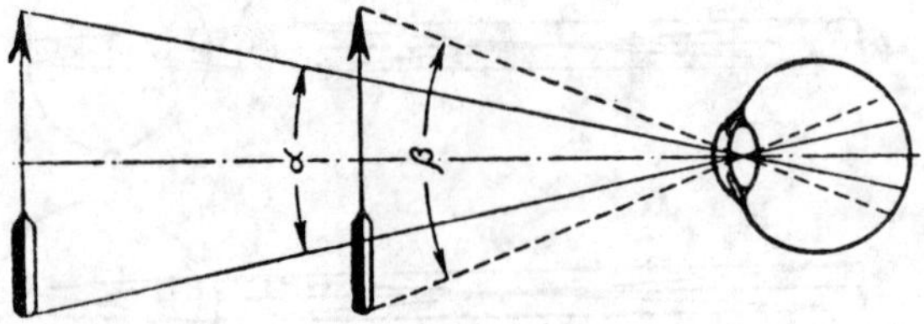

Рис. 188. *Угол зрения глаза*

Способность глаза видеть мелкие детали рассматриваемых предметов зависит от величины угла зрения на эти предметы. Чем ближе предмет к глазу, тем больше угол зрения на него и тем больше его изображение на сетчатке. Один и тот же предмет при удалении от глаза на расстояние в два раза большее будет виден под углом в два раза меньшим. Когда предмет находится на большом расстоянии от глаза и угол зрения на него очень мал, изображение этого предмета на сетчатке может получиться столь малым, что две его крайние точки изобразятся на одной колбочке или палочке, сольются в одну и глаз не воспримет их раздельно.

Наименьшее угловое расстояние между двумя точками, при котором глаз еще воспринимает точки раздельно, называется *разрешающей силой глаза.* Для людей с нормальным зрением этот гол равен одной минуте (1').

Угол зрения в одну минуту принят за единицу «*остроты зрения*» человека, то есть его способности различать мелкие детали.

Дальтонизм

Для снайпера скрытность действий обязательна. Умело маскируясь, снайпер должен, ничем себя не обнаруживая, вести наблюдение и огонь.

Правильной маскировке, а также обнаружению замаскированного противника может помешать недостаток зрения, называемый *дальтонизмом.*

Это явление заключается в том, что глаз неправильно воспринимает окраску предметов, например, зеленый цвет кажется красным, красный — желтым и т.д.

Частичный дальтонизм, особенно на один глаз, встречается довольно часто. В практической жизни этот недостаток зрения особенных помех не создает. Но лица с дальтонизмом быть снайперами не могут, потому что из-за отсутствия цветоощущения они не сумеют расшифровать маскировку противника или замаскироваться под фон местности.

Бинокулярное и монокулярное зрение

В обычных условиях человек воспринимает зрительные впечатления обоими глазами одновременно. Такое зрение называется *бинокулярным,* в отличие от *монокулярного* зрения, или зрения одним глазом. При бинокулярном зрении глаза получают самостоятельные изображения рассматриваемого предмета, которые затем суммируются в зрительном центре мозга в единое изображение. Бинокулярное зрение позволяет человеку видеть окружающие его предметы рельефными, ощущать их взаимное расположение по глубине.

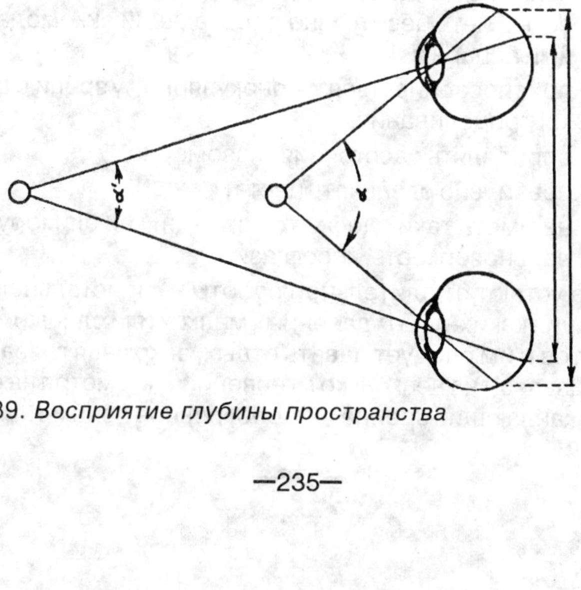

Рис. 189. *Восприятие глубины пространства*

Восприятие глубины пространства при помощи обоих глаз, называемое также *стереоскопическим зрением,* является обязательным для снайпера, так как оно позволяет ему глазомерно определять расстояния до различных целей.

Монокулярное зрение имеет для снайпера столь же большое значение, как и бинокулярное, так как с помощью одного глаза выполняется один из важнейших элементов стрельбы — *прицеливание.*

Начинающие стрелки очень часто задают инструкторам вопрос: каким глазом лучше прицеливаться — правым или левым? Практика показывает, что стрелки прицеливаются в большинстве случаев правым глазом. Стрельба с правого плеча, а следовательно, и прицеливание правым глазом привились благодаря тому, что правая часть человеческого тела обычно сильнее и подвижнее, чем левая (за исключением «левшей»). В расчете на работу при перезарядке с правой руки и были сконструированы практически все затворы армейских боевых винтовок.

Требования, предъявляемые к зрению стрелка

В соответствии с задачами, которые ставятся перед снайпером, его глаза должны:

1) иметь достаточную остроту зрения, одинаковую для обоих глаз;
2) ясно видеть как дальние, так и ближние предметы, то есть иметь безотказно работающий аккомодационный аппарат;
3) приспосабливаться к монокулярному зрению во время прицеливания;
4) определять расстояния глазомерно;
5) правильно различать цвета;
6) не иметь таких дефектов зрения, как близорукость, дальнозоркость, косоглазие.

Глаза устают от длительной работы — пристального разглядывания каких-либо удаленных мелких или слишком ярких предметов и им следует давать отдых, закрывая глаза (но не зажмуриваясь!) на несколько мгновений или смотря на объекты, успокаивающие зрение, — небо, ровное поле и т.д.

Действие сильного света (солнце, прожектора и т.д.) на сетчатую оболочку вызывает временное понижение зрения, которое в некоторых случаях может окончиться полной слепотой.

Для сохранения нормальной остроты зрения снайпер должен беречь свои глаза. Утомляет глаза и портит зрение чтение книг, газет, работа при слабом освещении, частый просмотр телевизионных программ, систематическое недосыпание или сон днем и работа вечером и ночью. Очень отрицательно действует на зрение алкоголь. Глаза человека даже в состоянии легкого опьянения уже теряют свою подвижность при резком ухудшении работы аккомодационного аппарата.

По данным медицинских исследований, если стрелок в трезвом состоянии дает на сто выстрелов только 7 промахов, то употребление накануне стрельбы и перед нею стакана водки повышает количество промахов до 27.

В боевых условиях по мере возможности снайпер должен всемерно облегчать работу глазам и беречь их. В частности, он должен располагаться таким образом, чтобы в дневное время его не слепили прямые солнечные лучи, стараться рассматривать далекие и мелкие предметы через оптические приборы, закрывать глаза при ярких вспышках и т.д.

ОПТИЧЕСКИЕ ПРИБОРЫ

Оптическое стекло

Стекло является основным материалом, из которого изготавливаются линзы и призмы для оптических приборов. К *оптическому стеклу* предъявляется ряд требований. Главные из них: полная однородность стекла, отсутствие химических примесей, снижающих его прозрачность, а также посторонних включений в виде частиц твердых включений, пузырьков воздуха и т.д.

По своим оптическим свойствам стекло делится на две основные группы: *кронглас* и *флинтглас.*

Кронгласами называются стекла, сравнительно слабо преломляющие свет (их коэффициент преломления меньше 1,60) и имеющие меньший удельный вес, чем флинтгласы. Кронглас — щелочно-известковое стекло, богатое окисью кальция. Баритовый (тяжелый) кронглас вместо кальция содержит барий.

Флинтглас — это сорт стекла, в котором известь заменена окисью свинца. Флинтгласовое стекло с большим удельным весом имеет коэффициент преломления более 1,60 и чрезвычайно сильно отклоняет проходящий через него свет. В некоторых сортах флинтгласов количество свинца доходит до 70% от общего веса стекла. Несмотря на это, оно получается исключительно прозрачным и его по внешнему виду нельзя отличить от других, более легких сортов. Для еще большего увеличения качеств оптического стекла в него добавляют и некоторые редкоземельные элементы.

Оптические прицелы

Первые попытки отдельных стрелков приспособить к ружью зрительную трубу, сначала для наблюдения за удаленными целями, а затем вместо прицела, следует отнести к середине XVIII века, когда подзорные астрономические трубы привязывали ремнем к кремневым ружьям. Конечно, попытка приспособить несовершенную оптику к еще более несовершенному огнестрельному оружию не дала никаких результатов.

Работы по применению оптики на огнестрельном оружии возобновились примерно во второй четверти XIX века. Этому помогло изобретение Доллондом и Фраунгофером земной зрительной трубы.

Первые образцы оптических прицелов с перекрестием для прицеливания появились в середине 1850 года, причем проводились главным образом опыты по их применению в боевых условиях, а первые снайперские винтовки применялись в Крымской войне и Гражданской войне в Америке. Первые оптические прицелы были лишь на длину приклада короче самих винтовок, имели линзы малого диаметра и отличались очень незначительной светосилой. И все же это был значительный шаг вперед.

Практическая же разработка и активное внедрение оптических прицелов в войска наиболее развитых стран началась только в конце XIX — начале XX века. К окончательному варианту применения так называемых телескопических прицелов также пришли не сразу. Работа по созданию снайперских прицелов велась в глубокой тайне, причем лишь отдельные конструкции публиковались в печати. В 1905 году появилось, например, сообщение о создании фирмой «К. Цейс» призменного ружейного прицела. В 1913 году той же, наиболее передовой германской фирмой «Цейс», был создан прицел, состоящий из двух частей (Doppelzielfernrohr), не требующий для своей установки на винтовке обычного образца никаких переделок последней. Две части этого прицела находятся на некотором расстоянии друг от друга, являясь одна продолжением другой. Промежуток между ними использовался для хода рукоятки стебля затвора во время перезарядки винтовки.

Передняя часть прицела заключает в себе объектив и оборачивающую систему линз, а также механизм установки углов прицеливания. Вторая часть, оптическая ось которой совпадает с таковой же первой части, содержит окуляр. Обе части имеют самостоятельные кронштейны для закрепления на винтовке.

Однако этот и ему подобные прицелы не получили распространения в силу создания более простых и дешевых конструкций. В процессе конструирования и испытаний выяснилось, что созданные оптические приборы являются очень непрочными: при стрельбе из боевых винтовок резкая и постоянная отдача быстро выводила их из строя. Возникала проблема надежного закрепления прицелов на оружии, поскольку при отдаче они стремятся остаться на месте в силу естественной инерции. Кроме того, очень хрупкими оказывались и сами оптические стекла — линзы, не говоря уже о низкой надежности систем их закрепления в телескопических прицелах.

Первая мировая война 1914–1918 годов показала, какую роль играет оптика в военном деле вообще. Большинство воюющих стран, кроме Германии, не имело достаточно мощной собственной оптической промышленности для снабжения своих армий нужным количеством оптических приборов. Во всех странах были сделаны необходимые выводы и приняты меры для резкого увеличения создаваемых конструкций и производства оптического стекла. Все это в полной мере относится и к снайперским прицелам.

Не следует забывать, что до Первой мировой войны фактически работали только три завода оптического стекла: Шотт в Германии, Пара-Мантуа во Франции и Чес в Англии. Фирмы, монополизировавшие производство оптического стекла, безраздельно владели секретами технологий и держали их «под замком», не выдавая даже странам-союзницам. Поэтому страны-потребители стали налаживать собственное производство оптического стекла и конструкций оптических приборов. Это в полной мере относится и к России, а затем и к новому образованию — СССР.

В России на создание снайперских винтовок обратили внимание сразу же после русско-японской войны 1904–1905 годов. Для этого стали устанавливать на обычную винтовку образца 1891 года «прицельную ружейную трубу» системы Герца. В дальнейшем, с началом Первой мировой войны, проходили полигонные испытания «галилеевских» прицелов систем Герца и русского конструктора Червинова. В конце 1914 года Главное артиллерийское управление выдало оптической мастерской Обуховского завода (которая до этого специализировалась на производстве оптических прицелов-панорам для артиллерийских орудий) заказ на изготовление 200 прицелов Герца. Описанные выше сложности с получением оптического стекла затянули выполнение этого заказа на целых два года. И только в июне 1916 года были изготовлены первые 20 оптических прицелов, которые в конечном итоге были использованы не по прямому назначению.

В тридцатые годы была, как известно, проведена модернизация состоящей на вооружении Красной Армии армейской 7,62-мм винтовки образца 1891 года. Параллельно с созданием собственной промышленности оптического стекла и приборов в СССР стали разрабатываться и отечественные конструкции оптических прицелов, сначала ПТ и ВП, а затем очень удачный прицел ПЕ с четырехкратным увеличением.

В 1940 году на одном из ленинградских предприятий, которое затем вошло в состав Ленинградского оптико-механического объединения (ЛОМО), был разработан снайперский прицел 51-ОМ-611А на винтовку образца 1891/30 года. Совместно с конструкцией кронштейна этот прицел вошел в историю снайперского дела под наименованием ПУ — более ком-

Рис. 190. *Прицел 51-ОМ-611А*

пактный и легкий по сравнению с ПЕ, хотя и имевший меньшее увеличение — 3,5х. Массовый выпуск таких прицелов начался с 1942 года, причем во время войны их было изготовлено 300 000 штук. Прицел ПУ устанавливался в дальнейшем на всех моделях советских армейских винтовок вплоть до 1963 года, когда на вооружение была принята снайперская винтовка СВД конструкции Драгунова с прицелом ПСО-1.

Следует, однако, отметить, что оптические прицелы 51-ОМ-611А отличались такой удачной конструкцией, баллистикой, подходящей к самому различному оружию и дальностью стрельбы до 2000 м, что изготовляются ОАО «ЛОМО» и до настоящего времени.

Таблица 7

Характеристики отечественных оптических прицелов

Данные	Прицелы		
	ПЕ	ПУ	ПСО-1
Поле зрения	5°30′	4°30′	6°
Диаметр входного зрачка, мм	30,4	21,8	24,0
Диаметр выходного зрачка, мм	7,6	6,0	6,0
Увеличение оптического прицела (кратность)	4	3,5	4
Удаление выходного зрачка, мм	83	72	68
Длина прицела, мм	274	169	255
Вес прицела, г	600	270	580

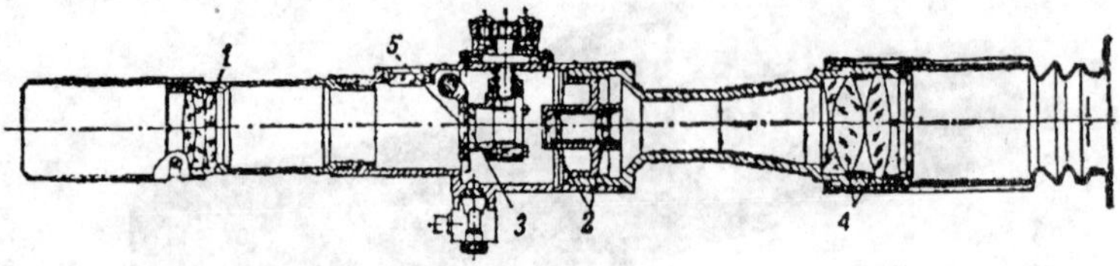

Рис. 191. *Схема оптического прицела ПСО-1: 1 — объектив; 2 — оборачивающая система; 3 — прицельная сетка; 4 — окуляр; 5 — люминесцентный экран*

Понятно, что параллельно с развитием боевого оружия и снайперских прицелов шла интенсивная разработка конструкций оптических систем для охотничьих ружей и карабинов. И здесь конструкторам приходилось решать те же задачи по созданию надежных, простых и удобных в обращении прицелов и креплений их на оружии. Понятно, что эти разработки не удешевляли коммерческой стоимости охотничьих конструкций.

Положение заметно изменилось лишь в 70-е годы XX века, когда для создания оптических систем было впервые использовано компьютерное проектирование.

До этого расчет линз производился с использованием очень сложных математических вычислений, после чего экспериментальная линза шла на изготовление и испытания, что не всегда приводило к положительным результатам. С использованием же компьютера расчет производится в течение всего лишь нескольких часов, после чего следуют исследования компьютерной модели с возможной корректировкой расчетов и повторной проверкой. После этого данные передаются на шлифовальный станок, который под управлением компьютера точно выполняет необходимые действия. В результате столь революционного изменения технологии были резко снижены цены на оптические приборы.

Прицел **ПСО-1**. Этот прицел был сконструирован специально к снайперской винтовке конструкции Е.Ф. Драгунова, принятой на вооружение в 1963 году. Прицел имеет легкий литой корпус, совмещенный с кронштейном для крепления на левой стороне ствольной коробки СВД.

Технические характеристики

Увеличение — 4 крат.
Поле зрения — 6 градусов.
Удаление выходного зрачка — 68 мм.
Габариты — 375 х 132 х 70 мм.
Масса — 0,58 кг.

Помимо высококачественной оптики, прицел отличается очень хорошей прицельной сеткой, позволяющей стрелку быстро определять расстояния до цели и выбирать необходимые выносы по горизонтали не работая маховичками поправок. В прицеле предусмотрено устройство для подсветки прицельной сетки, очень удобное при стрельбе в сумерках и ночью. Подсветка питается от батарейки и включается специальным тумблером.

Основным прицельным элементом является прицельный угольник (или прицельная марка), не закрывающий цели и обеспечивающая наиболее удобное прицеливание.

В прицельной сетке основной модификации прицела имеются дополнительные угольники для стрельбы на 1100, 1200 и 1300 м. Для прицеливания при стрельбе с помощью дополнительных угольников необходимо установить на верхнем маховичке прицел 10. Однако используются они очень редко, поскольку дальность действительной точной стрельбы даже очень тщательно отобранного ствола не превышает 800–900 метров.

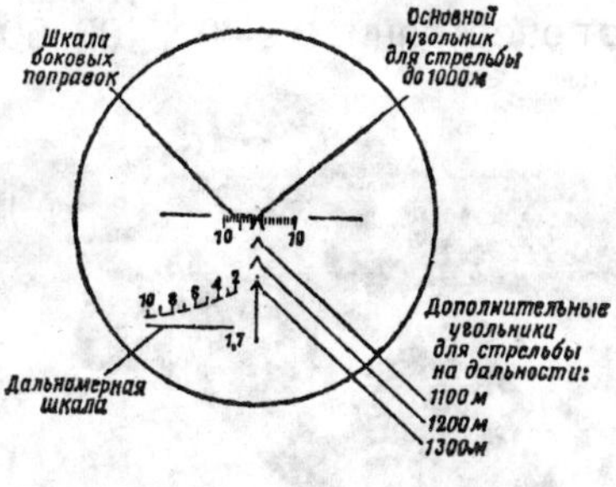

Рис. 192. *Сетка прицела*

Прицел оборудован выдвижной блендой, не допускающей отблесков от оптических стекол объектива, демаскирующих снайпера, и резиновым наглазником, который не только предупреждает возможность травмы от прицела при выстреле, но и позволяет глазу снайпера располагаться на оптимальном расстоянии от окуляра. Кроме того, он затемняет зрительное поле, что снижает утомляемость глаза.

Поправочные механизмы прицела имеют встроенные «трещотки», замкнутые на лимбы (шкалы) маховиков. Одно деление шкалы маховика боковых поправок равно двум щелчками «трещотки». Каждый щелчок горизонтального маховика равен 0,5-тысячной, два щелчка — одной тысячной. Это обеспечивает снайперу возможность во время стрельбы на ощупь вводить поправки в прицел, продолжая наблюдение и не глядя на маховики. Вертикальный маховик дает щелчки через каждые 50 метров дистанции стрельбы, то есть по два щелчка на одно деление.

В дальнейшем прицел ПСО-1 был неоднократно модифицирован и выпускается несколькими заводами и несколькими странами.

Это, однако, привело к тому, что появились разновидности щелчковых механизмов. В некоторых прицелах один щелчок соответствует одному делению шкалы, а в некоторых — от трех до четырех.

Дальномерная шкала рассчитана на высоту цели 1,7 м (средний рост человека). Это значение высоты цели указано под горизонтальной линией. Над верхней пунктирной линией нанесена шкала с делениями, расстояние между которыми соответствует расстоянию до цели в 100 м. Цифры шкалы 2, 4, 6, 8, 10 соответствуют расстояниям в 200, 400, 600, 800 и 1000 м.

Рис. 193. *Прицел ПСО-1М2*

Выпускаемый Новосибирским приборостроительным заводом прицел **ПСО-1М2**, предназначенный для винтовок СВД, ВСС и В-94, может использоваться в интервале температур от –50 °С до +50 °С в любое время года и при любых метеорологических условиях и комплектуется одиночными, групповыми и ремонтными комплектами ЗИП, сопроводительной документацией и упаковочной тарой.

Новейшей модификацией прицела ПСО-1 является выпускаемая фирмой «БелОМО» модель **ПОСП 8 х 42**. Ее основное отличие от базовой модели — вдвое большее видимое увеличение — 8 крат вместо 4 крат. Такой прицел особенно эффективен при стрельбе по малогабаритным и хорошо замаскированным целям.

Сетка прицела позволяет измерять расстояния до стандартных целей, а также вносить боковые поправки в положение линии прицеливания. При работе в условиях недостаточной освещенности предусмотрена подсветка сетки.

Рис. 194. *Телескопический прицел ПОСП 8 х 42*

Прицел комплектуется сумкой для переноски, чехлом, светофильтрами, адаптером питания и запасными источниками питания.

Герметичный корпус прицела заполнен сухим азотом для предотвращения запотевания оптических поверхностей при резких перепадах температуры.

Прицел может быть установлен на снайперские винтовки СВД, специальные винтовки ВСС, ВСК, пулеметы и т.д.

Технические характеристики

Видимое увеличение — 8 крат.

Угловое поле зрения — 3 градуса.

Световой диаметр объектива — 42 мм.

Диаметр выходного зрачка — 5 мм.

Удаление выходного зрачка — 75 мм.

Габаритные размеры — 380 х 56 х 72 мм.

Масса — 0,7 кг.

Диапазон рабочих температур от –50 °С до +50 °С.

Прицел снайперский панкратический **1П21** предназначен для разведки целей и обеспечения ведения прицельной стрельбы из винтовки СВД.

Прицел был принят на вооружение Советской Армии в 1989 году. Его модификации используются для установки на пулеметы и штурмовое оружие.

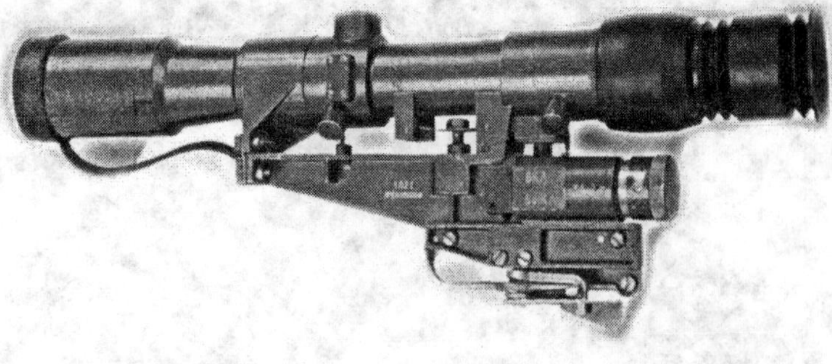

Рис. 195. *Прицел телескопический 1П21*

Обладает переменной кратностью увеличения и устройством для подсветки сетки. При стрельбе по нормированным целям (высота цели — 0,75 м или 1,5 м, ширина — 0,5 м) определение дальности в диапазоне от 300 до 900 метров и установка углов прицеливания производятся одновременно; при изменении кратности увеличения автоматически вводится поправка в положении линии прицеливания. Он особенно удобен для стрельбы на средние и большие дистанции.

Прицел выполнен в соответствии с самыми жесткими требованиями по надежности, точности и живучести в различных климатических условиях. Он существенно упрощает процесс прицеливания и снижает затраты на подготовку снайперов.

Герметичный корпус изделия заполнен сухим азотом для предотвращения запотевания оптических поверхностей при резких температурных перепадах.

Прицел имеет удобную систему подсветки прицельной сетки. Он хорошо зарекомендовал себя при проведении специальных операций.

Прицел комплектуется сумкой для переноски на поясном ремне, чехлом, светофильтрами, адаптером питания, лампочками и источниками питания.

Технические характеристики

Увеличение — 3–9 крат.

Поле зрения — 6,5–2,5 градуса.

Световой диаметр объектива — 42 мм.

Диаметр выходного зрачка — 11,2–4,3.

Удаление выходного зрачка — 76–73.

Масса — 1,1 кг.

Габариты — 340 х 164 х 83.

Диапазон рабочих температур от –50 °С до +50 °С.

Прицел выпускается белорусской фирмой «БелОМО».

Для стрельбы из винтовки СВДК и других видов оружия Новосибирский приборостроительный завод по заказу Министерства обороны Российской Федерации выпускает оптический прицел **ПО6х36М**.

Рис. 196. *Прицел ПО6х36М*

Этот прицел повышенной кратности предназначен для стрельбы по малогабаритным целям в любых погодных условиях.

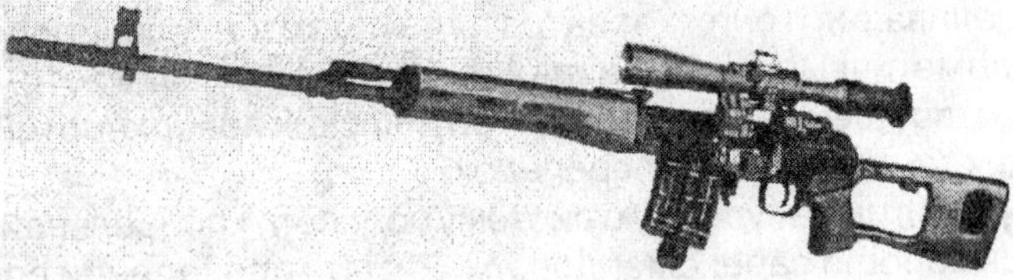

Рис. 197. *Прицел ПО6х36М на винтовке СВД*

Технические характеристики

Видимое увеличение — 6 крат.

Угловое поле зрения — 4 градуса.

Диаметр выходного зрачка — 6 мм.

Удаление выходного зрачка — 66 мм.

Предел разрешения — 12 с.

Источник питания для подсветки прицельного знака — 1,5 В.

Вес — 0,74 кг.

Габаритные размеры — 410 х 132 х 72 мм.

Прицел оборудован механизмом выверки с оружием, имеет подсветку прицельного знака и дальномерную шкалу.

Для снайперской винтовки СВД Красногорский завод им. С.А. Зверева выпускает панкратический прицел **1П59** со сменным увеличением.

Данный прицел обеспечивает обнаружение цели, определение дальности до нее с одновременной автоматической установкой углов прицеливания и позволяет вести прицельную стрельбу при видимом увеличении от 3 до10 крат в дневное время, в сумерки и ночью.

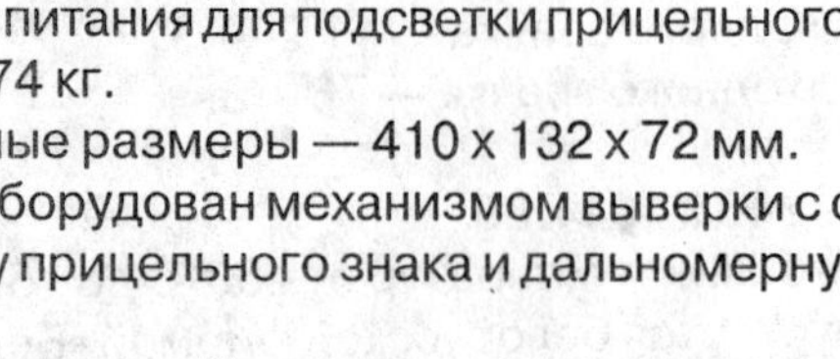

Рис. 198. *Снайперский панкратический прицел 1П59*

Рис. 199. *Снайперский прицел 1П59 на снайперской винтовке СВДС*

Технические характеристики

Видимое увеличение — 3–10 крат.

Угловое поле зрения — 7,6 –2,5 угл. град.

Предел разрешения, угл. сек:

для увеличения 10 крат — 6,

для увеличения 3 крата — 20.

Диаметр выходного зрачка — от 10 до 4 мм.

Удаление выходного зрачка — 70 мм.

Световой диаметр объектива — 40 мм.

Габаритная длина с наглазником и блендой — 410 мм.

Масса с кронштейном — 1,2 кг.

Диапазон рабочих температур окружающей среды от –50 до +50 °С.

Питание для подсветки сетки литиевый элемент типа ER6S.

Отличительные особенности

- возможность ведения прицельной стрельбы на дистанциях от 100 до 1500 м;
- автоматическая установка угла прицеливания на дальностях стрельбы от 100 до 1000 м;
- возможность изменения увеличения без изменения установленного угла прицеливания и ведение стрельбы на выбранной дистанции при любом увеличении в диапазоне от 3 до 10 крат;

- наличие подсветки прицельной марки и шкалы дистанций;
- большой выходной зрачок объектива, позволяющий вести прицельную стрельбу в сумеречное и ночное время.

Коллиматорные прицелы

Для установки на снайперском оружии специального назначения ВСС и СВУ-А, а также на автоматическом оружии, имеющем боковую прицельную планку под ночные прицелы, в объединении «БелОМО» выпускается универсальный коллиматорный прицел **ПК-А**.

Рис. 200. *Коллиматорный прицел ПК-А*

Корпус прицела совмещен с кронштейном, который позволяет снимать и устанавливать прицел без сбоя пристрелки. Этот прицел позволяет стрелять с такой же точностью, как и с оптическим прицелом ПСО-1. Данное изделие имеет предельно малый размер прицельной марки — 1 угловую минуту — и 8 ступеней регулировки ее яркости. С помощью ПК-А легко стрелять навскидку, в движении и в амбразуры бронетехники.

Технические характеристики

Увеличение — 1 крат.

Поле зрения — 12 градусов.

Диаметр выходного зрачка — 20 мм.

Размер прицельной марки на расстоянии 100 м — 30 мм.

Число градаций яркости — 8.

Расход выверки по высоте/направлению — ±1 угл. град.

Шаг выверки по высоте/направлению — 30 угл. с.

Время непрерывной работы без замены источника питания — 50 ч.

Источник питания «Блик-2» — CR123A.

Диапазон рабочих температур — –40...+50 °С.

Габаритные размеры — 140 x 130 x 65 мм.

Масса — 0,26 кг.

Российской промышленностью выпускаются ночные коллиматорные прицелы **ПКН-04** и **ПКН-06**. Они предназначены для наблюдения за полем боя, опознавания цели и наведения оружия в условиях естественной ночной освещенности.

Рис. 201. *Ночной коллиматорный прицел ПКН-04*

Прицел ПКН-04 имеет ЭОП поколения 2+, а прицел ПКН-06 — третьего поколения, отличающийся более высокой чувствительностью.

Прицелы адаптированы к любым видам стрелкового оружия, в том числе к снайперским винтовкам СВД и ВСС. Применение красной коллиматорной прицельной точки улучшает комфортность прицеливания, значительно увеличивает скорострельность и точность прицельной стрельбы. Применение в прицелах электронно-оптических преобразователей с автоматической регулировкой яркости позволяет надежно работать с прицелами при посторонних засветках (городская черта, свет фар, осветительные ракеты, взрывы и т.д.). Кронштейн прицела имеет посадочное место под универсальную планку для присоединения к оружию.

Технические характеристики

	ПКН-04	ПКН-06
Увеличение, крат	4	3,1
Поле зрения, градусов	10	13
Удаление выходного зрачка, мм	60	50
Дальность видения, м	500	600
Габариты	130 х 150 х 68	170 х 160 х 80
Масса с кронштейном, кг	0,8	1,0

Ночные прицелы

Эксперименты по созданию приборов ночного видения, в том числе и ночных прицелов, проводились Германией, Англией и США еще во время войны. Однако только в 60-е годы после создания и широкого внедрения в науку и технику транзисторов были определены пути реализации теоретических изысканий.

Ночные прицелы первого поколения были громоздкими и тяжелыми, они «заваливали» оружие набок и требовали для него надежной опоры. Кроме того, такие устройства потребляли огромное количество электроэнергии, аккумулированной в больших батареях, которые также приходилось носить на себе. И только в начале 80-х годов на смену им пришли новые прицелы второго поколения. Они потребляли значительно меньше энергии и были вдвое меньше и легче своих предшественников. Однако прогресс электроники уже в конце того же десятилетия позволил создать технику ночного видения третьего поколения, имеющую гораздо более чувствительный экран, обеспечивающий лучшую проработку деталей.

Все это позволило использовать ночные прицелы и в столь специфической области, как снайперская стрельба. Причем такие прицелы позволяют в ночных условиях надежно поражать цели на дистанциях до 400 м, а лучшие разработки — до 600 м.

В России ПО «НПЗ» выпускает два прицела, предназначенных для установки на снайперскую винтовку СВД.

Ночной бесподсветочный прицел **НСПУМ-3 (1ПН51)** предназначен для ведения стрельбы ночью из легкого стрелкового оружия, оснащенного боковыми прицельными планками. Прицел содержит высокоэффективный ЭОП (электронно-оптический прибор) 2-го поколения, что дает возможность работать в ясную безлунную ночь при естественной освещенности звездного неба.

Рис. 202. *Ночной прицел НСПУМ-3*

Рис. 203. *Снайперская винтовка СВД с прицелом НСПУМ-3*

Прицел имеет хорошее качество изображения по всему полю зрения, причем его высокая эффективность обусловлена применением зеркально-линзового объектива. Прицел прост в обращении. Он прошел боевую эксплуатацию в различных «горячих» регионах планеты. Прицел легко устанавливается как на винтовках семейства СВД, так и на специальных бесшумных снайперских винтовках типа «Винторез».

Технические характеристики

Увеличение — 3,5 крат.
Поле зрения — 9,5 градусов.
Удаление выходного зрачка — 45 мм.
Габариты — 276 х 210 х 140 мм.
Масса в боевом положении — 2,1 кг.

Модернизированный унифицированный ночной прицел **НСПУМ (1ПМ58)** предназначен для наблюдения за полем боя и прицеливания при стрельбе из стрелкового оружия, в том числе и из снайперских винтовок СВД и СВДСН2 в условиях естественной освещенности от луны и звезд.

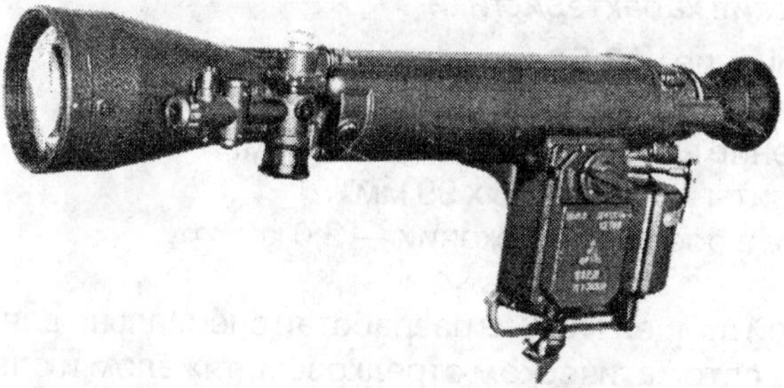

Рис. 204. *Общий вид ночного прицела НСПУМ*

Рис. 205. *Ночной прицел НСПУМ, установленный на снайперской винтовке СВДСН2*

Прицел имеет удлиненный литой корпус с расширенным кронштейном. ЭОП 1-го поколения имеет достаточно большой коэффициент усиления и надежную систему защиты от внешних засветок. Сменные шкалы прицельных марок выбираются под конкретное оружие. Прицел позволяет распознать человека в полный рост при свете только луны и звезд на дальностях до 300 м.

Прицел, выпускаемый большими сериями ПО «Новосибирский приборостроительный завод», хорошо зарекомендовал себя в реальных боевых действиях.

Технические характеристики

Увеличение — 3,5 крат.

Поле зрения — 5 градусов.

Удаление выходного зрачка — 50 мм.

Габариты — 458 x 186 x 99 мм.

Масса в боевом положении — 2,0 кг.

Ночной прицел **NV/S-9** разработан специально для применения на автоматическом стрелковом, тяжелом и специальном оружии. Конструкция прицела обеспечивает возможность эффективного обнаружения цели и прицеливания на расстоянии до 500 м, а также устойчивость к ударным нагрузкам при стрельбе.

Рис. 206. *Ночной прицел NV/S-9*

Усилитель яркости изображения 2-го поколения с увеличением 1,5 крат, используемый в прицеле, обеспечивает повышенные разрешение и контраст и отсутствие растекания изображения при засветках. Защита от общей засветки срабатывает при случайном включении прицела при дневном свете. Работать с прицелом в ранние сумерки и производить пристрелку днем позволяет крышка-диафрагма объектива.

Зеркально-линзовый объектив высокого качества с большим — 1/1,4 — эффективным относительным отверстием и высоким пропусканием в области максимума спектра излучения ночного неба позволяет наблюдать малоразмерные цели при свете звезд на больших дальностях.

Прицельные знаки сетки позволяют вести стрельбу с упреждением и определять дальность до цели по головной, грудной, поясной и ростовой фигурам. Варьируемая яркость сетки обеспечивает снайперу комфортность и высокую точность прицеливания при различной освещенности местности.

Прецизионный механизм выверки обеспечивает плавность выверки по высоте и направлению. Шкалы выверки проградуированы с шагом 0,5 град (0,5 и т.д.). Конструкция обеспечивает стабильность линии прицеливания при длительной стрельбе. Углы прицеливания вводятся при помощи сменных для различных типов оружия шкал, проградуированных в сотнях метров.

Съемный инфракрасный лазерный осветитель имеет регулируемую расходимость излучения в пределах от 0,5 до 6 градусов и механизм согласования центра пятна подсветки с вершиной центрального прицельного знака, что позволяет вести прицельную стрельбу по затененным целям (например, за стеклом автомобиля).

Кронштейн прицела имеет посадочное место под универсальную планку для присоединения ночного прицела на любое ручное оружие, в том числе и на снайперскую винтовку СВД.

Технические характеристики

Увеличение — 6 крат.
Поле зрения — 6,3 градусов.
Диаметр выходного зрачка — 5 мм.
Удаление выходного зрачка — 50 мм.
Дальность распознавания ростовой фигуры при освещенности 0,05 лк — 500 м.
Напряжение питания, В — 2,0...3 (2хАА)
Габариты — 315 x 245 x 120 мм.
Масса с кронштейном — 3,1 кг.

ПО «Новосибирский приборостроительный завод» серийно производит целое семейство ночных прицелов, из которых мы приводим только относящиеся к снайперскому оружию.

Рис. 207. *Ночной прицел 1ПН93-1*

Рис. 208. *Ночной прицел 1ПН93-3*

Рис. 209. *Ночной прицел 1ПН93-4*

Рис. 210. *Ночной прицел 1ПН93-5*

Рис. 211. *Ночной прицел 1ПН93-4 на винтовке СВД*

Рис. 212. *Ночной прицел 1ПН93-5 на винтовке СВД*

Таблица 8

Дневные и ночные оптические прицелы, выпускаемые для снайперских винтовок ГУП ПО «Новосибирский приборостроительный завод»

	1ПН93-1	1ПН93-3	1ПН9з-4	1ПН93-5
Поколение ЭОП	2+	2+	3	3
Видимое увеличение, крат	4	5	3,7	4
Угловое поле зрения, град	7	5	10	9
Дальность распознавания ночью, в нормированных условиях, м	Солдат-350	Солдат-500	Солдат-600	Солдат-600
Удаление выходного зрачка, мм	50	50	50	50
Источник питания	1,5 В., АА 1 батарея	1,5 В., АА 1 батарея	1,5 В., АА 1 батарея	2,35 В., АА 2 батареи
Время работы от одного источника питания, ч	10	10	10	10
Вес, кг	0,9	1,3	1,3	1,8
Габаритные размеры, мм	207×79×176	226×100×198	250×81×190	308×95×190
Вид оружия	ВСС	1ПН93-3-СВД, СВД	СВД	СВД

Все эти прицелы работают в температурном интервале от –50 °С до +50 °С в любое время года и при любых метеорологических условиях; они обеспечиваются одиночным, групповым и ремонтным комплектами ЗИП, устройствами подзарядки аккумуляторов, документацией и упаковочной тарой.

Особенностями этих ночных прицелов являются:

- простота и удобство в эксплуатации;
- применение высокоэффективных оптических систем и современных электронно-оптических преобразователей;
- стандартное крепление на российское стрелковое оружие;
- механизмы выверки;
- регулируемая яркость прицельного знака;
- автоматическая защита от засветок;
- съемные диафрагма или фильтр для работы в светлое время суток.

Устройства холодной пристрелки

Заводами объединения «БелОМО» выпускаются коллиматоры холодной пристрелки **КХП**, которые предназначены для выверки устанавливаемых на оружие оптических и электронно-оптических прицелов, выверки штатных механических прицельных приспособлений, а также для контроля выверки прицелов на оружии после маршей, десантирований, длительного хранения без проверки боя стрельбой. Применение коллиматоров холодной пристрелки позволяет существенно экономить боеприпасы.

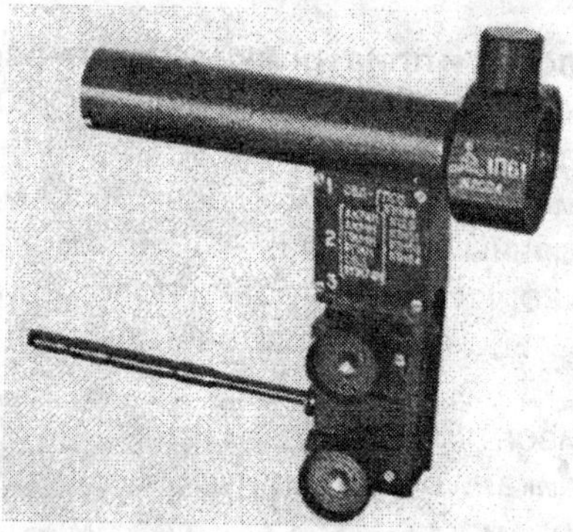

Рис. 213. *Коллиматор холодной пристрелки КХП*

Коллиматор холодной пристрелки оптических прицелов предназначен для выверки оптических, коллиматорных или ночных прицелов на оружии.

Коллиматор холодной пристрелки механических прицелов предназначен для выверки штатных механических приспособлений оружия.

Коллиматор лазерной холодной пристрелки предназначен для выверки установленных на оружии лазерных целеуказателей или любых других прицелов

Ствольные вкладыши предназначены для установки на оружие коллиматоров холодной пристрелки. Вкладыши приспособлены под оружие калибров:

А1 — 5,33–6,85 мм (0.21"–0.27");
А2 — 7,0–9,14 мм (0.276"–0.36");
А3 — 8,89–11,43 мм (0.35"–0.45").

Технические характеристики

Коллиматор холодной пристрелки оптических прицелов

Дистанция фокусировки коллиматора — 200 м.

Световой диаметр объектива — 35 мм.

Расстояние между оптической осью и осями посадочных мест под ствольный вкладыш — 42; 68 мм.

Напряжение питания устройства подсветки сетки — 3 (CR1/3N) В.

Габаритные размеры — 133 x 98 x 45 мм.

Масса — 0,5 кг.

Коллиматор холодной пристрелки механических прицелов

Дистанция фокусировки коллиматора — 200 м.

Световой диаметр объектива — 35 мм.

Расстояние между оптической осью и осями посадочных мест под ствольный вкладыш — 42; 68 мм.

Диапазон выверки (регулировки положения оптической оси относительно осей посадочных мест подствольный вкладыш).

по горизонту ±30',

по вертикали от 0 до минус 60'.

Габаритные размеры — 133 x 98 x 45 мм.

Масса — 0,5 кг.

Коллиматор лазерной холодной пристрелки

Длина волны излучения — 0,635 мкм.

Выходная мощность лазерного излучения — 3 мВт.

Рассеивание пучка лазерного излучения на выходе — 0,5 мрад.

Напряжение питания — 3(CR123A) В.

Габаритные размеры — 100 x 45 x 25 мм.

Масса — 0,15 кг.

Приборы ночного видения

Предприятия объединения «БелОМО» выпускают предназначенные для использования в боевых условиях очки ночного видения:

Очки ночного видения **NV/G-10** предназначены для наблюдения и ориентирования на местности, наведения на цель оружия в условиях низкой освещенности. Встроенный ИК-осветитель обеспечивает дополнительное освещение при работе в полной темноте — в темных помещениях, пещерах и т.п.

Рис. 214. *Очки ночного видения NV/G-10*

Очки позволяют выполнять прицеливание из стрелкового оружия, оснащенного инфракрасным лазерным целеуказателем.

Очки могут быть оснащены электронно-оптическим преобразователем как 2+, так и 3 поколения.

Герметический корпус изделия заполнен сухим азотом для предотвращения запотевания оптических поверхностей при резком изменении температуры.

Очки комплектуются шлемом-маской, сумкой для переноски и запасными источниками питания.

Технические характеристики

Видимое увеличение — 1 крат.

Угловое поле зрения — 38 град.

Предел разрешения — 4,1 мин.

Диапазон фокусировки объектива — от 0,25 м до бесконечности.

Диапазон диоптрийной подвижки окуляров — +4...–4 дптр.

Межзрачковое расстояние — 58...72 мм.

Напряжение питания — 2,0...3 (2хАА) В.

Габаритные размеры (очков без маски) — 210 x 130 x 90 мм.

Масса (очков/маски) — 0,68/0,26 кг.

Диапазон рабочих температур — от –40 до +40 град.

Очки ночного видения **NV/G-14** имеют то же назначение, что и модель 10.

Основное преимущество данных очков — минимальная длина вдоль оптической оси и небольшая масса, что позволяет значительно снизить утомляемость при длительной работе, а также особая компоновка, обеспечивающая возможность прицеливания из стрелкового оружия с использованием коллиматорного прицела.

Рис. 215. *Очки ночного видения NV/G-14*

Встроенный ИК-осветитель обеспечивает дополнительное освещение при работе в полной темноте — в темных помещениях, пещерах и т.п.

Очки позволяют производить прицеливание из стрелкового оружия с использованием инфракрасного лазерного целеуказателя и коллиматорного прицела.

Очки могут быть оснащены электронно-оптическим преобразователем как 2+, так и 3 поколения.

Герметичный корпус изделия заполнен сухим азотом для предупреждения запотевания оптических поверхностей при резком изменении температуры.

Изделие комплектуется шлемом-маской, сумкой для переноски и запасными источниками питания.

Технические характеристики

Видимое увеличение — 1 крат.
Угловое поле зрения — 36 град.
Предел разрешения — 4,6 мин.
Диапазон фокусировки объектива — от 0,2 м до бесконечности.
Диапазон диоптрийной подвижки окуляров — +4...–4 дптр.
Межзрачковое расстояние — 66 мм.
Напряжение питания — 3(CR123A) В.
Габариты (очков без маски) — 156 x 80 x 65 мм.
Масса (очков/маски) — 0,46/0,26 кг.
Диапазон рабочих температур — от –40 до +40 °С.

Портативные лазерные дальномеры

Дальномер лазерный малогабаритный **ДЛ-1**. Это устройство предназначено для быстрого и точного определения расстояния до любого объекта. Рекомендуется для оснащения снайперов, бойцов и командиров спецподразделений.

Дальномер надежен, прост и удобен в экслуатации. Значение измеренного расстояния отображается на жидкокристаллическом индикаторе через 1 секунду после проведения измерения.

Дальномер выпускается в герметичном ударопрочном корпусе.

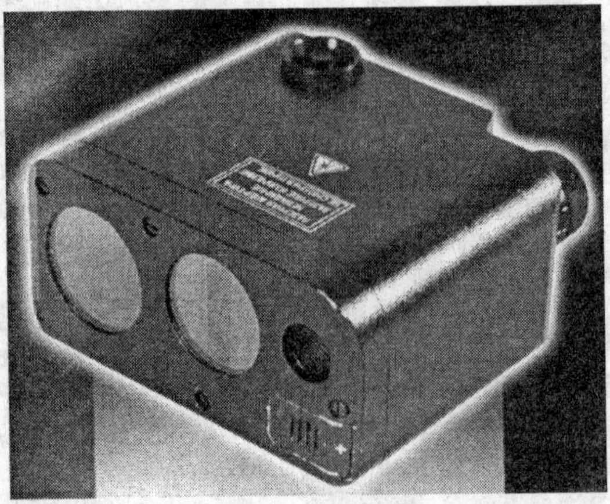

Рис. 216. *Дальномер лазерный малогабаритный ДЛ-1*

Технические характеристики

Диапазон измеряемых дальностей — 4–1000 м.
Разрешение — ±1 м.
Длина волны излучения — 0,904 мкм.
Визуальный канал — телескопический.
Увеличение визуального канала — 3 крат.
Угол поля зрения — 8 град.
Напряжение питания — 9 В (батарея «Корунд»).
Габаритные размеры — 130 x 100 x 55 мм.
Масса — 0,4 кг.
Диапазон рабочих температур — от –40 до +55 °С.

Дальномер-угломер лазерный **ДЛ-10** предназначен для измерения расстояний до объекта, определения углов места и магнитного азимута целей.

Дальномер позволяет определять расстояния до нескольких объектов, расположенных на линии визирования. Небольшие размеры, малый вес, герметичность, а также безопасное для глаз лазерное излучение делают возможность его использование как в военных целях, так и в навигации, топографии и строительстве.

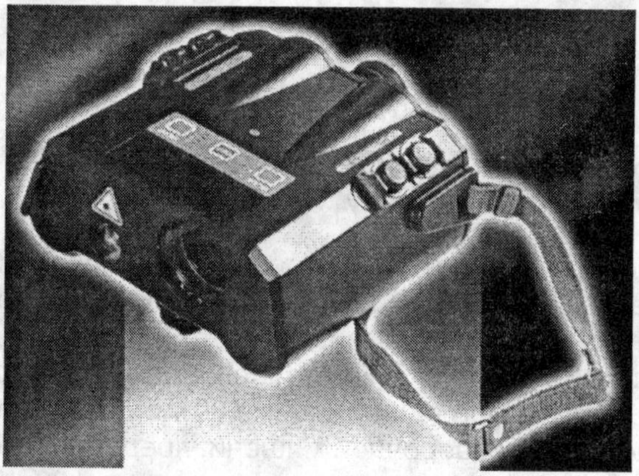

Рис. 217. *Дальномер-угломер лазерный ДЛ-10*

Результат измерения отображается на цифровом индикаторе в поле зрения визира.

Встроенный инклинометр и электронный магнитный компас позволяют измерять угол места цели в диапазоне от минус 60 ° до плюс 60 ° и магнитный азимут в диапазоне от 0 до 360 °С.

Изделие комплектуется чемоданом, адаптером питания и запасным аккумулятором.

Дальномер имеет разъем для подключения к персональному компьютеру.

Технические характеристики

Диапазон измеряемых дальностей — от 100 до 10000 м.
Погрешность измерения — ±3 м.
Длина волны лазерного излучения — 1,54 мкм.
Рассеивание пучка лазерного излучения — 0,6 мрад.
Увеличение визуального канала — 7 крат.
Угловое поле зрения — 6,5°.
Диаметр выходного зрачка — 5 мм.
Диапазон диоптрийной наводки окуляра — ±5 дптр.
Напряжение питания — 12 В (аккумуляторная батарея).
Габаритные размеры — 250 х 220 х 120 мм.
Масса — 2,5 кг.
Диапазон рабочих температур — от –40 до +55 °С.

Глава 5
ПРИВЕДЕНИЕ ОРУЖИЯ К НОРМАЛЬНОМУ БОЮ

Приведение к нормальному бою снайперской винтовки СВД

Проверка боя винтовки производится сначала с открытым прицелом, а затем с основным оптическим, с использованием патронов одной партии. Перед стрельбой следует отделить штык-нож, оптический прицел и щеку приклада. Стрельба ведется с упора на дистанцию 100 м с установленным прицелом «3» по проверочной мишени, представляющей собой черный прямоугольник высотой 30 и шириной 20 см, прикрепленный к листу белой бумаги. На высоте 16 см от нижнего края приклеивается белый кружок диаметром 3 см или просто наносится крест. Эта точка отмечает нормальное положение средней точки попадания (СТП).

Для проверки боя стреляющий (снайпер) производит четыре одиночных выстрела патронами с пулей ПС, однообразно прицеливаясь под середину нижнего края черного прямоугольника (вместо него можно использовать и проверочную мишень).

Кучность боя признается нормальной, если поперечник разброса всех четырех пробоин не превышает 8 см.

Если кучность расположения пробоин не удовлетворяет этому требованию, стрельба повторяется. При повторном неудовлетворительном результате стрельбы винтовку следует отправить в оружейную мастерскую.

Рис. 218. *Определение средней точки попадания:*
а) последовательным делением отрезков;
б) при симметричном расположении пробоин

Если кучность пробоин нормальная, определяются средняя точка попадания и ее положение относительно контрольной точки (КТ).

Для определения СТП по четырем пробоинам нужно:

- соединить прямой линией две ближайшие пробоины, и расстояние между ними разделить пополам;
- полученную точку деления соединить с третьей пробоиной, и расстояние между ними разделить уже на три равных части;
- точку деления, ближайшую к двум первым пробоинам, соединить с четвертой пробоиной, и расстояние между ними разделить на четыре равные части.

Точка деления, ближайшая к трем первым пробоинам, и будет средней точкой попадания всех четырех пробоин.

При симметричном расположении пробоин СТП можно определить путем соединения прямыми каждых двух пробоин попарно и соединить между собой середины этих прямых. Середина этой соединительной линии и будет являться СТП.

Бой винтовки считается нормальным, если средняя точка попадания совпала с контрольной точкой или отклонилась от нее в любую сторону не более чем на 3 см.

Если при проверке боя средняя точка попадания отклонилась от контрольной точки в какую-либо сторону более чем на 3 см, то соответственно этому следует изменить положение мушки по высоте или ее предохранителя по боковому направлению. Если средняя точка попадания оказывается ниже контрольной точки, то мушку надо ввинтить, а если выше — вывинтить. Если средняя точка попадания левее контрольной, то предохранитель следует передвинуть влево, а если правее, то вправо.

При перемещении предохранителя мушки в сторону на 1 мм и при ввинчивании (вывинчивании) мушки на один полный оборот средняя точка попадания при стрельбе на 100 м смещается на 16 см. Деления на переднем торце основания мушки равны 0,6 мм, что соответствует смещению средней точки попадания по боковому направлению на 10 см.

После приведения винтовки к нормальному бою старая риска на предохранителе мушки забивается и вместо нее набивается новая.

Правильность передвижения мушки проверяется повторной стрельбой.

При проверке боя винтовки с оптическим прицелом необходимо:

- присоединить к винтовке оптический прицел и щеку приклада; вращением маховичка поставить прицел на деление «3» и шкалу боковых поправок на «0»;
- закрепить винтовку в прицельном станке и навести ее по открытому прицелу, поставленному на деление «3» в точку прицеливания, в которую производилась наводка при приведении к нормальному бою, а затем нижнюю часть прямоугольника заклеить белой полоской бумаги шириной 2 см;
- посмотреть в оптический прицел и заметить, куда направлен основной (верхний) угольник сетки прицела; если он направлен в середину нижнего края прямоугольника, то оптический прицел считается выверенным;
- в случае несовмещения основного угольника сетки прицела с точкой прицеливания необходимо освободить стопорные (боковые) винты маховичка на 2 оборота, а затем вращением торцевых гаек подвести острие основного угольника сетки под точку прицеливания и осторожно завинтить стопорные винты маховичков до отказа;
- проверить, не сместился ли угольник сетки прицела по отношению к точке прицеливания при завинчивании стопорных винтов; если он сместился, следует снова выверить прицел в указанной выше последовательности.

После выверки оптического прицела провести контрольную стрельбу с оптическим прицелом при тех же условиях, что и при проверке боя с открытым прицелом, только контрольная точка при этом отмечается на высоте 14 см от точки прицеливания. Если в результате контрольной стрельбы все четыре пробоины вмещаются в круг диаметром 8 см, а средняя точка попадания отклонилась от контрольной точки более чем на 3 см, следует определить отклонение средней точки попадания, освободить стопорные винты маховичков и внести соответствующие поправки в установки торцевых гаек. Перемещение торцевой гайки на одно деление дополнительной шкалы при стрельбе на 100 м изменяет положение средней точки попадания на 5 см.

При внесении поправки в установку торцевых гаек необходимо осторожно завинтить стопорные винты до отказа и произвести повторную стрельбу.

Пример. При стрельбе на 100 м с установкой прицела «3» средняя точка попадания отклонилась от контрольной точки вверх на 5 см и влево на 7 см.

Для совмещения средней точки попадания с контрольной точкой необходимо освободить стопорные винты верхнего маховичка, вращением торцевой гайки в направлении «Вниз СТП» сместить указатель гайки относительно дополнительной шкалы корпуса маховичка на одно деление, осторожно завинтить стопорные винты до отказа; затем освободить стопорные винты бокового маховичка, вращением торцевой гайки в направлении «Вправо СТП» сместить указатель гайки относительно дополнительной шкалы корпуса маховичка на полтора деления, после чего осторожно завинтить стопорные винты до отказа.

Приведение к нормальному бою снайперской винтовки СВД с ночным прицелом производится после приведения ее к нормальному бою с открытым прицелом.

Для этого необходимо:

- установить на винтовку ночной прицел;
- закрепить винтовку в прицельном станке;
- установить прицельную планку на деление 4;
- навести оружие по открытому прицелу в точку прицеливания по той же мишени, что и для приведения оружия к нормальному бою с открытым прицелом на расстоянии 100 м;
- поворотом маховичка установить на точном прицеле шкалу на деление 4;
- убедиться, что диафрагма прицела закрыта;
- включить прицел и, вращая маховичок и корпус диафрагмы, подобрать оптимальную яркость сетки и наилучшую видимость мишени;

- проверить совпадение вершины прицельного угольника сетки с той же точкой прицеливания, что и по открытому прицелу;
- снять оружие с прицельного станка;
- произвести четыре одиночных выстрела, тщательно и однообразно прицеливаясь в точку прицеливания (пользуясь ночным прицелом);
- определить кучность боя и положение СТП.

Кучность боя определяется в том же порядке, что и при приведении снайперской винтовки к нормальному бою с открытым прицелом.

Если кучность боя не удовлетворит этим требованиям, то стрельба повторяется. При повторном неудовлетворительном результате стрельбы оружие с ночным прицелом отправляется в ремонтную мастерскую для устранения причин разброса пуль.

Если средняя точка попадания при проверке оружия отклонилась от контрольной точки более чем на 3 см, то оружие необходимо привести к нормальному бою, для чего:

- отвинтить на 1–2 оборота стопорные винты и повернуть маховичок механизма выверки по стрелке в сторону «Вверх СТП», если средняя точка попадания оказалась ниже контрольной точки; по стрелке «Вниз СТП», если она оказалась выше контрольной;
- при отклонении СТП вправо или влево повернуть маховичок (направляющую) в сторону по стрелке «Вправо СТП», если средняя точка попадания оказалась левее контрольной точки; по стрелке «Влево СТП», если средняя точка попадания оказалась правее контрольной точки.

Поворот маховичка (направляющей) на одно деление дополнительной шкалы при стрельбе на 100 м соответствует перемещению средней точки попадания с НСПУ на 5 см.

При повороте маховичка следует следить за тем, чтобы установки шкал прицела и боковых поправок оставались на своих местах.

После внесения поправок и установки маховичков стрельба повторяется, а если средняя точка попадания вновь отклоняется в любую сторону более чем на 3 см, то приведение оружия к нормальному бою продолжается.

Конечный результат (положение пробоин и СТП относительно контрольной точки) заносится в формуляр прицела и в индивидуальный блокнот снайпера.

Результаты стрельбы из винтовки СВД зависят также и от степени мастерства владения самим снайпером приемами изготовки к стрельбе.

Приведение к нормальному бою 7,62-мм снайперской винтовки образца 1891/30 года

Снайперская винтовка образца 1891/30 года приводится к нормальному бою аналогично снайперской винтовке СВД. Различие состоит в том, что на контрольном прямоугольнике центр креста (кружка) размещается в 17 см от нижнего обреза. Если при стрельбе на 100 м средняя точка попадания винтовки системы Мосина с прицелом «3» будет находиться в 17 см от нижнего обреза, то это обеспечит при стрельбе на 300 м СТП в точке прицеливания.

Кроме того, требуется, чтобы все четыре пробоины уместились в круг диаметром 15 см.

Наконец, удаление средней точки попадания от нормального положения у этой винтовки не должно превышать 5 см. При этом если пули идут ниже, то следует подпилить мушку, а если выше, то сменить мушку на более высокую вместе с намушником.

При перемещении по горизонтали, уменьшении или увеличении высоты мушки на 1 см средняя точка попадания при стрельбе на 100 м переместится на 16 см.

Перемещения намушника в случае необходимости вправо или влево производятся при помощи маленького молотка с последующей фиксацией (кернением). Затем основание намушника и его переднюю часть следует зачистить и нанести на них общую риску.

При приведении винтовки образца 1891/30 года к нормальному бою с использованием прицела ПУ следует иметь в виду, что поворот бокового маховичка на одно деление шкалы перемещает СТП на одну тысячную (0–01).

Чтобы переместить СТП вправо, маховичок надо вращать на «плюс» против часовой стрелки, а влево — маховичок вращать на «минус» по часовой стрелке.

В остальном выверка оптического прицела ПУ производится аналогично выверке прицела ПСО-1, а после ее окончания следует освободить винты маховичков на один-два оборота и, удерживая неподвижно маховички, повернуть кольца со шкалами делений так, чтобы против указателя дистанционного барабанчика было деление с цифрой «3», а против бокового — «0». Перемещение колец производится поочередно.

Осторожно, не сбивая наводки, следует проверить совмещение открытого прицела (под нижний обрез черного прямоугольника) и оптического прицела (на 2 см выше), если смещения нет — осторожно закрепить винты маховичков.

Таким образом, все установки дистанционного маховичка прицела будут соответствовать указанным на шкале дистанциям стрельбы, то есть при стрельбе на 300 м нужно будет устанавливать прицел «3», а на 600 м — «6».

При изменении положения пенька оптического прицела следует помнить, что винты оптического прицела имеют мертвый ход (люфт), что особенно важно при внесении мелких поправок. Поэтому для устранения мертвого хода следует сначала повернуть маховичок в противоположную сторону, а затем подвести его до совмещения с нужной отметкой.

Приведение к нормальному бою малокалиберной винтовки с оптическим прицелом

В качестве учебных винтовок с оптическим прицелом могут использоваться такие модели, как ТОЗ-17, ТОЗ-18, а лучше всего — биатлонные, БИ-4, БИ-6 или БИ-7.

Если винтовка имеет открытый прицел, то следует приводить ее к нормальному бою на дистанции 50 м с прицелом «50» по спортивной мишени аналогично боевым моделям.

Если же для этого используются винтовки, имеющие только диоптрический прицел (что более желательно ввиду того, что такие винтовки в основном предназначаются для точной спортивной стрельбы и имеют очень малый поперечник рассеивания выстрелов, что в наилучшей мере их использованию в качестве снайперских).

Для выверки прицела такую винтовку следует установить в прицельный станок, вынуть затвор а затем направить так, чтобы круг мишени оказался в центре отверстия ствола. После этого, не сбивая наводки, вращая дистанционный и боковой маховички, следует совместить с центром мишени пенек (перекрестие) оптического прицела и, вставив затвор, сделать четыре выстрела, а затем определить СТП.

При совмещении дистанционного или бокового маховичков в оптическом прицеле на одно деление СТП на мишени переместится на 50 мм, т.е. на одну тысячную дистанции.

Для перемещения СТП вверх дистанционный маховичок на большинстве оптических прицелов следует вращать по часовой стрелке, для перемещения СТП вниз — против часовой стрелки.

Для перемещения СТП вправо боковой маховичок нужно вращать по часовой стрелке (+), а для перемещения влево — против часовой стрелки (–).

При внесении малых поправок — 1/2, 1/3, 1/4 деления, как правило, возникают ошибки, что зависит от мертвого хода (люфта) винтов, поскольку прицельные устройства некоторое время остаются без движения.

Для устранения воздействия мертвого хода (люфта) необходимо предварительно провернуть маховичок на полтора-два деления в противоположную сторону, а затем путем непрерывного вращения в нужную сторону сделать при помощи маховичка нужную поправку.

Внося поправки в оптический прицел стрелки, нередко сталкиваются с тем, что маховичок доходит до упора и больше не вращается. В этом случае необходимо освободить винты маховичка на полтора-два оборота. Затем, удерживая маховичок, повернуть кольцо со шкалой делений в противоположную сторону на пол-оборота и завернуть винты.

Закончив приведение винтовки к нормальному бою и освободив винты, кольца со шкалами делений устанавливаются: дистанционного маховичка на «1» (единицу), а бокового — на «0» (ноль).

После этого следует произвести четыре контрольных выстрела. В случае отклонения СТП от центра более чем на 10 мм пристрелку и выверку оптического прицела следует повторить.

При отклонении СТП от центра мишени менее чем на 10 мм проверка боя винтовки считается законченной.

Глава 6
УХОД ЗА СНАЙПЕРСКОЙ ВИНТОВКОЙ

Наставление по стрелковому делу говорит о том, что снайперская винтовка должна содержаться в полной исправности и быть готовой к действию. Это достигается своевременной и умелой чисткой и смазкой, а также правильным хранением боевого оружия.

Известно, что, по официальным данным, живучесть винтовки калибра 7,62 мм образца 1891/30 года составляет 20 тыс. выстрелов, а винтовки СВД — 25 тыс. выстрелов. Однако эти цифры соответствуют истине только при условии тщательнейшего ухода за оружием.

При выстреле в канале ствола развивается колоссальное давление пороховых газов — до 3000 кг/см^2 при резком повышении температуры, причем продукты сгорания пороха, а особенно капсюльного состава, очень отрицательно воздействуют на металл, из которого изготовлен ствол. В то же время при сгорании пороха, помимо газов, образуются и твердые продукты, которые очень загрязняют канал ствола.

В результате химических реакций изначально отшлифованный канал ствола постепенно покрывается щербинками — сыпью и раковинами, что носит общее название разгара ствола.

Кроме того, при прохождении по каналу ствола пуль металл ствола постепенно изнашивается, что в конечном итоге ведет к увеличению калибра и ухудшению боя оружия.

Если к этому добавить, что на поверхности ствола остаются частички оболочки пуль — томпака, а иногда даже и кусочки дульцев гильзы, то становится совершенно очевидным, что для увеличения эффективной жизни винтовки она нуждается в постоянном уходе, чистке и смазке.

Чистка винтовки производится:

- при подготовке к стрельбе;
- после стрельбы боевыми и холостыми патронами — немедленно по окончании стрельб на стрельбище; при этом чистятся и смазываются: у винтовки СВД — ствольная коробка, канал ствола, газовая камера, газовый поршень, затворная рама и затвор, у трехли-

нейки — ствольная коробка, ствол и затвор; после этого производится окончательная чистка оружия по возвращении со стрельб и ежедневно в течение 3–4 дней;

- после наряда и полевых занятий без стрельбы — по возвращении с наряда или занятий;
- в боевой обстановке и на длительных учениях — ежедневно в периоды затишья боя и во время перерывов учений;
- если винтовка не применялась — не реже одного дня в неделю.

Оставшиеся в канале ствола продукты сгорания, именуемые общим словом — нагар, характеризуются кислотной реакцией. Естественно, что он должен нейтрализоваться веществами с водородным показателем (pH), сдвинутым в сторону щелочной реакции, что приводит к взаимной нейтрализации кислоты и щелочи.

В соответствии с наставлением по стрелковому делу (НСД) для чистки (и смазки) винтовки при температуре от +50 °С до –50 °С используется **жидкая ружейная смазка**.

Однако наиболее эффективно нагар размягчается и удаляется с использованием **раствора РЧС** (раствора для чистки стволов), представляющего собой смесь, состоящую из одного литра питьевой воды, 200 г углекислого аммония и 3–5 г кристаллического двухромовокислого калия, или хромпика ($K2Cr_2O_7$). На практике снайпера покупают в аптеке водный раствор аммиака (нашатырный спирт), в который и добавляют несколько кристаллов хромпика. Следует сразу же предупредить, что после тщательной очистки ствола этим составом (лучше, если чистка производится по еще неостывшему после стрельбы стволу) следует не менее тщательно удалить РЧС несколькими переменами ветоши во избежание оржавления. Кроме того, раствор РЧС можно использовать в течение не более одного-двух дней, а затем приготовлять новый. Небольшое количество раствора РЧС разрешается хранить не более 7 суток в стеклянных бутылках, закупоренных пробками, в темном месте вдали от нагревательных приборов. Его ни в коем случае нельзя держать в стандартных масленках. Чистка производится при помощи ершиков до полного удаления нагара.

В то же время в полевых условиях первичную чистку винтовки после стрельбы можно производить с использованием таких старых способов, как чистка мыльным раствором и даже водным раствором золы из костра. Это также объясняется щелочной реакцией и мыла, и золы (когда-то золу даже использовали в качестве моющего средства). И наконец, очень хорошим средством для чистки является обыкновенный керосин. Но не надо забывать, что керосин обладает спцифичным запахом и может явиться демаскирующим признаком при разведывательно-диверсионных операциях.

Во всех случаях чистящее средство должно тщательно удаляться и из канала ствола и с загрязненных поверхностей оружия с использованием пакли, а затем ветоши.

Для удобства чистки пазов, вырезов и отверстий можно применять деревянные палочки, зубочистки и т.д.

Чистка оружия производится в следующем порядке:

1) готовятся материалы для чистки и смазки;
2) винтовка разбирается;
3) подготавливается принадлежность для чистки (*см.* рис. 219);
4) производится чиста канала ствола.

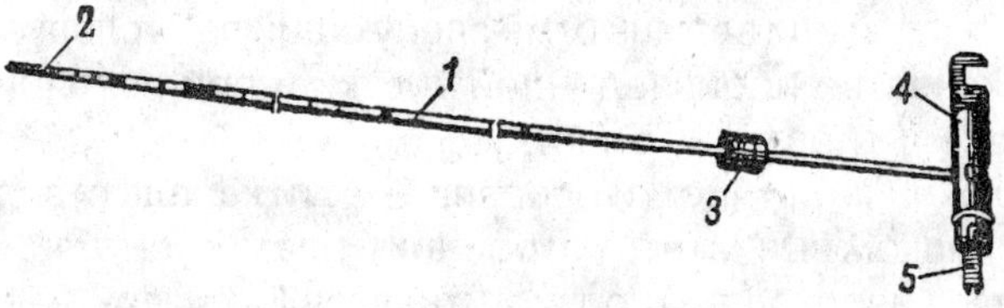

Рис. 219. *Принадлежность, подготовленная для чистки винтовки СВД: 1 — шомпол; 2 — протирка; 3 — дульная накладка (крышка пенала); 4 — пенал; 5 — отвертка*

Для чистки канала ствола жидкой ружейной смазкой следует сложить паклю в виде восьмерки, наложить на конец протирки и уложить волокна пакли вдоль стержня протирки; при этом концы пакли должны быть короче стержня протирки, а толщина слоя должна быть такой, чтобы протирка с паклей вводилась в канал ствола с небольшим усилием; после этого на паклю наливается небольшое количество ружейной смазки. Шомпол с протиркой и паклей вводится в канал ствола с закреплением на пламегасителе крышки пенала. Одной рукой удерживая винтовку, а другой взявшись за пенал, плавно, не изгибая шомпола, продвигают его по всей длине ствола несколько раз. Затем вынимают шомпол, меняют паклю, снова пропитывают ее ружейной смазкой и повторяют процедуру еще несколько раз — до полного удаления нагара. После этого тщательно обтирают шомпол и протирают ствол чистой сухой паклей, а затем ветошью. Если ветошь после протирания вышла из ствола чистой — чистка закончена.

Стволы снайперских винтовок образца 1891/30 года следует чистить с казенной части и только мастичными шомполами с использованием латунных протирок во избежание растирания нарезов, собенно в дульной части. Это же относится и ко всем магазинным снайперским винтовкам, имеющим продольно-скользящий затвор.

Чистка канала ствола с использованием раствора РЧС производится смоченным в растворе ершиком; затем канал ствола протирается паклей. Чистку раствором РЧС следует продолжать до полного удаления нагара, пока смоченный раствором ершик или пакля не будут выходить из ствола без признаков нагара. После этого необходимо протереть канал ствола сухой паклей или ветошью. На следующий день следует проверить качество произведенной чистки и при наличии нагара произвести повторную чистку.

По окончании чистки нарезной части канала ствола таким же порядком вычистить патронник и пламегаситель.

Далее необходимо прочистить газовую камеру. Газовую камеру после отделения газовой трубки промывают жидкой ружейной смазкой или раствором РЧС и чистят с использованием отвертки и деревянной палочки. После чистки раствором РЧС следует начисто протереть газовую камеру, снова протереть ветошью, осмотреть канал ствола, чтобы в нем не осталось посторонних предметов, и обтереть ствол снаружи ветошью.

Ствольную коробку, затворную раму, затвор, газовую трубку, газовый поршень чистят ветошью, пропитанной жидкой ружейной смазкой или раствором РЧС, после чего насухо протирают.

Прочие металлические части насухо протирают ветошью; при сильном загрязнении частей нужно прочистить их жидкой ружейной смазкой и насухо протереть.

Элементы снайперской трехлинейки чистятся аналогичным образом.

Для смазки винтовок при положительной температуре используется обычная ружейная смазка; при температуре от +5 °С до –5 °С следует пользоваться только жидкой ружейной смазкой, а при более низкой температуре — зимней смазкой № 21.

Смазка винтовки производится в следующем порядке.

Смазывают канал ствола. Для этого необходимо навинтить на шомпол протирку и наложить на нее ветошь, пропитанную смазкой. Протирку вводят в канал ствола с дульной части и плавно продвигают ее два-три раза по всей длине ствола, чтобы равномерно покрыть канал ствола тонким слоем смазки. Смазать патронник.

Все остальные металлические части и механизмы винтовки покрывают тонким слоем смазки при помощи промасленной ветоши. Излишняя смазка способствует загрязнению деталей и может вызвать задержки при стрельбе.

Деревянные части не смазываются.

Каналы стволов снайперских винтовок образца 1891/30 года смазываются с казенной части мастичными шомполами с использованием специального масляного ершика.

В то же время при активных боевых действиях в летнее время рекомендуется вытирать винтовку насухо во избежание налипания песка и пыли.

Что касается оптического прицела, то его следует особенно тщательно оберегать от падений, резких ударов, толчков, а также от проникновения внутрь оптической части влаги и пыли; хранить прицел следует в чехле в сухом, отапливаемом помещении; если прицел установлен на винтовке и стрельба не ведется, на прицел следует надевать чехол. Мокрые прицелы тщательно вытереть сухой ветошью, чехлы нужно просушить.

Наружную поверхность оптических прицелов следует протирать чистой ветошью. Поверхность линз очищают следующим образом: сначала с них аккуратно и осторожно, плавными круговыми движениями, начиная с середины, стирается пыль, для чего используются чистые сухие салфетки. Затем оптика протирается ватой, смоченной смесью этилового спирта с эфиром, после чего линзы насухо протираются чистой салфеткой.

Держать прицел вблизи нагревательных приборов и костров запрещается.

Порядок неполной разборки снайперской винтовки СВД

1. Отделить магазин, нажав на его защелку. Проверить отсутствие патрона в патроннике.
2. Приподняв ручку зажимного винта и повернув ее в сторону наглазника, сдвинуть оптический прицел и снять его со ствольной коробки.
3. Отделить щеку от приклада винтовки.
4. Отделить крышку ствольной коробки с возвратным механизмом. Повернуть замыкатель крышки ствольной коробки назад до постановки на фиксатор и отделить ее вместе с возвратным механизмом, приподняв за заднюю часть.
5. Отведя назад до отказа, отделить затворную раму с затвором.
6. Отведя затвор назад, повернуть его так, чтобы ведущий выступ вышел из фигурного выреза затворной рамы и вывести затвор вперед.
7. Отделить ударно-спусковой механизм. Повернув предохранитель вверх до вертикального положения, сдвинуть его вправо и вынуть из ствольной коробки. Поворотом вниз отделить от ствольной коробки корпус ударно-спускового механизма.
8. Прижав замыкатель верхнего кольца к газовой трубке и повернув его вправо до отказа, сдвинуть часть кольца вперед. Перемещением ствольной накладки вниз в сторону отделить ее от ствола (при необходимости следует воспользоваться ключом пенала).

9. Отделить газовый поршень и толкатель с пружиной. Отведя толкатель назад, вывести его передний конец из гнезда поршня. Отделить от газовой трубки поршень. Вывести передний конец толкателя за газовую трубку. Поджать пружину толкателя до выхода ее из канала прицельной колодки и отделить толкатель с пружиной. Разъединить пружину и толкатель.

Сборка винтовки производится в обратном порядке.

Порядок частичной разборки 7,62-мм снайперской винтовки образца 1891/30 г.

1. Частично отвинтив зажимной винт, подать оптический прицел назад. Отсоединить прицел и снять с винтовки.
2. Проверить, нет ли патрона в патроннике. Открыв затвор и нажав на спусковой крючок, вынуть затвор.
3. Вывинтить из гнезда и вынуть шомпол.
4. Нажать пальцем на головку зацепа и открыть крышку магазинной коробки. Сжать подающий механизм и аккуратно снять его с оси шарнирного болта.
5. Разобрать затвор. Оттянуть курок так, чтобы боевой взвод не выходил из вилки соединительной планки. Повернуть курок влево и отпустить его. Отделить от стебля боевую личинку с соединительной планкой, сдвинув их вперед. Отделить боевую личинку, сняв ее с соединительной планки. Отделить курок, для чего следует, уперев ударник бойком в деревянный упор и надавливая на рукоятку стебля, сжать боевую пружину. Свинтить курок с ударника. Аккуратно вынуть ударник с боевой пружиной.

Сборка винтовки производится в обратной последовательности.

Глава 7
ДЕЙСТВИЯ СНАЙПЕРА В БОЕВЫХ УСЛОВИЯХ

Тактическое использование снайперов

В боевых условиях снайпер непосредственно подчиняется командиру своего подразделения, который и определяет его очередные задачи. Для их выполнения снайпер обязан:

- содержать оружие в постоянной боевой готовности, в совершенстве знать материальную часть снайперской винтовки, возможные задержки и неисправности при стрельбе и способы их устранения, порядок проверки боя винтовки и приведения ее к нормальному бою, выверку оптического прицела, порядок осмотра, выверку и подготовку ночного прицела к работе;
- довести до автоматизма владение приемами стрельбы из различных положений, как в движении, так и с места с использованием различных укрытий;
- овладеть приемами скрытного передвижения на поле боя, выбора и занятия места для стрельбы, оборудования, маскировки позиции и быстрой ее смены;
- уметь вести непрерывное и тщательное наблюдение за полем боя и по малозаметным демаскирующим признакам отыскивать цели, не обнаруживая при этом себя;
- своевременно и правильно выбирать цель для поражения, быстро и точно готовить данные для стрельбы;
- уметь вести огонь по различным целям и умело его корректировать;
- тактически грамотно действовать на поле боя в одиночку и в составе снайперской пары;
- вырабатывать такие качества, как мужество, упорство, отвага, сила, выносливость, ловкость, быстрота, выдержка, терпение, решительность, хладнокровие, стойкость, сила воли и другие.

Если же учесть, что снайпер при выполнении своего задания пользуется в своих действиях относительной свободой, то становится очевидной серьезная роль этих прекрасных стрелков в боевых действиях как армейских подразделений, так и спецназа внутренних войск, контртеррористических групп и т.д.

Сразу же после выхода на новый рубеж (оборона или остановка наступления) снайпер по указанию командира или по согласованию с ним оборудует себе основную и запасные позиции, а также ложные позиции для обмана противника при возможных антиснайперских операциях. Считается, что время, необходимое для подготовки позиции, занимает от 4 до 6 часов. Понятно, что такая работа должна проделываться под покровом ночи. При этом не следует забывать о тщательном удалении вынутого грунта и о маскировке своих позиций, в том числе и позиций предполагаемого «подскока» для временного выдвижения на передовой рубеж в случае боевой необходимости. Позиции снайпера выбираются таким образом, чтобы иметь возможность хорошего обзора предполагаемого поля боя, неприятельских позиций и при этом обеспечить максимально возможную скрытность и пути отхода. Предполагается, что подготавливаемая позиция оборудуется с максимальными удобствами для снайпера, имеет бруствер или бойницу с хорошей опорой для оружия и удобное место для многочасового выжидания (желательно в сидячем положении). Не исключается вариант с минированием подходов к снайперской позиции. С другой стороны, не следует забывать, что противник также внимательно наблюдает за всеми действиями нашей стороны, а это требует обязательного поражения возможной цели с первого же выстрела. После одного-двух выстрелов снайпер должен переменить позицию не дожидаясь минометно-артиллерийского налета.

Зачастую снайперские позиции оборудуются перед передним краем своих войск — на нейтральной полосе. Поэтому очень важно, чтобы снайпер имел и надежное огневое прикрытие — и для своей защиты, и для обмана противника. Например, известно много случаев, когда снайпер стрелял под треск своего пулемета, заглушавшего одиночный звук выстрела снайперской винтовки. При этом снайпер должен выбрать позицию, обеспечивающую нанесение противнику максимального урона. Такая позиция могла бы обеспечивать возможность флангового прострела траншей, ходов сообщения, находиться поблизости от командного или наблюдательного пунктов, узлов связи и т.д.

Всему этому предшествует тщательное наблюдение за местностью с составлением схемы местности с обязательным указанием наиболее заметных ориентиров и предполагаемого расстояния до них. Если это позволяет боевая обстановка, желательно пристреляться по таким ориентирам для обеспечения наиболее меткого выстрела, особенно на значительном удалении от снайпера. Это является чрезвычайно важным моментом, поскольку при стрельбе, например, на предельные для винтовки СВД расстояния — от 1200 до 1300 м (табл. 9), ошибка в определении расстояний в 100 м дает ошибку в попадании пули по высоте в 3 м, что просто гарантирует промах.

Основными задачами, которые ставятся перед снайперами в таких условиях, всегда являются следующие:

- срыв организации работы переднего края противника;
- уничтожение офицерского состава, расчетов огневых систем, радистов, наблюдателей и водителей транспортных средств;
- уничтожение быстро появляющихся целей, которые не могут быть замечены или недосягаемы огневым средствам своего переднего края;
- психологическое воздействие на противника, создание у него чувства неуверенности и страха;
- разведка ситуации на стороне противника, определение расположения его огневых позиций, наблюдательных и командных пунктов и других значительных с тактической точки зрения объектов;
- возможное целеуказание для собственных огневых средств с использованием патронов с трассирующими пулями.

Таблица 9

Основная таблица для снайперской винтовки Драгунова (СВД)

Дальность	Угол прицеливания		Угол бросания		Угол падения		Высота траектории	Горизонтальная дальность до вершины траектории	Полное время полета пули	Оконча-тельная скорость пули	Энергия пули в точке падения
X	α		0		0_c		Y	X_s	T	V_c	E_c
м	град мин	тыс	град мин	тыс	град мин	тыс	м	м	с	м/с	кгм
100	0 06(0 05)	1,7(1,4)	0 03	0,8	0 03	0,8	0,02	51	0,13	755	279
200	0 08(0 07)	2,2(1,9)	0 06	1,7	0 06	1,7	0,09	103	0,27	685	229
300	0 10	2,8	0 09	2,5	0 10	2,8	0,22	157	0,42	618	187
400	0 14	3,9	0 13	3,6	0 16	4,4	0,43	213	0,59	554	150
500	0 18	5,0	0 18	5,0	0 24	6,7	0,75	271	0,78	495	120
600	0 23	6,4	0 23	6,4	0 35	69,7	1,2	331	0,99	441	95
700	0 29	8,1	0 29	8,1	0 48	13	1,9	394	1,23	392	75
800	0 36	10	0 36	10	1 05	18	2,8	459	1,50	350	60
900	0 45	12	0 45	12	1 26	24	4,0	525	1,80	320	50
1000	0 55	15	0 55	15	1 50	31	5,7	591	2,12	302	45
1100	1 07	19	1 07	19	2 17	38	7,8	656	2,46	286	40
1200	1 21	23	1 21	23	2 47	46	10,5	719	2,82	272	36
1300	1 36	27	1 36	27	3 20	56	13,5	779	3,20	256	33

При боевых операциях в лесных условиях снайперы, как правило, занимают огневые позиции на деревьях. Именно так делали во время советско-финской войны 1939–1940 годов знаменитые финские «кукушки» (названные так из-за того, что подавали друг другу сигналы птичьим свистом). При этом при властвовавших тогда сорокаградусных морозах они не выдержали бы многочасового ожидания на деревьях, но имели заранее оборудованные теплые землянки внизу и выходили на свои боевые позиции только по сигналу или по обстоятельствам.

При позиционной войне снайперы зачастую скрытно выходят вместе с разведывательными группами во фланг противника и занимают выгодные позиции. При этом они в основном играют роль наблюдателей, фиксируя расположение огневых точек, наблюдательных и командных пунктов, складов, скопления живой силы и техники и передавая все эти данные своему командованию. При необходимости они делают выстрелы трассирующими пулями, давая целеуказания своим ракетно-артиллерийским подразделениям. Но и в этом случае главной целью снайперов является уничтожение наиболее важной части живой силы противника, что не только дезорганизует его действия, но и деморализует его войска, поскольку самым страшным является невидимый нападающий, наносящий урон неведомо откуда и неведомо когда.

Во встречном бою снайперы подавляют огневые точки прежде всего в секторе своего подразделения (взвода), поддерживая маневрирование своих войск. Очень важной их функцией является уничтожение наблюдателей и корректировщиков артиллерийского огня, а также средств наблюдения (стереотруб, буссолей, перископов и т.д.), что сильно мешает организации боя противоположной стороны.

В ночном бою снайперы, используя свои ночные прицелы, в первую очередь подавляют приборы ночного видения, инфракрасные прожекторы. И опять-таки деморализующе воздействуют на живую силу.

В наступательном бою снайперы должны располагаться на флангах и в центре и сразу же после артиллерийской подготовки подавлять оставшиеся огневые точки противника, особенно стараясь уничтожить расчеты противотанковых и других огневых средств. Очень важно, чтобы при этом снайпер проявил инициативу и самостоятельно принял решение в отношении своих дальнейших действий. В то же время он или члены его группы поддержки должны по возможности непрерывно поддерживать связь со своим командиром и немедленно выполнять его указания.

В обороне снайперы должны обеспечивать безопасность своих флангов и стыков боевых частей. Они должны активно препятствовать проникновению на свою территорию разведгрупп противника, внимательно следить за возможными попытками снятия минных, проволочных и других заграждений, что может свидетельствовать о близком начале атаки на свои позиции, и активно уничтожать офицерский состав, наблюдателей, связистов и расчеты огневых средств.

Именно в это время снайперы могут оборудовать свои хорошо замаскированные позиции на нейтральной полосе, выдвигаясь далеко вперед перед позициями своих войск.

В это же время активно ведется и антиснайперская борьба, которая характеризуется как снайперскими «дуэлями», так и широким использованием всех видов огневых средств в подавлении обнаруженной снайперской позиции. При нахождении в засаде снайперы подчас проявляют чудеса терпения. Известен рассказ английского снайпера Джона Унстла о том, как он во время Первой мировой войны в течение трех дней, испражняясь в свои штаны, чтобы не шевелиться, ждал нужной цели для того, чтобы произвести один-единственный точный выстрел.

При высадке вертолетных и морских десантов первыми выходят также снайперы, своим огнем поддерживающие дальнейшую высадку своих войск и активно подавляющие огневые точки противника.

При боевых действиях в населенных пунктах снайперы должны использовать прежде всего развалины пострадавших во время боев зданий и сооружений и уничтоженную боевую технику. Преимуществами снайперов в этих условиях являются как возможность хорошей маскировки с использованием разнообразных подручных материалов, обеспечение надежной

10 - 7418 Секулич

защиты железобетонными или каменными блоками, так и гораздо меньшая мобильность по сравнению с прочими участниками боя, а также перспектива оборудования ряда запасных позиций и путей отхода после выполнения задания.

Действия снайпера в населенном пункте облегчаются возможностью пристреляться по имеющимся ориентирам, вывешивания тряпок и т.д., указывающих направление и силу ветра и, как правило, малыми дистанциями стрельбы, позволяющими ориентироваться главным образом на прямой выстрел. Большим подспорьем снайперу является возможное его знание схемы городской канализационной сети, что позволяет ему незаметно «исчезнуть» в нужный момент или в случае необходимости выдвинуться в заданную точку населенного пункта.

В условиях боя в населенном пункте перед снайпером могут быть поставлены следующие задачи:

- уничтожение появляющихся целей. К ним в первую очередь относятся снайперы (антиснайперская борьба), офицерский состав, экипажи боевых машин, расчеты огневых средств, саперы и связисты; особенно же важными целями являются в условиях населенных пунктов расчеты «истребителей танков», РПГ и ПТРК;
- поддержка огнем контратаки своих войск;
- прикрытие действий своих саперов;
- воспрепятствование противнику в захвате важнейших позиций или возможных путей отхода;
- участие в небольших маневренных ударно-диверсионных группах в целях дезорганизации боевой работы противника;
- защита выполненных инженерных заграждений;
- по возможности обеспечить корректировку огня своих огневых средств и выдача целеуказаний.

Снайперские засады (лучше — в составе снайперской пары, пулеметчика и гранатометчика, а возможно, и при поддержке автоматчиков) могут быть весьма эффектно использованы и против рыскающих по развалинам ударно-диверсионных групп противника, что особенно характерно для условий боев в Чечне.

Прикладная баллистика

Итак, главным в снайперском деле, несмотря на соблюдение всех иных условий (маскировки, тактики и т.д.), является производство меткого выстрела. Однако при всех прочих равных условиях такой выстрел зависит от целого ряда факторов, ни один из которых не может быть оставлен без внимания.

Зависимость траектории от атмосферных (метеорологических) условий

Атмосферные условия, непрерывно изменяясь во время выполнения боевого задания, могут оказывать большое, а подчас и решающее влияние на полет пули, отклоняя ее в сторону от установленного направления. Однако, если снайпер будет располагать некоторыми знаниями и практическим опытом, он сможет в значительной степени учесть вредное воздействие атмосферных условий и меткость стрельбы и внести соответствующие поправки.

При этом следует учитывать такие факторы, как влияние ветра, температура воздуха, а также его плотность.

Влияние ветра. Встречный и попутный ветры незначительно воздействуют на стрельбу, вследствие чего снайперы обычно игнорируют их влияние; например, при стрельбе на дистанцию 600 м сильный (10 м/с) встречный или попутный ветер изменяет СТП всего лишь на 4 см.

Однако боковой ветер значительно отклоняет пули в сторону, причем даже и при стрельбе на небольшие дистанции.

Сила ветра определяется его скоростью (в м/с) и направлением. В стрелковой практике различают ветер: слабый, имеющий скорость 2 м/с, умеренный — 4–5 м/с; сильный — 8–10 м/с.

Силу и направление ветра опытные снайпера практически определяют по различным местным признакам — при помощи флага, по движению дыма, колебаниям травы, кустов, веток деревьев и т.д.

Рис. 220. *Определение силы ветра по флагу и по дыму*

В зависимости от силы и направления ветра, во время стрельбы следует либо производить боковую поправку прицела, либо выносить точку прицеливания в соответствующую сторону с учетом отклонения пуль под действием ветра. В таблице 10 приведены отклонения пуль в зависимости от воздействия ветра при стрельбе отечественным патроном 7,62 х 54R.

Как следует из приведенной таблицы, величина отклонения пуль почти пропорциональна силе (скорости) ветра. Чем сильнее ветер, тем больше он относит пулю в сторону.

Однако во время стрельбы производить поправку на ветер на основании одних только табличных данных было бы неправильно; они должны служить только в качестве вспомогательного материала и помогать снайперу ориентироваться в сложных условиях стрельбы в ветреную погоду.

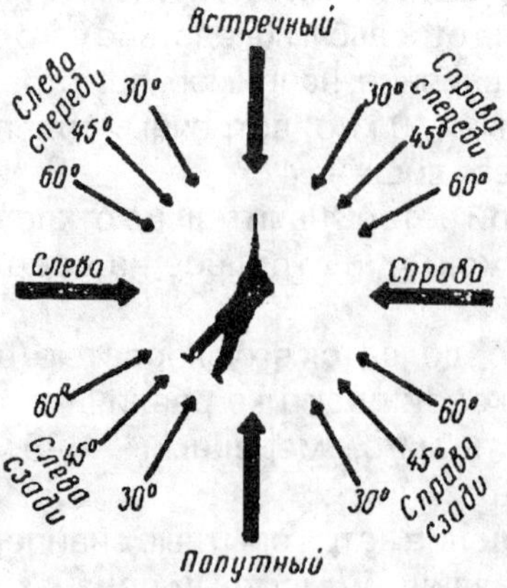

Рис. 221. *Направление ветра*

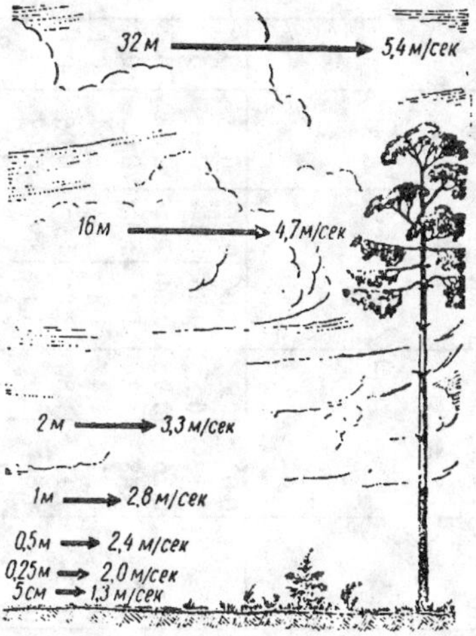

Рис. 222. *Примерные данные по скорости ветра летом на различной высоте над равниной*

Таблица 10

Отклонение пуль при стрельбе из малокалиберной винтовки под влиянием бокового ветра

Дальность Стрельбы, м	Отклонение, см		
	Ветер слабый (2 м/с)	Ветер умеренный (4 м/с)	Ветер сильный (8 м/с)
25	–	1	2
50	1,5	3	6
100	3	6	12
200	8	16	32

Практически редко бывает так, чтобы на сравнительно малом участке местности — в зоне обстрела снайперской парой — ветер имел одинаковое направление, а тем более и одинаковую силу. Обычно ветер дует порывами.

Поэтому снайпер должен приурочить выстрел к определенному метеорологическому режиму. Если же нет времени на ожидание нужной погоды, то следует научиться делать выносы точки прицеливания.

При подготовке к производству выстрела (и даже во время прицеливания) необходимо корректировать стрельбу, со-

Таблица 11

Таблица поправок на изменения метеорологических и баллистических условий стрельбы и деривацию для снайперской винтовки Драгунова (СВД)

Дальность, м	Поправки дальности					Поправки высоты					Поправки направления					
	На изменение			На продольный ветер скоростью		На изменение			На продольный ветер скоростью		На боковой ветер скоростью				На деривацию	
	температуры воздуха и заряда на 10 °С	давления воздуха на 10 мм рт. ст.	начальной скорости на 10 м/с	4 м/с	10 м/с	температуры воздуха и заряда на 10 °С	давления воздуха на 10 мм рт. ст.	начальной скорости на 10 м/с	4 м/с	10 м/с	4 м/с		10 м/с			
100	2	0	2	0	0	0	0	0	0	0	0,02	0,2	0,06	0,6	0	0
200	5	0	4	0	0	0,01	0	0,01	0	0	0,10	0,5	0,26	1,3	0	0
300	8	1	6	0	1	0,02	0	0,02	0	0	0,26	0,9	0,64	2,1	0,01	0
400	11	1	8	1	2	0,05	0,01	0,04	0	0	0,48	1,2	1,2	3,0	0,02	0
500	13	2	9	1	3	0,10	0,02	0,07	0	0,01	0,72	1,4	1,8	3,6	0,04	0,1
600	16	3	11	2	4	0,17	0,03	0,11	0,01	0,03	1,12	1,8	2,8	4,7	0,06	0,1
700	19	4	12	2	6	0,28	0,05	0,16	0,03	0,08	1,64	2,3	4,1	5,9	0,09	0,1
800	22	5	13	3	8	0,43	0,08	0,24	0,06	0,15	2,24	2,8	5,6	7,0	0,13	0,2
900	25	6	13	4	10	0,64	0,14	0,33	0,10	0,26	2,9	3,2	7,3	8,1	0,19	0,2
1000	29	7	14	5	13	0,92	0,21	0,45	0,17	0,42	3,7	3,7	9,2	9,2	0,27	0,3
1100	32	8	15	6	16	1,3	0,30	0,58	0,26	0,66	4,6	4,2	11,4	10,4	0,36	0,3
1200	35	8	15	8	20	1,7	0,41	0,73	0,39	0,97	5,5	4,6	13,7	11,4	0,47	0,4
1300	39	9	15	10	24	2,3	0,53	0,90	0,56	1,4	6,5	5,0	16,3	12,5	0,60	0,5

образуясь с такими второстепенными факторами, как отклонение листвы и ветвей деревьв, кустов, травы и цветов, достаточно хорошо показывающих направление ветра и интенсивность его изменений. При этом нужно учитывать и зачастую неправильные движения таких вспомогательных «помощников», если они располагаются по краям оврагов, траншей и других неровностей местности, поскольку ветер, обтекая такие неровности, может создавать всевозможные завихрения, в результате чего может создаться ложное представление о направлении ветра и интенсивности его движения.

К этому нужно добавить, что на дистанции стрельбы ветер может дуть в различных направлениях, что особенно важно при стрельбе на расстояния свыше 400–600 м. Поскольку пуля при полете довольно быстро теряет скорость, она в наибольшей степени подвержена воздействию ветра на нисходящей ветви. Это указывает на необходимость обращать внимание прежде всего на наиболее удаленные ориентиры.

Понятно, что, для того чтобы производить точные поправки на ветер, снайпер должен располагать определенным практическим опытом; это требует постоянного внимания и наблюдений, тщательного изучения действий ветра вообще и в частности в данном секторе обстрела, систематических записей тех условий, в которых ведется обстрел. Со временем у стрелка появляется опыт, вырабатывается такое подсознательное чувство, которое позволяет ему быстро ориентироваться в метеорологической обстановке и вносить нужные поправки в прицел (или делать выносы), что обеспечивает выполнение боевого задания даже в самых неблагоприятных метеоусловиях.

Влияние температуры воздуха. Чем ниже температура воздуха, тем больше его плотность. Пуля, летящая в более плотном воздухе, встречает на своем пути большее его сопротивление, в связи с чем и более быстро теряет свою начальную скорость. Следовательно, при стрельбе в холодную погоду, при низкой температуре дальность стрельбы уменьшается и СТП понижается.

Кроме того, температура влияет еще и на процесс сгорания порохового заряда в стволе оружия. Как известно, с увеличением температуры скорость горения порохового заряда повышается, так как уменьшается расход тепла, необходимого для нагревания и воспламенения пороховых зерен. Следовательно, чем ниже температура воздуха, тем медленнее идет процесс нарастания давления газов, в связи с чем уменьшается и начальная скорость пули.

Так, опытами установлено, что изменение температуры воздуха на 1 °С приводит к изменению начальной скорости на 1 м/с.

А так как нашему климату свойственны значительные температурные перепады между летом и зимой, то изменения начальной скорости могут достигать 50–60 м/с.

Учитывая все это, для пристрелки оружия, составления соответствующих таблиц и т.д. принимают определенную температуру. Такой «усредненной» температурой является температура +15 °С.

Поправки на изменения температуры также учтены в прилагаемой таблице (*см.* табл. 11).

Учитывая зависимость между температурой порохового заряда и скоростью пули при особо точных стрельбах, следует иметь в виду следующие обстоятельства.

При длительной стрельбе, что возможно при участии снайпера в бою вместе со своим подразделением, ствол винтовки сильно нагревается. В этом случае нельзя допускать, чтобы перед прицельным выстрелом патрон слишком долго находился в патроннике: сравнительно высокая температура нагревшегося во время стрельбы ствола, передаваясь через патронную гильзу пороховому заряду, повлечет за собой ускорение воспламенения пороха, что в конечном счете может привести к изменению СТП. Если это допускается боевой обстановкой, то можно рекомендовать замену такого патрона.

С другой стороны, при подготовке точного выстрела из холодного ствола (особенно в морозную погоду) опытные снайперы используют патроны, подогретые во внутренних карманах одежды собственным теплом. Для этого изготавливается матерчатый патронташ типа газырей, в который укладываются тщательно отобранные патроны, которые будут всегда нагреты до температуры 36 °С. Именно такими патронами следует пристрелять винтовку и сравнить разницу СТП между этими и холодными патронами. При необходимости производства очень точного выстрела следует использовать именно патроны «из-за пазухи».

О рассеивании выстрелов

Если бы можно было произвести серию выстрелов в совершенно одинаковых условиях (и при идеальных патронах), то пули, описав в воздухе одну и ту же траекторию, попадали бы в одну и ту же точку.

Однако на практике соблюсти абсолютное однообразие всех условий стрельбы невозможно, так как всегда существуют незначительные, практически допустимые колебания в размерах зерен пороха, весе заряда и пули, калибре и форме пули, различная воспламеняющая способность капсюля; различные условия движения пули в стволе и вне его, постепенное загрязнение канала ствола и нагревание ствола, порывы ветра и изменяющаяся температура воздуха; погрешности, допускаемые стрелком при прицеливании и прикладке, и пр. Поэтому даже при самых благоприятных условиях стрельбы каждая из выпущенных пуль опишет свою траекторию, несколько отличающуюся от траектории других пуль. Это явление называется *естественным рассеиванием выстрелов*.

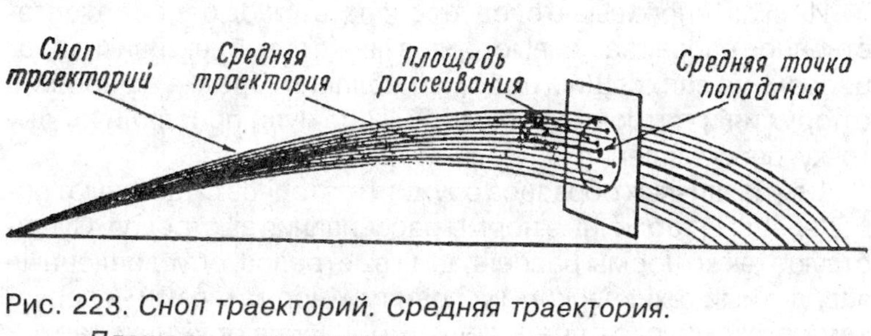

Рис. 223. *Сноп траекторий. Средняя траектория. Площадь рассеивания*

Не вдаваясь в подробности объяснения законов рассеивания выстрелов и понятий о вероятности попадания, скажем, что при стрельбе из огнестрельного оружия любого образца характер расположения пробоин на площади рассеивания всегда остается одним и тем же, хотя площади рассеивания по своим размерам могут резко различаться между собой в зависимости от стрельбы различными патронами, из различных образцов и т.д.

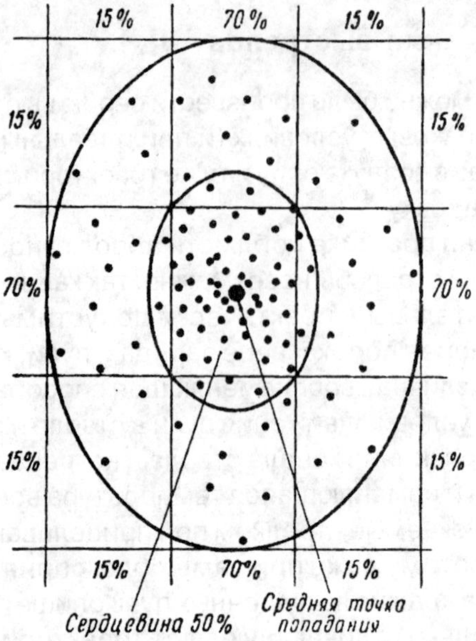

Рис. 224. *Распределение пробоин на площади рассеивания*

Из сказанного выше следует сделать вывод о том, что естественное рассеивание выстрелов является объективным процессом, не зависящим от воли и желания стрелка; требовать от оружия и патронов того, чтобы все пули попадали в одну точку, бессмысленно.

Для различных образцов оружия и патронов существуют определенные табличные нормы рассеивания выстрелов. Существуют также нормы рассеивания выстрелов, обусловленные заводскими техническими условиями (нормативами) и допусками при выпуске определенных образцов оружия и партий патронов.

Вместе с тем опытный снайпер должен помнить и о том, что естественное рассеивание выстрелов не является неизбежной и неизменной нормой, раз и навсегда установленной для какого-нибудь образца оружия и определенных условий стрельбы. Искусство меткой стрельбы именно и состоит в том, чтобы учитывать причины естественного рассеивания выстрелов и практически уменьшить их отрицательное воздействие.

Величина рассеивания выстрелов зависит от множества причин, которые могут быть подразделены на четыре группы. Сюда относятся причины, зависящие от: конструкции, качества и состояния оружия; образца и качества патронов; метеорологических условий; техники стрельбы самого снайпера.

Дальность эффективного огня

Этот термин обязательно употребляется в характеристиках каждого образца оружия. Это та дальность, на которой достигается поражение цели (ранее использовался термин «дальность действительного огня»). Профессор А.А. Лови объясняет этот термин следующим образом: степень поражения цели может быть различной — цель может быть уничтожена, т.е. полностью выведена из строя, подавлена — когда она лишена боеспособности лишь временно; огонь по цели, который может привести только к сковыванию ее маневра, — беспокоящий огонь. Понятно, что различная степень поражения цели достигается применением различных по действию боеприпасов, зависит от их расхода по данной цели и времени, затраченного на стрельбу. Кроме того, степень поражения цели зависит от способа стрельбы по ней — с места, с ходу, с коротких остановок; от условий стрельбы — днем и ночью, от уровня подготовки стреляющих, от наличия у них приборов для стрельбы и наблюдения.

Таким образом, эффективность стрельбы зависит от множества факторов и в различных условиях достигается по-разному, с различием боеприпасов и времени на стрельбу, с различной степенью поражения цели.

Говорить о конкретной дальности эффективного огня можно только ограничивая условия стрельбы. Указанная в наставлении по стрелковому делу (НСД) статья 1 говорит, что «Огонь снайперской винтовки СВД эффективен на расстояниях до 800 м». Это общее положение не отвечает на конкретные вопросы огневых возможностей снайпера — по каким целям, из каких положений для стрельбы, какими патронами, для каких стрелков достижима такая дальность эффективного огня?

Ответы на эти вопросы можно получить пользуясь данными из таблиц стрельбы по наземным целям из стрелкового оружия (ТС ГРАУ № 61, 1977 г.). Здесь приведено (табл. 12) количество патронов, необходимое для поражения одиночных целей из снайперской винтовки по различным целям из различных положений: лежа с упора, с руки, с колена, стоя с руки, с короткой остановки, ночью с упора, с ночным прицелом, причем порознь для лучших и средних снайперов, снайперскими патронами и патронами с пулей со стальным сердечником (ЛПС).

Таблица указывает, на каких предельных дальностях для попадания в цель достаточно одного выстрела (выделены в рамках).

Таблица 12

Количество патронов, необходимоее для поражения одиночных целей при стрельбе из СВД

Положение для стрельбы	Дальность стрельбы, м	Наименование и номера мишеней						
		Головная фигура	Голова	Грудная фигура	Поясная фигура	Поясная фигура	Бегущая фигура	Бегущая фигура
		5	5а	6	7	7а	8	8а
Лежа с упора (лучшие снайпера)	100	1/1	1/1	1/1	1/1	1/1	1/1	1/1
	200	1/1	1/1	1/1	1/1	1/1	1/1	1/1
	300	1/1	1/1	1/1	1/1	1/1	1/1	1/1
	400	1/2	1/2	1/1	1/1	1/1	1/1	1/1
	500	1/2	2/3	1/1	1/1	1/1	1/1	1/1
	600	2/3	4/3	1/2	1/1	1/1	1/1	1/1
	700	2/4	3/6	1/2	1/1	1/1	1/1	1/1
	800	3/5	5/8	2/3	1/2	1/2	1/2	1/2
	900	5/7	7/11	3/4	2/2	2/2	2/2	2/2
	1000	8/11	12/16	4/6	2/3	2/3	2/3	2/3
	1100	13/17	19/25	7/9	3/4	4/5	3/4	3/4
	1200	19/24	28/36	10/12	5/6	6/7	4/5	4/5
	1300	28/33	43/51	14/17	7/8	8/9	6/7	6/7

Примечание. В числителе приведено количество патронов при стрельбе снайперскими патронами, в знаменателе — патронами с пулей со стальным наконечником (ЛПС).

Из приведенных данных видно, что по головной фигуре поражение цели достигается одним выстрелом (расход патронов один) на дальностях до 500 м; по голове (мишень № 5а) — на дальностях до 400 м; по грудной фигуре — до 700 м; по поясной и бегущей фигурам — до 800 м.

Следует напомнить, что приведенные данные относятся к характеристикам лучших снайперов при стрельбе снайперским патроном. Для средних снайперов эти данные составляют соответственно дальности в 300, 500, 700 и 1000 м.

Для оценки возможностей СВД в условиях применения противником средств индивидуальной защиты (бронежилетов и касок) для поражения цели одного попадания может быть недостаточно. Поражение цели в этих случаях будет достигнуто только при попадании в уязвимую часть цели, не защищенную бронежилетом или каской. Эта площадь может составлять 50–30% общей площади цели. Следовательно, вероятность попадания с первого выстрела будет меньшей и дальность эффективного огня по таким целям сократится в 1,5–2 раза. Однако снайперские патроны с бронебойными пулями могут повысить дальность эффективного огня СВД до приведенных в таблице величин.

Как и из других видов стрелкового оружия, эффективность огня из СВД резко снижается при стрельбе из неустойчивых положений.

Например, из положения лежа с руки огонь по головной фигуре эффективен на дальностях до 100 м, по грудной — до 300 м, по бегущей — до 400 м; из положений с колена и стоя с руки огонь СВД по малоразмерным целям эффективен только на дальностях 100–150 м. Поэтому во всех случаях снайпер должен стремиться занимать позицию для стрельбы, которая дает возможность удобно вести огонь с упора.

Понятно, что все приведенные данные — усредненные, согласующиеся с практикой боевого применения снайперских винтовок. При этом надо понимать, что они справедливы при стрельбе без ошибок. Однако на практике ошибки неизбежно допускаются, особенно по дальности.

Известно, что срединная ошибка глазомерного определения расстояний до цели (а именно этим способом, как правило, определяется дальность при стрельбе из стрелкового оружия, о чем будет сказано ниже) составляет 10% измеренной дальности. При расстояниях до цели в 300–400 м срединная ошибка определения дальности колеблется в пределах 30–40 м, что не превышает величины срединной ошибки в определении дальности по высоте. Даже при допущении такой ошибки в подготовке исходных данных обеспечивается попадание в цель по высоте, так как дальность стрельбы не превышает дальности прямого выстрела и траектория полета пули не поднимается выше цели.

Угловые величины и определение расстояний

Для производства точного выстрела снайпер должен уметь правильно определять расстояние до цели. Это необходимо и для правильных величин поправок на боковой ветер и на воздействие температуры воздуха и атмосферного давления, а главное — для правильной установки прицела и определения возможных выносов при стрельбе по движущимся целям и т.д.

Хороший снайпер должен уметь быстро и точно определять такое расстояние.

Самым простым и быстрым способом определения расстояний является глазомерный, особенно важный при ведении быстро меняющихся боевых действий. Имея твердые навыки глазомерного определения расстояний, снайпер может добиться достаточно высокой точности. Понятно, что такие навыки вырабатываются на основании упорных и ежедневных тренировок — не только во время службы, но и во вполне бытовой обстановке, например: при ходьбе, когда можно глазомерно определить расстояние до попутного предмета, а затем измерить правильность решения при помощи шагов.

Таблица 13 может помочь снайперу в отработке глазомерного определения расстояний.

Считается, что удовлетворительной при глазомерном определении расстояний является ошибка, не превышающая 10%.

Тренировки по определению расстояний следует начинать с коротких дистанций — 100, 150, 200 м с постепенным переходом на более длинные.

Следует обратить внимание на то, что своеобразие фона и рельефа местности заметно влияют на величину допускаемых ошибок.

Таблица 13

Расстояния видимости предметов

Объекты и признаки	Расстояния, м
Отдельный небольшой дом, изба	5000
Трубы на крыше	3000
Самолет на земле, танк, неподвижный автомобиль	1200
Стволы деревьев, километровые столбы и столбы линий связи	1000
Движения ног и рук бегущего или идущего человека	700
Миномет, противотанковая пушка, колья проволочных заграждений, переплеты рам в окнах	500
Ручной пулемет, автомат, цвет и часть одежды на человеке, овал его лица	250–300
Черепица на крышах, листья деревьев, проволока на кольях	200
Пуговицы и пряжки, подробности вооружения солдата	150–170
Черты лица человека, кисти рук, детали стрелкового оружия	100

Например, расстояния кажутся увеличенными в пасмурный день, в сумерки, дождь и туман и сокращенными в светлый солнечный день.

В горной местности, где воздух разреженный, прозрачный, все предметы кажутся ближе.

Яркие цвета (белый, красный, желтый, оранжевый) кажутся ближе по сравнению с предметами темного окраса (черный, коричневый, синий).

Светлые предметы кажутся бо́льшими по величине, чем равные им по размерам темные.

Мелкие предметы кажутся дальше, чем крупные, находящиеся на том же расстоянии.

Одноцветный тон местности (снег, пашня, луг) как бы приближает находящиеся на нем предметы другого цвета.

Предметы под цвет окружающей местности маскируются и как бы удаляются.

Пестрый фон местности маскирует предметы.

Водные пространства и складки местности (например, впадины между горами или холмами) заметно «поглощают» расстояния до цели.

Обучающий снайперов инструктор должен обращать больше внимания выработке прикладных навыков в определении расстояний. Необходимо отработать дальность действительного огня при стрельбе из своего оружия, дальность прямого выстрела по головной, грудной, бегущей фигурам и пулемету.

Каждый снайпер обязан вести учет результатов определения расстояний и периодически анализировать их с целью закрепления навыков.

Навыки глазомерного определения расстояний совершенно необходимы снайперу вне зависимости от всех достижений современной оптики в области разработки электронно-оптических дальномеров.

При подготовке снайперов большое значение имеет измерение углов. При этом важно, чтобы способы измерения были просты и доступны для быстрого вычисления в уме (использование оптических дальномеров рассматривается в главе об оптике и оптических приборах).

Система измерения углов в градусах, минутах и секундах для быстрого вычисления оказывается неудобной. Поэтому в снайперской практике за единицу измерения принят угол, в котором заключающаяся между сторонами часть окружности равна одной тысячной доле радиуса. Эту единицу называют делением угломера, или тысячной.

Из геометрии известно, что длина окружности равна $2\pi R = 6,28R$, откуда следует, что окружность примерно в шесть раз длиннее своего радиуса. Это и послужило основанием для того, чтобы разбить круг вместо 360° на 6000 угломерных делений 6,28/6000=1/955. Округленно это число и составляет одну тысячную, что и продемонстрировано на рисунке.

Поэтому деление угломера обычно называют тысячной радиуса или дальности, или просто тысячной.

На различных дистанциях одна тысячная занимает по фронту расстояние на 100 м — 10 см, на 200 м — 20 см, на 500 м — 50 см, на 1000 м — 00 см. Соответственно 2 тысячных расстояния по фронту займут в два раза больше, а 5 тысячных — в 5 раз.

Между системой измерений в градусах и системой измерений в тысячных существует следующая зависимость: в окружности — 360°, а по угломеру — 6000 делений. Таким образом, угол в одну тысячную равен 3,6 (минуты) (21 600 : 6000), а угол в 1° (градус) равен приблизительно 17 тысячным (60 : 3,6).

Величины, выраженные в тысячных, записываются через тире, которое отделяет десятки от сотен. Например, 10–00 означает 1000 угломерных делений, 0–01 означает одно угломерное деление (1 тысячная).

Углы, выраженные в тысячных, записываются и произносятся в соответствии с указаниями, приведенными в таблице 14.

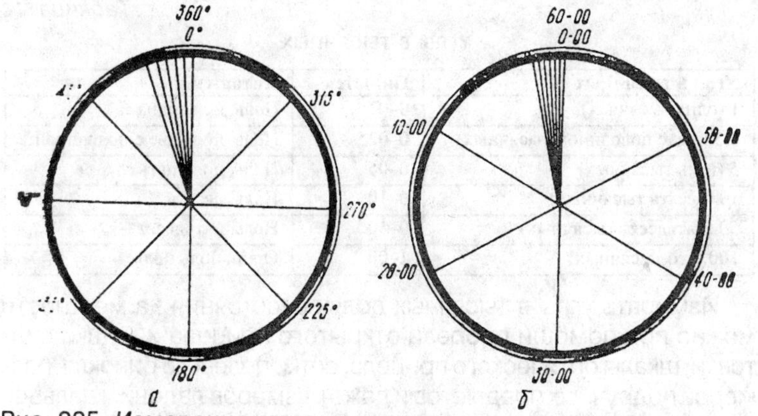

Рис. 225. *Измерение угловых величин: а — в градусах; б — в тысячных*

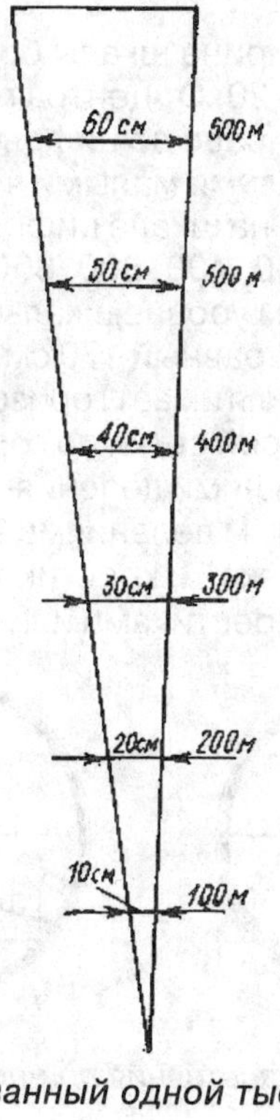

Рис. 226. *Угол, образованный одной тысячной*

Таблица 14

Углы в тысячных

Угол в тысячных	Пишется	Читается
1 (одна тысячная)	0–01	Ноль, ноль одна
2,5 (две с половиной тысячных)	0–025	Ноль, ноль две с половиной
5 (пять тысячных)	0–05	Ноль, ноль пять
10 (десять тысячных)	0–10	Ноль, десять
50 (пятьдесят тысячных)	0–50	Ноль, пятьдесят
100 (сто тысячных)	1–00	Один, ноль ноль

Измерять углы в тысячных долях расстояния на местности можно при помощи прорези открытого прицела и мушки винтовки, шкалы оптического прицела, сетки полевого бинокля, размеров подручных предметов и даже размеров ладони и пальцев рук (здесь мы не касаемся электронно-оптических дальномеров).

Каждый предмет и его составляющие имеют определенное угловое значение.

В прицеле ПСО-1 ширина шкалы боковых поправок (от 10 до 10) соответствует 0–20. От центра горизонтальной шкалы (от угольника) влево, вправо до цифры 10 — 0 — 10.

Расстояние между двумя малыми черточками равно 0–01 (рис. 224). Нанесенные на шкале цифры 2, 4, 6, 8, 10 соответствуют расстояниям 200, 400, 600, 800 и 1000 м. Цифры 1, 7 показывают, что на этом уровне шкалы по высоте вмещается средний рост человека, равный 170 см.

Сетка полевого бинокля имеет горизонтальные и вертикальные деления: ширина всей сетки по горизонтали равна 1–00. Расстояние между большими делениями соответствует 0–10, а между большим и малым делениями — 0–05. Расстояние по вертикали между черточкой и крестиком равно 0–05, а между двумя близлежащими крестиками или черточками — 0–10.

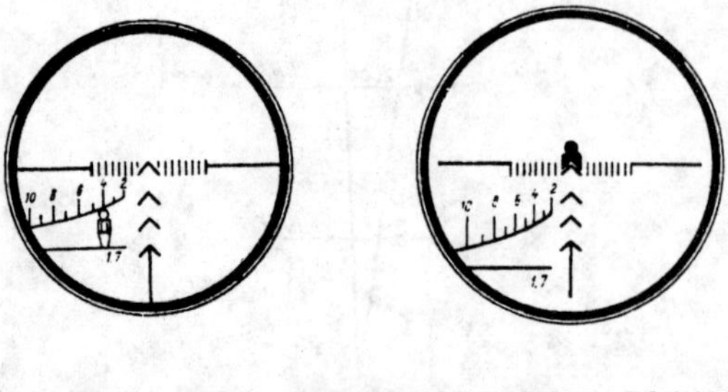

Рис. 227. *Определение расстояния при помощи прицела ПСО-1*

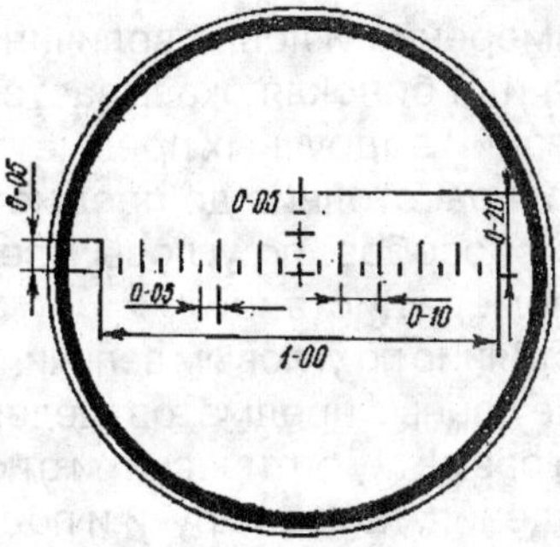

Рис. 228. *Размеры делений сетки бинокля в тысячных*

Для измерения углов можно использовать такие подручные предметы, как патрон, карандаш, спичку, спичечную коробку, линейку, монету и даже кисть руки.

При этом все предметы следует держать на расстоянии 50 см от глаза.

Патрон: ширина шляпки гильзы отечественного патрона калибра 7,62 мм — 0–26, гильзы — 0–24, пули — 0–16.

Карандаш: ширина — 0–14.

Спичка: длина 0–90, ширина 0–05.

Спичечный коробок: длина 0–90, ширина 0–30, высота 0–60.

Линейка: 1 мм составляет угол 0–02.

Кисть руки: ширина ладони, включая большой палец, — 2–00, ширина четырех пальцев без большого — 1–50, трех пальцев без мизинца — 1–00, двух пальцев (указательного и среднего) — 0–60, одного указательного пальца — 0–30, одного мизинца — 0–25, высота ладони — 3–00.

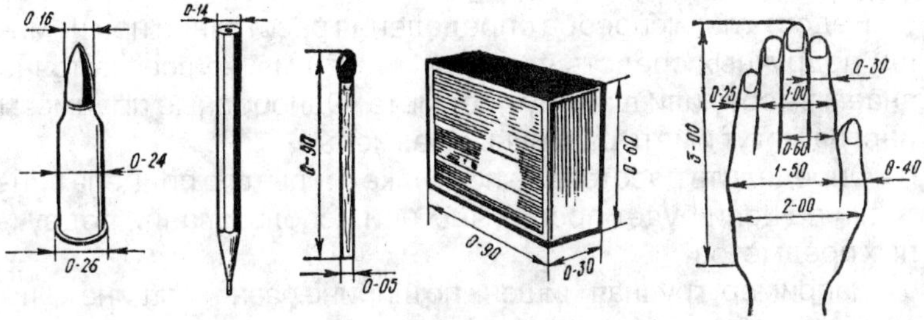

Рис. 229. *Размеры подручных средств в тысячных*

Понятно, что измерение угловых величин при помощи оптического прицела или бинокля оказывается более точным, чем при использовании подручных предметов.

Для определения расстояния до предметов (целей) применяют несколько способов: по угловым величинам, глазомерный и путем промера дистанции.

Определяя расстояние по угловым величинам, снайпер должен знать линейные данные предметов (целей).

Зная размеры и разметку оптических и открытых прицелов и приборов наблюдения, пальцев руки и подручных средств, снайперы должны тренироваться в измерении расстояний до предметов (целей).

Расстояние до предмета (цели) по угловым величинам определяется по формуле:

$$Д = В \times \frac{1000}{У},$$

где: Д — дистанция (расстояние до предмета), В — высота (ширина) предмета (цели), У — угловая величина, 1000 — постоянная величина (константа).

Расстояние до цели при помощи подручных предметов определяется следующим образом: для этого следует знать высоту или ширину цели. Возьмем, например, высоту одноэтажного дома — 5,0 м. Затем определим угловую величину цели с помощью подручного предмета, например мизинца. Она равна 25 тысячным. Подставляем в формулу известные величины и получаем расстояние до цели:

$$Д = 5 \times \frac{1000}{25} = 200(м).$$

Недостатком способа определения расстояний при помощи подручных средств является то, что мы не всегда точно знаем высоту или ширину предмета. Однородные предметы иногда могут иметь различные размеры.

Определить расстояние по мушке открытого прицела винтовки по цели будет проще, чем при использовании подручных предметов.

Например, грудная мишень по ширине равна толщине мушки. Толщина мушки соответствует двум тысячным. Ширина мишени 0,5 . Тогда искомое расстояние равно:

$$Д = 0,5 \times \frac{1000}{2} = 250\ (м).$$

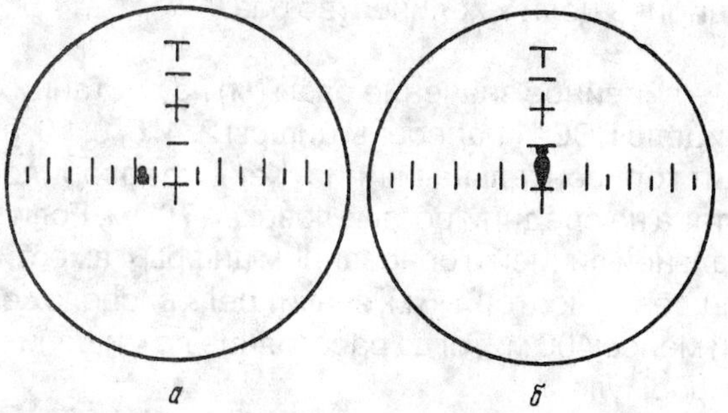

Рис. 230. *Определение расстояния до цели с использованием сетки бинокля: а — по ширине цели; б — по высоте цели*

Таблица 15

Размеры предметов для определения расстояний

Наименование предметов	Высота, м	Ширина, длина, м
Головная фигура, мишень № 5а	0,3	0,23
Головная фигура, мишень № 5	0,3	0,5
Грудная фигура, мишень № 6	0,5	0,5
Ручной пулемет, мишень № 10	0,55	0,37
Ростовая фигура, мишень № 8	1,5	0,5
Телеграфный столб: деревянный	6,0	–
железобетонный	8,0	–
Расстояние между телеграфными столбами	–	50
Одноэтажный дом	5	–
Один этаж крупнопанельного жилого дома	3	–
Мотоцикл с коляской	1,0	1,5; 2,4
Вагон четырехосный: товарный	4,0	14–15
пассажирский	4,0	20,0
Будка железнодорожная	4,0	–
Автомашина грузовая	2,0–3,0	5,0–6,0
Автомашина легковая	1,5	4,0

С более высокой точностью определить расстояние до цели можно при помощи оптического прицела ПСО-1 по формуле:

Д = ширина цели × количество раз

где 0,7 — линейное значение базы (м) на дистанции 100 м.

В прицеле ПСО-1 нанесены цифры 2, 4, 6, 8, 10, а под ними проходит горизонтальная линия. Как уже говорилось, шкала рассчитана на средний рост человека 170 см. Если между горизонтальной линией и основанием цифры 4 вместилась ростовая мишень высотой 1,5 м, значит цель расположена на расстоянии менее 400 м. Тогда расстояние до мишени определяется по формуле:

$$Д = В \times \frac{1000}{У} = 1,5 \times \frac{1000}{4} = 375\ (м).$$

Стрельба по неподвижным и появляющимся целям

Стрельба по неподвижным целям при всей ее кажущейся простоте требует особого внимания.

Как правило, неподвижные цели располагаются на значительном удалении от снайпера, а это требует очень точного определения расстояния до них, а также четкого вычисления поправок на метеоусловия, что предопределяет обеспечение поражения с первого выстрела.

На малых расстояниях такими целями могут являться различные бойницы, оптические устройства или (ночью) инфракрасные прожекторы. Такие цели могут располагаться гораздо ближе, и прицеливание в них должно вестись по центру мишени.

Наиболее характерными являются цели, появляющиеся на несколько секунд и в самых неожиданных местах. Снайпер должен предвидеть их появление на определенном от себя расстоянии, своевременно ввести поправки в прицел или сделать правильный вынос, после чего по возможности развернуться в направлении цели (или возможного ее появления в случае

Рис. 231. *Прицеливание в объектив оптического прибора*

исчезновения после первого появления) и произвести быстрый, но правильный спуск курка.

Неоднократно появляющаяся цель может появиться и в новом месте, поэтому поражение ее будет зависеть от внимательности наблюдения и быстроты открытия огня.

При появлении групповой цели, состоящей из отдельных отчетливо видных фигур, следует обстреливать последовательно перенося огонь с одной фигуры на другую, начиная с наиболее важных (офицер, радист, гранатометчик, пулемет, орудие и т.д.).

Таблица 16

Перемещение цели за время полета пули для снайперской винтовки Драгунова

Дальность, м	Перемещения цели за время полета пули при скорости движения цели															
	стрелок				Автомашина (мотоцикл)											
	Шагом 1,5 м/с		Бегом 3,0 м/с		10 км/ч		20 км/ч		30 км/ч		40 км/ч		50 км/ч		60 км/ч	
	м	тыс.	м	тыс.	м	тыс.	м	тыс.	м	тыс.	м	тыс.	м	тыс.	м	тыс.
100	0,19	1,9	0,37	3,7	0,35	3,5	0,69	6,9	1,0	10	1,4	14	1,7	17	2,1	21
200	0,39	2,0	0,78	3,9	0,72	3,6	1,4	7,0	2,2	11	2,9	15	3,6	18	4,3	22
300	0,62	2,1	1,3	4,3	1,1	3,7	2,3	7,7	3,5	12	4,6	15	5,8	19	6,9	23
400	0,88	2,2	1,8	4,5	1,6	4,0	3,2	8,0	4,9	12	6,5	16	8,1	20	9,8	24
500	1,2	2,4	2,3	4,6	2,1	4,2	4,3	8,6	6,5	13	8,6	17	11,0	22	13,0	26
600	1,5	2,5	3,0	5,0	2,7	4,5	5,5	9,2	8,2	14	11,0	18	13,5	23	16,5	28
700	1,8	2,6	3,7	5,3	3,4	4,9	6,8	9,7	10,0	14	13,5	19	17,0	24	20,5	29
800	2,2	2,8	4,5	5,6	4,2	5,2	8,3	10	12,5	16	16,5	21	21,0	26	25,0	31
900	2,7	3,0	5,4	6,0	5,0	5,6	10,0	11	15,0	17	20,0	22	25,0	28	30,0	33
1000	3,2	3,2	6,3	6,3	5,9	5,9	11,5	12	17,5	18	23,5	24	29,0	29	35,0	35
1100	3,7	3,4	7,3	6,6	6,8	6,2	13,5	12	20,5	19	27,0	25	34,0	31	40,5	37
1200	4,2	3,5	8,4	7,0	7,8	6,5	15,5	13	23,5	20	31,0	26	39,0	32	46,5	39
1300	4,7	3,6	9,5	7,3	8,8	6,8	17,5	13	26,5	20	35,0	27	44,0	34	53,0	41
1400	5,3	3,8	10,5	7,5	9,9	7,1	20,0	14	29,5	21	39,5	28	49,5	35	59,5	43
1500	6,0	4,0	12,0	8,0	11,0	7,3	22,0	15	33,0	22	44,0	29	55,0	37	66,0	44

Таблица 17

Перемещения цели в фигурах за время полета пули для снайперской винтовки Драгунова

Дальность, м	Перемещения цели в фигурах за время полета пули при скорости движения цели													
	Стрелок		Мотоцикл						Автомашина					
	Шагом 1,5 м/с	Бегом 3,0 м/с	10 км/ч	20 км/ч	30 км/ч	40 км/ч	50 км/ч	60 км/ч	10 км/ч	20 км/ч	30 км/ч	40 км/ч	50 км/ч	60 км/ч
100	0,5	0,5	0	0,5	0,5	0,5	1	1	0	0	0	0	0,5	0,5
200	1	1,5	0,5	0,5	1	1,5	1,5	2	0	0	0,5	0,5	0,5	0,5
300	1	2,5	0,5	1	1,5	2	2,5	3	0	0,5	0,5	1	1	1
400	2	3,5	0,5	1,5	2	3	3,5	4,5	0,5	0,5	1	1	1,5	1,5
500	2,5	4,5	1	2	3	3,5	4,5	5,5	0,5	0,5	1	1,5	2	2
600	3	6	1	2,5	3,5	5	6	7	0,5	1	1,5	2	2,5	3
700	3,5	7,5	1,5	3	4,5	6	7,5	9	0,5	1	1,5	2,5	3	3,5
800	4,5	9	2	3,5	5,5	7	9	11	0,5	1,5	2	3	3,5	4
900	5,5	11	2	4,5	6,5	8,5	11	13	1	1,5	2,5	3,5	4	5
1000	6,5	12,5	2,5	5	7,5	10	12,5	15,5	1	2	3	4	5	6
1100	7,5	14,5	3	6	9	12	15	17,5	1	2,5	3,5	4,5	5,5	7
1200	8,5	17	3,5	6,5	10	13,5	17	20	1,5	2,5	4	5	6,5	8
1300	9,5	19	4	7,5	11,5	15,5	19	23	1,5	3	4,5	6	7,5	9
1400	10,5	21	4,5	8,5	13	17	21,5	26	1,5	3,5	5	6,5	8,5	10
1500	12	24	5	9,5	14,5	19	24	29	2	3,5	5,5	7,5	9	11

Стрельба по движущимся целям

Наиболее характерными для снайпера являются движущиеся цели.

Понятно, что после выстрела, за время полета пули такая цель переместится на некоторое расстояние, что и должно быть учтено стреляющим.

При этом цель может двигаться по направлению стрельбы (на снайпера и от него), под углом 90° к направлению стрельбы и под косыми углами к нему.

Для правильного попадания в цель при ее движении под углом к биссектрисе (направлению) стрельбы необходимо прицелиться на некоторое расстояние перед ней, с тем чтобы в конце полета пуля встретилась с перемещающимся объектом. Такое расстояние называется *упреждением.*

Упреждение делается в сторону движения цели. Так, при движении цели слева направо среднюю точку попадания выносить вправо, а при движении цели справа налево — выносить влево.

При фронтальном движении цели (на стреляющего или от него) делать вынос нет необходимости, поскольку она не перемещается по фронту. Снайпер устанавливает прицел в соответствии с дистанцией стрельбы, а боковым барабанчиком делает поправку на ветер.

Иное дело при движении цели под различными углами. В приводимых выше таблицах указаны расстояния перемещения различных целей в метрах, тысячных и фигурах в течение пролета пулями различных дистанций и величины выносов или поправок в прицеле на такое перемещение.

При движении цели со скоростью, отличной от указанной в таблице, упреждение следует увеличивать (уменьшать) пропорционально изменению скорости движения цели.

При косом (по отношению к направлению стрельбы) движении цели упреждение, определенное для флангового движения цели, следует уменьшить в два раза.

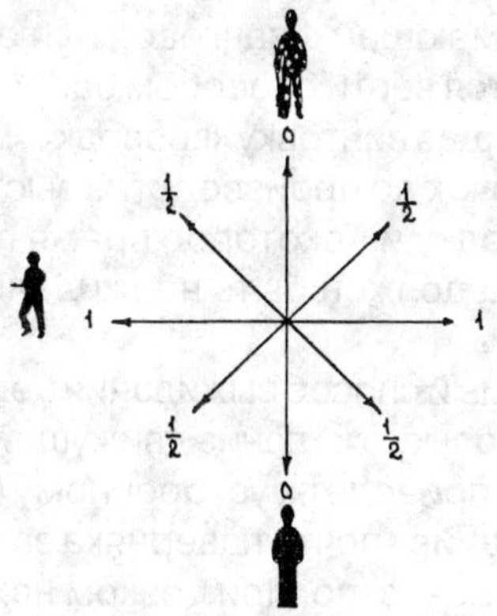

Рис. 232. *Увеличение или уменьшение упреждения при косом (облическом) движении цели*

Вообще же, скоростями движения целей в боевых условиях считаются:

- бегущий в атаку пехотинец — 3 м/с, 10 км/ч;
- резко перебегающий пехотинец — 4 м/с, 13 км/ч;
- пехотинец, бегущий изо всех сил, — 4,5 м/с, 15 км/ч;
- велосипедист — 4,5 м/с, 15 км/ч;
- мотоцикл по пересеченной местности — 6 м/с, 20 км/ч;
- стартующая машина — 6 м/с, 20 км/ч;
- маршевая скорость автомашины по шоссе — 18 м/с, 60 км/ч;
- парашютист — 6 м/с, 20 км/ч.

Вынос точки прицеливания производится от середины цели. При внесении поправок в установку бокового маховичка прицеливаться следует в середину цели. Для облегчения запоминания упреждений в делениях шкалы бокового маховичка (сетки прицела) на фланговое движение цели со скоростью 3 м/с (10 км/ч) величины упреждений можно округлять и считать, что при стрельбе на расстоянии до 600 м упреждение равно 4,5 тысячным (делениям шкалы), а на больших расстояниях — 6 тысячным (делениям шкалы).

Огонь по цели, имеющей фланговое или облическое движение, рекомендуется вести способом сопровождения цели.

Снайпер, перемещая винтовку «вповодку», плавно нажимает на спусковой крючок до производства выстрела. При этом он продолжает поводку и некоторое время после выстрела. Сам выстрел всегда должен быть неожиданным для самого стреляющего.

Часто предлагаемый способ выжидания цели не может быть рекомендован, поскольку ожидание движущейся цели в какой-то точке неизбежно приведет к ускоренному (рывком) спуску курка, а такое «дергание» почти наверняка закончится промахом, поскольку, как известно, при резком нажиме на спусковой крючок «срабатывает» не только указательный палец, но и плечо, «идущее» навстречу отдаче приклада.

Очень хороший совет для стреляющих по движущейся цели дает полковник А.М. Мальцев: в напряженный момент огневого боя ввести боковую поправку и изменить дальность на оптическом прицеле не всегда возможно. Поэтому следует внимательно рассмотреть и зрительно запомнить (рис. 233) упреждение и точку прицеливания на различной дальности при стрельбе по движущейся (шагом, бегом) цели с прицелом 4 при боковой поправке 0.

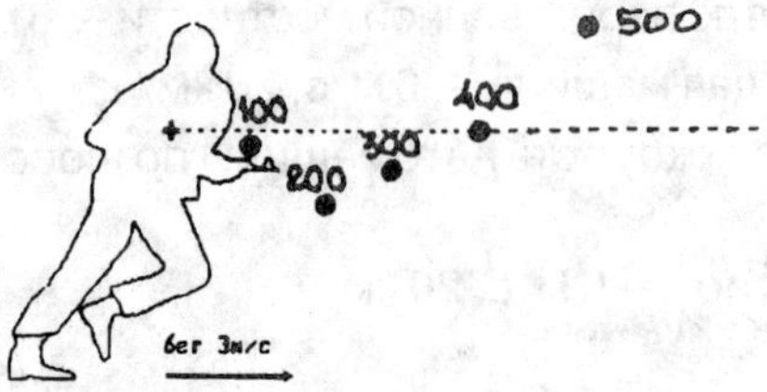

Рис. 233. *Упрощенный способ выноса точки прицеливания*

Стрельба по воздушным целям

Огонь из снайперской винтовки по низко летящим самолетам и вертолетам ведется в составе отделения или взвода, и только по команде командира, и по парашютистам — по команде или самостоятельно.

При стрельбе по самолетам и вертолетам следует применять патроны с бронебойно-зажигательными или трассирующими пулями, а при их отсутствии — с обыкновенными пулями, по парашютистам — с обыкновенными и трассирующими пулями. При корректировании огня по трассам следует иметь в виду, что трассы, направленные в самолет (вертолет), кажутся снайперу идущими выше самолета (вертолета) и несколько впереди него.

По самолету, пикирующему в сторону снайпера, стрельбу следует вести с прицелом 4, прицеливаясь в головную часть цели. Огонь открывать с дальности до самолета 700–900 м.

При всех других направлениях полета воздушного объекта необходимо брать упреждение в зависимости от скорости его полета и времени полета пули.

Линейные величины упреждений приведены в прилагаемой таблице 18.

Таблица 18

Линейная величина упреждения

Скорость полета до цели, м/с	Дальность стрельбы, м				
	100	200	300	400	500
Время полета пули, с					
	0,6	0,25	0,40	0,57	76
Упреждение, м (округленно)					
70	8	17,5	28	40	53
80	9	20	32	45	61
90	10	22,5	36	51	68
100	11	25	40	57	76
110	12	27,5	44	63	84
120	13	30	48	68	91
130	14	32,5	52	74	98
140	15	35	56	80	106
160	18	40	64	91	122
170	19	42,5	68	97	129

Упреждения по снижающимся парашютистам определяются на общих основаниях стрельбы по движущимся целям в зависимости от скорости снижения цели (6 м/с) и времени полета пули.

При стрельбе упреждение берется по направлению снижения парашютиста в его видимых размерах (вертикальных фигурах) по высоте (1,5 м).

Точка прицеливания — по ногам.

Таблица 19

Упреждения при стрельбе по парашютисту

Дальность стрельбы, м	100	200	300	400	500	600	700
Вынос точки прицеливания в фигурах парашютиста	Под ноги	1	1,5	2	3	4	5

Отсчет упреждения производится от середины фигуры парашютиста.

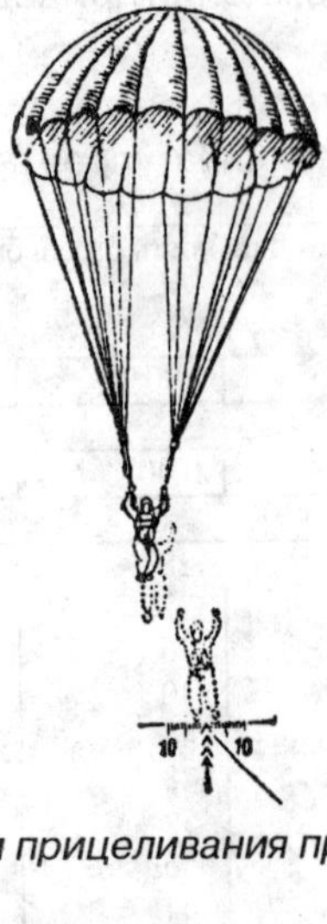

Рис. 234. *Вынос точки прицеливания при стрельбе по парашютисту*

Стрельба в условиях ограниченной видимости

Стрельба в сумерки, ночью или в условиях ограниченной видимости по освещенным целям производится так же, как и днем. Во время освещения местности снайпер, обнаружив цель, быстро устанавливает прицел, прицеливается и производит выстрел.

При возможности снайпер должен изучить свой участок обстрела еще днем, с составлением карточки огня. Это особенно важно при последующей работе с ночным прицелом.

При кратковременном освещении цели (например, при использовании осветительных устройств) или инфракрасных прожекторов огонь надо вести с прицелом 4 или П, прицеливаясь под цель. Если дальность до цели будет превышать 400 м, то точку прицеливания следует выбирать в верхней части поражаемой цели.

При слабом освещении цели включать освещение сетки прицела.

При обнаружении в прицел инфракрасных прожекторов противника возникает свечение в виде круглого зеленоватого пятна. Кроме пятна, в прицел можно видеть луч прожектора в виде светлой полосы и местные предметы, попавшие в эту полосу. Выстрел следует производить в тот момент, когда пятно находится над угольником сетки прицела.

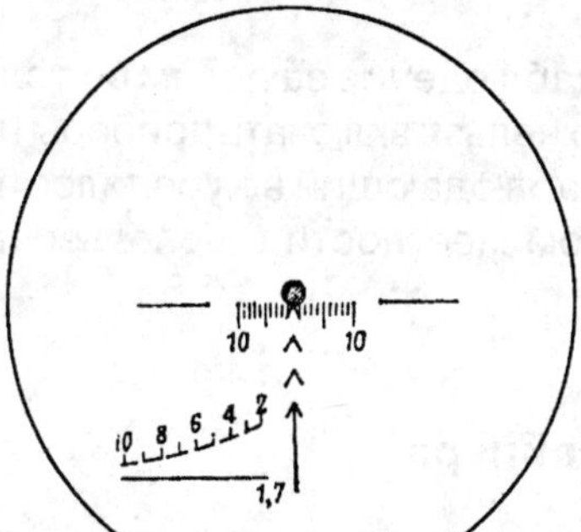

Рис. 235. *Прицеливание при стрельбе по инфракрасным прожекторам противника*

Во избежание временного ослепления нельзя смотреть на источник освещения. При этом необходимо следить, чтобы источники освещения и вспышки выстрелов не попадали в поле зрения прицела, особенно в его центральную часть, для чего следует отводить оружие в сторону от источника освещения.

Для корректировки огня и целеуказания в ночных условиях используются боеприпасы с трассирующими пулями. Помимо обычного оптического прицела, наиболее высокие результаты достигаются с прицелами ночного видения. Они не только позволяют видеть цель, но и повышают точность прицеливания и поражения цели. Однако при стрельбе с использованием ночных прицелов и трассирующих пуль рекомендуется чаще менять позицию и реже включать инфракрасную подсвечивающую аппаратуру. Вообще же, следует вести прицельный огонь с использованием ночных прицелов на дистанции не более 400–450 м, поскольку при стрельбе на большие дистанции он может оказывать только беспокоящее воздействие.

При работе с ночным прицелом (как и с любым прибором ночного видения или освещения) необходимо его выключить, прежде чем оторвать от глаза. Если этого не сделать, то внутренний свет прибора (прицела) осветит лицо стрелка желто-зеленым светом, что в темноте может явиться весьма характерным демаскирующим признаком, хорошо известным снайперам противника.

И последнее: наблюдение за полем боя следует вести непрерывно. Однако нельзя включать приборы ночного видения до тех пор, пока наблюдающий не убедился в отсутствии осмотра противником местности с использованием таких же приборов.

Маскировка снайпера

По этому поводу можно сразу же сказать, что умение сверхметко стрелять совсем не единственное, хотя и обязательное условие, дающее право на звание снайпера. Наиболее трудное для последнего, работающего зачастую в одиночку, в условиях ближайшего соприкосновения с противником, обычно весьма многочисленным, это найти себе действительно «невидимое» убежище, подготовить и правильно замаскировать его, суметь незаметно пробраться к нему в нужное время, в течение многих часов выжидать и вести внимательное и непрерывное наблюдение за позициями и действиями врага — и все это ради одного-двух действительно эффективных выстрелов, «змеиных укусов», которые к тому же по возможности тоже должны остаться незамеченными.

Таким образом, маскировка является одной из важнейших составляющих снайперского мастерства, причем наиболее творческой его частью. Если снайпер пренебрегает этим элементом, он сразу же становится легкой добычей противоположной стороны. Снайпер является охотником по своему определению, только не на диких зверей. И ему, также как и охотнику-промысловику, должно быть присуще поистине звериное чутье, которое вырабатывается на основе большого практического опыта тренировок и в дальнейшем — боевых действий. Именно для снайперов в первую очередь действительно основное правило: поражение цели с первого выстрела. Поскольку второго ему сделать зачастую просто не дадут. Как и на охоте, снайпер должен в максимальной степени слиться с окружающей местностью, вписаться в данный рельеф и терпеливо выжидать своего мгновения.

Однако маскировка преследует не только пассивные цели, укрытие от наблюдения противника, но и активные — скрыть истинное, показать ложное — для введения противника в заблуждение и тем самым срыва его планов, то есть поставить врага в невыгодное положение.

Снайпер обнаруживается по так называемым демаскирующим признакам. К ним относятся резкие различия в цвете, шум, лязг перезаряжаемого оружия, следы, форма одежды, характерные силуэты, зимой пар от дыхания и т.д. Понятно, что такие признаки могут усиливаться или ослабляться в зависимости от характера местности, ее рельефа, времени года и боевых условий.

Зимой маскироваться значительно легче, поскольку в это время года преобладают два цвета, белый и черный (темный), вследствие чего правильно одетый в белое снайпер легко маскируется на общем фоне. Он одет в белый маскировочный костюм (комбинезон) с белым капюшоном, имеет белые рукавицы, а на лицо натягивает белую маску с прорезями для глаз, которая вдобавок препятствует образованию облачка пара при выдохе: выдох делается «вниз», за пазуху, что ликвидирует лишний демаскирующий признак и обогревает самого стрелка. Понятно, что и винтовка должна обматываться белым бинтом, включая и оптический прицел. При этом на правой руке снайпера тоже одета рукавица — для лучшего обогрева, но с отверстием, в которое он при боевой необходимости может просунуть указательный, «стреляющий», палец. При выстреле сильно взметается снег, а бруствер перед укрытием покрывается темной пороховой гарью. Во избежание этого (и при возможности) снайпер загодя (ночью) опрыскивает поверхность снежного покрова перед бойницей водой с образованием ледяной корки. При этом открытые позиции снайпера не должны быть основными (пролежать слишком долго на морозе очень тяжело), а использоваться в качестве «подскока», огневого рубежа, на который снайпер выбирается в случае необходимости из основного убежища, также хорошо замаскированного, но по возможности утепленного. Таких открытых позиций может быть несколько — основных, запасных и, возможно, ложных. На ложной позиции вполне можно демонстрировать дистанционно приводимые в движение (например, веревкой) каску или куклу.

Для других времен года существуют свои виды маскировки, например, для осени подходит маскировочный костюм с преобладанием коричнево-серых камуфляжных цветов, а для лета — зеленых. Опытные снайпера шьют себе маскировочное снаряжение сами — с множеством вариантов бахромы, маскировочных сетей, вплетенных веток или пучков травы и т.д. — в соответствии с фоном местности и оттенком преобладающей растительности. При этом очень важно добиться максимальной «лохматости» силуэта, который по возможности даже отдаленно не напоминал бы человеческий. Это правило хорошо усвоили еще знаменитые японские ниндзя.

Естественной же маскировкой являются время суток и атмосферно-погодные условия (туман, метель, снегопад, различные тени и блики, сумерки, ночь и т.д.).

Очень важно перед началом маскировочных мероприятий провести тщательную рекогносцировку местности и обеспечить свою маскировку в соответствии с основными ее колористическими особенностями, чтобы полностью слиться с фоном пейзажа. При этом следует предусмотреть возможности

Рис. 236. *Основные правила маскировки*

использования имеющихся укрытий. Вдобавок следует предвидеть возможные пути отхода, обеспечивающие относительную безопасность снайпера в случае экстренного выхода из боя. Для этого может быть использован густой подлесок, кустарник, ложбинки, овраги или старые ходы сообщения.

Рис. 237. *Подготовка снайперов к соревнованиям*

Одним из характерных демаскирующих признаков снайпера являются блики от его оптических приборов — прицела, бинокля, перископа, целеуказателя и т.д. Во избежание обнаружения противником следует надеть на объективы бленды, которые можно смастерить из свернутой в трубку длиной 10–12 см твердой бумаги или картона. Такие самодельные бленды должны быть изнутри окрашены в черный цвет, а снаружи — под цвет местности. Следует, однако, иметь в виду, что уже разработаны специальные электронно-оптические приборы, на значительном расстоянии обнаруживающие блеск оптики (*см.* главу 4 «Оптика»).

Маскировочный костюм нужно продумывать очень тщательно. Но не следует забывать соответствующее изменение лица и рук, которые должны либо окрашиваться в маскировочные камуфляжные цвета при помощи соответствующего грима, либо маскироваться соответствующими маской и перчатками.

Выбранное маскировочное снаряжение следует тщательно подогнать при помощи напарника. Снаряжение не должно мешать движению и создавать шум.

При использовании в качестве укрытия какого-либо предмета следует не располагаться над ним, а находиться с правой стороны. Это позволит укрыть от наблюдателя всю левую сторону тела, а из-за укрытия будут видны только плечо, правая рука с винтовкой и голова. В качестве укрытий можно использовать пни, поваленные деревья, кусты, груды камней, подбитую технику и т.д. Во время Второй мировой войны были нередки случаи, когда снайпера подкапывались под корневую систему растений и делали убежище. Однако не следует забывать уносить такую выкопанную землю как можно дальше и маскировать ее, поскольку свежий грунт сам по себе является прекрасным демаскирующим признаком. В то же время следует помнить, что отдельно расположенные объекты (дома, техника и т.д.), как правило, сами по себе являются пристрелянными ориентирами противника.

Правила действий снайперов в наставлениях большинства армий мира указывают на то, что первоочередными объектами уничтожения являются офицеры противника. Поэтому в бою снайпер должен убирать под маскировочный костюм все свои аксессуары: бинокль, пистолет, планшет с картой и т.д., не носить солнцезащитных очков и усов, чтобы не выделяться из общей массы.

Известны случаи, когда позиция снайпера была обнаружена по валяющимся на снегу стреляным гильзам. Поэтому следует тщательно убирать за собой все следы деятельности.

Расположенная в тени позиция обнаруживается гораздо труднее; однако при этом следует учитывать ее возможный выход из тени с перемещением солнца по небосводу.

Очень важно, чтобы снайпер располагался на маскирующем фоне (возможно, и искусственном). Ни в коем случае нельзя выбирать позицию на вершине возвышенности и прочих местах, в которых снайпер будет являться прекрасной мишенью на фоне неба.

Понятно, что оборудовать и маскировать огневую позицию снайпер может только ночью. При этом не следует забывать, что все поле предполагаемого боя просматривается противником при помощи приборов ночного видения. Поэтому все земляные работы должны проводиться крайне скрытно, а также тихо, поскольку все подобные участки местности не только просматриваются, но и прослушиваются.

В летнее время, при обилии зелени, следует оборудовать позицию на опушках, в глубине зелени и наблюдать за обстановкой сквозь листву. Такое положение создает «эффект гардины»: он видит все происходящее снаружи, сам оставаясь практически невидимым. Вдобавок при выстреле будет невидимым и пламя из ствола винтовки, а дым рассеется между кустами.

При использовании живой листвы в качестве маскировки следует по возможности выбирать хвойные сорта, поскольку хвоя остается свежей достаточно долго, в то время как листва вянет и блекнет уже через несколько часов.

При организации огневой позиции в населенном пункте следует выбирать для стрельбы место в глубине помещения. Нельзя допустить, чтобы ствол оружия выглядывал из оконного или дверного проема. Наилучшим местом для снайпера является угловое помещение, которое позволяет вести наблюдение (и обстрел) сразу вдоль двух улиц. Очень выгодным является размещение на чердаках, особенно высоких зданий, что позволяет сверху контролировать всю улицу, крыши и верхние этажи близлежащих зданий, а также обстреливать не только живую силу, но и вертолеты.

Передвигаясь по местности, надо максимально использовать всякого рода укрытия или растительность с соблюдением свето- и звукомаскировки. При перемещении в густой растительности (кусты, камыш, высокая трава, хлеба) не следует выдавать себя движением растительности, надо осторожно раздвигать стебли руками.

При оборудовании огневой позиции на дереве следует выбирать дерево без гнезд, поскольку в противном случае снайпера обязательно выдадут тревожные крики обеспокоенных пернатых.

В то же время нужно помнить, что любая маскировка становится раскрытой уже после первых выстрелов, после которых, не ожидая непременного минометного огневого налета, необходимо быстро переменить позицию или отступить в расположение своих войск.

И наконец, несколько слов о снайперской бутафории: очень часто позиции снайпера маскировались и маскируются «под кочку», «под пень» и т.д. Для этого бутафория заранее изготовляется из подручных материалов и приносится на огневую позицию с последующей тщательной маскировкой по месту. Понятно, что все это проделывается ночью. Зачастую для прикрытия стрелковой ячейки используется так называемый «паук», металлический каркас, напоминающий арматуру зонтика. Он приносится на позицию в сложенном виде, распрямляется и устанавливается на окопчике, после чего на этот каркас можно набросать лапника, все тот же готовый «лохматый» камуфляж и т.д. Такое устройство значительно облегчает тяжелую работу снайпера. При боевых действиях в населенных пунктах в качестве такой бутафории можно использовать старые автомобильные покрышки и кучи городских отбросов на свалках.

Понятно, что все эти методы оказываются действительными при наличии времени и в основном в обстановке позиционных боев. В случае же открытого (например, наступательного) боя «лохматый» силуэт снайпера обратит на него первоочередное внимание противника, а атакующему вместе со своим взводом снайперу чаще всего приходится стрелять из-за ближайшего укрытия или же пристроившись на колено, то есть почти без подготовки.

Итак, маскировка является способом перехитрить противника, вынудить его совершить те или иные ошибки, позволить снайперу нанести удар и сохранить себе жизнь. Маскировка является настоящим творчеством и не может иметь шаблонов и готовых решений.

Выбор боеприпасов

Уже говорилось (*см.* главу 2 «Боеприпасы»), что выбор боеприпасов играет порой решающее значение в работе снайпера. Патроны различных марок, назначения и даже различные партии боеприпасов одного и того же назначения могут заметно различаться по весу (и даже калибру) пули, по эффективности порохового заряда и т.д. Это может решающим образом сказаться на крутизне траектории пуль, а значит, на эффективности снайперского огня и прежде всего на возможных смещениях СТП. К примеру, трассирующая пуля, помимо отрицательного воздействия на сохранность ствола винтовки вследствие выгорания запрессованного в ней трассирующего состава, изменяет во время полета свой вес и не должна использоваться снайпером для поражения цели. В связи с этим рекомендации американских наставлений чередовать через каждые четыре «нормальных» патрона боеприпас с трассирующей пулей кажутся весьма проблематичными.

Нужно сразу же предупредить, что сетки используемых на отечественных снайперских винтовках прицелов, например стандартного прицела ПСО-1, рассчитаны на патрон СН (снайперский). Поэтому в своей снайперской книжке стрелок должен не только зарисовать положение винтов (маховичков) прицела при пристрелке такими патронами, но и сделать отметки об отклонениях от данной СТП других используемых патронов, что и должно учитываться в случае их применения.

Хороший снайпер в отношении боеприпасов должен:

1. Не использовать случайных, возможно подмокших, рассыпных патронов, патронов из давно открытой цинки и патронов прежних лет выпуска.
2. Обязательно осмотреть каждый патрон с отбраковкой патронов с возможными деформациями гильзы или пули, с неправильным положением пули в гильзе и патронов с неправильным положением капсюля.
3. Постараться пристрелять винтовку патронами определенной партии и при возможности выделить боеприпасы этой партии для работы с тем патроном, в котором он будет уверен.
4. Для наиболее ответственных стрельб отобрать несколько патронов и хранить их в мягком патронташе (наподобие кавказских газырей) в нагрудном кармане для обеспечения постоянства их температуры (особенно в зимнее время, не следует забывать измене-

ние СТП от температуры). При этом для производства уверенного прицельного выстрела патрон следует зарядить непосредственно перед ним.

Ведение стрелковой книжки Карточка огня

Каждый снайпер должен вести стрелковую книжку, в которую следует вносить все данные, относящиеся к закрепленной за ним винтовке.

В книжку следует записать номера своей винтовки и прицельных приспособлений, зарисовать положение винтов крепления оптического прицела.

Постоянно заносить все данные, относящиеся:

- к изменению СТП в зависимости от метеоусловий, погоды и пр.;
- типа и партии использовавшихся боеприпасов с оценкой их влияния на кучность стрельбы;
- указывать относительные изменения СТП в зависимости от типа патронов, что позволит в случае необходимости внести правильную поправку в прицел;
- количество произведенных из оружия выстрелов;
- перечень возможных задержек и вызвавшие их причины.

Такая книжка должна вестись систематически и всегда находиться у снайпера под рукой.

С другой стороны, на огневом рубеже, где бы снайпер ни находился, он обязан (самостоятельно или в составе снайперской пары) тщательнейшим образом изучать свой сектор ведения боя, нанести на листок бумаги или картона топографическую схему простреливаемого участка, складки местности и т.д. В соответствии с предполагаемыми действиями он должен четко знать:

- рельеф местности по карте в сравнении с его схемой в собственном визуально-графическом исполнении;
- расстояния от своих позиций (основных и запасных) до имеющихся ориентиров и возможных (разведан-

ных) позиций противника; при этом в случае благоприятных возможностей попытаться пристреляться по этим ориентирам;

- направление и скорости преобладающих (по наблюдению) ветров;
- места возможного появления целей и расстояния до них;
- угол места целей;
- метеоусловия;
- возможные направления и скорости движения предполагаемых целей;
- возможные поправки, внесенные в прицел на предположительное воздействие метеоусловий.

По имеющимся данным (включая и подробные расспросы фронтовой разведки) снайпер делает предварительные расчеты и вносит коррективы в прицельные приспособления, включая учет предположительных выносов для стрельбы по транспортным средствам.

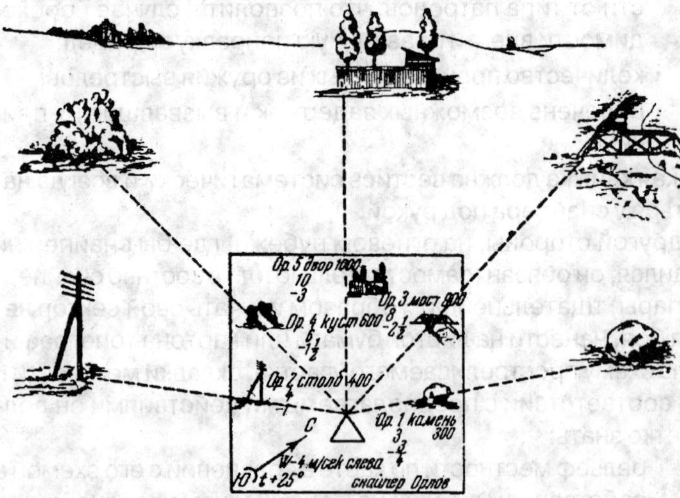

Рис. 238. *Стрелковая карточка снайпера*

На основании сделанных вычислений находящийся на одной из своих позиций снайпер может вести обстрел целей сразу же после их появления.

Поскольку такие стрелковые карточки (иначе называемые картами огня) составляются непосредственно на месте, причем позиция вполне может быть расположена на нейтральной полосе и даже в расположении противника, снайперам запрещено наносить какие-либо данные, относящиеся к своим позициям — во избежание попадания оперативных данных во вражеские руки.

Глава 8

ОТБОР КАНДИДАТОВ В СНАЙПЕРА И ИХ ОГНЕВАЯ ПОДГОТОВКА. ПРОГРАММА НАЧАЛЬНОЙ СНАЙПЕРСКОЙ ПОДГОТОВКИ

А. Отбор кандидатов на уровне допризывной подготовки

Известно, что в каждом мотострелковом (парашютно-десантном) взводе должно быть от одного до двух снайперов. Таким образом, штат полка предусматривает наличие до 84 снайперов, то есть хорошо подготовленных специалистов, прошедших многомесячную теоретическую, стрелковую, специальную и общефизическую подготовку, прекрасно знающих материальную часть оружия и снаряжения, обученных всевозможным хитростям маскировки, тактике работы в наступлении, обороне, населенных пунктах и т.д.

Но это — в теории. На практике, даже если в войска и попадают новобранцы, имеющие хоть какую-нибудь стрелковую подготовку, они и понятия не имеют о стрельбе из оружия калибра 7,62 мм и более. До сих пор население нашей страны занималось спортивной пулевой стрельбой почти исключительно в стрелково-спортивных клубах (ССК) РОСТО (бывшего ДОСААФ), однако в процессе развала СССР большая часть таких клубов была закрыта. Этому способствовала и отмена системы подготовки значкистов ГТО, в которую входили и стрелковые нормативы. А ведь именно общефизическая подготовка и является той основой, на которой зиждется стрелковое мастерство. Кроме того, совершенно очевидно, что без массовости становится затруднительным выявление новых талантов в любом виде спорта, в любой сфере человеческой деятельности.

При этом были закрыты с полным расформированием оружейных баз многие клубы, а также стрельбища, на которых разрешалась стрельба из боевого оружия и в течение многих лет готовились новые снайперские кадры, что позволяло армии с очередным пополнением получать первично подготовленных снайперов и не обучать их заново, а сразу же включать в учебно-боевую работу.

По сути дела, именно для этого и было создано Оборонное общество (первоначально Осоавиахим, затем ДОСАрм, ДОСААФ и ныне — РОСТО).

Все это привело к резкому сокращению притока в армию квалифицированных стрелковых кадров.

Кто в Российской Федерации может стать снайпером?

Кто может быть допущен до занятий этой столь ответственной и трудной профессией?

Выше уже говорилось, что основной базой для первоначальной подготовки снайперов была и должна вновь стать начальная подготовка в школах, техникумах и ПТУ в рамках системы РОСТО.

Для такой первичной подготовки необходимо освоение навыков стрельбы из пневматического и малокалиберного оружия с параллельным использованием электронно-компьютерных стрелковых тренажеров (типа СКАТТ и др.), что в конечном счете поможет подготовке стрелков-спортсменов не ниже второго или первого разрядов, которые и должны составить костяк групп подготовки снайперов для их будущего использования в рядах Российских Вооруженных Сил. Именно спортивная стрельба является основой для такой подготовки.

Для работы с пневматическим оружием не требуется никаких специальных тиров и разрешений правоохранительных органов. Все обучение происходит в рамках допризывной подготовки с использованием обычных спортивных залов или школьных классов и коридоров, но при обязательном и строжайшем соблюдении правил безопасного обращения с оружием.

Руководителями такой подготовки должны являться учителя физвоспитания и предвоенного обучения. Обязательным предварительным условием этого является прохождение ими самими краткосрочных курсов подготовки при стрелковых клубах РОСТО, имеющих необходимое оборудование для начальной снайперской подготовки. Следует напомнить, что нынешние физкультурные вузы в основном имеют и кафедры стрелкового спорта, которые могли бы подключиться к подготовке инструкторов начального снайперского обучения.

Именно из числа наиболее способных стрелков, выполнивших разрядные нормативы, и должны отбираться кандидаты для дальнейшего обучения на курсах первоначальной снайперской подготовки.

Утверждения некоторых военных специалистов о том, что легче научить снайперской стрельбе зеленого новичка, чем «переучивать» стрелка-разрядника, не выдерживают критики: во-первых, опыт показывает, что начальное обучение стрельбе сразу из боевой винтовки в основном приводит к подготовке «дергунов», которые никогда не смогут стать меткими стрелками; во-вторых, разработанная самими же армейскими специалистами методика отбора и подготовки снайперов предусматривает отбор кандидатов из числа подготовленных стрелков-спортсменов «не ниже второго разряда».

Обучение стрелков из м/к оружия должно проводиться в районных (городских, областных) стрелково-спортивных клубах РОСТО, а также в учебных заведениях, имеющих собственные тиры. Для этого клубы должны располагать соответствующим оружием с армейскими оптическими прицелами — желательно винтовками типа ТСВ (тренировочными снайперскими винтовками — это малокалиберный аналог боевой винтовки СВД, серийный выпуск которых необходимо наладить на отечественных оружейных заводах) или же обычными серийными (и недорогими) спортивными винтовками с установленными на них снайперскими прицелами.

Такими винтовками могут быть, например, магазинные винтовки ТОЗ-17 и ТОЗ-18 или биатлонные винтовки БИ-4, БИ-6 и БИ-7 с установленными на них оптическими прицелами. При этом желательной является установка на этих винтовках таких же прицелов, что и на армейских снайперских винтовках — ПСО-1 или ПСО-1м. В идеальном случае следует иметь в своем распоряжении прекрасную малокалиберную снайперскую винтовку СВ-99, описанную в предыдущих главах.

Тиры должны быть оборудованы блиндажами и установками для появляющихся и движущихся мишеней, хотя наличие автоматизированных установок может позволить обходиться и без блиндажей. Встает вопрос о производстве установок для подготовки снайперов и обеспечении ими школ, ПТУ и т.д.

Для следующего этапа — подготовки боевых снайперов — необходимо задействовать — через местные военкоматы — находящиеся поблизости от населенных пунктов воинские части, которые должны предоставить для подготовки будущих снайперов свои стрельбища, наглядные пособия, материальную часть и боеприпасы, поскольку в настоящее время в связи с (по сути дела, безуспешной) борьбой с криминальными элементами по всей России закрыты практически все полигоны РОСТО, предназначавшиеся для стрельбы из боевого оружия, с одновременной ликвидацией имевшихся там оружейных баз.

Без освоения навыков стрельбы из боевого оружия подготовку снайперов в период доармейского обучения следовало бы считать недостаточной.

В этой связи необходимо упомянуть, что знаменитые «белые колготки», то есть даже и не настоящие снайперы (кстати, не только женского, но и мужского пола), которые успешно вербовались чеченскими боевиками в период как первой, так и второй кавказских войн, именно и являлись не кем иным, как просто-напросто стрелками-разрядниками или биатлонистами с территорий новообразованных государств СНГ и Прибалтики.

Другим источником подбора перспективных кандидатов в снайперы было бы использование умелых охотников-любителей или профессионалов с их навыками выслеживания и отстрела зверя. Примером может послужить известный бурятский стрелок П. Николаев, который в 1952 году был отобран для выступления на первой для СССР Олимпиады для участия в типично «охотничьей» дисциплине — стрельбе «по бегущему оленю», где и выступил достаточно успешно. Таких лиц следует отбирать еще с уровня призывных комиссий военкоматов.

Понятно, что будущие снайпера должны выбираться из числа лиц с устойчивой психикой, неторопливых, наблюдательных, выдержанных и спокойных по характеру и по возможности обладающих хорошей спортивной (физкультурной) подготовкой, что является немаловажными показателями в будущем войсковом обучении и повседневной снайперской работе.

К кандидату в будущие снайпера предъявляются следующие требования:

1. Годность по состоянию здоровья для прохождения службы в РА (ВДВ), в том числе и по зрению, что оговаривается в главе «Оптика».

2. Наличие спортивного разряда, предпочтительно не менее второго.

3. Знание материальной части используемого при обучении стрелкового оружия, приспособлений и боеприпасов (включая правила сборки-разборки, чистки), а также инструкции по технике безопасности.

Кандидаты, прошедшие полный цикл обучения в соответствии с разработанной методикой подготовки снайперов, сдают специально назначенной комиссии соответствующие зачеты (экзамены) по теории и практике снайперских стрельб, после чего получают звание «Снайпер РОСТО» с вручением удостоверения установленного образца.

В комиссию по приему зачетов по снайперской подготовке, состоящую из 3–4 человек и утвержденную городским (районным) советом РОСТО, должны входить:

- представитель вышестоящего совета РОСТО;
- начальник стрелкового клуба, в котором проводилась подготовка, или его заместитель;
- проводивший занятия инструктор;
- представитель военкомата или воинской части, на стрельбище которой проводилась подготовка кандидатов в стрельбе из боевого оружия.

Б. Отбор кандидатов в снайперы после призыва на действительную военную службу

К таким кандидатам, помимо перечисленных выше, предъявляются следующие требования:

1. Пригодность по состоянию здоровья к прохождению службы в разведывательных подразделениях СВ (ВДВ) и других спецслужб РФ.

2. Для военнослужащих, проходящих службу по призыву, — не менее 1 года службы в развернутых мотострелковых, разведывательных (разведовательно-десантных), воздушно-десант-

ных подразделениях, подразделениях морской пехоты, частях специального назначения, изъявивших желание после окончания подготовки (курсов) продолжить службу по контракту.

3. Для военнослужащих, проходящих службу по контракту, помимо перечисленных в предыдущем пункте, — предпочтительно наличие опыта боевых действий в зонах локальных военных конфликтов (при отнесении кандидата к первой возрастной группе).

4. Кандидат не должен являться единственным ребенком в семье и единственным кормильцем.

5. Кандидат не должен курить.

6. Кандидат должен пройти успешную проверку (тестирование) на психологическую пригодность к будущей воинской специальности.

7. Кандидаты должны успешно сдать проверочные испытания (тесты) по:

- физической подготовке в объеме и по нормативам ВСК 1 ступени;
- стрельбе из боевого оружия;
- общеобразовательной подготовке;
- проверке наблюдательности и зрительной памяти.

В. Огневая подготовка

1. Положения снайпера при стрельбе

При снайперской стрельбе в зависимости от боевых условий стрельба ведется из положения лежа — с упора или с руки, с колена, сидя и стоя, а также стоя с упора — из окопа.

А. Стрельба из положения лежа

Наиболее устойчивым положением, из которого снайпера чаще всего ведут огонь, — это стрельба лежа с упора.

При стрельбе из положения лежа тело стрелка почти полностью прижато к земле, локти также опираются о землю, центр тяжести расположен очень низко, оружие почти не испытывает колебаний, и это единственное положение, из кото-

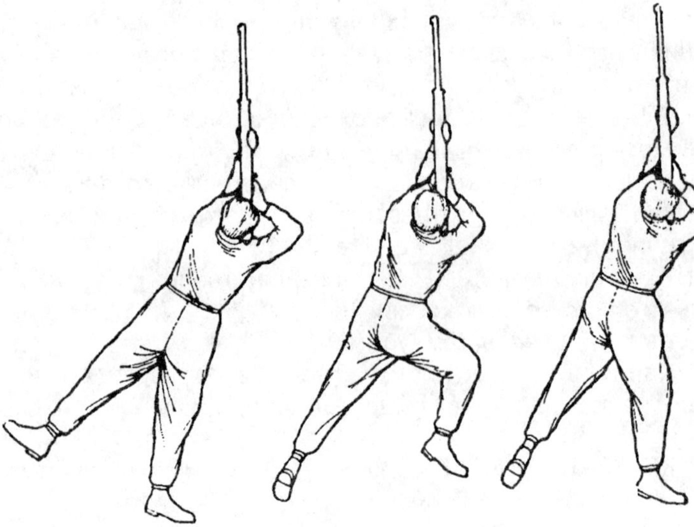

Рис. 239. *Варианты расположения корпуса при изготовке для стрельбы лежа*

рого снайпер может сделать точный прицельный выстрел на значительное расстояние.

Как следует из приведенного рисунка, при этом положении снайпер располагается под некоторым углом к направлению стрельбы. Этот угол может быть большим или меньшим, но не следует забывать, что с увеличением такого угла увеличивается и площадь «цели», которая может быть поражена со стороны противника. В описанном положении ноги свободно раскинуты в сторону носками наружу, грудь плотно прижата к земле. Тяжесть тела равномерно распределена по площади.

Существует, однако, и иное положение, по-видимому, более соответствующее работе снайпера, который вынужден часами лежать в одной и той же позе; это положение пришло из спортивной стрельбы: при нем правое колено несколько сгибается и подтягивается вперед, центр тяжести перемещается влево, на левый бок, что освобождает грудную клетку и обеспечивает нормальное дыхание. При этом положении носок левой ноги поворачивается «внутрь».

Ложиться следует в направлении предполагаемого появления будущей цели. Но для ведения меткой стрельбы недостаточно только занять удобное и устойчивое положение. Следует каждый раз проверять правильность такой изготовки по отношению к директрисе стрельбы во избежание излишнего мышечного напряжения, которое несомненно отрицательно скажется на величине и характере колебаний оружия. Для того чтобы правильно сориентировать всю систему, состоящую из тела снайпера и винтовки, необходимо изготовиться, закрыть глаза и, затаив дыхание, навести оружие в направлении предполагаемой цели. При этом мышцы расслабляются, а небольшой тонус в мышцах позволяет «прослушивать» каждую из них. Такое расслабление облегчается именно тем, что стрелок не смотрит в предполагаемом направлении. Если при этом окажется, что оружие «смотрит» (направлено) в сторону от цели, следует развернуть свой корпус (а не винтовку мышечным усилием рук!) в нужном направлении. Вполне понятно, что такие приготовления возможны только при наличии определенного времени. Поэтому необходимо отработать автоматизм в принятии привычного правильного положения (позы). И тем не менее лишь предварительная тщательная подготовка положения может обеспечить точный выстрел на предельной дистанции, что и является конечной целью снайпера, обязанного поражать цель с первого же выстрела. В то же время для стрельбы в ограниченное время (2–5 с) нужно уметь фиксировать любую «неудобную» позу на время прицеливания и производства выстрела.

Если же при описанной проверке окажется, что прицел «смотрит» выше или ниже предполагаемой цели, то необходимо либо отрегулировать высоту упора, либо придвинуться к нему (при высоком расположении прицела) или, наоборот, отодвинуться назад. Это немаловажно, поскольку если, например, винтовка «смотрит» влево от цели, а стрелок мышечным усилием «подтягивает» ее в сторону мишени, то в момент выстрела оружие неминуемо переместится в сторону «наиболее удобной» наводки с соответствующей ошибкой в результате стрельбы, если вправо, то наоборот и т.д. В любом случае необходимо обеспечить возможность того, чтобы снайпер мог находиться в засаде с минимальной утомляемостью и имел возможность наиболее адекватно среагировать на появление цели.

Рис. 240. *Положение лежа с руки (винтовка «Винторез»)*

При стрельбе лежа снайпер должен плотно (но без напряжения) охватывать кистью правой руки шейку ложи (пистолетную рукоятку), а приклад (практически верхнюю его часть) вставлять в плечевую выемку (далее мы будем говорить «в плечо») и плотно прижимать к себе. Это очень важно, поскольку при используемых в снайперской стрельбе мощных патронах (калибров 7,62, 12,7 мм и более) стреляющий ощущает достаточно сильную отдачу. При этом если приклад будет находиться ниже, то может «выскочить» под мышку с нанесением травмы прицелом (разбитый нос или глазница), а при упоре приклада в дельтовидную плечевую мышцу получит стреляющий в этом месте синяк. В любом случае, помимо неприятных ощущений, это приведет к боязни выстрела.

При стрельбе лежа с упора «с руки» винтовка укладывается на упор с мягкой прокладкой (шапка, рукавица, куртка). Затем левой рукой (лучше в варежке или рукавице, чтобы избежать влияния пульсации на устойчивость оружия) охватывают цевье (вариант: рука с винтовкой опирается на упор). При этом мягкая прокладка имеет большое значение для изменения угла вылета, поскольку жесткая опора (в зависимости от того, каким местом упирается на нее винтовка) может вызвать на дистанции 300 м отклонение средней точки попадания (СТП) по высоте до 20 см.

В этой связи можно было бы упомянуть об одном спортивном упражнении, носившем чисто прикладной характер и включавшемся во все спортивные и воинские соревнования и ныне незаслуженно забытое. Это упражнение называлось «5+5». Оно выполнялось из положения лежа из армейской винтовки (со штыком) образца 1891/30 года с использованием магазина на дистанцию 300 м. Время на стрельбу (серия в 5 выстрелов, перед началом стрельбы винтовка заряжена, приклад опущен на землю) — 30 секунд. Сложность заключалась, во-первых, в том, что не было пробных выстрелов (пристрелка разрешалась лишь за день до стрельб), а во-вторых, в том, что половина упражнения выполнялась с использованием ружейного ремня, а вторая половина — с упора. Вот эта-то разница и приводила к перемещению СТП в направлении слева-вверх-направо на 5–8 см. Такое перемещение объясняется главным образом изменением угла вылета пули из-за различной реакции опоры. Что, в свою очередь, требовало предварительного внесения поправок в прицельные приспособления (целик и мушку).

Рис. 241. *Положение лежа «по-пулеметному» (винтовка SIG-3000)*

Наиболее рациональной при нахождении снайпера на огневой позиции (в засаде) является стрельба лежа «по-пулеметному». Это положение особенно удобно при продолжительном высматривании снайпером своей цели, поскольку при такой прикладке не затекает (и не мерзнет) левая рука. При этом левый локоть выставляется вперед, а левая ладонь (на которую может быть надета перчатка-рукавица) удерживает приклад снизу и помогает наведению оружия в цель.

Во всех случаях следует постоянно обращать внимание на однообразие прикладки — чтобы приклад вставлялся в одно и то же место плеча, чтобы винтовка касалась упора одним и тем же местом (одно только изменение места касания винтовкой упора от магазина и далее дает изменение СТП в пределах 7 см при стрельбе на 100 м).

Стрельба лежа может вестись и с использованием ружейного ремня; применение которого хорошо известно всем стрелкам-спортсменам второго-третьего разрядов, которые и занимаются на снайперских курсах; однако в полевых условиях применение такого приема практически невозможно и здесь рассматриваться не будет. В условиях же боя возможен случай, когда снайпер вынужден залечь на ровном месте, где нет ничего похожего на упор. При этом необходимо помнить, что для обеспечения удовлетворительного равновесия оружия следует ставить опорный (левый) локоть под самую винтовку, с тем, чтобы рука располагалась под оружием по возможности ближе к вертикали. Отклонения от вертикали чреваты увеличением разброса пуль в ту же сторону. Левая рука поддерживает винтовку в районе ее центра тяжести, причем винтовка должна лежать не на пальцах, а на ладони, ближе к большому пальцу, с тем чтобы остальные оставались свободными, в результате чего оружие плотно охватывается с обеих сторон всеми пальцами. Во всех случаях винтовка удерживается левой рукой и правым плечом, в которое она плотно вставлена. В этом случае правая рука не должна тянуть оружие на себя во избежание отрывов в правую сторону, а просто опираться на локоть. При этом пальцы правой кисти плотно охватывают шейку ложи (пистолетную рукоятку), а указательный палец остается совершенно свободным и касается только спускового крючка.

Рис. 242. *Стрельба с использованием сошки из винтовки В-94*

Большинство современных снайперских винтовок во всем мире уже давно оборудуется сошкой, очень часто регулируемой по высоте, а некоторые имеют еще и вспомогательную опору под прикладом, что позволяет постоянно удерживать предполагаемое направление стрельбы и не утомлять зрение снайпера. Сошкой оборудованы некоторые типы отечественных снайперских винтовок (В-94, СВУ-АС, СВ-98), в дальнейшем сошка будет устанавливаться и на модернизированном варианте основной винтовки СВД-М. Понятно, что при наличии сошки стрельба лежа будет вестись только «по-пулеметному», что обеспечит стабильность реакции опоры. Пока же большинство использующих винтовку СВД снайперов вынуждено пользоваться импровизированными «сошками» — штативчиками, сделанными из соединенных между собой древесных веточек.

Б. Стрельба из положения с колена

Из такого положения снайпера стреляют в случае наличия перед собой каких-либо препятствий, не позволяющих стрелять лежа — кустарника, куч мусора, развалин (в условиях боя в городе) и т.д. В наступательном бою (во время движения) выстрел с колена производится потому, что такое положение значительно устойчивее, чем положение стоя, и снайпер опускается на колено для производства более точного выстрела.

Рис. 243. *Стрельба с колена из снайперской винтовки «Винторез»*

При этом положении снайпер садится на каблук правой ноги, развернутой на 45–60° по отношению к директрисе стрельбы. Тем самым образуются две точки опоры стрелка: упирающийся в землю носок обуви правой ноги, а также прочно упирающееся в землю колено той же ноги. Левая нога выставляется вперед в зависимости от анатомических особенностей стреляющего либо под колено, с тем чтобы голень левой ноги стояла вертикально, либо была сдвинута несколько вперед. Стопа левой ноги несколько разворачивается вправо от направления стрельбы и является третьей опорной точкой всей системы. Понятно, что центр тяжести ее располагается значительно выше, чем при стрельбе лежа и сбалансировать систему оказывается значительно труднее, что в конечном итоге сказывается на устойчивости оружия. Локоть, удерживающей оружие левой руки, опирается на центр коленной чашечки или несколько смещается вперед, в результате чего левая нога должна работать в качестве надежной опоры для винтовки, поскольку на нее переносится нагрузка от левой руки и оружия. В то же время не следует переносить на левую ногу тяжести туловища; стрелок продолжает сидеть на каблуке правой ноги. Устойчивость этой весьма сложной системы обеспечивается сблансированностью центра тяжести системы, опорной (левой) ноги и руки с оружием. Аналогично положению лежа, винтовка должна находиться над локтем левой руки, чтобы ее не «вело» вправо или влево.

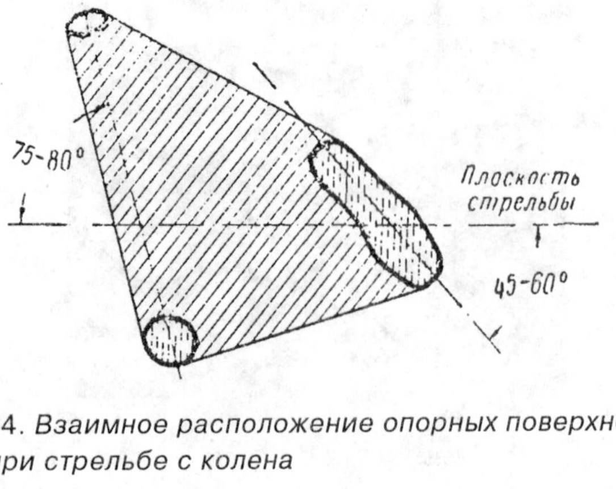

Рис. 244. *Взаимное расположение опорных поверхностей тела при стрельбе с колена*

Если это возможно, то при стрельбе с колена может использоваться ружейный ремень, значительно повышающий устойчивость оружия. В спортивной стрельбе, например, умелое использование ружейного ремня (петли) позволяет добиться столь устойчивого положения, что результаты стрельбы с колена вплотную приближаются к итогам стрельбы лежа, а порой и перекрывают их.

Положение головы снайпера при стрельбе с колена оказывается более естественным, ему не приходится, как при положении лежа, смотреть в прицел «исподлобья», что является несомненным плюсом. Правая рука плотно охватывает шейку ложи или пистолетную рукоятку, а ее локоть опущен вниз.

При стрельбе с колена очень важна описанная выше проверка положения, причем в случае неправильного положения винтовки в направлении предполагаемой цели необходимо не «доворачивать» в соответствующую сторону ту или другую ногу, а разворачивать в нужном направлении всю систему снайпер — винтовка.

При стрельбе из положения с колена очень важно практически полное расслабление всех мышц. При проверке положения следует мысленно «обежать» все тело и проверить отсутствие напряжения той или иной группы мышц, ибо именно от этого подчас зависит результат стрельбы. Особенно характерным при стрельбе с колена является напряжение мышц правого плеча и правой руки.

Понятно, что при наличии перед стрелком, стреляющим с колена, какой-либо естественной опоры (развилка дерева, кучи мусора, обломка стены, остатка уничтоженного транспортного средства и т.д.), снайпер должен использовать ее в качестве опоры (упора). При этом, однако, всегда следует помнить о реакции жесткой опоры и принимать соответствующие меры (подкладывать мягкую подстилку — шапку, рукавицу и пр.).

В. Стрельба из положения сидя

Это положение весьма специфично и может быть использовано при стрельбе, например, из засады. Оно особенно удобно при долгом и утомительном ожидании в хорошо замаскированном окопе. При этом сидеть можно на любом подходящем предмете — патронном ящике, куске дерева и т.д. и даже просто на земле, — целый ряд уставов западных армий, в частности армии США, рекомендует стрелять из положения сидя «по-турецки», то есть скрестив ноги. При этом локти стрелка опираются на колени. В случае же наличия упора (например, бруствера окопа) такое положение следует признать весьма удобным и обеспечивающим снайперу возможность производства меткого выстрела.

Рис. 245. *Стрельба из положения сидя из винтовки «Винторез»*

В спортивной стрельбе положение сидя до Второй мировой войны даже входило в «стандарт» в качестве четвертого положения, причем из него показывались весьма высокие результаты.

Г. Стрельба из положения стоя

Это положение является наиболее неустойчивым и снайпера используют его только в крайнем случае. Однако в полевых условиях ситуации меняются столь часто, что без такой стрельбы просто не обойтись: при наличии высокой травы или кустарника, в городских развалинах, стоя в воде или в болоте, наконец, просто навскидку при внезапном появлении противника на малых расстояниях — в любых случаях необходима отработка навыка стрельбы стоя. Также стоя приходится стрелять по низколетящим воздушным целям — вертолетам и парашютистам, с быстрым мысленным расчетом выноса и всегда с плавным и правильным нажимом на спусковой крючок.

Рис. 246. *Стрельба из положения стоя из винтовки «Винторез»*

При стрельбе стоя центр тяжести стрелка расположен высоко, а опираться приходится на две точки — только на ноги. Для повышения устойчивости все той же системы человек—оружие следует стремиться, прежде всего, к тому, чтобы проекция оси оружия проходила над центром тяжести системы, а оружие не нарушало равновесия. Для этого снайпер должен подставить левую, опорную, руку как можно ближе к центру тяжести винтовки, а для максимального совмещения проекций центров тяжести тела стрелка и винтовки несколько отклонять туловище назад. Локоть левой руки должен упираться в корпус в области тазобедренного сустава. При этом необходимо обеспечить устойчивое положение ног, расставленных приблизительно на ширину плеч с несколько развернутыми носками, причем вес всей системы должен быть правильно распределен на обе ступни (с очень небольшим упором на пальцы ног). Ноги прямые, ни одну из них нельзя сгибать в коленке. Вся система находится в полуобороте от направления стрельбы. Голова держится ровно, прямо напротив окуляра.

Отработка этого положения и искусства стрельбы из него требуют серьезной затраты времени и сил, причем такие тренировки могут проводиться вхолостую и в условиях казармы.

Проверка правильности положения (ориентации по отношению к цели) производится так же, как и при стрельбе из других положений.

Рис. 247. *Положение для стрельбы стоя «по-охотничьи»*

Вышеописанное положение может быть изменено в двух случаях:

- при стрельбе навскидку: при неожиданном появлении цели, особенно на малых расстояниях, а также при появлении воздушных целей винтовка вскидывается «по-охотничьи», без опоры левого локтя о бедро. При этом на малых расстояниях, особенно при стрельбе по быстро перемещающейся цели, лучше пользоваться (при снятой щеке винтовки СВД) открытым прицелом, а не оптическим, поскольку открытый прицел не имеет ограничения поля зрения, а такая цель достаточно велика на малых дистанциях, чтобы ее выцеливать в оптику. Да и времени для этого зачастую не остается;
- при стрельбе из окопа. Такая стрельба (с использованием упора) приближается к соответствующей стрельбе из положения лежа. При этом снайпер укладывает винтовку на упор в соответствии с оговоренными выше

положениями — в описании стрельбы лежа, опирается на край окопа обоими локтями и в таком положении в состоянии произвести очень точный выстрел при высокой устойчивости оружия.

Рис. 248. *Положение при стрельбе стоя из окопа*

2. Заряжание

При первоначальном обучении стрельбе из малокалиберной винтовки кольцевого воспламенения и при использовании многозарядного оружия с затвором с поворотной рукояткой следует сначала снарядить магазин, для чего извлечь его из винтовки и снарядить следующим образом: магазин удерживают левой рукой таким образом, чтобы задняя стенка была обращена влево. Патрон берется правой рукой за пулю и накладывается на досылатель магазина шляпкой в левую сторону. Надавливая большим пальцем сверху на патрон, следует задвинуть его под загнутые края магазина. Снаряженный магазин вставляется снизу в винтовку до упора и фиксируется от выпадения защелкой. При этом винтовка лежит на линии огня на упоре.

После этого обучающийся занимает свое место на линии огня и только после команды «заряжай» может дослать патрон в патронник. Перед досыланием в патронник первого патрона затвор при помощи рукоятки оттягивается назад до упора, а затем плавно подается вперед. В конце досылки патрона в патронник стрелок испытывает некоторое затруднение, объясняющееся тем, что пуля, входя (врезаясь) в нарезы ствола, несколько сопротивляется движению затвора. Поэтому для окончательной досылки затвора и опускания (поворота) рукоятки вниз стрелку приходится прилагать некоторое усилие.

После выстрела рукоятку затвора следует поднять вверх и подать затвор назад до упора. Если затвор не оттянуть назад до конца, то гильза не экстрагируется из окна ствольной коробки и при досылке следующего патрона произойдет одновременное досылание патрона и стреляной гильзы, что приведет к перекосу, задержке и даже порче боеприпаса.

При использовании малокалиберных биатлонных винтовок магазин заряжается описанным выше способом. После его установки на место заряжание винтовки производится путем отвода назад затвора за рукоятку до упора, после чего той же рукояткой затвор подается до конца вперед. Такие же действия производятся после первого и последующих выстрелов. Поскольку нынешние биатлонные винтовки оборудованы продольно-скользящими затворами с поворотом боевой личинки, в повороте рукоятки нет необходимости.

При применении однозарядных винтовок заряжание производится по одному патрону с выемкой приклада из плеча. Повторно вставлять приклад в плечо после заряжания рекомендуется ладонью правой руки, держась за затыльник приклада, с тем, чтобы однообразно вставлять его в заданное место (углубление в грудной мышце).

Установленный на 7,62-мм винтовке образца 1891/30 года оптический прицел не позволяет заряжать оружие с использованием обоймы. Поэтому магазин приходится заряжать по одному патрону, вкладывая их сверху в ствольную коробку. При этом во избежание утыкания при перезарядке (из-за сцепления закраин шляпки) следует следить за тем, чтобы шляпка гильзы вышележащего патрона располагалась впереди шляпки (закраины) нижележащего.

Если же утыкание все же произойдет, то указательным пальцем правой руки необходимо надавить снизу на защелку крышки магазина, слегка опустить крышку, но так, чтобы не выпал ни один патрон, и вновь закрыть ее. При этом патроны встанут на свои места.

Для быстрого и почти бесшумного перезаряжания этой винтовки следует после выстрела указательным и средним пальцами правой руки оттянуть курок за пуговку назад до постановки его на боевой взвод. Затем ладонью, пропуская ее снизу между цевьем и рукояткой затвора, поднять рукоятку затвора в горизонтальное положение и указательным и средним пальцами отвести затвор назад до отказа. Передвинув указательный и средний пальцы на рукоятку затвора, большим пальцем, надавливая сзади на пуговку курка, дослать затвор вместе с патроном и пальцами опустить рукоятку вниз. Для уменьшения звука «клацания» затвора при перезарядке опытные снайпера наклеивали на край ложи у окна для заряжания в месте опускания рукоятки толстый слой фетра или войлока от старой шляпы или валенка.

Для заряжания многозарядной снайперской винтовки типа СВД следует сначала снарядить магазин, для чего извлечь его из винтовки и снарядить следующим образом: магазин берется в левую руку подавателем вверх и выпуклой стороной влево, а в правую руку — патроны пулями к магазину, таким образом, чтобы дно гильзы немного возвышалось над большим и указательным пальцами. Удерживая магазин нажимом большого и указательного пальца (рис. 249) вкладывать патроны по одному под загибы боковых стенок магазина дном гильзы к задней стенке магазина. Если магазин винтовки СВД снаряжен полностью (10 патронов), то в отверстии на задней стенке магазина виден патрон.

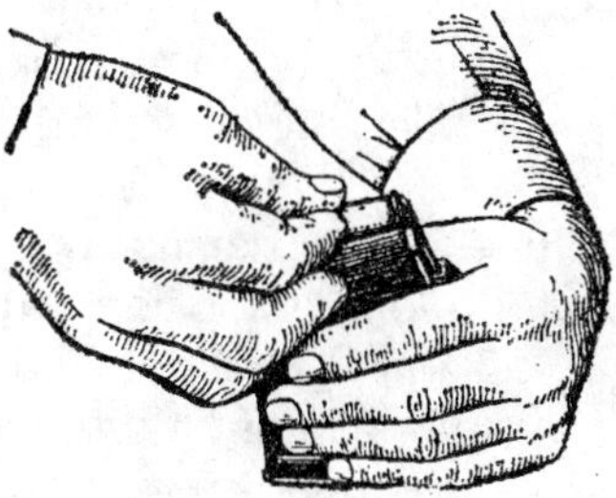

Рис. 249. *Снаряжение магазина винтовки СВД патронами*

После установки снаряженного магазина рукоятку затворной рамы снайперской винтовки СВД достаточно чуть-чуть подать назад (при этом установ затвора освобождается и уходит вниз) и отпустить. Под действием возвратного механизма затворная рама продвинется вперед, винтовка окажется с патроном в стволе и готовой к выстрелу. При необходимости выстрелить одиночным патроном при вставленном магазине патрон через выводное окно вдавливается в полость магазина. При этом шляпка патрона должна находиться посреди губок магазина, там, где они расширены специально для удобства снаряжения. После этого патрон не обязательно отводить назад: его следует просто втолкнуть поглубже и прижать в сторону, затем чуть отвести назад и отпустить затворную раму.

3. Прицеливание, задержка дыхания, спуск курка

Прицеливание, задержка дыхания, спуск курка... Вряд ли возможно отделить друг от друга эти важнейшие компоненты производства правильного и меткого снайперского выстрела.

Общеизвестно, что во время выстрела необходимо затаивать дыхание: дыхание сопровождается ритмичным движением грудной клетки, живота, всего плечевого пояса, что вызывает смещение и колебания оружия, а это никак не позволяет произвести точный выстрел.

Сущность физиологического процесса дыхания состоит в том, что во время дыхания происходит чередующееся увеличение и уменьшение объема грудной клетки, благодаря чему и происходят вдох и выдох. Вдох осуществляется благодаря увеличению размеров грудной клетки путем сокращения нескольких групп мышц. При расширении грудной клетки легкие расправляются, следуют за ней и действуют наподобие насоса, поскольку в образующееся разреженное пространство устремляется богатый кислородом атмосферный воздух. В легких происходит газовый обмен — кислород воздуха поступает в кровь, а организм выделяет в легкие продукты обмена веществ — углекислый газ и водяной пар, которые и выделяются (удаляются) наружу при выдохе, когда мышцы расслабляются и уменьшаются размеры грудной клетки. Легкие начинают сжиматься, вытесняя воздух наружу. Таким образом, в отличие от вдоха, выдох не требует напряжения мышц, он происходит за счет упругости мышечных тканей и эластичности легких. При спокойном дыхании человек производит в среднем 12–18 дыхательных циклов в минуту. Таким образом, один дыхательный цикл продолжается в течение 4–5 секунд. При наблюдении за дыхательным циклом можно заметить, что вдох и выдох занимают вместе около двух секунд. Очередной же вдох начинается после дыхательной паузы, продолжающейся от 2 до 3 секунд. В это время дыхательные мышцы отдыхают, что и объясняет неустанность многолетнего дыхательного процесса. Дыхательная же пауза становится возможной благодаря тому, что в легких остается определенное количество воздуха.

Естественная дыхательная пауза и вентиляция легких имеют для снайпера большое практическое значение. Совершенно понятно, что во время прицеливания и спуска курка задержку дыхания следует производить на полувыдохе, в момент естественной дыхательной паузы, когда дыхательная мускулатура находится в состоянии нормального расслабления.

Снайпер может без всякого вреда для здоровья продлить эту паузу на 12–15 секунд, что вполне достаточно для производства точного (и неторопливого) выстрела. Однако перед началом стрельбы он, если для этого есть время, должен изготовиться таким образом, чтобы прицельное приспособление было нормально направлено в предполагаемую цель именно во время естественной паузы (каждый стрелок знает, что при дыхании мушка «ходит» вверх-вниз).

Обычно опытные стрелки делают глубокий вдох, после чего затаивают дыхание и, уточняя прицеливание, плавно спускают курок. Ошибкой является положение, при котором стрелки (обычно начинающие) затаивают дыхание и лишь после этого начинают наводить оружие в цель. В этом случае им уже не хватает описанной паузы, они начинают торопиться и либо, зацелившись, делают неверный выстрел, либо торопятся нажать спуск, а это уже чревато грубыми погрешностями, в конечном счете приводящими к промаху. Следует всегда помнить, что в столь жестком деле, как снайперская стрельба (а в особенности снайперские поединки), хотя бы один промах может стоить снайперу не только непораженной цели, но и жизни.

Прицеливаться снайперу рекомендуется при обоих открытых глазах. Это достигается по мере тренированности и позволяет сберегать остроту зрения, поскольку зажмуривание одного глаза негативно сказывается на втором. При работе с обоими открытыми глазами сохраняется бинокулярность зрения, а это обеспечивает возможность визуального определения расстояния до цели. Кроме того, у тренированного стрелка левый глаз успевает фиксировать возможные изменения обстановки — неожиданные порывы ветра, от которого колышутся трава, ветки кустов или деревьев, а в городских условиях — всякого рода тряпки, которые подчас нарочно вывешиваются для дезориентации снайпера.

Если глазам необходим отдых, то следует не закрывать их, а не напрягая зрение направить взгляд на какое-либо слабо освещенное, например затененное, место, желательно наиболее благоприятного для человеческого глаза зеленого цвета.

Следует указать на характерную ошибку начинающих стрелков при прицеливании. Это — так называемое «зацеливание». Дело в том, что глаз очень быстро устает, и если прицеливание продолжается дольше обычного, то зрение резко ухудшается и стрелок уже не может правильно удерживать прицельное приспособление в точке прицеливания, что естественно приводит к некачественному выстрелу.

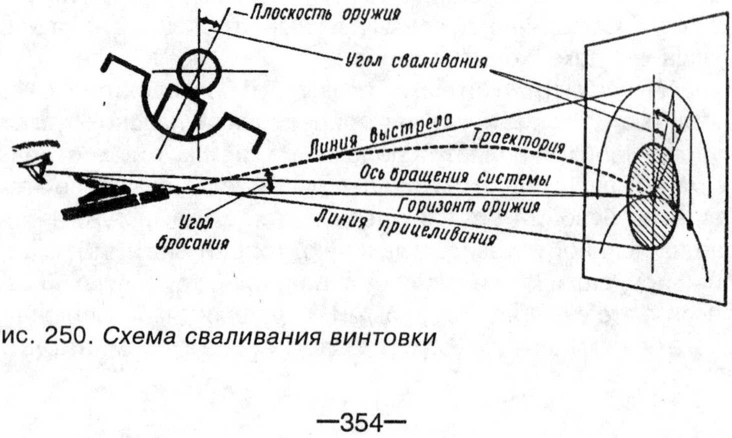

Рис. 250. *Схема сваливания винтовки*

Еще одной ошибкой начинающих стрелков является сваливание.

Под сваливанием (или заваливанием) понимается такое положение винтовки, при котором нарушается горизонтальность гривки открытого прицела или шкалы боковых поправок оптического прицела ПСО-1 (горизонтальных нитей старых снайперских прицелов ПЕ или ПУ), поскольку стрелок наклоняет оружие вдоль оси ствола в правую или левую стороны.

При сваливании винтовки, например влево, пули отклоняются в ту же сторону и немного вниз.

Даже при небольших углах сваливания пули отклоняются на весьма значительные величины, причем это отклонение заметно увеличивается с дистанцией (табл. 20).

Таблица 20

Отклонение пуль при сваливании винтовки на 5 градусов

Дальность стрельбы, м	Горизонтальное отклонение, см	Вертикальное отклонение, см
100	1,7	0,03
200	2,3	0,10
300	5,7	0,25
400	12,5	0,55
600	19,5	1,40
800	66,2	2,89
1000	176,4	5,51

Особенности прицеливания с использованием оптического прицела связаны с явлением, называемым параллаксом.

Параллакс — это смещение глаза стрелка в какую-либо сторону от оптической оси прицела (выходного зрачка), при котором происходит кажущееся смещение наблюдаемого предмета (цели). В результате получается так называемая параллактическая ошибка в прицеливании. Чтобы этого не произошло, глаз снайпера должен находиться на главной оси прицела и быть совмещенным с выходным зрачком, а поле зрения должно быть совершенно чистым и незатемненным.

Рис. 251. *Лунообразные тени при смещении глаза от оптической оси в прицелах ПЕ и ПУ*

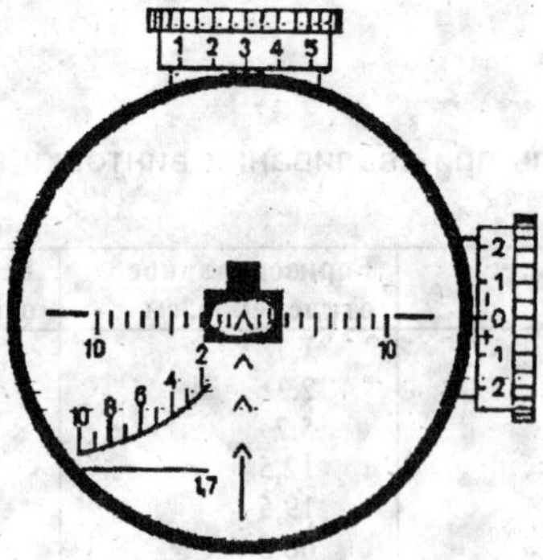

Рис. 252. *Правильное прицеливание*

При правильном прицеливании глаз должен находиться строго на оптической оси прицела, а расстояние от окуляра следует выбирать таким образом, чтобы зрительное поле было абсолютно чистым, а его периметр строго очерченным. При появлении лунообразных затемнений, скажем, справа пули, даже при правильном прицеливании, уйдут в противоположную сторону — влево, при затемнении слева соответственно уйдут вправо, сверху — вниз, а снизу — вверх. От окуляра прицела глаз должен находиться на таком расстоянии, при котором было бы наиболее четко видно зрительное поле, чистое и без всяких теней.

Если же глаз располагается на главной оптической оси, но ближе или дальше выходного зрачка прицела, то возникает круговое затемнение, которое уменьшает поле зрения прицела, что не мешает правильности прицеливания, но мешает наблюдению, прицеливанию и корректировке стрельбы. Кроме того, при таком нечетком зрительном поле постепенно и незаметно уходит из-под контроля правильность положения глаза на оптической оси.

Таким образом, нормальное положение глаза по отношению к главной оси оптического прицела должно обеспечиваться систематическими и многократными тренировками по отработке правильной прикладки к снайперской винтовке.

Это утверждение вновь напоминает о важнейшем условии точной снайперской стрельбы: создании единой системы снайпер — оружие. Стрелок должен довести до автоматизма правильное положение головы относительно прицела. Голова должна без напряжения шейных мышц отработанным движением ложиться на гребень приклада (щеку винтовки СВД) в одном и том же месте и с одинаковым усилием. При этом у основной модели винтовки СВД для опоры имеется специальная отстегивающаяся щека, у позднейших моделей СВД такой щеки нет, а у снайперской 7,62-мм винтовки образца 1891/30 года на приклад опираются не щекой, а скорее подбородком (поскольку оптический прицел располагается на 5–7 см выше прицела открытого и снайпер вынужден «приподнимать» голову); ввиду этого обстоятельства опытные снайпера времен Второй мировой войны и далее укрепляли на гребень приклада добавочную деревянную «подставку-щечку», которая и обеспечивала удобную опору для головы стреляющего.

Некоторые прицелы (например, ПСО-1) оборудуются резиновыми «наглазниками» определенной длины, которые помогают правильному размещению глаза по отношению к оптической оси и к окуляру прицела. При использовании прицелов старых конструкций снайпера сами изготавливали такие устройства, тем более что они облегчают прицеливание, «затеняя» глаз, то есть защищая его от наружных световых лучей.

В процессе прицеливания начинающие стрелки зачастую сталкиваются с явлением усиления эффекта неустойчивости оружия, что обусловлено кратностью оптического прицела. Дело в том, что даже, казалось бы, очень надежно установленная винтовка в той или иной мере колеблется по отношению к цели. Это объясняется и недостаточной надежностью (устойчивостью) опоры и колебаниями тела самого стрелка (пульсация напряжение мышц) и другими обстоятельствами, включая даже и метеоусловия. При прицеливании с использованием открытого прицела и правильной изготовке все это кажется незаметным. Однако оптика, благодаря увеличению с соответствующей кратностью, с той же кратностью и усиливает наглядность таких колебаний. В результате стрелок (особенно новичок) с удивлением обнаруживает, что цель зачастую «прыгает» в зрительном поле прицела и за нее весьма трудно «зацепиться». Причем чем больше кратность прицела, тем оказываются более выраженными такие явления. Поэтому использование прицелов большой кратности следует рекомендовать только очень опытным снайперам, стреляющим с заранее подготовленных позиций и на большие дистанции. В то же время для снайперов, участвующих в составе разведывательно-диверсионных групп и вынужденных стрелять на небольшие расстояния, в условиях плохой видимости и без достаточного для правильной подготовки времени, могут быть рекомендованы только прицелы небольшой кратности.

В стрелковом деле вообще прицеливание и спуск курка являются настолько взаимосвязанными, что их практически трудно разделить. В результате многочисленных тренировок, как только снайпер начинает прицеливание, палец почти автоматически начинает надавливать на спусковой крючок.

Следует сказать, что при производстве меткого выстрела правильная техника спуска курка имеет важнейшее, а подчас и решающее значение. Прежде всего, нажим на спусковой крючок ни в коем случае не должен нарушать наводку оружия, что непросто, поскольку на боевом оружии натяжение спуска (усилие, при котором курок срывается с боевого взвода) должно быть не меньшим 1,5 кг. Это заставляет «стреляющий» указательный палец выполнять значительную работу. А поскольку правая рука ни в коем случае не должна напрягаться, кисть этой руки должна очень плотно держаться за шейку ложи (или пистолетную рукоятку), создавая для указательного пальца надежную опору.

При этом правая рука ни в коем случае не должна участвовать в процессе наведения оружия в цель.

Основным требованием к процессу нажима на спусковой крючок является его плавность, то есть такой нажим, который не будет сбивать наводку оружия. Даже при производстве самого быстрого выстрела условие плавности спуска остается обязательным и неизменным. Не нужно забывать, что при «рывке» (дергании за спуск) срабатывает не только указательный палец, но по нервно-физиологическим причинам вся рука и правое плечо, то есть на выстрел реагирует весь организм стрелка, что и приводит к промаху. Для увеличения прилагаемого усилия следует нажимать на спусковой крючок сгибом первой и второй фаланг указательного пальца. Нажим выполняется строго вдоль оси оружия («косой» нажим увеличивает усилие преодоления натяжения спуска и сбивает наводку оружия).

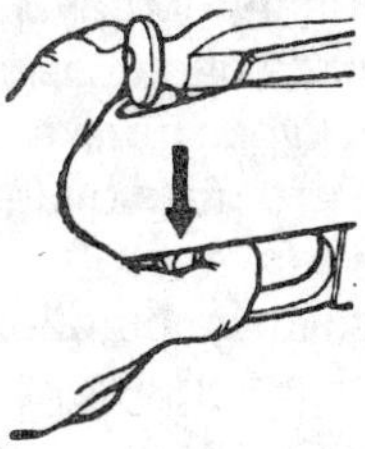

Рис. 253. *Правильное наложение пальца на спусковом крючке*

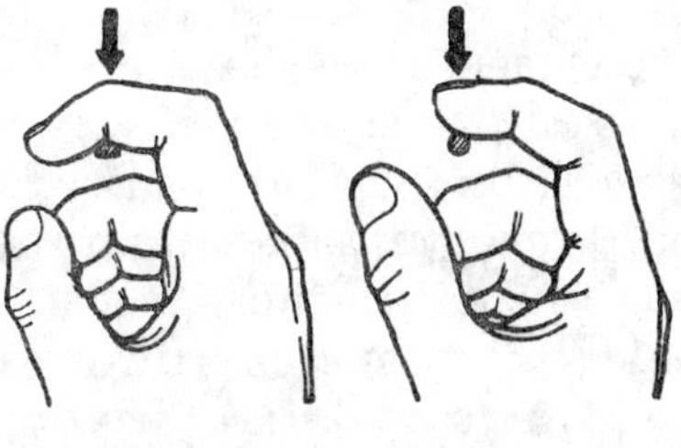

Рис. 254. *Зазор между пальцем и оружием*

При стрельбе указательный палец должен быть полностью свободным и, кроме спускового крючка, нигде не касаться оружия. Следует обеспечить зазор между пальцем и винтовкой, что в особенности относится к спусковой скобе, поскольку указательные пальцы стрелков (прежде всего, новичков) «скребут» по ней.

Необходимо научиться плавно, постепенно и равномерно усиливать нажим на спусковой крючок, но это не означает медленного выполнения данного элемента производства выстрела, поскольку спуск курка должен (при достаточной устойчивости оружия) занимать не более 2–3 секунд. Иногда же приходится производить выстрел и быстрее. И совершенно естественно, что вторым условием производства меткого выстрела является согласование одновременности нажима на спусковой крючок с правильным прицеливанием.

Два этих элемента: прицеливание и работа пальца, а также задержка дыхания — должны быть доведены до автоматизма, так что выработанная в результате продолжительных тренировок — как с патроном, так и вхолостую — «мышечная память» пальца должна позволить при наведении винтовки в цель — даже и при очень коротком времени ее появления — быстро и согласованно с прицеливанием спускать курок.

Даже при производстве очень быстрого по времени выстрела сам момент срыва курка должен быть всегда неожиданным для стреляющего, что исключает возможность сбивающей наводку реакции стрелка.

Ни один, даже самый выдающийся, мастер снайперского дела не сможет уберечься при прицеливании от некоторых колебательных движений винтовки. Понятно, что мушка открытого прицела или пенек (угольник) оптического даже при самом правильном положении для стрельбы будут совершать некоторые неопределенные «восьмерки». Важно, чтобы такие колебания не выходили из пределов (габаритов) мишени (цели). В этом случае при правильном спуске пуля несомненно поразит цель. Не следует забывать, что ценой возможного промаха является жизнь самого снайпера.

Снайпер должен иметь винтовку с очень надежным и правильно отлаженным спусковым механизмом, причем характер спуска должен определяться индивидуальными особенностями и «вкусами» самого стрелка (вероятно, не следует упоминать о том, что снайперская винтовка — оружие сугубо индивидуального использования и может быть закреплена только за одним стрелком).

Характер спуска может быть самым разнообразным — в рамках допустимого нижнего предела натяжения, равного 1,5 кг для боевых винтовок и 0,5 кг для малокалиберных (бокового огня), причем спуски могут быть «сухими» и «мягкими», «с протяжкой», а также спусками с предупреждением. Понятно, что выбор того или иного характера спуска диктуется состоянием нервно-мышечной системы снайпера, его вкусами, привычками, индивидуальными и психологическими особенностями и морально-волевыми качествами.

При этом «сухой спуск» характеризуется тем, что спусковой крючок при нажатии на него заметно не перемещается, но как только прилагаемое к нему усилие превысит заданное натяжение, происходит выстрел, являющийся следствием срыва курка с боевого взвода. «Мягкий спуск» или «спуск с протяжкой» — это когда при нажиме спусковой крючок заметно подается, то есть имеет больший или меньший рабочий ход. Спуск же «с предупреждением» характеризуется предварительным ходом спускового крючка (что уже требует предварительного натяжения) с последующей остановкой на так называемом «предупреждении». При этом выстрел последует после приложения дополнительного усилия в результате дальнейшего нажима указательным пальцем на спусковой крючок для преодоления сопротивления предупреждения. В зависимости от усилия натяжения такого предварительного предупреждения, спуск опять-таки может оказаться сухим или с небольшой протяжкой.

В то же время в зависимости от выбираемого снайпером характера спуска при отладке спускового механизма должны быть соблюдены следующие непременные требования:

- курок должен надежно удерживаться на шептале во избежание случайных, неприцельных выстрелов;
- если нажатие на спуск произведено не до конца, то спусковой крючок должен немедленно возвращаться в первоначальное положение;
- спусковой крючок не должен иметь излишнего натяжения;

- спуск, особенно с предупреждением, должен быть четким и стабильным, не изменять своего характера от выстрела к выстрелу;
- спуск должен иметь постоянное натяжение, не иметь местных торможений из-за перекосов, вызванных неточной подгонкой деталей и наличием зазоров;
- спуск не должен иметь «провалов», то есть резкого уменьшения сопротивления спускового крючка усилию пальца в момент срыва курка с шептала, поскольку при этом оружие будет вздрагивать в самый ответственный момент производства выстрела;
- спусковой крючок не должен после производства выстрела «бить на палец», то есть спусковой механизм не должен обладать реакцией обратного хода.

Необходимо подчеркнуть, что чрезвычайно сложная и ответственная операция по отладке спускового механизма снайперской винтовки должна производиться в оружейной мастерской — либо оружейным мастером, либо опытным стрелком с навыками работы со слесарным инструментом.

Некоторые спусковые механизмы новых систем не поддаются регулировке (подтачиванию, шлифовке и т.д.) ввиду зацементированных трущихся поверхностей (если такие поверхности снять, то под ними оказывается значительно более мягкий металл, который, быстро изнашиваясь, в конечном итоге приведет к отказам оружия). К таким спусковым механизмам снайперу приходится приноравливаться в процессе продолжительных тренировок.

Зачастую даже у стрелков-разрядников из пневматического или малокалиберного оружия при переходе к стрельбе из боевых винтовок наблюдается серия ошибок, вызванных одной и той же основной причиной: этой причиной является боязнь боевого выстрела.

К этим ошибкам относятся:

- зажмуривание глаз при производстве выстрела;
- резкий нажим на спусковой крючок в последней фазе производства выстрела, или «дергание»;
- срабатывание правого плеча в качестве реакции на отдачу оружия.

Выше уже говорилось, что при стрельбе из боевого оружия приклад следует упирать в полдключичную область, то есть в естественную выемку между дельтовидной мышцей плеча и прямой мышцей груди. При упоре приклада в плечо стреляющий получает чувствительный толчок, причем при упоре ниже выемки винтовка может выскочить в подмышку и стрелок разобьет себе губу или же получит удар по лицу оптическим прицелом, а при упоре выше выемки вполне реальным оказывается перелом ключицы. Все это в конечном счете приводит к возникновению страха перед боевым выстрелом, от которого гораздо труднее избавиться впоследствии, чем предупредить его в самом начале обучения стрельбе из боевой (в частности, снайперской) винтовки.

Для того чтобы приучить начинающего стрелять из боевой винтовки стрелка к звуку выстрела и отдаче, следует начинать с холостой тренировки, но при полном соблюдении всех элементов производства правильного выстрела, после чего можно постепенно переходить к стрельбе, перемежая, однако, боевые патроны учебными, вместо пороха наполненными песком. Это позволяет выявлять все связанные с боязнью боевого выстрела характерные ошибки и приучить будущего снайпера к стрельбе из крупнокалиберного (боевого) оружия.

Рекомендуется первые тренировки проводить в основном в холостом режиме, делая не более пяти боевых выстрелов, после чего давать отдых и повторять укладку, изготовку и т.д. снова. Все первоначальные стрельбы из боевого оружия проводятся без ограничения времени на производство выстрела. Работа с начинающими снайперами проводится в строгом соответствии с заранее разработанной методикой их первоначальной подготовки.

Методика начальной снайперской подготовки

Основные задачи обучения

1. Подготовка для Российских Вооруженных Сил нового поколения стрелковых снайперских кадров, овладевших основными навыками и понятиями стрельбы из пневматического, малокалиберного и боевого оружия с оптическими прицелами, ознакомленных с его материальной частью и умеющих эффективно поражать неподвижные, появляющиеся и движущиеся цели на всех дистанциях до 300 м.

2. Воспитание подрастающего поколения в духе естественного Российского патриотизма на примере героического военного прошлого России и укрепления дружбы всех населяющих ее народов.

Организация учебного процесса

1. Учебные группы кандидатов в снайпера комплектуются в районных, городских и областных (республиканских) стрелково-спортивных клубах (ССК) РОСТО из кандидатов, рекомендуемых низовыми коллективами.

2. Предусматривается подготовка кандидатов в снайпера в учебных группах по 10–16 человек с разбивкой на снайперские пары в соответствии с определяемой компьютерными, иридодиагностическими и другими методами психологической совместимости.

3. Учебные группы комплектуются из лиц допризывного и призывного возраста, начиная с 14 лет, выполнивших 3–2 спортивных разрядов из пневматического или малокалиберного оружия и соответствующих предъявляемым к будущим снайперам требованиям по состоянию здоровья, зрению, слуху и морально-волевым качествам.

4. Стрелковые клубы, в которых должно проводиться обучение, должны быть оборудованы наглядными учебными пособиями, специальной литературой, плакатами, разрезным оружием (макетами) и используемыми при снайперской стрельбе оптическими устройствами, а тиры — электронно-

компьютерными тренажерами, а также установками для показа появляющихся и движущихся целей.

5. Обучение производится без отрыва от производства и учебы со строго индивидуальным подходом к каждому обучаемому.

6. Обучение проводится лучшими инструкторами, прошедшими соответствующие курсы снайперов, или же служившими снайперами в горячих точках.

7. Активное участие в проведении обучения должны принимать местные военкоматы. Для выполнения учебных и зачетных боевых снайперских стрельб им следует договориться с местными воинскими частями по поводу использования их стрельбищ, оружия, оборудования и боеприпасов. Зачисленные в группы кандидатов в снайпера должны быть поставлены в военкоматах на особый учет и впоследствии их следует направлять в воинские части в соответствии с полученной допризывной подготовкой.

8. По окончании программы обучения кандидаты сдают выпускные зачеты по всем пунктам теории и практики снайперских стрельб на дистанции до 300 м.

9. Для приема зачетов составляется приемная комиссия в количестве 4–5членов, в состав которой входят начальник ССК (или его представитель), инструктор, обучающий данную группу, а также представители военкомата и воинской части, на стрельбище которой проводились боевые стрельбы.

10. Результаты зачетов заносятся в Протокол, рассылаемый во все соответствующие инстанции.

Методические указания

1. Подготовка кандидатов в снайпера проводится в соответствии с настоящей программой.

Основой обучения является индивидуальная подготовка.

Основными методами являются изложение материала, показ и тренировка.

2. Каждому последующему занятию должен предшествовать краткий контрольный опрос по пройденному материалу.

3. Все занятия следует заканчивать разбором, подведением итогов и проставлением оценок. Анализ результатов тре-

нировок должен быть занесен в стрелковую книжку снайпера с указанием даты, упражнения, прицела, зарисовкой каждой пробоины и внешних условий.

4. Следует довести до понимания каждого из кандидатов, что решающее значение для точной стрельбы и наблюдения имеет отличное знание и исправное состояние оружия и оптических приборов. По возможности следует закрепить за обучаемыми винтовки на весь период их обучения.

5. Во время проведения огневой подготовки следует проверять боевые и учебные патроны как при их выдаче, так и перед началом каждого занятия.

6. На каждом занятии строго соблюдать меры безопасности при обращении с оружием и боеприпасами.

7. При стрельбе из м/к оружия следует использовать силуэтные мишени, приведенные на рисунке 255.

8. При стрельбе из пневматического оружия следует использовать те же мишени, уменьшенные в 5 раз.

9. При стрельбе из боевого оружия следует использовать стандартные мишени, оговоренные в КС СО-85.

Расчет часов по темам обучения

I. Огневая подготовка — 100 часов, в том числе:

Тема № 1. Материальная часть оружия — 6 часов.

Тема № 2. Определение угловых величин — 2 часа.

Тема № 3. Основы внутренней и внешней баллистики — 4 часа.

Тема № 4. Обучение приемам стрельбы из пневматической винтовки с оптическим прицелом — 22 часа.

Тема № 5. Обучение приемам стрельбы из малокалиберной винтовки с оптическим прицелом — 22 часа.

Тема № 6. Обучение приемам стрельбы из снайперской винтовки калибра 7,62 мм — 16 часов.

Тема № 7. Обучение использованию вспомогательных оптических приборов — 2 часа.

II. Тактическая подготовка — 4 часа.

III. Инженерная подготовка — 4 часа.

IV. Военная топография — 2 часа.

V. Общефизическая подготовка — 10 часов.

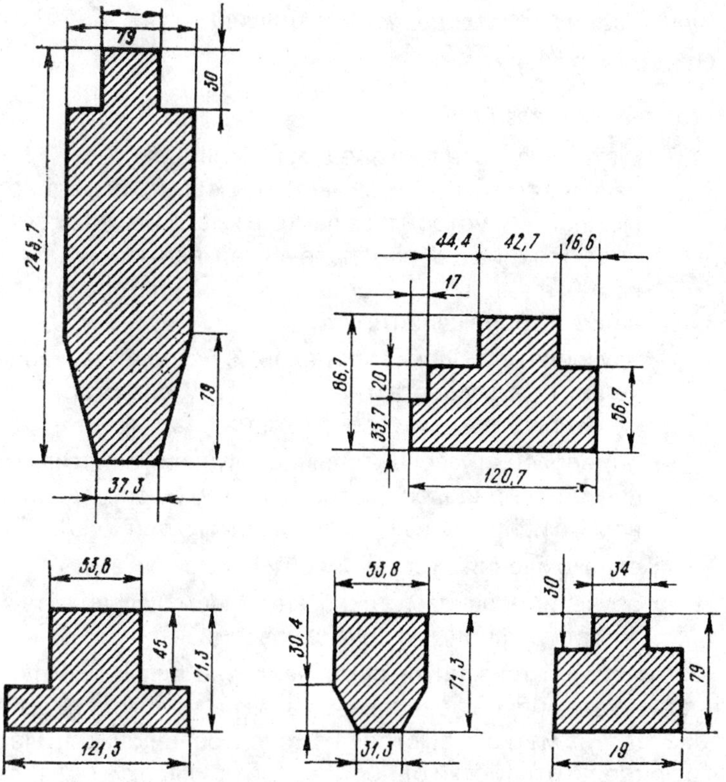

Рис. 255. *Мишени для стрельбы из м/к оружия*

VI. Сдача зачетов, в том числе:
- из пневматической винтовки — 2 часа;
- из м/к винтовки — 2 часа;
- из винтовки калибра 7,62 мм — 2 часа.

Итого: — 100 часов.

Расчет патронов на подготовку одного стрелка:

- стрельбы из пневматического оружия — 250 пулек;
- стрельбы из малокалиберного оружия (5,6 мм бокового огня) — 250 патронов;
- стрельбы из боевого оружия (7,62 мм) — 150 патронов.

Наименование тем и содержание занятий

I. Огневая подготовка

Методические указания

1. Теоретические занятия предназначены для:

- изучения материальной части оружия, его боевых возможностей, устройства частей и механизмов, изучения боеприпасов, неисправностей, влияющих на меткость стрельбы и способов их устранения, правил хранения и сбережения оружия;
- изучения оптических прицелов, их устройства, назначения, преимуществ и недостатков, ухода за оптическими прицелами и их сбережения;
- определения угловых величин, изучения понятия «тысячная», определения расстояний по угловым величинам и с использованием оптического прицела;
- ознакомления с траекторией и ее элементами;
- обучения правилам стрельбы в полевых условиях с учетом атмосферных и других условий.

2. Практические занятия предназначены для выработки у кандидата в снайпера правильных навыков, необходимых для производства меткого выстрела с использованием оптического прицела, отработки однообразной прикладки, правильного прицеливания и нажима на спусковой крючок, приведения оружия к нормальному бою. Для этого на занятиях следует широко применять прицельные станки, электронно-компьютерные тренажеры, например, оптико-электронные тренажеры СКАТТ и NOPTEL, лазерный тренажер БИМХИТ и т.д. При изучении приемов заряжания и производства боевого выстрела следует использовать учебные патроны.

Каждый кандидат в снайпера должен вести стрелковую книжку с указанием в ней даты, результатов стрельбы, установки оптического прицела, анализа неудач, а при стрельбе на открытом воздухе — метеоусловий (ветер, температура, освещение и т.д.) и сделанных в зависимости от них поправок в прицеле.

Тема 1
Материальная часть оружия — 6 часов

Материальная часть пневматической (калибр 4,5 мм), малокалиберной (калибр 5,6 мм бокового огня) и боевых винтовок калибра 7,62 мм — СВД и винт. образца 1891/30 года, и используемых оптических прицелов.

Цель. Изучение конструкций оружия и оптических прицелов, которые будут использоваться при дальнейшем обучении, а также правил их применения и технического обслуживания.

Занятие № 1. Изучение устройства и особенностей используемых при обучении пневматической и малокалиберной винтовок, а также винтовок СВД и 7,62-мм винтовки образца 1891/30 года. Порядок неполной разборки и сборки. Неисправности оружия, влияющие на меткость стрельбы и способы их устранения. Порядок и правила осмотра, ухода, хранения и сбережения оружия. Правила чистки и смазки. Меры безопасности при обращении с оружием.

Занятие № 2. Используемые при обучении оптические прицелы, их устройство, назначение, преимущества и недостатки по сравнению с открытыми и диоптрическими прицелами. Способы крепления прицелов к оружию. Правила хранения оптических прицелов и ухода за ними.

Тема 2
Определение угловых величин — 2 часа

Цель. Изучение и усвоение понятия «тысячная» как единицы измерения углов.

Занятие № 1. Объяснение понятия «тысячная». Формула «тысячной». Определение расстояния по угловым величинам, визуально и с использованием оптического прицела и вспомогательных оптических устройств.

Тема 3
Основы внутренней и внешней баллистики — 4 часа

Цель. Ознакомление с явлением выстрела при стрельбе из винтовок калибра 4,5 мм, 5,6 мм бокового огня и 7,62 мм. Боеприпасы. Траектория и ее элементы, воздействие внешних условий на полет пули.

Занятие № 1. Взрывчатые вещества. Устройство боеприпасов для рассматриваемых видов оружия. Явление выстрела. Элементы траектории. Настильность. Прямой выстрел. Воздействующие на полет пули факторы. Определение средней точки попадания (СТП) и обучение внесению поправок в прицельные приспособления.

Тема 4
Обучение приемам стрельбы из пневматической винтовки с оптическим прицелом — 22 часа

Цель. Практическое ознакомление кандидатов со стрельбой с использованием оптического прицела. Начальное обучение приемам снайперской стрельбы.

Занятие № 1. Обучение приемам стрельбы из пневматической винтовки с оптическим прицелом. Особенности прицеливания, глазное расстояние. Характерные ошибки в прицеливании, параллакс и его влияние на точность стрельбы.

Упражнение № 1. Стрельба по неподвижной мишени.

Положение — лежа, с упора.

Мишень № 8 (спортивная). В центр наклеивается небольшой кружок из белой бумаги.

Пулек 20 (4 серии по 5 пулек).

Время на стрельбу — не ограничено.

Показ попаданий — после каждой серии.

Порядок выполнения. Основное внимание уделяется правильному прицеливанию через оптический прицел. Особое внимание следует обращать на то, чтобы поле зрения прицела было совершенно чистым, без теней и полутеней. Инструктор подробно объясняет значение нового для этих стрелков способа прицеливания и предостерегает их от возможных ошибок. После усвоения правил такого прицеливания стрелки выполняют упражнение. При этом угольник прицела (острие вертикальной нити) наводится в центр мишени (наклеенный белый кружок).

Упражнение № 2. Обучение работе с оптическим прицелом. Определение СТП и внесение в прицел необходимых поправок. Приведение винтовки к нормальному бою и выверка оптического прицела.

Положение — лежа, с упора.

Мишень № 8 (спортивная) с наклеенным в центре белым кружком.

Пулек — 20 (4 серии по 5 пулек).

Время на стрельбу — не ограничено.

Показ попаданий — после каждой серии.

Порядок выполнения. Обучаемый, пристреляв винтовку в центр мишени, производит регулировку (выверку) оптического прицела. При использовании прицела ПУ следует, освободив винты крепления дистанционного кольца и кольца боковых поправок, аккуратно повернуть кольца, не смещая маховички, и против риски установить: по шкале дистанционного кольца — «1», а по шкале боковых поправок — «0» и закрепить винты. В случае же использования других прицелов это делается аналогичным способом.

После такой регулировки следует серией в пять выстрелов проверить совмещение СТП с центром мишени.

Упражнение № 3. Отработка приемов стрельбы из пневматической винтовки с оптическим прицелом по неподвижной мишени.

Положение — лежа, с упора.

Мишень № 8 (спортивная), с наклеенным в центре белым бумажным кружком.

Пулек — 20 (4 серии по 5 пулек).

Время на стрельбу — не ограничено.

Показ попаданий — после каждой серии.

Оценка стрельбы: не допустить отрывов. Вместить все попадания (по кучности): отлично — в круг «8», хорошо — в круг «7», удовлетворительно — в круг «6».

Порядок выполнения. После отстрела каждой серии стрелок вместе с инструктором анализирует результат и сравнивает его со своими отметками. В случае несовмещения СТП с центром мишени обучаемые вносят в прицел поправки. Результаты стрельб и положения прицелов фиксируются в стрелковой книжке.

Упражнение № 4. Повтор упражнения № 3 с целью закрепления навыков в стрельбе с оптическим прицелом.

Условия выполнения упражнения — те же, что и в упражнении № 3.

Упражнение № 5. Обучение приемам стрельбы по появляющейся цели.

Положение — лежа, с упора.

Мишень № 8 (спортивная).

Пулек — 20 (4 серии по 5 пулек).

Время на стрельбу определяется техническими возможностями имеющейся автоматизированной установки для показа мишеней, но не более 7 секунд.

Показ попаданий — после каждой серии.

Оценка стрельбы (одна серия):

5 попаданий — отлично,
4 попадания — хорошо,
3 попадания — удовлетворительно.

Порядок выполнения. Обучаемый, зарядив оружие, докладывает о готовности. При этом приклад не вставлен в плечо, а опирается на пол. Мишень появляется на заданное количество секунд и закрывается. Через 10 секунд показ мишени повторяется.

Упражнение № 6. Обучение приемам стрельбы по появляющимся целям. Повтор упражнения № 5.

Условия выполнения упражнения — те же, что и в упражнении № 5.

Упражнение № 7. Обучение стрельбе по пяти появляющимся целям.

Положение — лежа, с упора.

Мишень № 8 (спортивная).

Пулек — 30 (6 серий по 5 пулек).

Время на отстрел одной серии: не более 60 секунд.

Показ попаданий — после каждой серии.

Оценка стрельбы (одна серия):

5 попаданий — «отлично»,
4 попадания — «хорошо»,
3 попадания — «удовлетворительно».

Порядок выполнения. Обучаемый, зарядив оружие, докладывает о готовности. При этом приклад не вставлен в плечо, а опирается в пол. Цели появляются на заданный интервал времени, в течение которого стрелок перезаряжает оружие и ведет огонь.

Примечание. Упражнение № 7 выполняется только при наличии многозарядного оружия.

Упражнение № 8. Обучение стрельбе по пяти появляющимся целям. Повтор упражнения № 7, но при сокращенном времени выполнения упражнения.

Упражнение № 9. Обучение приемам стрельбы по движущейся цели. Объяснение значения выноса с учетом скорости перемещения цели и времени пролета пулькой расстояния в 10 метров.

Положение — лежа, с упора.

Мишень — № 8а.

Пулек — 30 (3 серии по 10 пулек).

Время на стрельбу — 5 секунд на один пробег (медленный бег на установке «кабан»).

Показ попаданий — после каждого пробега.

Оценка стрельбы (серии в 10 выстрелов):

8 попаданий — «отлично»,

6 попаданий — «хорошо»,

4 попадания — «удовлетворительно».

Порядок выполнения. Обучаемый, зарядив оружие, объявляет о готовности. При появлении цели из-за укрытия стрелок производит выстрел. Движение цели в противоположном направлении начинается через 7–8 секунд. Стрелок производит серию из десяти выстрелов за десять пробегов цели (пять вправо и пять влево). При выполнении упражнения используется стандартная установка для выполнения спортивного упражнения «бегущий кабан». В упражнении № 9 выполняется «медленный бег», при котором цель «пробегает» окно шириной 3 м за 5 секунд. После каждого выстрела попадания демонстрируются на электронном табло или на экране установки.

Упражнение № 10. Обучение приемам стрельбы по движущимся целям. Порядок выполнения упражнения — тот же, что и в упражнении № 9, но цель движется вдвое быстрее, выполняя «быстрый бег». При этом окно той же шириной 3 метра цель пробегает за 2,5 секунды.

Пулек — 30 (3 серии по 10 пулек)

Оценка стрельбы (серии в 10 выстрелов):

6 попаданий — «отлично»,

4 попадания — «хорошо»,

2 попадания — «удовлетворительно».

Упражнение № 11. «Перебежка». Обучение кандидатов навыкам стрельбы в бою (с перебежкой).

Мишень № 5 (головная, уменьшенная в 30 раз) — 2 мишени на каждого стрелка.

Пулек — неограниченное количество на один забег.

Время на стрельбу — не более 100 секунд.

Положение — лежа, с упора.

Порядок выполнения. При наличии надлежащего помещения два стрелка располагаются на расстоянии 25 м (в ограниченном помещении дистанция может быть уменьшена) от линии огня в положении «лежа» и по команде перебегают расстояние до линии огня, не ближе 3-х метров от нее самостоятельно (без дополнительной команды) заряжают оружие и обстреливают свои цели (перед каждым из них установлено по 2 головных мишени). Побеждает тот, кто первым поразит обе цели. Упражнение повторяется многократно. Возможно проведение групповых турниров — круговых либо с выбыванием. Желательно, чтобы при этом использовались установки с падающими мишенями.

Тема 5
Обучение приемам стрельбы из малокалиберной винтовки с оптическим прицелом — 22 часа

Цель. Обучение кандидатов в снайпера приемам стрельбы из малокалиберной винтовки бокового огня с оптическим прицелом по неподвижным, появляющимся и движущимся целям на дистанции 50 метров.

Упражнение № 1. Обучение работе с оптическим прицелом. Определение СТП и внесение в прицел необходимых поправок. Приведение винтовки к нормальному бою и выверка оптического прицела.

Положение — лежа, с упора.

Мишень № 7 (спортивная). В центр наклеивается небольшой белый кружок.

Патронов — 20 (4 серии по 5 патронов).

Время на стрельбу — не ограничено.

Показ попаданий — после каждой серии.

Порядок выполнения. Обучаемый, пристреляв винтовку в центр мишени, производит регулировку (выверку) оптического прицела. При использовании прицела ПУ следует, освободив винты крепления дистанционного кольца и кольца боковых поправок, аккуратно повернуть кольца, не смещая маховички, и против риски установить: по шкале дистанционного кольца — «1», а по шкале боковых поправок — «0», и закрепить винты. В случае же использования других прицелов это делается аналогичным способом.

После такой регулировки следует серией в 3 выстрела проверить совмещение СТП с центром мишени.

Упражнение № 2. Обучение приемам стрельбы из малокалиберной винтовки с оптическим прицелом по неподвижной мишени.

Положение — лежа, с упора.

Мишень — № 8 (ростовая), уменьшенная в 6 раз с наклеенным в центре габаритом «семерки» от спортивной мишени (верх круга доходит до уровня плеч).

Патронов — 20 (4 серии по 5 патронов).

Время на стрельбу — не ограничено.

Показ попаданий — после каждой серии.

Оценка: пять попаданий (из пяти) — «отлично», четыре — «хорошо», три — «удовлетворительно».

Порядок выполнения. Основное внимание уделяется правильному использованию (освоению) оптического прицела и согласованному с прицеливанием нажатию на спусковой крючок. Особое внимание следует обращать на однообразие прикладки и места опоры оружия на упоре. Работу стреляющих следует контролировать с использованием электронных тренажеров.

После отстрела каждой серии кандидаты осматривают мишени и под руководством инструктора определяют СТП и анализируют ошибки. При несовмещении СТП с центром мишени обучаемые вносят поправку в прицелы. Результаты каждой стрельбы заносятся в стрелковые книжки.

Упражнение № 3. Обучение приемам стрельбы по появляющимся целям.

Положение — лежа, с упора.

Мишень № 8 — та же, что и в упражнении № 2.

Патронов — 20 (4 серии по 5 патронов).

Время на стрельбу — определяется возможностью регулировки установки, но не более 7 с на выстрел.

Показ попаданий — после каждой серии.

Оценка попаданий (в серии из 5 выстрелов): пять попаданий — «отлично», четыре — «хорошо», три — «удовлетворительно».

Порядок выполнения. Стрелок, зарядив винтовку пятью патронами и изготовившись к стрельбе по мишени, развернутой «на ребро» (убранной), докладывает о готовности. При этом перед первым выстрелом приклад винтовки опущен на пол. По команде инструктора через 5–7 с мишень поворачивается «на лицо» и стоит до 7 секунд. Обучаемый производит по цели один выстрел. Следующее появление цели — через 8–10 секунд.

Упражнение № 4. Дальнейшая отработка стрельбы по появляющейся цели

Повтор упражнения № 3, но с сокращением времени показа цели до 5 секунд.

Оценка попаданий (в серии из 5 выстрелов): пять попаданий — «отлично», четыре — «хорошо», три — «удовлетворительно».

Упражнение № 5. Обучение приемам стрельбы по пяти одновременно появляющимся целям с переносом огня.

Положение — лежа, с упора.

Мишень № 8, та же, что и в предыдущих упражнениях.

Патронов — 20 (4 серии по 5 патронов).

Время на стрельбу — не более 40 секунд на серию из пяти выстрелов.

Показ попаданий — после каждой серии.

Оценка попаданий (серия из 5 выстрелов): пять попаданий — «отлично», четыре — «хорошо», три — «удовлетворительно».

Порядок выполнения. Обучаемый, зарядив оружие пятью патронами и изготовившись к стрельбе по мишени, повернутой «на ребро» (закрытой), докладывает о готовности. При этом перед первым выстрелом приклад винтовки должен быть опущен на пол. По команде инструктора через 5–7 секунд все цели поворачиваются «на лицо». Стрелок производит пять выстрелов с переносом — по одному в каждую мишень. По истечении времени мишени вновь убираются «на ребро». По мере обучения стрелков время на выполнение упражнения может сокращаться с 40 до 30 секунд. Каждый из кандидатов записывает (зарисовывает) все свои результаты в стрелковую книжку.

Упражнение № 6. Дальнейшая отработка стрельбы по появляющимся целям.

Повтор упражнения № 5, но с использованием в виде целей «грудных» мишеней.

Оценка попаданий (в серии из 5 выстрелов): пять попаданий — «отлично», четыре — «хорошо», 3 — «удовлетворительно».

Упражнение № 7. Дальнейшая отработка стрельбы по появляющейся цели.

Повтор упражнения № 3 с ужесточением условий.

Положение — лежа, с упора (при желании — с руки с использованием ружейного ремня).

Мишень № 5, «головная», уменьшенная в 6 раз.

Патронов — 20 (4 серии по 5 патронов).

Время на стрельбу — 5 секунд на выстрел.

Показ попаданий — после каждой серии (при наличии «падающей» установки — мишень падает при поражении).

Оценка попаданий (в серии из 5 выстрелов): пять попаданий — «отлично», четыре — «хорошо», три — «удовлетворительно».

Упражнение № 8. Обучение приемам стрельбы по движущейся цели.

Положение: лежа, с упора. При желании стрелки вместо упора могут использовать ружейный ремень.

Мишень № 8, «бегущая фигура», уменьшенная в 6 раз.

Патронов — 30 (3 серии по 10 патронов).

Время одного пробега — 5 с (медленный бег установки «кабан»).

Поражение цели определяется осмотром мишени.

Оценка попаданий (в серии из 10 выстрелов): восемь попаданий — «отлично», шесть — «хорошо», четыре — «удовлетворительно».

Порядок выполнения. Стрелок, зарядив винтовку пятью патронами, докладывает о готовности. При появлении мишени из-за укрытия он с поводкой производит выстрел. Движение следующей мишени начинается через 5–7 секунд после ее поражения или ухода в укрытие. За десять пробегов мишени (по пять в каждую сторону) стрелок производит 10 выстрелов.

Упражнение № 9. Дальнейшее совершенствование в стрельбе по движущимся целям.

Положение — лежа с упора. При желании стрелки могут использовать вместо упора ружейный ремень.

Мишень № 5 (головная), уменьшенная в 6 раз.

Патронов — 30 (три серии по 10 патронов).

Время на стрельбу определяется возможностями мишенной установки, но нормальный пробег продолжается 2,5 секунды (быстрый бег установки «кабан»).

Попадание определяется осмотром мишени.

Оценка попаданий (в серии 10 выстрелов — по 5 пробегов в каждую сторону): восемь попаданий — «отлично», шесть попаданий — «хорошо», четыре попадания — «удовлетворительно».

Упражнение № 10. «Перебежка». Обучение кандидатов навыкам стрельбы в бою (с перебежкой).

Дистанция — 25 м.

Мишень № 5 (головная), уменьшенная в 12 раз.

Время — не более 1 минуты на забег.

Патронов — неограниченное количество на 1 забег.

Положение — лежа, с руки, с применением ружейного ремня.

Порядок выполнения. Два стрелка располагаются на расстоянии 25 м от огневого рубежа в положении «лежа». Винтовки не заряжены, затворы закрыты. По команде стрелки пробегают расстояние до огневого рубежа (в трех метрах от него разрешается открывать затворы), самостоятельно (без дополнительной команды) заряжают оружие и ведут огонь по целям (перед каждым стрелком установлено по две головных мишени). Побеждает тот из стрелков, кто первым поразит обе цели. Упражнение повторяется многократно. Возможно проведение групповых турниров — либо круговых, либо с выбыванием. Желательно, чтобы при этом использовались установки с падающими мишенями.

Примечание. Ввиду отсутствия соответствующего помещения стрельба ведется на дистанции 25 метров с соответствующей предварительной пристрелкой.

Упражнение № 11. Стрельба по появляющимся целям.

Положение — лежа, с упора или с руки с использованием ружейного ремня.

Патронов — 20 (4 серии по 5 патронов).

Время на стрельбу — 5 секунд на одну мишень.

Показ попаданий — после каждой серии.

Порядок выполнения. 5 мишеней расположены (в убранном виде или в положении «на ребро») на фронте 3–4 метра. По готовности стрелка мишени начинают в неопределенной последовательности появляться (открываться) на 5 секунд с интервалами в 10 секунд. Таким образом, снайпер не знает места появления следующей цели.

Оценка стрельбы: пять попаданий — «отлично», четыре попадания — «хорошо», три попадания — «удовлетворительно».

Примечание. Возможность выполнения данного упражнения определяется наличием соответствующей установки.

Тема 6
Обучение приемам стрельбы из снайперской винтовки калибра 7,62 мм — 16 часов

Цель. Обучение кандидатов в снайпера приемам стрельбы из снайперских винтовок СВД (различных модификаций) и образца 1891/30 года по неподвижным, появляющимся и движущимся целям на дистанциях от 100 до 300 м.

Упражнение № 1. Подготовка кандидатов к боевым стрельбам. Отработка навыков стрельбы из снайперской винтовки СВД или 7,62 мм образца 1891/30 года.

Дистанция — 100 м.

Мишень № 4 «грудная», с кругами.

Патронов — 10.

Положение — лежа, с упора.

Время — неограниченное.

Показ попаданий — стрельба на кучность.

Оценка (по СТП): 28 очков — «отлично», 26 — «хорошо», 24 — «удовлетворительно».

Порядок выполнения. Тренировку следует начинать с ознакомления со стрельбищем, с боевым оружием в полевых условиях, с тренировки «вхолостую», с прицеливания и спуска курка — без патрона. Затем инструктор или более опытный стрелок сам заряжает винтовку обучаемого, перемежая боевые патроны с учебными, для того чтобы у кандидата не вырабатывалась реакция на выстрел. Три последних выстрела стреляют на кучность с определением результата по СТП.

Упражнение № 2. Приведение винтовки калибра 7,62 мм к нормальному бою. Выверка оптического прицела.

Дистанция — 100 м.

Мишень — черный прямоугольник размерами 25 х 35 см на листе фанеры 1 х 1 м.

Патронов — 20 на винтовку.

Положение — лежа, с упора.

Время — неограниченное.

СТП последних трех выстрелов при стрельбе с открытым и оптическим прицелами должны находиться в центре мишени.

Порядок выполнения. Первый этап: стрельба с открытым прицелом. На пристрелочную мишень наклеивается белый кружок диаметром 3 см, расположенный на высоте 14 см от нижнего обреза мишени — для винтовки СВД и 17 см — для винтовки 7,72 мм образца 1891/30 года (в соответствии с таблицей превышения средних траекторий). Прицел устанавливается на «3», а у винтовки СВД отделяются оптический прицел и щека приклада. Затем кандидат делает 4 выстрела с прицеливанием под нижний край проверочного прямоугольника. Если СТП с удовлетворительной кучностью отклонится от белого кружка, то в прицел следует внести поправку: по высоте: ввинчиванием или вывинчиванием мушки — у СВД, и изменением высоты мушки — у «трехлинейки»; боковую: горизонтальным перемещением намушника с мушкой при помощи молоточка. Затем производится повторный (контрольный) отстрел серии из трех выстрелов.

После такой пристрелки на любой из установленных на прицеле дистанций пуля будет попадать в мишень в точку прицеливания.

Второй этап: оптический прицел и щека приклада возвращаются на место и тщательно закрепляются. Вращением маховичка устанавливаются прицел на деление «3», а шкала боковых поправок на «0».

Винтовка закрепляется в прицельном станке с наведением и фиксацией под нижний край проверочного прямоугольника, а на его нижний край наклеивается белая полоска бумаги шириной 2 см. Прицельный угольник или пенек, выводится в центр зрительного поля прицела. Если при этом он смотрит в середину нижнего края мишени, оптический прицел считается выверенным. Если же он смотрит в другое место, то при помощи маховичков его следует совместить с точкой прицеливания открытого прицела, после чего производится серия из 3–4 контрольных выстрелов, и в случае положительного результата лимбы маховичков устанавливаются соответственно в положение «3» и боковой — на «0» таким же образом, что и при стрельбе из малокалиберной винтовки.

Упражнение № 3. Отработка стрельбы из снайперской винтовки по неподвижным мишеням.

Дистанция — от 100 до 300 м (по выбору инструктора).

Мишень — № 4 «грудная», с кругами.

Патронов — 20 (4 серии по 5 выстрелов).

Положение — лежа, с упора.

Время на стрельбу — неограниченное.

Показ попаданий — после каждой серии.

Оценка: при стрельбе на 100 м: 46 очков — «отлично», 43 — «хорошо», 40 — «удовлетворительно». При стрельбе на 300 м: пять попаданий — «отлично», четыре — «хорошо», три — «удовлетворительно».

Упражнение № 4. Обучение стрельбе с ограничением времени (по появляющейся мишени).

Дистанция — 100 м.

Мишень — № 4.

Патронов — 20 (4 серии по 5 патронов).

Положение — лежа, с упора.

Время показа мишени — 5 секунд.

Показ попаданий — после 5 выстрелов или использование падающей мишени.

Оценка: пять попаданий — «отлично», четыре попадания — «хорошо», три попадания — «удовлетворительно».

Порядок выполнения. По готовности стрелка (оружие заряжено, приклад на земле) подается команда на появление мишени. После появления мишени стрелок самостоятельно (без дополнительной команды) прицеливается и производит выстрел. Через 5 секунд мишень поворачивается «на ребро». Через 10 секунд показ мишени повторяется.

Упражнение № 5. Дальнейшая отработка стрельб по появляющимся мишеням.

При этом условия выполнения упражнения остаются такими же, но мишень появляется в разных местах на фронте в 10 м. Оценка стрельбы та же, что и в упр. № 6.

Примечание. Упражнение рекомендуется выполнять в составе снайперской пары.

Упражнение № 6. Скоростная стрельба по нескольким целям с ограничением времени.

Дистанция — 300 м.

Мишень — № 8 (ростовая фигура).

Патронов — 20 (4 серии по 5 патронов).

Положение — лежа, с упора.

Время на стрельбу — 30 секунд на серию в 5 выстрелов.

Показ попаданий — после каждой серии (или «падение» пораженной мишени).

Оценка: пять попаданий — «отлично», четыре — «хорошо», три — «удовлетворительно».

Порядок выполнения. Пять мишеней установлены над блиндажом «на ребро» (при наличии автоматической установки убраны). Стрелок заряжает винтовку пятью патронами и занимает огневую позицию. Перед первым выстрелом (появлением мишеней) приклад опирается о землю. По готовности инструктор подает команду на показ мишеней. После их появления стрелок производит по одному выстрелу в каждую из мишеней с переносом огня. Через 30 секунд непораженные мишени убираются.

Упражнение № 7. Стрельба по появляющимся целям на различные дистанции.

Дистанции — 100 и 300 м.

Мишени — № 4 — на 100 м и № 8 (ростовая) на 300 м.

Патронов — 16 (4 серии по 4 выстрела).

Положение — лежа, с упора.

Время на стрельбу — мишени появляются на 5 секунд.

Показ попаданий — после каждой серии (или падение пораженной мишени).

Оценка: четыре попадания — «отлично», три — «хорошо», два — «удовлетворительно».

Порядок выполнения. Мишени появляются в различных местах по фронту или по глубине в произвольной последовательности. Упражнение выполняется в составе снайперской пары «истребитель — наблюдатель», после чего стрелки меняются ролями. Мишени появляются на 5 секунд с повторным появлением очередной мишени через 7–10 секунд после предыдущей.

Примечание. Упражнение выполняется в составе снайперской пары.

Упражнение № 8. Стрельба по движущимся целям.

Дистанция — 300 м.

Мишень — № 8а (бегущая фигура).

Патронов — 20 (2 серии по 10 патронов).

Положение — лежа, с упора.

Скорость движения мишени — от 1,5 до 3,0 м/с (в зависимости от наличия установки).

Показ попаданий — после каждого пробега.

Оценка: восемь попаданий — «отлично», шесть — «хорошо», четыре — «удовлетворительно».

Порядок выполнения. По готовности стрелка мишень движется с указанной скоростью в окне длиной по фронту 25 метров попеременно в одну и другую стороны.

II. Тактическая подготовка. Методические указания

Основной задачей при предвоенной подготовке кандидатов в снайпера является овладение обучающимися основными теоретическими знаниями в рамках программы начальной снайперской подготовки, выработка у них необходимых морально-волевых качеств, характеризующих снайпера-воина, способного достойно защищать свое отечество.

Занятия по тактической подготовке должны тесно переплетаться с соответствующими темами огневой подготовки и практикой применения знаний в реальных полевых условиях. Необходимо развивать в обучаемых такие качества, как наблюдательность, глазомер, сообразительность, умение принимать нестандартные решения, чувства дружбы, товарищества и взаимовыручки, а также неукоснительно поддерживать строжайшую дисциплину в течение всего курса обучения.

При подборе снайперских пар следует руководствоваться желаниями самих кандидатов и учитывать их взаимные отношения, симпатии и т.д. При этом нужно указать на частую необходимость в подчинении интересов того или иного из снайперов общему делу, когда снайпер-наблюдатель ведет разведку. Целеуказание и корректировку огня в интересах снайпера-истребителя, который своим метким огнем поражает выявленные цели. В то же время при действии в паре снайперы могут через некоторое время поменяться ролями, поскольку длительное ведение наблюдения притупляет остроту восприятия происходящего в условиях изменяющейся ситуации. В то же время следует иметь в виду, что при отражении атаки противника на поле боя может появиться множество целей, из которых снайпер выбирает наиболее важные. При этом огонь зачастую ведут одновременно оба снайпера. Некоторые из возможных вариантов реальных положений учитываются в тех упражнениях, которые заложены в настоящей методике.

При обучении в полевых условиях особое внимание следует уделять выбору места расположения огневой позиции, оборудованию запасной позиции, маскировке и вариантам возможного отхода при обнаружении.

Очень важным элементом тренировки в полевых условиях является умение учитывать изменения в погодных условиях, внесения поправок в прицельные приспособления, использования различных оптических приспособлений и обучение правильному выносу точки прицеливания в зависимости от скорости ветра, перемещения цели и т.д.

III. Инженерная подготовка

Цель: кандидаты должны получить основные понятия о существующей материальной части средств инженерного вооружения и способов их применения на примере рисунков и плакатов, а во время полигонных стрельб — наглядного ознакомления с имеющейся в войсковых частях техникой.

Следует ознакомить кандидатов с табельными и подручными средствами маскировки и с их использованием для личной маскировки с маскировки своих огневых позиций.

Необходимо дать общие сведения о минной защите своей огневой позиции.

IV. Военная топография

Цель: научить кандидатов читать топографические карты, объяснить значение условных обозначений, обучить ориентироваться на местности с использованием карты и без нее.

В программу занятия входит обучение умению пользоваться компасом, природными приметами и подручными предметами для определения сторон света, понятие о масштабах топографических карт с определением на их основе расстояний и умение в соответствии с имеющимися картами выбирать тактически наиболее выгодные огневые позиции.

V. Общефизическая подготовка

Значение общефизической подготовки для будущего снайпера совершенно очевидно: участие снайпера в разведывательно-диверсионных операциях в тылу врага, постоянные перемещения с преодолением различных преград, в том числе и водных, указывают на необходимость спортивно-физкультурной подготовки будущего снайперского контингента. Поэтому кандидаты в снайпера должны уметь:

- пробегать кроссовые дистанции от одного до трех километров;

- проплывать не менее 100 м;
- ходить на лыжах на дистанции не менее 10 км;
- преодолевать стандартную полосу препятствий;
- уметь правильно бросать гранату.

Инструктор должен сам составить программу физкультурной подготовки своей группы в зависимости от времени года и имеющихся возможностей, причем в ней должна учитываться подготовка к упражнению «перебежка».

VI. Сдача зачетов

1. Зачеты у кандидатов в снайпера принимаются комиссией, оговоренной в пункте «А» настоящей главы.
2. Вопросы, относящиеся к изучению материальной части оружия, боеприпасов и снаряжения, а также к теории баллистики и т.д., сдаются по экзаменационным билетам в помещении стрелкового клуба.
3. Зачеты по огневой подготовке сдаются в стрелковом клубе и на стрельбище местной воинской части.
4. По результатам зачетов составляется Протокол, один экземпляр которого передается в местный военкомат, второй высылается в вышестоящую организацию РОСТО, а третий остается в стрелковом клубе.

Технические средства, используемые при подготовке кандидатов в снайпера

В целях успешного обучения групп предвоенной подготовки стрельбе из оружия с оптическими прицелами необходимо использование вспомогательных технических средств и оборудования, к которым относятся:

1. Стрелковые тренажеры.
2. Установки с дистанционно управляемыми появляющимися и движущимися мишенями.
3. Оптические средства наблюдения.

1. Стрелковые тренажеры

Для выработки у кандидатов правильных навыков стрельбы из винтовок с оптическим прицелом следует применять стрелковые тренажеры. В настоящее время они в значительном количестве выпускаются как в России, так и за рубежом. Ниже в качестве примера приводится один из наиболее популярных тренажеров — конструкция СКАТТ.

Стрелковый тренажер **СКАТТ (SCATT)** является электронным компьютерным тренажером, предназначенным для обучения и совершенствования техники стрельбы из нарезного оружия.

Тренажер состоит из оптического датчика весом 35 грамм, который легко прикрепляется к дульной части оружия, внешнего блока СКАТТ и электронной мишени для отработки упражнений на любых дистанциях до 1000 м.

Во время прицеливания на экране компьютера отображается траектория прицеливания. После «выстрела» стрелок или инструктор могут просмотреть повтор траектории прицеливания и проанализировать ошибки, допущенные стрелком во время прицеливания и перед самим выстрелом.

Тренажер СКАТТ позволяет готовить снайперов высокого класса даже в небольших закрытых помещениях. Для этого используется приставка «снайпер».

Тренажер подключается к компьютеру следующей конфигурации:

- микропроцессор Pentium MMX или выше;
- 32 Мб оперативной памяти;
- цветной монитор VGA 800/600 точек;
- дисковод 3,5”;
- свободный коммуникационный порт RS-232 для подключения тренажера;
- операционная среда Windows 95 или более поздние версии.

Считается, что описанный тренажер на 70–80% может заменить практическую стрельбу.

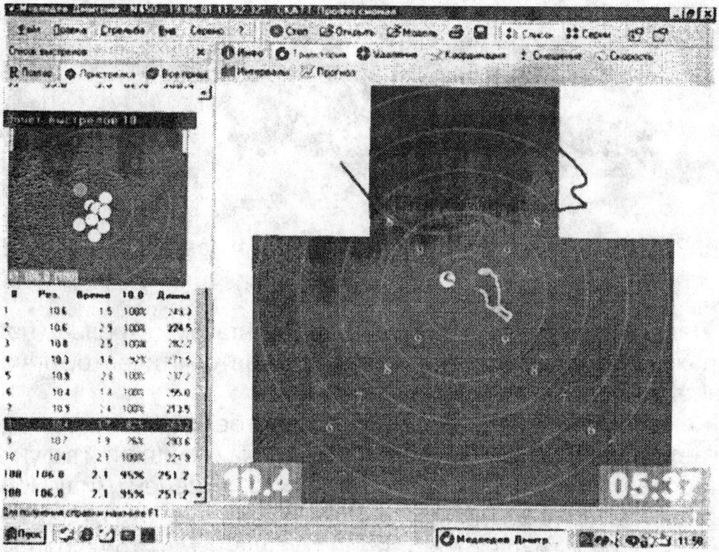

Рис. 256. *Отображение на дисплее траектории движения оружия перед выстрелом и «попадания»*

2. Установки с дистанционно управляемыми появляющимися и падающими мишенями

В воинских частях широкое распространение получили установки для появляющихся целей, предназначенные для оборудования тактических учебных полей, войсковых стрельбищ, директрис и огневых городков.

В зависимости от веса поднимаемых мишеней установки делятся на легкие, средние и тяжелые. Легкие установки (АМЛ-3МГ, АМЛ-4, АМЛ-Т48) обеспечивают показ мишеней весом до 15 кг и средние (АМС-66, АМС-75, АМЛ-Т;*С) — до 70 кг.

Управление подъемом и опусканием мишеней может производиться как непосредственно на месте с помощью выключателя, расположенного на корпусе установки, так и дистанционно (по проводам, радио) с помощью выключателей, размещенных на пульте управления командного пункта.

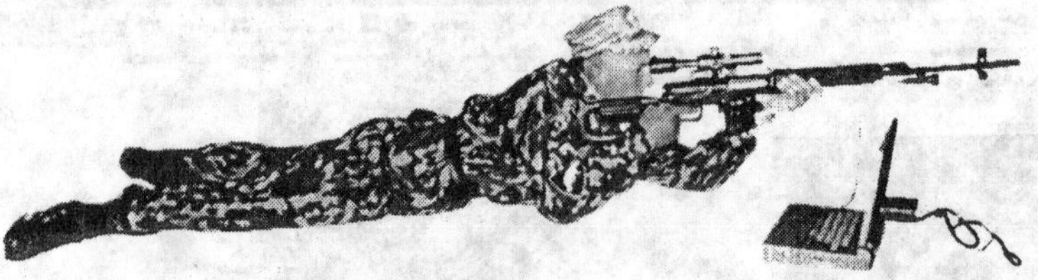

Рис. 257. *Подготовка снайперов с использованием тренажера СКАТТ*

Для визуального наблюдения за результатами стрельбы при поражении мишеней предусмотрено их автоматическое опускание.

Коммерческая фирма АО «Технологии безопасности» предлагает широкий спектр установок для показа мишеней в функции ограничения времени, движущихся мишеней, мишеней, появляющихся в различных местах в зависимости от заданной программы и для отображения результатов стрельб с вы-

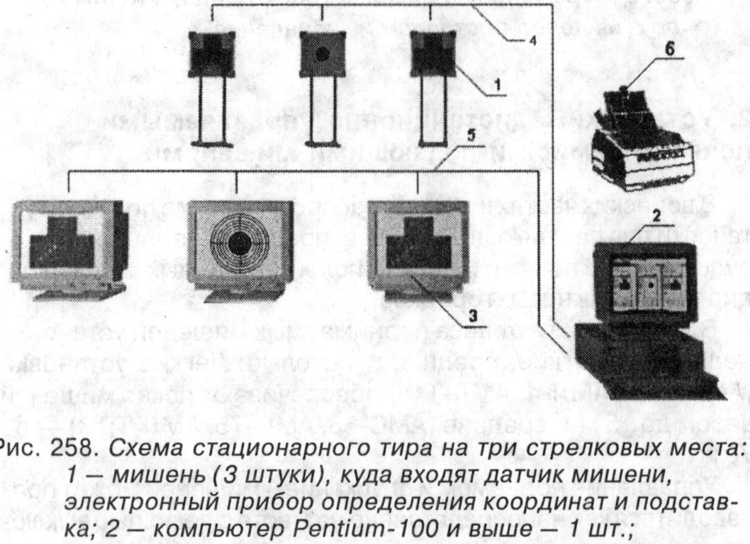

Рис. 258. *Схема стационарного тира на три стрелковых места: 1 — мишень (3 штуки), куда входят датчик мишени, электронный прибор определения координат и подставка; 2 — компьютер Pentium-100 и выше — 1 шт.; 3 — монитор SVGA — 3 шт.; 4 — кабель передачи информации от датчиков мишеней — 1 шт; 5 — кабель передачи информации на мониторы — 1 шт; 6 принтер для распечатки результатов — 1 шт.*

водом в печать. Фирма занимается строительством, оборудованием и переоборудованием стрельбищ и тиров в соответствии с желаниями заказчика и разрабатывает полную проектную документацию.

Известный стрелок, чемпион мира и Европы В.В. Поляков возглавляет предприятие, серийно изготавливающее автоматизированные установки для стрельбы по появляющимся и движущимся мишеням. Фирма обеспечивает монтаж и гарантийное обслуживание своих установок и комплектующей аппаратуры.

Московская фирма «Антарис» предлагает пулевые электронные мишени для стрельбы из пневматического, малокалиберного и боевого оружия, в частности из снайперской винтовки СВД. Стрельба ведется по неразрушаемым мишеням трех вариантов в зависимости от необходимых размеров и вида оружия. Такие электронные мишени позволяют в широком диапазоне варьировать тренировочные упражнения, создавать разнообразную мишенную обстановку, использовать видеотехнику для моделирования боевых ситуаций, для проведения соревнований, имитирующих боевые контакты.

При производстве выстрела по мишени электронная система определяет параметры попадания и передает их в ЭВМ, после чего результаты отображаются на мониторе стрелка, показывая ему:

- место попадания с выделением цветом последнего попадания;
- оценку каждого выстрела;
- суммарную оценку стрельбы.

3. Оптические средства наблюдения

К оптическим средствам наблюдения за результатами стрельбы относятся стереотрубы, бинокли и различные оптические трубы для наблюдения за стрельбой и определения результатов попаданий. Сюда же относятся и электронные системы телевизионной передачи изображений поражаемых мишеней.

Глоссарий

Автомат — автоматический карабин.

Автоматика стрелкового оружия — совокупность механизмов и деталей стрелкового оружия, обеспечивающих автоматическую перезарядку и производство выстрелов.

Антабка — металлическая петля для крепления ремня к винтовке.

Бесшумное оружие — стрелковое оружие со слабым или неслышным для человека звуком выстрела.

Боевой заряд — определенное весовое количество пороха, необходимое для выбрасывания пули из канала ствола.

Боевой упор — деталь затвора, удерживающая его или подвижную систему неподвижными относительно ствола при производстве выстрела.

Боек — деталь стрелкового оружия, часть ударника или курка, наносящая удар по капсюлю-воспламенителю.

Боеприпасы — составная часть вооружения, непосредственно предназначенная для поражения цели.

Вероятность попадания (в цель) — численная величина, характеризующая возможность попадания в цель при данных условиях стрельбы из данного вида оружия.

Взведение курка (ударника) — постановка курка (ударника) на боевой взвод.

Винтовка снайперская — боевая винтовка, конструкция которой обеспечивает повышенную точность стрельбы.

Выбрасыватель (экстрактор) — приспособление в затворах стрелкового оружия для извлечения (экстракции) гильзы из патронника при открывании затвора после выстрела.

Выстрел — процесс выбрасывания пули из канала ствола стрелкового оружия.

Газовая комора — деталь стрелкового оружия, в полости которой часть энергии пороховых газов, отводимых из канала ствола, преобразуется в кинетическую энергию подвижной системы.

Гильза патрона — часть патрона, предназначенная для размещения и предохранения от внешних воздействий порохового заряда, крепления капсюля-воспламенителя и пули, нахождения в патроннике стрелкового оружия и обтюрации газов при выстреле.

Глушитель звука выстрела — дульное устройство, предназначенное для уменьшения силы звука при выстреле.

Дальность прямого выстрела — дальность стрельбы, на протяжении которой высота траектории полета пули равна высоте цели.

Дальность стрельбы — кратчайшее расстояние между точкой выстрела и точкой падения или точкой попадания пули.

Дальность стрельбы прицельная — расстояние от точки вылета пули до пересечения ее траектории с линией прицеливания.

Демпфирование — гашение.

Действие пули боевое — поражающий эффект пули при ее попадании в цель, а также действие пули, способствующее выполнению боевой задачи или препятствующее действию противника.

Действие пули пробивное — способность пули пробивать различные преграды.

Действие пули убойное — характеристика воздействия пули на живую цель при попадании в нее.

Диоптр — прицел в виде отверстия в целике, служащий задним визиром в механическом прицеле.

Дульный компенсатор — дульное устройство, предназначенное для уменьшения опрокидывающего момента, возникающего при выстреле.

Дульный тормоз — дульное устройство, предназначенное для уменьшения отдачи.

Задержка в стрельбе — вынужденная остановка в стрельбе, вызванная неисправностью стрелкового оружия или патрона.

Замок — ружейный механизм воспламенения боевого заряда в ручном огнестрельном оружии.

Запирание затвора — сцепление затвора со стволом или ствольной коробкой при закрывании канала ствола для предотвращения возможности перемещения затвора относительно ствола во время выстрела.

Затвор оружия — деталь, закрывающая канал ствола при выстреле.

Затворная рама — деталь или конструктивно объединенные детали подвижной системы автоматики, приводящие в движение затвор.

Затравочное отверстие (запал) — сквозное отверстие в казенной части ствола, служащее для воспламенения заряда.

Затыльник — устройство, ограничивающее перемещение подвижной системы назад в ствольной или затворной коробке.

Казенник — деталь или конструктивно объединенные детали, закрепленные на стволе и сцепляющие затвор со стволом.

Калибр оружия — величина, характеризующая внутренний диаметр направляющей части канала ствола.

Канал ствола — внутренняя полость ствола, ограниченная дульным и казенным срезами.

Карабин — облегченная винтовка с укороченным стволом.

Курок — деталь куркового механизма, передающая энергию боевой пружины ударнику или бойку.

Кучность стрельбы — свойство оружия, характеризуемое отклонением (распределением) точек попадания пуль относительно центра их рассеивания при стрельбе на одинаковых установках прицела. Чем меньше эти отклонения, тем выше кучность.

Ложа — деталь, выполняющая функции приклада и цевья.

Магазин оружия — специальное устройство в огнестрельном оружии для размещения патронов и последовательного их перемещения на линию досылания перед подачей в патронник.

Меткость стрельбы — степень совмещения средней траектории (СТП) пули с целью. Зависит от мастерства стрелка, а также совершенства оружия, боеприпасов и устройств для стрельбы.

Механизм возвратный — механизм, перемещающий подвижную систему в крайнее переднее положение.

Механизм запирающий — механизм для запирания и отпирания затвора.

Механизм перезаряжания — механизм, обеспечивающий перезарядку стрелкового оружия без производства выстрела.

Механизм ударно-спусковый — механизм, посредством которого стрелок управляет началом и окончанием стрельбы.

Мишень — имитатор цели.

Нарезное оружие — огнестрельное оружие, канал ствола которого имеет нарезы (винтовые канавки) для придания пуле вращательного движения.

Нарез направляющей части канала ствола — винтовой паз на поверхности направляющей части канала нарезного оружия.

Начальная скорость — расчетная скорость поступательного движения пули у дульного среза ствола.

Оболочка пули — деталь пули, предназначенная для размещения всех ее составных частей и придания пуле необходимых внешних очертаний.

Обтюрация — предохранение от возможности прорыва пороховых газов.

Огнестрельное оружие — оружие, в котором для выбрасывания пули используется сила давления газов, образующихся при сгорании порохового заряда или давления воздуха (в пневматическом оружии).

Осечка — задержка в стрельбе, вызванная невоспламенением порохового заряда.

Отдача — действие силы пороховых газов на дно канала ствола огнестрельного оружия при выстреле.

Откат — перемещение стрелкового оружия под действием возникающих при выстреле сил.

Отпирание затвора — расцепление затвора со стволом или ствольной коробкой.

Патрон — боеприпас стрелкового оружия, в котором пуля, пороховой заряд и средство воспламенения пороха объединены в одно целое при помощи гильзы. Такой патрон обычно называют унитарным.

Патронник — участок канала ствола огнестрельного оружия, в котором помещается гильза поданного для выстрела патрона.

Перезаряжание — совокупность процессов, происходящих в огнестрельном оружии с целью его подготовки к последующему выстрелу.

Пищаль — общее наименование древних (конец XIV — первая половина XV века) образцов огнестрельного оружия. Позднее пищали подразделялись на ручные (с фитильными и кремневыми замками) и артиллерийские — для ведения настильной стрельбы.

Пневматическое оружие — ручное оружие, в котором для выбрасывания пули используется сила давления сжатого воздуха или другого газа.

Полка пороховая — металлическая, слегка вогнутая пластина, первоначально элемент ствола, затем ружейного замка, предназначенная для насыпания затравочного пороха.

Порох — многокомпонентная твердая взрывчатая смесь, способная к горению параллельными слоями без доступа воздуха с образованием преимущественно газообразных продуктов. Различаются дымный и бездымный порох.

Предохранитель — устройство для предотвращения случайного или опасного (недопустимого) действия оружия.

Предохранительный взвод — поверхность курка, за которую он удерживается шепталом в положении, исключающем случайный выстрел.

Прицельное приспособление — приспособление для контроля положения канала ствола стрелкового оружия в пространстве относительно точки прицеливания.

Пружина боевая — пружина, энергия которой используется для обеспечения действия капсюля-воспламенителя.

Пульный вход — элемент направляющей части канала ствола, примыкающий к патроннику и предназначенный для постепенного врезания пули в нарезы канала ствола.

Пуля — головная часть патрона, выбрасываемая из канала ствола стрелкового оружия.

Ремень ружейный — ремень, прикрепляемый к стрелковому оружию и предназначенный для его переноски или (в виде петли) для удобства прицеливания.

Ружье — ручное длинноствольное огнестрельное оружие.

Сердечник пули — наиболее массивная деталь, расположенная в центре пули и обеспечивающая пробивное и убойное действие.

Скоба предохранительная — элемент, предохраняющий спусковой крючок от случайного нажатия или повреждения.

Скорострельность — характеристика стрельбы, определяемая числом выстрелов в единицу времени.

Скорость дульная — скорость поступательного движения пули относительно ствола в момент выстрела.

Сошка — одно-трехногая опора, обеспечивающая устойчивое положение стрелкового оружия, возможность его перемещения при наводке и удобство наводки.

Спусковая скоба — деталь, предохраняющая спусковой крючок от случайного нажатия.

Спуск ударного механизма — освобождение взведенных деталей ударного механизма для производства выстрела.

Срез ствола дульный — передний торец ствола.

Срез ствола казенный — задний торец ствола.

Ствол — основная часть огнестрельного оружия, предназначенная для метания пули с определенной начальной скоростью.

Ствольная коробка — деталь или конструктивно объединенные детали, направляющие движение затвора или подвижной системы и сцепляющие затвор со стволом.

Ствольная накладка — деталь, закрывающая часть стрелкового оружия над стволом для предохранения стрелка от ожога.

Стрелковое оружие — ствольное оружие калибром менее 20 мм, предназначенное для метания пули, дроби или картечи.

Стрелковое оружие крупнокалиберное — нарезное стрелковое оружие калибром от 9 до 20 мм.

Стрелковое оружие малокалиберное — нарезное стрелковое оружие калибром до 9 мм.

Стрелковое оружие нарезное — стрелковое оружие, имеющее ствол или стволы только с нарезными каналами.

Стрелковое оружие самозарядное — автоматическое стрелковое оружие, спусковой механизм которого позволяет вести только одиночную стрельбу.

Стрельба — производство с определенной целью выстрела или выстрелов в совокупности с подготовительными, сопровождающими и завершающими их процессами и приемами.

Темп стрельбы — скорострельность при непрерывной стрельбе.

Ударный механизм — устройство для разбивания капсюля патрона при выстреле из огнестрельного оружия.

Фузея — (*польск*. fuzya от *франц*. Fusil — ружье, огниво) — название в России гладкоствольного дульнозарядного ружья с французским батарейным замком и штыком.

Хвостовик — деталь казенного винта в форме горизонтальной планки с отверстием для прохождения хвостового винта или шурупа, предназначенная для соединения ствола и ложи.

Цевье — деталь, охватывающая ствол снизу и защищающая руку стрелка от ожогов.

Целик — металлическая планка или колодка с прорезью в верхней грани (гривке).

Цель — объект, подлежащий поражению или подавлению в результате стрельбы.

Шептало спускового механизма — деталь, удерживающая ударный механизм или подвижную систему автоматики во взведенном состоянии и освобождающая их при воздействии стрелка на спусковой крючок.

Шнеллерный механизм — (от *нем.* schnell — быстрый) — устройство, обеспечивающее возможность срыва курка с боевого взвода при минимальном регулируемом нажатии на основной спусковой крючок.

Шомпол — стержень длиной не менее длины канала ствола, предназначенный для чистки и смазки ствола.

Штык-нож — штык, который, отделив от стрелкового оружия, можно использовать в качестве ножа и в других целях.

Экстракция — извлечение из патронника и удаление стреляной гильзы.

Список литературы

1. *Благонравов А.А. и др.* Материальная часть стрелкового оружия. Оборонгиз НКАП. — М., 1945.
2. *Кожевников Д.Н.* Снайпер в бою. — М.: Воениздат, 1952.
3. *Лови А.А.* От автомата Федорова до автомата Калашникова. — Солнечногорск, 1992 г.
4. *Лови А.А.* и др. Правила стрельб из стрелкового оружия. — М. Воениздат, 1961.
5. *Майн П.И.* Стрелковое оружие: В 2-х книгах. Издание Артиллерийской академии РККА. — Ленинград, 1934.
6. *Маркевич В.Е.* Ручное огнестрельное оружие: В 2-х томах. Изд. Артиллерийской академии РККА. — Ленинград, 1937.
7. *Наставление* по стрелковому делу. 7,62-мм снайперская винтовка Драгунова (СВД). — М.: Воениздат, 1976.
8. *Пономарев П.* Прикладная баллистика для стрелка. — М.: Воениздат, 1939.
9. *Потапов А.А.* Искусство снайпера. —М.: Фаир-Пресс, 2001 г.
10. *Программа* снайперской подготовки членов ДосАрм. Изд. ДосАрм. — М., 1949.
11. *Сарычев Н.Г.* Снайперская стрельба. — М.: «Патриот», 1990.
12. *Стрелковое* оружие: Справочник. — Минск: Попурри, 1999.
13. *Таблицы* стрельбы по наземным целям из стрелкового оружия калибров 5,45 и 7,62 мм ТС/ГРАУ № 61. Воениздат Мин. обороны СССР. — М., 1977.
14. *Тарле Е.В.* Сочинения в 12 томах. Изд. АН СССР. — М., 1959.
15. *Федоров В.Ф.* История винтовки. — М.: Воениздат, 1940.
16. *Федоров В.Ф.* Оружейное дело на грани двух эпох. — Ленинград, 1938.
17. *Федоров В.Ф.* Эволюция стрелкового оружия в 2-х томах. Гос. военное издательство Нарокомата обороны СССР. — М., 1938.
18. *Федосеев С.Л.* Снайперские винтовки. — М.: «Арсенал-Пресс», 1995.
19. *Хогг Я.* Снайперские винтовки. — М.: ЭКСМО-пресс, 2000.
20. *Чулицкий В.М.* Огневая подготовка снайпера. — М.: Изд. ДосААФ, — 1955.
21. *Шакуров Д.* Оптика снайпера. Редиздат ЦС Осоавиахима СССР. — М., 1940.
22. *Юрьев А.А.* Спортивная стрельба из винтовки. Гос. изд. «Физкультура и спорт» — М., 1957.

Журналы:

«Оружие» за 1995–2002 годы.

«Ружье» за 1997–2002 годы.

Содержание

По вопросу оптовой покупки книг
издательства «Гелеос» обращаться по адресу:
115093, г. Москва Партийный пер. д. 1, офис 319
Тел.: (095) 235-94-00, факс: (095) 951-89-72
e-mail: zakaz@geleos.ru, market@geleos.ru
Книги нашего издательства можно заказать по почте.
Адрес: 115093, Москва, а/я 40, Книжный клуб «Читатель».

По вопросам оптовой покупки книг
"Издательской группы АСТ" обращаться по адресу:
Звездный бульвар, дом 21, 7-й этаж
Тел. 215-43-38, 215-01-01, 215-55-13

Книги "Издательской группы АСТ" можно заказать по адресу:
***107140, Москва, а/я 140,* АСТ – "Книги по почте"**

Научно-популярное издание

Секулич Марио Николаевич

СНАЙПЕРСКАЯ СТРЕЛЬБА

Редактор *А. Федорова*
Компьютерная верстка: *С. Чорненький*
Технический редактор *В. Ерофеев*

Общероссийский классификатор продукции
ОК-005-93, том 2; 953004 — научная и производственная литература

Гигиеническое заключение
№ 77.99.02.953.Д.008286.12.02 от 09.12.2002 г.

Издание осуществлено при техническом содействии
ООО «Издательство АСТ»

ЗАО «Издательский дом «Гелеос»
113093, Москва, Партийный переулок, 1, оф. 319.
Тел. (095) 235-9400. Тел./факс (095) 951-8972.

Отпечатано в полном соответствии с качеством
предоставленных диапозитивов в Тульской типографии.
300600, г. Тула, пр. Ленина,109 .